GW01465227

LE NORD
DE LA GRANDE-TERRE
pages 168-179

LE NORD DE
GRANDE-TERRE

orne-à-l'Eau

Le Moule

LE SUD DE
LA GRANDE-TERRE

Saint-François

Sainte-Anne

osier

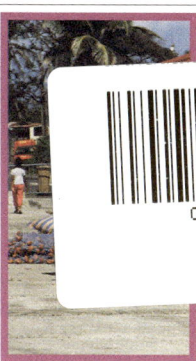

LE SUD
DE LA GRANDE-TERRE
pages 146-167

POINTE-À-PITRE
pages 74-93

LES ÎLES
DE LA GUADELOUPE
pages 180-209

GUIDES VOIR

GUADELOUPE

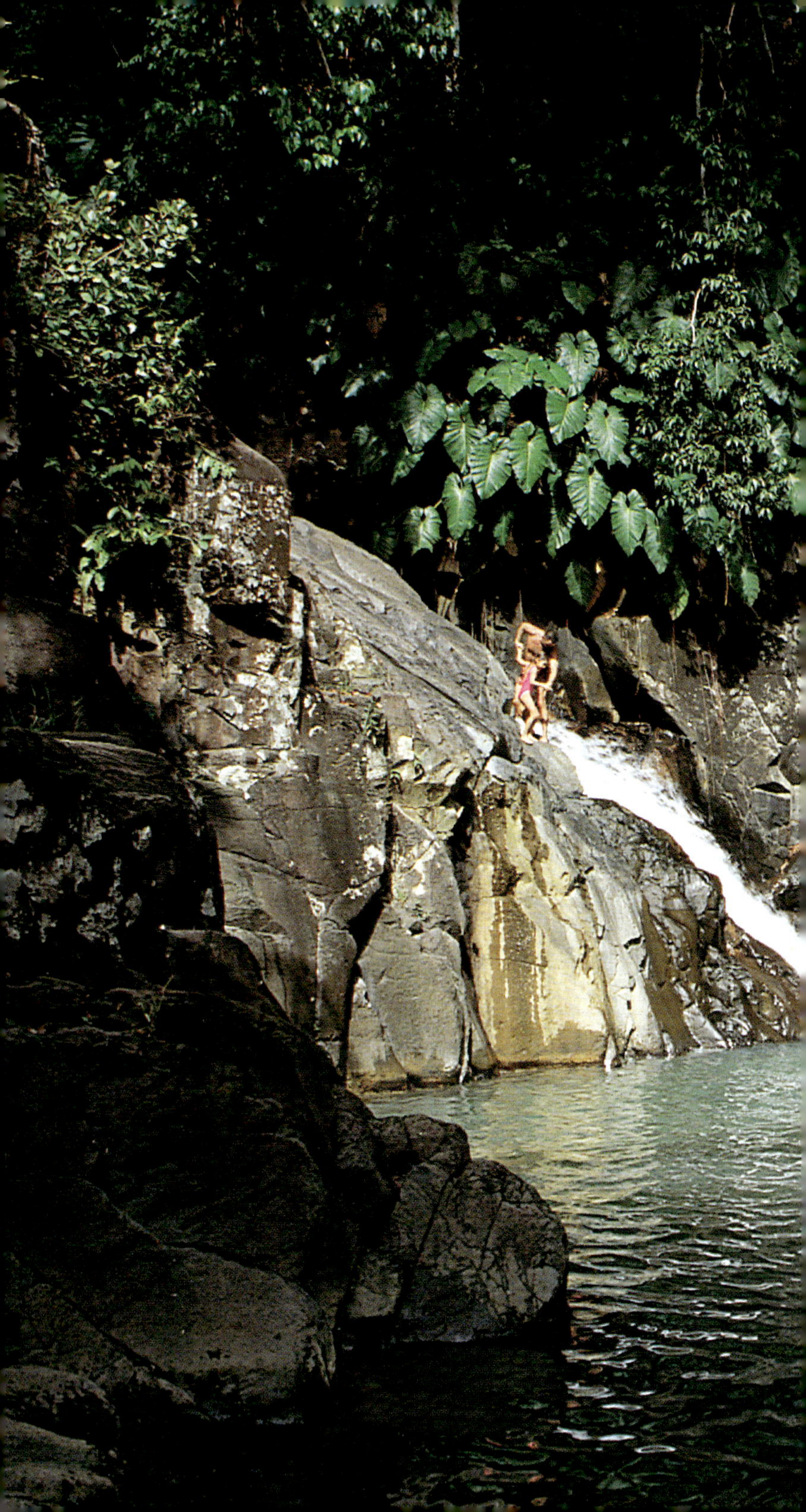

GUIDES ◉ VOIR

GUADELOUPE

HACHETTE

HACHETTE

CE GUIDE VOIR A ÉTÉ ÉTABLI PAR
Laetitia Fernandez et Michel Reinette

AVEC LA COLLABORATION DE
Oruno D. Lara (histoire), Gaëtan du Chatenet (nature),
Yolande Bouchon (îlets Pigeon), Caroline Bourgine (musique),
Wilfrid Démonio (Parc national de la Guadeloupe),
Sylvie Tersen et Michèle-Baj Strobel (architecture pointoise),
Michel Rupaire (bonnes adresses).

GUIDES DE VOYAGE HACHETTE
43, quai de Grenelle, 75905 Paris Cedex 15

DIRECTION :
Isabelle Jeuge-Maynart

DIRECTION ÉDITORIALE :
Catherine Marquet

ÉDITION :
Hélène Gédouin
assistée de Claire Le Cam et d'Isabelle de Jaham

RESPONSABLE ARTISTIQUE :
Guylaine Moi

MISE EN PAGES (PAO) :
Maogani

DK

Conception originale de la collection,
maquette et charte graphique © Dorling Kindersley Ltd.
© Hachette Livre (Hachette Tourisme) 1999.
Cartographie © Hachette Tourisme 1999.

DÉPÔT LÉGAL : 0275 octobre 1998
ISBN : 2-01-242672-7
ISSN : 1246-8134
Collection 18 - Édition 01
N° DE CODIFICATION : 24-2672-4

Aussi soigneusement qu'il ait été établi, ce guide
n'est pas à l'abri des changements de dernière heure.
Faites-nous part de vos remarques, informez-nous
de vos découvertes personnelles : nous accordons
la plus grande attention au courrier de nos lecteurs.

Imprimé en Italie par STIGE Turin

SOMMAIRE

Cabrouet à Marie-Galante

PRÉSENTATION DE LA GUADELOUPE

Adorno

VOYAGES EN GUADELOUPE

Barque à Ferry

Le carnaval à Pointe-à-Pitre

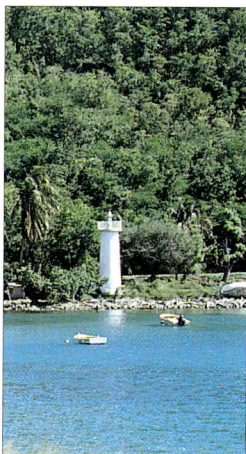

L'Anse à la Barque sur la côte sous le Vent

Flamboyants en fleur

La case créole *(p. 30-31)*

COMMENT UTILISER CE GUIDE

Ce guide a pour but de vous aider à profiter au mieux de vos visites de la Guadeloupe. L'introduction, *Présentation de la Guadeloupe*, situe l'île dans son contexte historique et culturel. Dans *Voyages en Guadeloupe*, plans, textes et illustrations présentent en détail les principaux sites et monuments. *Les bonnes adresses* vous fourniront des informations sur les hôtels, les restaurants, les boutiques, les marchés, les spectacles et les distractions, et les *Renseignements pratiques* vous donneront des conseils utiles dans tous les domaines de la vie quotidienne, notamment pour se déplacer.

VOYAGES EN GUADELOUPE

La Guadeloupe a été divisée en quatre régions géographiques décrites dans quatre chapitres. La capitale de l'île, Pointe-à-Pitre, fait l'objet d'un chapitre particulier, ainsi que les îles dépendant de la Guadeloupe.

Un repère de couleur correspond à chaque chapitre. Le premier rabat de couverture en donne la liste complète.

1 Introduction
Mettant en lumière l'empreinte de l'histoire, elle dépeint les paysages de chacune des régions et présente leurs principaux attraits touristiques.

Une carte de localisation situe la région dans l'île.

2 La carte illustrée
Elle offre une vue de la région et de son réseau routier. Les sites principaux sont répertoriés et numérotés. Des informations pour circuler en voiture ou en transports en commun sont également fournies.

Des encadrés soulignent des faits marquants.

3 Renseignements détaillés
Les localités et sites importants sont décrits individuellement dans l'ordre de la numérotation de la carte illustrée. Pour chaque ville ou village, les notices présentent en détail ce qu'il y a d'intéressant à visiter.

4 Les grandes villes
Une introduction présente l'histoire et la personnalité de la localité. Situés sur un plan de la ville, les principaux monuments possèdent chacun leur rubrique.

Un mode d'emploi vous renseigne sur les transports publics, les bureaux d'information touristique, les marchés et les manifestations les plus marquantes.

Le plan de la ville montre les principales artères et les rues d'intérêt touristique. Il situe les sites et monuments, les gares ferroviaires et routières, les parcs de stationnement, les offices du tourisme et les églises.

5 Plans pas à pas
Ils offrent une vue aérienne et détaillée de villes ou de quartiers particulièrement intéressants. Des photos présentent les principaux sites et édifices.

Le meilleur itinéraire de promenade apparaît en rouge.

Un mode d'emploi vous aide à organiser votre visite. La légende des symboles figure sur le dernier rabat de couverture.

6 Les principaux sites
Deux pleines pages, ou plus, leur sont réservées. La représentation des édifices en dévoile l'intérieur. Celle des musées vous aide à localiser les plus belles expositions.

Des étoiles signalent les œuvres ou les sites à ne pas manquer.

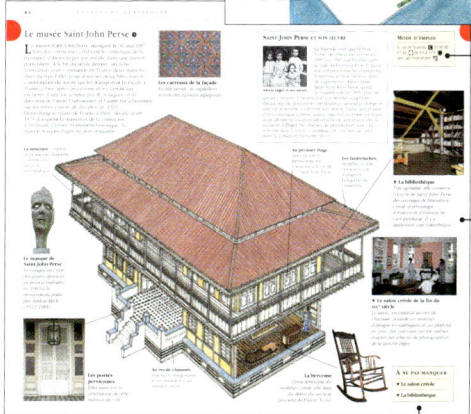

Présentation
de la Guadeloupe

La Guadeloupe dans son environnement

L a Guadeloupe est l'un des maillons de la barrière insulaire qui protège l'approche du continent américain en sa partie centrale. Non loin de l'équateur et juste sous le tropique du Cancer, elle est située au cœur d'un chapelet d'îles entre mer des Caraïbes et océan Atlantique. Le « papillon », comme on la nomme, déploie ses ailes entre 16° 59 et 16° 40 de latitude nord et entre 61° 10 et 61° 50 de longitude nord. Située au centre de l'arc oriental des Caraïbes, la Guadeloupe se présente comme un archipel comprenant deux îles principales, la Basse-Terre (ou Guadeloupe proprement dite) et la Grande-Terre, autour desquelles gravitent Marie-Galante, les Saintes, la Désirade, Petite-Terre, Saint-Martin et Saint-Barthélemy.

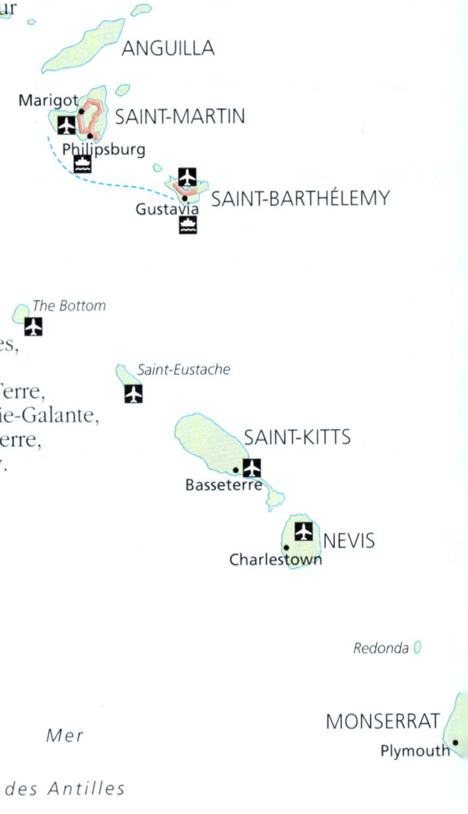

ANGUILLA

Marigot
SAINT-MARTIN
Philipsburg

Gustavia SAINT-BARTHÉLEMY

The Bottom

Saint-Eustache

SAINT-KITTS
Basseterre

NEVIS
Charlestown

Redonda

MONSERRAT
Plymouth

LÉGENDE

- Aéroport
- - - Liaison maritime
- Embarcadère
- Point de vue

Mer

des Antilles

ÉTATS-UNIS

Océan
Atlantique

Golfe
du Mexique

MEXIQUE

CUBA

RÉP. DOM.

HAÏTI
BELIZE
GUADELOUPE
HONDURAS
GRANDES
ANTILLES
GUATEMALA
Mer des Antilles
SALVADOR
PETITES ANTILLES
NICARAGUA

COSTA RICA

PANAMA
VENEZUELA
GUYANA
Océan
Pacifique
SURINAM
COLOMBIE

Les falaises du nord de la Grande-Terre, battues par l'océan.

BARBUDA

drington

Océan Atlantique

nt John ANTIGUA

**Liaisons aériennes
et maritimes**
*Huit heures d'avion sont
nécessaires pour franchir les
7 500 km transatlantiques
entre Paris et Pointe-à-Pitre.
Pôle Caraïbes, l'aéroport
de la Guadeloupe, permet
également des échanges
quotidiens avec la plupart
des pays de l'arc antillais.
Pour les déplacements
à l'intérieur de l'archipel,
le bateau est très utilisé.*

Port-Louis

GUADELOUPE

Sainte-Rose   Le Moule

LA DÉSIRADE

Beauséjour

te-Noire   Pointe-à-Pitre   Saint-François

Capesterre   Saint-Louis

Basse-Terre   MARIE-GALANTE

Trois-Rivières

Grand-
Bourg

LES SAINTES

Canal de la Dominique

UNE IMAGE
DE LA GUADELOUPE

GISÈLE PINEAU

Autrefois, à l'école primaire, dix bons points donnaient droit à une image que l'élève très sage et méritant recevait comme un dû des mains de sa maîtresse. Torse bombé, les yeux mouillés, il s'en retournait derrière son pupitre prêt à vaincre toutes les arithmétiques pour gagner encore et encore des images, des lauriers et des titres.

Autrefois, bien loin de la Guadeloupe, au pays-France de mon enfance, j'ai collectionné des images de papillons. Sitôt que je fermais les yeux, les papillons, s'échappaient du papier glacé pour emplir mon esprit, voleter dans les recoins sombres de mon âme tourmentée. De toutes formes et de toutes couleurs, ils se présentaient chacun à leur tour comme le papillon-Guadeloupe. L'unique ! l'authentique !

« Île en forme de papillon ! » Parole entendue une seule petite fois, devenue aussitôt festin pour l'imagination, promesse d'envol les jours de perdition... Les images de la Guade-

Lézard sur une fleur de bananier

loupe foisonnent, sont aisées à colorer, attraper et épingler... Île papillon, île aux belles eaux dite la Karukéra par les Indiens caraïbes, île bordée de plages de sable fin et de cocotiers exotiques, île à la végétation exubérante, aux marchés animés, aux parfums envoûtants, aux mets épicés, aux créoles charmants... Il y a le pays rêvé et le pays réel.

Lorsqu'on le survole, juste avant l'atterrissage, on ne voit jamais le papillon dans son entier. Le nez collé au hublot, on cherche en vain à délimiter ses ailes battues par le vent. On s'en désole, comme si déjà

Écailleurs de poissons sur le port de Saint-François

◁ **Toit de tôle et revêtement bleu, une case traditionnelle**

L'îlet Caret dans le Grand Cul-de-Sac marin

le rêve s'étiolait, mirage. Se brisait, dommage... Dès ce moment, on sait que l'île n'apparaîtra que fragmentée et qu'il faudra s'en contenter. Mettre les images bout à bout, en un genre de patchwork, une mosaïque sauvage, un concerto baroque.

Il n'y a pas une mais bien mille images à ramener de la Guadeloupe. Il faut ouvrir les yeux, faire montre de patience, entrer dans les chemins écartés des routes nationales, oublier les cartes postales qui font les idées préfabriquées. Il faut être curieux et passionné comme un chasseur de papillons.

Loin des routes nationales

La Guadeloupe, qui déploie deux îles-ailes, Basse-Terre et Grande-Terre, est un continent. Ne souriez pas ! Elle est gardée par d'autres îles-sentinelles fidèles qu'on appelle toujours dépendances, comme du temps des colonies, et que l'on voit flotter à l'horizon, selon le temps, la couleur du ciel et l'humeur de la mer. Marie-Galante, Désirade, les Saintes... Basse-Terre est dominée par la présence autoritaire et fière de la vieille Dame Soufrière, qui fume, vitupère et menace les mornes environnants où sont nichées des cases aux toits de tôle rouge. Écrin de verdure, la Basse-Terre

est le territoire des bananeraies, immenses, le domaine des rivières aux reflets argentés qui creusent des serpents d'eau entre les bois, dessus les roches, et dévalent les mornes jusqu'à la mer.

Le long des routes de la Grande-Terre, les cannaies gardent la tête haute, brandissent leurs fleurs avec la majesté d'antan, comme si le sucre était toujours l'or des îles, le pain des enfants d'aujourd'hui. À chaque récolte, elles comptent les dernières usines et distilleries, espèrent la richesse passée dont rêvent d'une même foi les moulins en ruine. Vestiges d'une époque florissante, spectres aux ailes arrachées par un jour de cyclone, ils soufflent dans la nuit et enflent les cannes des complaintes des esclaves de jadis. Ils sont la mémoire de ces lieux. Les derniers survivants avec les alizés, les forêts, et les eaux de source et de sel... Il y a le pays de lumière et le pays d'ombres...

Si l'on arrive par la mer, du côté Atlantique, on emprunte les anciennes voies maritimes de la « découverte » du Nouveau Monde, les chemins de la traite négrière, les routes du sucre et des épices d'antan, la « Route du rhum » chère aux navigateurs d'aujourd'hui.

On croise des cargos modernes qui transportent les bananes des îles vers l'Europe, des pêcheurs sur leurs gommiers, jetant leurs nasses ou leurs filets, des bateaux de plaisance, yachts, voiliers, catamarans. On oublie alors les périples de la traversée, les navires fantômes entraperçus, les flibustiers et corsaires apparus, et les nuages qui, en pleine mer, prennent la forme de visages aimés.

L'île rêvée et réelle.

L'île de lumière et d'ombres...

L'île Guadeloupe que l'on est tenté de définir d'un seul coup d'œil sitôt débarqué...

Point-à-Pitre, l'Exubérante.

Ici, tout semble conforme aux images qu'on se fait d'une ville au soleil... Les rues bruyantes et tapageuses. Les vitrines des magasins parées de tissus chatoyants, de sandwiches pimentés, de bijoux créoles dits collier-choux, pomme-cannelle, chaîne-forçat, tété-Négresse. Le marché Saint-Antoine, ses étals de fruits, légumes et racines exotiques. Dans les rues, sur les trottoirs, les petits métiers, cordonniers-chanteurs, vendeurs de snow-ball, d'oranges, de cassaves ou de jus de canne poussant leurs cabrouets, marchandes de sorbet-coco et de pistaches grillées, pacotilleuses haïtiennes attendant les touristes d'un jour, ces croisiéristes à l'escale qui ne font qu'un petit tour avant de regagner le luxe du paquebot et les îles à venir.

Gosier, Deshaies, Le Moule... offrent les plages promises. Sable blanc, sable noir. Cocotiers majestueux. Vagues caressantes. Vagues hautes chéries des surfeurs et véliplanchistes. Fonds marins peuplés de poissons bariolés.

Et puis, on découvre les bourgs, où bat le cœur de la commune... Capesterre-Belle-Eau, Lamentin, Morne-à-l'Eau. Villes aux noms de saints... Sainte-Rose, Sainte-Anne, Saint-François. Priez pour nous ! Villages de pêcheurs... Goyave, Petit-Bourg, Trois-Rivières... Le temps file.

Les images défilent, se superposent les unes aux autres, se brouillent.

Il y a le pays rêvé et le pays réel.

L'île de lumière et l'île d'ombres.

Le pays réel est habité par des Guadeloupéens. Pour la plupart, descendants des Africains réduits en servitude. Héritiers des planteurs esclavagistes. Arrière-petits-enfants des Indiens engagés, débarqués après l'abolition de 1848, pour remplacer les Nègres dans les champs de cannes. Réfugiés des peuples d'Orient en guerre. Européens en exil... Les corps et les sangs se sont ici mêlés pour former cette population métissée qui se réjouit de « l'impureté » de sa race ». Les cultures, les langues, les croyances, les cuisines se sont mélangées, recomposées, bousculées, sont devenues créoles, siècle après siècle, saison après saison, cyclone après cyclone...

Aujourd'hui, cent cinquante ans après l'abolition de l'esclavage, si passé et présent se heurtent encore souvent – tambours ka des nèg-mawon, images brutales, tambours-folklore – comme si le temps n'était qu'une nasse infernale, les Guadeloupéens veulent lever le voile sur la part d'ombre de leur histoire, construire et préserver un pays qu'ils ont appris à aimer pour le demain de leurs enfants.

Groupe de gwoka dans une rue de Pointe-à-Pitre

La flore et la faune

Anolis

La flore est d'une remarquable diversité. Le nombre de plantes à fleurs existant naturellement à la Guadeloupe s'élève à environ une espèce par kilomètre carré (une pour 200 km^2 en Europe). Une telle richesse s'explique par le climat tropical et la pluviométrie parfois très forte, due à l'insularité et aux reliefs élevés.

La flore de la Guadeloupe et celle de la Martinique, qui ont beaucoup d'affinités, forment un ensemble de près de deux mille espèces de plantes.

Le kio, ou béron vert, se trouve principalement dans la mangrove ou au bord des étangs.

LA MANGROVE

La mangrove, qui n'existe que dans les pays tropicaux, se développe sur des sols vaseux et périodiquement inondés par la mer. Couvrant plus de 3 000 ha à la Guadeloupe, elle est principalement constituée par cinq espèces de mangles, ou palétuviers.

Les plus importantes mangroves sont situées de part et d'autre de la rivière Salée et autour du Grand et du Petit Cul-de-Sac marin.

LE LITTORAL

Du niveau de la mer jusqu'à plus de 300 m d'altitude sur la côte sous le Vent de la Basse-Terre, la végétation est adaptée à une relative sécheresse, la température étant, en moyenne, supérieure à 25 °C et la pluviométrie annuelle inférieure à 1,80 m. Les forêts sèches, que l'on rencontre en Basse-Terre, de Deshaies à Bouillante et à Vieux-Fort, ainsi qu'à Anse-Bertrand, en Grande-Terre, sont constituées d'essences héliophiles, dont près du tiers perdent leurs feuilles pendant la saison sèche.

Les racines échasses, les pneumatophores ou glandes excrétrices de sel permettent aux palétuviers de croître sur les sols salés et pauvres en oxygène.

Les cierges forment des touffes de 2 à 7 m de haut sur les falaises arides. Les fruits sont comestibles bien qu'un peu fades.

Les fruits du palétuvier, ou mangle rouge, germent sur l'arbre. Lorsqu'ils tombent, ce sont des plantules qui se fichent dans la vase et s'enracinent en quelques jours.

Le raton laveur, ou racoon, le plus gros animal sauvage de l'île, est la mascotte du Parc national de la Guadeloupe.

LE PIC DE LA GUADELOUPE

Le seul pic sédentaire des Petites Antilles est endémique de la Guadeloupe. En quête de nourriture, il grimpe le long des troncs en prenant appui sur les plumes les plus rigides de sa queue. Si on l'appelle ici tapeur (tapê ou toto-bois en créole), c'est parce qu'il signale sa présence à grands coups de bec rapides et répétés sur les troncs d'arbres morts. Son cri est rauque, et son vol, portant sur de courtes distances, se fait par glissades ondulées. Depuis 1992, le Parc national étudie cet oiseau que l'on trouve aussi bien en forêt dense qu'en forêt sèche ou en mangrove, et qui fréquente même la proximité des zones habitées.

Le pic, espèce
protégée

LA FORÊT HUMIDE

La forêt humide s'étend entre 500 et 1 000 m d'altitude où la température est de 20 à 25 °C et la pluviométrie varie entre 2 et 5 m par an. Les arbres, verts toute l'année, possèdent souvent de puissants contreforts. Les lianes et les épiphytes, des fougères, des broméliacées et des orchidées, y sont nombreux. Il existe encore de belles forêts humides dans les massifs de la Basse-Terre, sur la côte au Vent, dans le Sud, dans les monts Caraïbes, ainsi que sur la côte sous le Vent.

Les fougères arborescentes *peuvent atteindre 10 à 15 m de hauteur et leurs feuilles 2 à 3 m de longueur. La base des troncs est parfois utilisée pour faire des pots de fleurs.*

Les orchidées appartenant aux genres Oncidium, Epidendrum *ou* Lepanthes *croissent sur les troncs et les branches des arbres.*

SAVANES ET FOURRÉS D'ALTITUDE

Au-dessus de 1 000 m sur la côte au Vent et de 1 100 m sur la côte sous le Vent, la température est, en moyenne, égale ou inférieure à 20 °C et la pluviométrie de 8 à 10 m par an. Une nébulosité presque permanente maintient une humidité proche de la saturation. Les arbres sont rabougris, tortueux et chargés de mousses. La forêt cède peu à peu la place à des fourrés, à des tourbières et à des prairies où abondent broméliacées et mousses.

La myrtille des hauts ne se rencontre que sur la Soufrière et la montagne Pelée à la Martinique. Ses petits fruits violets sont comestibles.

Le fuchsia montagne, petit arbrisseau aux fleurs d'un rouge éclatant, croît sur les pentes de La Soufrière.

L'inflorescence de l'ananas rouge montagne peut atteindre 1 m de haut. Cette broméliacée est particulièrement résistante aux éruptions volcaniques.

Le Parc national de la Guadeloupe

Logo du PNG

La zone centrale du Parc national de la Guadeloupe, créé en 1989, est un territoire de 17 300 ha qui protège la plus grande partie du massif forestier de la Basse-Terre. L'établissement public qui gère le parc est également chargé d'animer un programme de développement durable dans la zone périphérique du parc et de se préoccuper du devenir de la côte sous le Vent. De façon générale, le Parc national favorise la promotion d'un tourisme respectueux du patrimoine naturel et culturel. C'est dans cet esprit qu'il a accordé son label à un réseau d'hébergements chez l'habitant et de prestataires touristiques de qualité.

L'île d'Émeraude
présente les caractéristiques de la forêt tropicale qui tiennent à l'insularité et au climat chaud et humide. Cette forêt abrite plus de 300 espèces d'arbres et arbustes, 2 700 espèces de plantes à fleurs, dont 250 espèces de fougères et une centaine d'orchidées.

La côte sous le Vent aux environs de Bouillante

La zone périphérique
est constituée des trois communes de la côte sous le Vent : Vieux-Habitants, Bouillante et Pointe-Noire.

L'île aux belles eaux,
Karukéra, est le nom donné par les Amérindiens à l'île. L'eau court dans les méandres du relief montagneux de la Basse-Terre. Ces eaux réputées présentent des vertus, exploitées par exemple à la station thermale de Ravine Chaude (p. 145), ou à la clinique des Eaux Vives (p. 119).

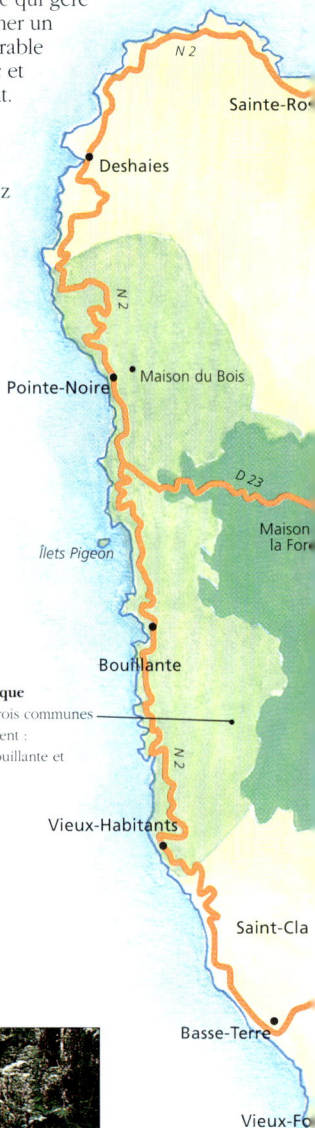

Carte :
N 2
Sainte-Ro...
Deshaies
N 2
Pointe-Noire
Maison du Bois
D 23
Maison la For...
Îlets Pigeon
Bouillante
Vieux-Habitants
N 2
Saint-Cla...
Basse-Terre
Vieux-Fo...

0   5 km

La réserve naturelle du Grand Cul-de-Sac marin s'étend sur près de 3 700 ha de milieux marins littoraux et terrestres.

de
age

Îlet à Fajou

La Biche

Grand
Cul-de-Sac
marin

Îlet
à Christophe

Le Lamentin

Les Abymes

Baie-Mahault

N 2

N 1

POINTE-À-PITRE

D 23

Petit-Bourg

Goyave

N 1

Soufrière
1 467 m

Capesterre-
Belle-Eau

aison
Volcan

N 1

-Rivières

LA RÉSERVE DE BIOSPHÈRE

Programme sur l'homme et la biosphère

Le 25 mars 1994, la Guadeloupe a été désignée « réserve mondiale de biosphère » par l'Unesco. Elle fait partie des 350 aires sélectionnées dans le monde, portant sur des écosystèmes terrestres, côtiers ou marins, considérés comme « sites privilégiés pour la promotion et la démonstration des relations équilibrées entre l'homme et son environnement ». Ces réserves, destinées à la conservation des paysages, des écosystèmes, des espèces et de la biodiversité, doivent encourager un développement économique durable sur les plans écologique et socioculturel, et fournir un appui logistique pour la recherche, la surveillance continue, la formation et l'éducation. La réserve de biosphère de l'archipel de la Guadeloupe est la seconde du genre créée dans les Petites Antilles, après celle des îles Vierges américaines. C'est la huitième du réseau français, qui en compte neuf. Elle présente deux originalités : il s'agit d'une réserve éclatée en plusieurs sites dont le cœur est constitué par les périmètres protégés du Parc national et de la réserve naturelle du Grand Cul-de-Sac marin. C'est aussi une réserve évolutive devant intégrer progressivement d'autres espaces protégés.

La zone centrale du Parc national comprend la Soufrière, les chutes du Carbet, les Mamelles et la vallée de la Grande Rivière des Vieux-Habitants.

LÉGENDE

Zone centrale

Zone périphérique

Réserve naturelle du Grand Cul-de-Sac marin

La Grande Rivière des Vieux-Habitants

Les plages de la Guadeloupe

L es plages offrent des facettes très différentes selon que vous êtes à la Basse-Terre ou à la Grande-Terre. Le sable se décline sur tous les tons : noir à la Basse-Terre, blanc à la Grande-Terre. La côte sous le Vent de la Basse-Terre est ourlée de jolies criques où la mer est paisible. La côte au Vent de la Grande-Terre est plus sauvage et rendue plus dangereuse par les falaises et le ressac de l'océan. Ski nautique, surf, planche à voile, catamaran et même scooter des mers se pratiquent couramment sur de nombreuses plages. En cas d'ondée, éviter de s'abriter sous les mancenilliers, arbres toxiques reconnaissables à leurs pommes vertes, au latex vénéneux et généralement bien signalés.

L'Anse du Souffleur
à Port-Louis est la plus
agréable des plages du
nord de la Grande-Terre.

La plage de Grande Anse
à Deshaies est l'une des plus belles
du nord de la Basse-Terre avec vue
de l'île de Montserrat.

La plage de Malendure *au sable noir et*
aux beaux fonds marins accueille
de nombreux baigneurs, sportifs et plongeurs.

Plage de
Grande-Anse

Sainte-Rose

Gran
Cul-de-Sac

Deshaies

② Pointe-Noire

Plage de
Malendure ⑥

③

Cape
Belle

Basse-Terre

Trois-Rivières

0   10 km

Anse-
trand
2
du
eur

NTE-À-PITRE

Le Gosier

Le Moule

5

7 11

9   Saint-François
*Plage des
Raisins-Clairs*

8

4 1

10   Sainte-Anne
*Plage de
la Caravelle*

La Caravelle *du Club à Sainte-Anne est une plage propice
à tous les sports nautiques.*

LES DOUZE MEILLEURES PLAGES

Pour sa tranquillité ①
La plage de Bois-Jolan, avec
ses petits lagons naturels, est
protégée par ses arbres.

Pour son sable noir ②
La plage Caraïbe à Pointe-
Noire offre du sable et des
galets noirs d'origine
volcanique.

Pour sa popularité ③
La plage de Roseau à Sainte-
Marie est aménagée et offre
une aire de pique-nique.

Pour l'ambiance ④
Marchandes de sorbets et
vendeurs de cocos et de
beignets font de la plage de
Sainte-Anne un lieu animé.

Pour les sportifs ⑤
Les plages du Moule ont des
spots appréciés des surfeurs.

Pour la plongée ⑥
La plage de Malendure, face
aux îlets Pigeon, est idéale
pour les plongeurs.

Pour les naturistes ⑦
Le nudisme n'est pas autorisé
en Guadeloupe mais
seulement toléré ; les
naturistes se baignent à la
plage de Tarare à Saint-
François et à la Caravelle
à Sainte-Anne.

Pour le panorama ⑧
La plage de la pointe
des Châteaux est superbe
mais la violence des vagues
et des courants la rend
très dangereuse.

Pour la famille ⑨
La plage des Raisins Clairs
à Saint-François accueille

le dimanche les familles
guadeloupéennes : pique-
niques animés avec canari
et poste-radio.

Pour son décor insolite ⑩
La plage de Saint-Félix
avance sur la mer et plonge
dans la mangrove.

**Pour ses bancs de
poissons** ⑪
Un masque et un tuba
permettent d'apercevoir des
poissons aux couleurs vives
à la plage des Salines (pointe
des Châteaux). Attention,
l'ombre y est rare.

Pour ses flamboyants ⑫
Flamboyants et cocotiers
offrent une ombre
bienfaisante à l'Anse du
Souffleur à Port-Louis.

Les cyclones

Pancarte
d'avertissement

Quand se termine le mois d'octobre, les Antillais savent que le ciel a très peu de chance de leur tomber sur la tête avant le mois de juillet qui suit. Jusqu'en 1986, le terme de « cyclone » ne s'appliquait qu'aux perturbations tropicales dont les vents dépassent 118 km/h. Depuis, il désigne toute perturbation tropicale tourbillonnaire. Ils sont classés en cinq catégories sur l'échelle Saffir-Simpson. Dans la catégorie 5, les vents dépassent les 250 km/h. À l'origine, seuls des prénoms féminins étaient utilisés, mais depuis 1979, sous la pression de groupes féministes américains, les prénoms sont alternativement masculins et féminins.

Dégâts causés par le cyclone Luis à Gustavia (Saint-Barthélemy) en septembre 1995

La plupart des cyclones des Antilles traversent l'Atlantique d'est en ouest en s'incurvant vers le nord.

L'ŒIL DU CYCLONE
Bien qu'encerclé par les vents les plus violents du cyclone, l'œil, situé au centre, est une zone de calme. Après le passage de l'œil, les vents retrouvent toute leur puissance. Dans l'hémisphère nord, les vents tournent autour de l'œil dans le sens inverse des aiguilles d'une montre.

Les cyclones tropicaux peuvent dépasser 1 000 km de diamètre et atteindre 18 000 m de hauteur. Leur vitesse de déplacement est comprise entre 30 et 50 km/h.

LA VIE D'UN CYCLONE

Plusieurs facteurs entraînent la naissance d'un cyclone. D'abord, par réchauffement, l'eau des océans s'évapore et se condense en altitude en nuages orageux. C'est la rotation de la Terre (force de Coriolis) qui transforme ce phénomène dépressionnaire en cyclone. La présence d'un anticyclone en haute altitude favorise le développement du cyclone, qui devient détectable par les images satellites comme celle-ci. En atteignant les terres, il perd de son intensité parce que coupé de sa source d'énergie : la chaleur de l'océan.

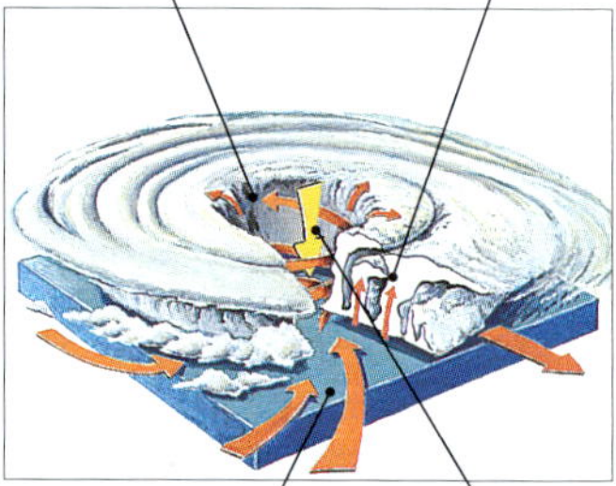

Zone calme et dégagée de l'œil

L'air chaud et humide s'élève en spirale.

Rotation dans le sens inverse des aiguilles d'une montre (hémisphère nord)

Air en chute dans l'œil

Hugo, Luis, Marylin et les autres…

Entre 1886 et 1995, 17 ouragans sont passés sur ou à proximité de la Guadeloupe. Le 17 septembre 1989, les vents du cyclone Hugo ont avoisiné les 300 km/h !

-CYCLONE HUGO- LE 15/09/89 A 1230 UT

Les dégâts matériels
Le vent détruit notamment les bananeraies. Les pluies torrentielles provoquent des inondations, des coulées de boue et même des glissements de terrain. Les cyclones élèvent aussi le niveau de la mer de plusieurs mètres créant des marées de tempête qui inondent les côtes.

AU CŒUR DE L'ALERTE

Le centre Météo-France de la Guadeloupe travaille avec le National Hurricane Center de Miami, qui détecte les cyclones, leur trajectoire et leur intensité grâce aux satellites et aux ordinateurs. Lorsque les perturbations ne sont plus qu'à 200 km des côtes, les radars prennent le relais et affinent les calculs. Les informations les plus détaillées sont obtenues par les *Hurricane's Hunters*, avions de la NOOA des États-Unis spécialement conçus pour voler au cœur des cyclones.

L'alerte
24 à 48 h avant l'arrivée probable d'un cyclone, les bulletins météorologiques officiels radiophoniques informent le public, et le « plan

Les conseils de Météo-France

d'urgence cyclone » est déclenché. C'est la Sécurité civile qui assure la protection des personnes et des biens par des actions de prévention et l'organisation des secours.

Pendant le cyclone
Il faut débrancher tous les appareils électriques de la maison, s'abriter dans la pièce la plus sûre et se tenir éloigné des fenêtres, ne sortir sous aucun prétexte tant que l'alerte n'est pas levée, rester à l'écoute de la radio (à piles), ne téléphoner qu'en cas d'extrême urgence car les secours ont besoin de toutes les lignes téléphoniques.

Après le passage du cyclone
La fin de l'alerte est annoncée à la radio, et l'on peut sortir de chez soi. Néanmoins, il ne faut pas circuler dans les zones inondées ni toucher aux fils électriques tombés à terre.

Le cyclone Luis en Guadeloupe (1995)

La littérature guadeloupéenne

Les premières traces écrites connues en Guadeloupe sont les pétroglyphes de Trois-Rivières et de la rivière Duplessis. Le conteur sera ensuite à l'origine d'une littérature de l'oral et, selon Raphaël Confiant, « l'ancêtre de l'écrivain créole moderne ». Si l'on distingue souvent écrivains de la négritude, de l'antillanité et de la créolité, cette distinction est un peu arbitraire en Guadeloupe, les itinéraires de certains auteurs les menant d'un courant à un autre. Ainsi, Maryse Condé, connue d'abord comme auteur de la négritude, s'en est ensuite démarquée. Autre caractéristique, la littérature guadeloupéenne est très fortement marquée par la présence de femmes.

Daniel Maximin est l'auteur de L'Isolé Soleil *(1981), de* Soufrière *(1987) et de* L'Île et une nuit *(Le Seuil, 1995), histoire d'une femme qui lutte pour domestiquer sa peur pendant une longue nuit de cyclone.*

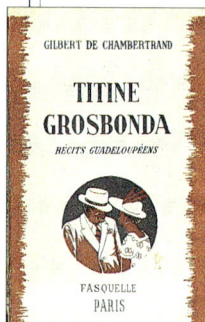

Gilbert de Chambertrand, poète et romancier guadeloupéen (1890-1984), a laissé un recueil de nouvelles Titine Gros Bonda, *(littéralement Titine Gros Cul), un roman plus sérieux* Cœurs créoles *ainsi qu'une sorte de bréviaire philosophique* Reflets sur l'eau du puits.

Simone Schwarz-Bart fut encouragée à écrire par l'écrivain André Schwarz-Bart qu'elle rencontra en 1959. Ses romans les plus connus sont Pluie et Vent sur Télumée Miracle *(Le Seuil, 1972),* Ti Jean l'Horizon *(Le Seuil, 1979),* Ton beau capitaine.

Prix Nobel de littérature en 1960, Saint-John Perse est né à Pointe-à-Pitre en 1887. Reçu au concours des Affaires étrangères en 1914, il partit pour Pékin. Nostalgique d'un pays natal qu'il ne reverra jamais, il décida après la Seconde Guerre mondiale de se consacrer à son œuvre. Les recueils se succéderont parmi lesquels Images à Crusoé *et* Éloges *sont les seules œuvres poétiques dont le lien avec la Guadeloupe est évident.*

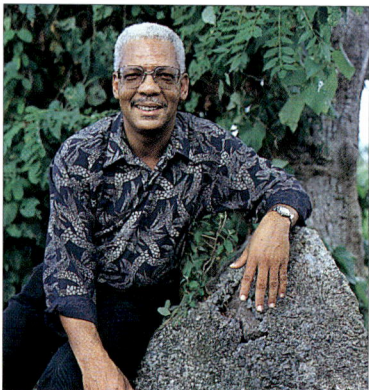

Ernest Pépin a reçu en 1990 le prix « Casa de las Americas » décerné à Cuba pour Boucan de mots libres. *Il est l'auteur de* L'Homme au bâton *(Gallimard, 1992).*

Gisèle Pineau a fait une percée remarquée avec ses romans La Grande Drive des esprits, L'Espérance-Macadam, L'Exil selon Julia *et* L'Âme prêtée aux oiseaux *(Stock). Elle vient de signer avec Marie Abraham un bel essai* Femmes des Antilles, traces et voix *(Stock, 1998) qui restitue les paroles de femmes, rompant avec une longue tradition de silence.*

LE CONTEUR, ANCÊTRE DE L'ÉCRIVAIN

Pendant trois siècles, les esclaves des plantations et les habitations prenaient la parole la nuit, racontant devinettes, contes et comptines. Cette « oraliture » (littérature de l'oral, selon l'expression de Patrick Chamoiseau et de Raphaël Confiant) diffusera une contre-culture et des contre-valeurs, face à la culture coloniale. Kompé lapen (Compère Lapin) est le personnage le plus populaire du folklore créole. Cynique et rusé, il est toujours prêt à jouer des tours pendables. Sa débrouillardise et son amoralité lui permettent de survivre tout comme Tijan, autre antihéros. Aujourd'hui, les conteurs libèrent leur parole pendant les veillées, en famille et à l'occasion de diverses fêtes.

Contes recueillis par Alain Rutil

Guy Tirolien *(1917-1988), auteur de* Balles d'or *(Présence africaine, 1961), est dans la lignée de la négritude. Il défendit en 1978 l'autodétermination pour la Guadeloupe. Quand on lui reprochait de ne pas écrire en créole, il avouait son amour pour la langue française.*

Maryse Condé *devint célèbre par la fresque* Ségou, *relatant l'histoire de l'ancien empire du Mali, qu'elle écrivit après quelques années passées dans la Guinée révolutionnaire de Sékou Touré. De retour en Guadeloupe, elle trouva dans son île natale la source principale de ses autres romans :* La Vie scélérate *et* Traversée de la mangrove.

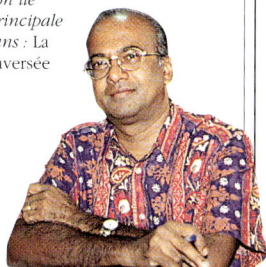

Hector Poullet *fonde en 1970 l'Association guadeloupéenne d'éducation populaire avec Gérard Lauriette (p. 102), enseignant selon la méthode de ce dernier « Zyé dans zyé, bra balan », (« Yeux dans yeux, bras ballants »), qui n'utilisait pas de manuels scolaires. Il publie, à partir de 1975, une revue d'étude du créole,* Mouchach, *bulletin de la créolité, puis, en 1984, un dictionnaire créole guadeloupéen-français avec S.Telchid et D. Montbrand.*

Ernest Moutoussamy *est l'auteur d'une œuvre poétique et romanesque qui reflète un engagement à la fois en faveur du socialisme, de l'indépendance nationale et de l'indianité, mouvement idéologique et culturel dont il s'est fait l'ardent défenseur. Parmi ses principales œuvres on peut citer* Il pleure dans mon pays *et* Cicatrices.

Traditions musicales

L e gwoka, musique native de la Guadeloupe, symbolise à lui seul l'histoire qui a marqué le destin d'une partie de sa population. Il a pris ses racines dans l'esclavage tant par ses chants, ses danses que par le langage de ses tambours. Il n'est pas aisé de retracer son histoire car, suivant les régions de l'île, cette musique a adopté des formes singulières liées à la culture de la terre, particulièrement à celle de la canne à sucre. Le gwoka s'est ancré sur les *z'habitations*. Lors des moments de pause, la musique permettait aux esclaves de s'évader dans un monde où ils pouvaient exorciser leurs souffrances. Langage du marronage, le tambour gwoka était aussi le moyen de communiquer d'un morne à l'autre pour échapper aux poursuites des chiens et des maîtres.

Le gwoka, interdit jusque dans les années 60, a été marqué par des personnalités tout particulièrement par Vélo, qui fut le premier tambouyé à installer son ka dans la ville de Pointe-à-Pitre.

Chacha

Guy Konkèt et Gérard Loquel, *autres figures déjà légendaires du gwoka, ont, chacun à sa manière, révolutionné la musique de gwoka dans les années 70. Le premier en composant des textes avec des arrangements inédits qui sont aujourd'hui devenus des classiques, le second en rédigeant le Traité du gwoka moderne, passant de l'expression de la pure oralité à la partition écrite.*

Carnot, *« rapide comme une mangouste et libre comme un crabe »* est un septuagénaire vivant dans le bourg de Goyave. Il est, avec Henri Delos et Napoléon Magloire, de cette génération qui incarne l'histoire du gwoka.

Le tambour boula, au son grave, sur lequel sont frappés les rythmes de base.

Le tambour marqueur est le tambour soliste qui marque le danseur.

Le chacha *est une calebasse jouée à pleine main remplie de graines, qui aide à soutenir la cadence rythmique.*

Les obsèques de Vélo, célébrées au tambour, ont produit un véritable effet de catharsis sur la population, permettant à une expression artistique longtemps rejetée comme musique à vié neg de gagner ses lettres de noblesse.

EN SAVOIR PLUS

Bibliographie : Carnot par lui-même, *Alors ma chère moi…,* Éd. Caribéennes. Jocelyn Gabaly, *Diadyée* (à compte d'auteur). Sonny Rupaire, *Cette igname brisée qu'est ma terre natale,* Éd. Parabole AGEG. *Les Musiques guadeloupéennes,* colloque de nov. 1986, Éd. Caribéennes.
Discographie : *Gwoka, soirée léwoz à Jabrun* et *Gwoka, soirée léwoz à Cacao,* collection « Ocora » (Radio France). *Tambou ka deboulé, Poukoutan'n,* Guy Konkèt et le groupe Ka, Éd. Bolibana. *Santiman ka,* Kafé, Debs. *Flanm' a la Viktwa,* Esnard Boisdur et son groupe Katel, Éd. Sonodisc. *Kan'nida,* Éd. Label Bleu.

Chacha

Tambour boula

Chaque rythme appelle les pas d'une chorégraphie exécutée par une danseuse ou un danseur qui se doit de suivre ou de faire suivre au tambour marqueur les pas du rythme choisi (graj, léwoz, mendé, pajembel, toumblac et kaladja).

GROUPE DE GWOKA

La structure rythmique du gwoka se compose de deux tambours boula (ou parfois plus) qui accompagnent le tambour soliste, le marqueur. Elle est menée par un chanteur qui lance une chanson dont le refrain est repris par les chœurs, les répondeurs. Viennent s'ajouter les battements de mains et les chachas (maracas). Le répertoire est composé de nombreux airs traditionnels devenus des classiques.

Le groupe Kassav a donné ses lettres de noblesse au zouk et lui a fait faire le tour du monde au début des années 80. La voix de Jocelyne Béroart, le sens aigü de la composition de Jacob Devarieux mis au service de tout le talent du groupe ont fait connaître la Guadeloupe dans le monde entier.

Les arts plastiques

En Guadeloupe, la tradition picturale et sculpturale est récente. Les seules traces non caraïbes seraient des bas-reliefs, aujourd'hui disparus, gravés sur de gros rochers de la rivière de Prise-d'Eau. Les premiers artistes à amorcer une véritable réflexion et à se consacrer à leur art sont apparus dans les années 60. Aujourd'hui, la Guadeloupe compte une trentaine de peintres et de sculpteurs. Pour découvrir leurs œuvres, il est souvent possible de se rendre dans leur atelier. La plupart d'entre eux enseignent pour vivre car les commandes officielles sont rares. Pourtant, entreprises et collectionneurs privés s'intéressent de plus en plus à l'art. Depuis 1992, le festival Indigo réunit les peintres de la Caraïbe chaque année à la fin du mois d'août au fort Fleur-d'Épée.

Roger Arékyan, l'un des rares sculpteurs de l'île, travaille la pierre et les bois fruités, le mahogany, le mancenillier, l'acajou et le poirier mais voudrait aujourd'hui mélanger les matériaux comme le béton et la pierre.

Jacky Poulier, professeur de sciences naturelles, sculpte le plâtre, l'époxy, l'argile et... les cordes. Il travaille des cordages de marin (drisses) qu'il peint et dispose dans l'espace de façon à obtenir des sculptures mouvantes.

KOUKARA

Le groupe Koukara, Koulè Karayib, est né fin 1988, sous l'impulsion de Lucien Léogane, Jacques Lampécinado et Klodi Cancelier, animés par la volonté de sortir les artistes du ghetto socioculturel folklorique et doudouiste. Leur manifeste met en avant le concept de la caribéanité en valorisant les apports africains, occidentaux, amérindiens et asiatiques. Ils ont mis au point un concept plastique baptisé « Fibressences », qui s'organise autour des fibres, matières végétales.

Rituel 2 par Klodi Cancelier (1997)

Thierry Alet, jeune plasticien guadeloupéen formé à l'école régionale d'Arts plastiques de la Martinique, vit et travaille à New York. Avec sa série Treize têtes qui rient, il explore l'univers du masque et de la dérision. Marcel (ci-dessus) fait partie de cette série de grands formats (198 x 198), exposée au fort Delgrès en juin 1998.

Antoine Nabajoth a passé son enfance rue du Cimetière aux Abymes. Tout un univers magico-religieux imprègne aujourd'hui ses toiles : soucougnans, bêtes à Man'Ibé... Il a aussi consacré une exposition au bwa-bwa, personnage fétiche du carnaval (p. 46). Depuis 1996, son atelier est aux Abymes.

Mireille et Marie Prompt (p. 151) inscrivent leur travail dans la tradition amérindienne, mais leurs céramiques sont d'authentiques créations. Elles utilisent des pigments mélangés, à base de terre, peignent à la tempera (à l'œuf).

Joël Nankin, peintre, musicien et cofondateur du groupe Akiyo, est un artiste autodidacte qui a commencé à peindre alors qu'il était emprisonné à Basse-Terre pour avoir milité pour l'indépendance de l'île. Il puise son inspiration dans l'univers des plantations, de la bitasyon (habitation) sucrière.

Michèle Chomereau-Lamotte a su créer un univers riche, façonné par une enfance à Paris, un retour en Guadeloupe en 1974, des années de travail avec Michel Rovelas et une fascination pour les maîtres de la Renaissance italienne.

Pierre Chadru organise à l'Espace Art (p. 243) des ateliers de sensibilisation aux arts plastiques et des stages pour enfants et adultes. L'idée est de familiariser l'enfant avec les matériaux, sans directive précise. Des conférences sur l'art contemporain sont aussi au programme.

MICHEL ROVELAS, UNE PEINTURE MILITANTE

Michel Rovelas est un peu le précurseur de la peinture contemporaine en Guadeloupe. Pour lui, le peintre a deux possibilités : « soit peindre ce qu'il voit en tant qu'homme du XXe siècle, natures mortes, paysages, portraits... soit tenter de rendre compte, par une investigation plus poussée, de la nature de l'homme guadeloupéen et de son devenir. » Et de conclure : « J'ai choisi la seconde voie. » *Disloquements, Cannibalismes, Crucifixions* sont autant de titres évocateurs pour celui qui fut longtemps militant indépendantiste et qui continue de s'interroger sur le devenir de la société. Michel Rovelas explore la destructuration de la société guadeloupéenne, s'efforce de recomposer, de restructurer un univers, une pensée. Il aime que ses toiles, généralement des grands formats, suscitent des réactions et des interrogations. Autodidacte, il est responsable aujourd'hui de l'école d'arts plastiques du Lamentin (p. 144) et a acquis une notoriété internationale.

Cannibalisme, 1993

L'habitat guadeloupéen

Grage
(râpe à coco)

L'histoire de la case commence avec celle des premiers colons. Pour se loger, ils inventent de petites maisons en bois dont l'ossature, empruntée à la charpente marine, est coiffée d'un toit à deux pentes. Sur les sites de production, les cases rudimentaires réservées aux esclaves s'organisent autour de celle du colon qui se distingue déjà par ses dimensions et son confort, préfigurant la maison de maître. La case évolue par bourgeonnements au gré des besoins ou de la fortune de son propriétaire. Avec l'abolition de l'esclavage en 1848, elle devient le centre d'un système d'autosubsistance grâce à son jardin créole.

La couleur des cases était autrefois celle des matériaux eux-mêmes. La peinture, aujourd'hui courante, protège le bois et devient un élément de décor.

Le jardin créole nourricier
entoure l'espace habité car la case est d'abord un habitat rural. Cultures vivrières et plantes médicinales s'y organisent en carreaux sélectifs.

La basse-cour rassemble poules, lapins et cochons (le cochon est élevé pour le meilleur colombo et les fêtes de fin d'année).

L'arbre à pain fut la plante nourricière « des pauvres et des cochons ». C'est un arbre à germination permanente très répandu dans les jardins créoles.

La cuisine, située sous le vent, est, comme l'espace toilette-lessive, attenante à la case.

La galerie *construite sur le devant de la case (ici urbaine) est un espace de convivialité où l'on s'installe pour converser. Elle protège aussi la façade des intempéries.*

LA VILLA CRÉOLE MODERNE

Rompant avec le style « brutaliste » des constructions tout béton de l'après-guerre et sous l'impulsion de l'architecte Jack Berthelot, la villa moderne emprunte ses atours à la maison de maître, depuis le milieu des années 1970. Cette symbiose entre la modeste case et la prestigieuse maison de maître a produit ce qui est aujourd'hui l'archétype de l'habitat en Guadeloupe. Cette large construction blanche sur un ou deux niveaux est ceinte par une véranda qui lui fournit le confort bioclimatique recherché et est décorée de dentelles métalliques ou en bois (fanfreluches). Elle allie souvent une charpente en bois à des structures en béton, plus résistantes aux cyclones.

La villa moderne reprend les valeurs esthétiques et fonctionnelles de la case

LA CASE CRÉOLE

La case comporte généralement deux pièces (3 m x 6 m), « le deux-pièces-case » en bois, mais il s'agit d'une construction modulaire dont l'évolution par bourgeonnements est associée à celle de la famille.

Pour empêcher que l'humidité *ne dégrade le bois, la case est posée sur de grosses pierres, des murets ou bien est portée par des poteaux fichés dans le sol.*

La création d'une véranda périphérique renforce la résistance de la case aux cyclones.

L'espace ornemental est situé devant la maison, dont la façade donne sur la rue ; une barrière végétale tachée de fleurs s'agrémente de conques de lambis.

Les ouvertures *à jalousies, remplaçant les vitres, laissent passer l'air frais et tamisent la lumière. Les portes sont fermées par des volets.*

L'habitation

E ntre la case du début de la colonisation
et l'habitation du XVIIIe siècle, le colon est
devenu prospère. Sa propriété englobe alors des
terres pour l'agriculture, des bâtiments pour la
production et le logement et des esclaves pour
l'exploitation. C'est autour de la maison du maître
que s'organisent les différentes installations.
L'habitation est aujourd'hui un témoignage du passé.
Cependant, les visiteurs peuvent découvrir les
bananeraies de l'habitation Grand Café à
Sainte-Marie *(p. 101)* et La Grivelière *(p. 124)*,
récemment réhabilitée.

**Une galerie procure à la maison
l'ombre dont elle est avide**

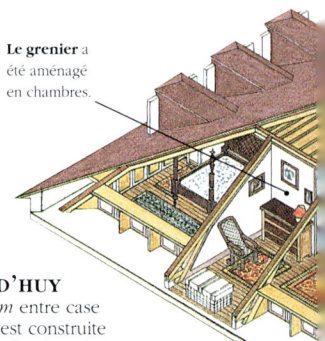

Le lit à colonnes *en acajou sculpté
fait partie du mobilier traditionnel des
chambres à coucher.*

Le grenier a
été aménagé
en chambres.

LE MAUD'HUY

Cette construction est typique du *continuum* entre case
et maison de maître. Comme la case, elle est construite
en charpente marine, mais la trame en est élargie et les
bois plus résistants permettant de plus grandes portées
et donc des pièces plus larges. Comme la case,
elle ne comporte pas de fondations ; elle est
surélevée sur un socle en dur, qui abrite
le vide sanitaire et la protège de
l'humidité.

Le petit salon *abrite un secrétaire
en acajou et des berceuses créoles.*

Les bras du fauteuil planteur
*se déplient afin de permettre le
repos des jambes.*

LA MAISON DE MAÎTRE

Conservant les principaux caractères de la case (légèreté, charpente, bois), la maison du colon s'est peu à peu transformée au contact des Anglais et des Espagnols présents dans les Caraïbes au XVIIIᵉ siècle. Au siècle suivant, une architecture cohérente et spécifique prend corps. La maison se distingue par son élégance, servie par la légèreté de volumes en bois et

Le « château » Murat à Marie-Galante

la finesse de ses décors. Elle est parfois inspirée des constructions bourgeoises de l'époque en France (château Murat à Marie-Galante). Certaines auraient été apportées en pièces détachées d'ateliers spécialisés comme celui de Gustave Eiffel ou encore de Louisiane (maison Zévallos). Ces demeures de prestige sont plus nombreuses en Basse-Terre, même si la plus emblématique d'entre elles, Le Maud'huy *(p. 158)* est située sur les hauteurs de Saint-François en Grande-Terre.

La couverture est en tôle.

Comme pour la case, les dépendances sont rassemblées autour d'une cour. À l'origine, la cuisine était toujours extérieure pour limiter les risques d'incendie et les odeurs.

Toujours blanche, la maison de maître – au contraire de la case – doit être vue sous tous les angles.

La galerie entoure la maison.

La salle à manger, au centre de laquelle trône une longue table en acajou, ouvre sur la galerie.

La population

Avec plus de 420 000 habitants, le petit archipel de la Guadeloupe est une fois et demie plus peuplé que la Corse, qui est cinq fois plus grande que lui. La population est jeune : plus de 57 % des Guadeloupéens ont moins de 30 ans et les plus de 60 ans représentent environ 12 %. Une incroyable diversité ethnique caractérise la population guadeloupéenne. Le groupe noir et métis en constitue le noyau. Le groupe blanc va des békés aux Saintois en passant par les Saint-Barths et les « métros ». Les Guadeloupéens d'origine indienne, asiatique, syrienne et libanaise complètent ce tableau.

Le domaine de Séverin, fief d'une famille de békés, les Marsolle

La population guadeloupéenne possède un taux de natalité supérieur à 17 ‰

LES AMÉRINDIENS

Les premiers arrivants (vers 800 apr. J.-C.) étaient des Amérindiens. Les manuels d'histoire retiennent qu'ils ont été « pacifiés » depuis Christophe Colomb et plus encore à partir de 1635 avec la colonisation française. Cet euphémisme cache mal le génocide dont fut victime ce peuple. Selon un rapport démographique de 1884, le dernier Caraïbe habitait dans la région d'Anse-Bertrand (p. 178), ultime refuge des rescapés à l'origine du singulier métissage d'individus du nord de la Grande-Terre, aux pommettes saillantes et aux cheveux lisses et noirs.

Indien caraïbe au début du siècle

LES NOIRS ET LES MÉTIS

Descendants lointains d'esclaves africains, ils forment le groupe majoritaire et représentent les quatre cinquièmes de la population. Au fil du temps, la multiplication des métissages a généré toutes les nuances de couleurs de peau. Le type le plus singulier reste le « chabin » à la peau claire, aux yeux d'or et aux cheveux crépus souvent roux ou auburn. La société coloniale agissant comme une « machine à métisser » a classé ce groupe en mulâtres et quarterons (métis de Blanc et de Noir), en câpres et câpresses (mélange de Blanc, Noir et Indiens), etc.

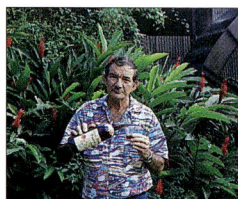

L'enfant est roi

LES BLANCS-PAYS

Les Blancs-pays, longtemps désignés sous le vocable de « Blancs créoles », sont les héritiers des premiers colons européens. Aujourd'hui, ils représentent environ 5 % de la population et forment une caste assez fermée, au sommet de la pyramide économique. Les grandes familles (les békés) sont les héritières de l'industrie sucrière et des plantations. Cette posture est opposable aux autres Blancs moins nantis, répertoriés comme « petits Blancs » ou « Blancs-goyave » et aux métropolitains. Les Blancs des dépendances, particulièrement ceux de Saint-Barthélemy et des Saintes, et encore moins les Blancs-Matignon (p. 162), ne sont pas assimilables à ceux du « continent ».

LA POPULATION SAINTOISE

Singulière dans la zone géographique, la population saintoise se caractérise par la prédominance de l'élément blanc. En réalité, les 3 200 habitants de l'archipel ont pour trait commun une peau peu colorée. Il faut dire que n'étant pas une terre à canne, le petit archipel a eu peu recours à l'esclavage des Noirs. Le métissage s'est affirmé de manière particulière car les Blancs se sont mélangés aux Noirs minoritaires. Deux thèses s'affrontent sur l'origine du

Guadeloupéenne au teint et aux yeux clairs

LE PRÉJUGÉ DE COULEUR

Très friands de *tim tim boissek* (contes fantaisistes), les Guadeloupéens racontent que Dieu convoqua un jour, alors que le diable n'était encore qu'un petit garçon, Blancs, mulâtres et Noirs pour midi. Arrivés à midi moins le quart, les Blancs choisirent la plus petite des trois boîtes présentées par Dieu et y trouvèrent la richesse ; les mulâtres, arrivés à midi pile, eurent la même modestie de choix et reçurent la connaissance ; les Noirs, bien évidemment lents de nature, ne vinrent au rendez-vous que vers treize heures. Dans la troisième et dernière boîte, ils héritèrent de pioches, de marteaux, et autres outils de dur labeur. Ainsi s'exprima la bonté divine ! Cette autodérision pourrait traduire un certain fatalisme lié au préjugé de couleur qui servit de socle à la société esclavagiste, mais qui a eu tendance à se déliter au sein du peuple surgi de l'histoire coloniale. Dans son livre *La couleur comme maléfice*, l'ethno-sociologue guadeloupéen Jean-Luc Bonniol analyse l'inanité de la hiérarchie liée à la couleur de la peau. Frantz Fanon dans *Peau noire, masques blancs* stigmatisait déjà, dans les années 60, la perversion de l'échange dévoyé par le préjugé de couleur. Il estimait que dans ce contexte, le Noir reste « esclave » de son infériorité et le Blanc « esclave » de sa supériorité, produisant ainsi un échange névrotique. En dépit de l'émergence d'une petite bourgeoisie noire, cette équation demeure la base de l'ordre social.

Frantz Fanon (1925-1961)

peuplement blanc : la première, la préférée des Saintois, procède du mythe de l'ascendance bretonne, la seconde, plus prosaïque, rappelle l'ancienne vocation d'île de garnison des Saintes.

LES MÉTROPOLITAINS

Appelés aussi « Blancs-France », les métropolitains n'ont pas forcément bonne réputation. Le cours de l'histoire y est assurément pour quelque chose, et la principale remarque faite aux « métros » est générique : « Vous n'êtes pas en pays conquis ! » La remarque vaut pour le comportement pas toujours exemplaire de cette communauté de fonctionnaires, de gendarmes et de militaires, et pour les vagues d'aventuriers, jeunes et moins jeunes. Notons tout de même dans ce sombre tableau que beaucoup de métros ont su s'intégrer et devenir des enfants du pays.

LA COMMUNAUTÉ LIBANAISE ET SYRIENNE

Certaines familles sont implantées en Guadeloupe depuis plusieurs générations (premiers arrivants en 1884). Ceux que l'on nomme à tort les Syro-Libanais ont durablement vécu à la manière d'un clan. Ils sont essentiellement commerçants, non seulement dans les artères chatoyantes de Pointe-à-Pitre et de Basse-Terre, mais aussi dans le centre de la plupart des communes de la Guadeloupe. On a souvent dit d'eux qu'ils

étaient les Phéniciens des temps modernes, puisqu'on les retrouve comme vendeurs d'étoffes ou de produits d'importation dans tout le Tiers Monde.

LES GUADELOUPÉENS D'ORIGINE INDIENNE

Vivant pour la plupart dans le voisinage des anciennes zones de culture de la canne, les Indiens représentent un groupe d'environ 60 000 personnes. De Capesterre-Belle-Eau à Matouba-Papaye, du Moule à Port-Louis avec Saint-François et Petit-Canal, l'implantation des anciens « engagés » remonte à l'abolition de l'esclavage de 1848. Les autorités privées de main-d'œuvre servile firent appel dès 1854 aux Indiens, réputés « d'un caractère doux et soumis... », pour travailler sur les habitations sucrières. Dans *La Guadeloupe et son indianité*, le député-maire

de Saint-François, Ernest Moutoussamy, raconte que « du 24 décembre 1854 qui vit l'*Aurélie* sous le commandement du capitaine Blanc introduire en Guadeloupe les 344 premiers Indiens au 15 mai 1885, la Guadeloupe reçut un peu plus de 42 000 immigrants dont près de 20 000 moururent dans les champs de cannes ». Les Indiens pratiquent pour beaucoup le culte hindouiste dans la centaine de temples recensés en Guadeloupe (temple de Changy à Capesterre, *p. 102*).

Indien en costume de fête

Les femmes guadeloupéennes

Souvent victime d'une représentation exotique, longtemps écartée de la sphère visible du pouvoir, la femme est depuis toujours dépositaire de la mémoire collective et de savoirs anciens. Elle est le « poteau-mitan » (élément central) de la famille et de l'édifice social. Sur l'habitation, la mère représentait bien souvent tout pour l'enfant, et la famille matrifocale ou matrilinéaire (mère célibataire élevant ses enfants sans le père) est encore fréquente en Guadeloupe. C'est la femme qui prend les décisions, protège, nourrit, défend. Dans les proverbes et les contes, elle est avant tout la mère adulée par ses enfants. Chaque homme connu invoquera toujours sa « maman » comme étant à l'origine de son succès : *Ou pé ni pliziè fanm, ou ni on sèl manman* (« L'homme peut avoir plusieurs femmes, il n'a qu'une seule mère »).

Gerty Archimède (1909-1980), première femme inscrite au barreau de la Guadeloupe, a mené une action militante en faveur des femmes de son pays. Député de la Guadeloupe en 1946, membre fondateur du Parti communiste guadeloupéen, elle a créé une Fédération de l'union des femmes françaises. Elle s'est battue pour l'application de la sécurité sociale, la retraite pour les travailleurs âgés et la promotion sociale des femmes.

Laura Flessel

LES SPORTIVES

Laura Flessel s'est vu affubler du surnom de « la Guêpe » en raison de son agilité à manier l'épée. En 1996, elle a décroché une double médaille d'or aux Jeux olympiques d'Atlanta. Née à Basse-Terre, Marie-José Pérec, baptisée « la Gazelle noire », est entrée dans la légende le 5 août 1992 en pulvérisant son propre record du monde (49"13 à Tokyo) pour devenir championne olympique.

Ces deux sportives, qui ont dû venir se perfectionner en France, sont toujours très attachées à leur île natale, où elles retournent régulièrement.

Marie-José Pérec

Moune de Rivel, de son vrai nom Cécile de Virel, première chanteuse de La Canne à sucre à la Libération, a mené une carrière internationale avec un répertoire essentiellement composé de chansons créoles, notamment de biguines. Elle a également fait de la radio, du cinéma et écrit des contes. Elle a fondé un conservatoire de musique créole à Paris.

Man Sosso, mère de Guy Konkèt (p. 29), renoue avec la tradition des léwoz. Chaque vendredi soir, elle organise dans une buvette une swarèléwoz pour dépansé on lajan pou fé on llajan (investir de l'argent pour en gagner par la distribution payante de boissons et de nourriture aux participants). Une soirée léwoz est souvent pour les artistes, musiciens et chanteurs, l'occasion de se faire connaître.

*Les **Zouk Machine** se sont fait connaître avec* Maldon, *un tube des années 1990. Le groupe était alors composé de trois jeunes femmes : Jane Fostin, Dominique Zorobabel et Christiane Obydol. Sauvé lanmou et les autres disques se sont tous vendus à des centaines de milliers d'exemplaires.*

LE MYTHE DE LA MULÂTRESSE SOLITUDE

Conçue par un marin français et une Africaine sur un bateau négrier, Solitude a environ huit ans quand elle est abandonnée par sa mère. Esclave, elle finit par rejoindre les troupes de Noirs dans les forêts de la Soufrière et prend en 1798 le commandement d'une bande qui errera à travers la Guadeloupe, pourchassée par les troupes françaises et les milices noires. Alors qu'elle va être mère, elle est arrêtée et suppliciée le 29 novembre 1802. Les lacunes, le peu d'informations sur son histoire en ont fait un mythe, et ont nourri l'imaginaire et le roman d'André Schwarz-Bart, *La Mulâtresse Solitude.*

La Mulâtresse Solitude d'André Schwarz-Bart (Le Seuil)

Véronique de la Cruz fut élue Miss France, sixième dauphine de Miss Monde (1992-1993).

***Lucette Michaux-Chevry,** avocate, devient la première présidente du conseil général de la Guadeloupe (1982-1985). En 1983, elle crée le Parti de la Guadeloupe (LPG). Secrétaire d'État chargé de la Francophonie (1986-1988), elle est nommée ministre de l'Action humanitaire dans le gouvernement d'Édouard Balladur. Maire, conseiller municipal, conseiller régional, conseiller général, sénateur, elle a occupé tous les postes politiques. Elle est, depuis 1992, présidente du conseil régional de la Guadeloupe.*

***Dany Bébel-Gisler,** sociologue et linguiste, chercheur au CNRS, a écrit plusieurs livres sur l'enfant, la famille, l'école, la langue et la culture guadeloupéennes. En 1976,* La Langue créole force jugulée *est le premier ouvrage à analyser les rapports de force entre le créole et le français dans les Antilles. En 1985, elle publie* Léonora, l'histoire enfouie de la Guadeloupe, *puis* Le Défi culturel guadeloupéen *(1989). Elle assume la direction pédagogique du Centre d'éducation populaire « Bwadoubout ». Née d'une idée : la maîtrise de la langue créole avant celle du français est essentielle dans la construction de l'identité guadeloupéenne.*

Traditions et croyances

Recueil spirituel

Croyances et légendes parcourent l'île. La télévision et la radio ont eu beau envahir la quasi-totalité des foyers guadeloupéens, les superstitions et les croyances sont restées vivaces. Zombis, diablesses, *soucougnans* ou *bêtes à Man'Ibé* : de nombreuses figures surnaturelles continuent à peupler l'imaginaire. Les anciens aiment raconter comment, la nuit, ils croisaient un esprit qui finissait toujours par s'évaporer, comment à l'heure de l'angélus, des fumées s'élevaient devant les perrons pour chasser les zombis. Aujourd'hui, ce sont les marchands de merveilleux qui proposent des talismans et des aimants pour attraper les maléfices.

Philtres magiques, censés envoûter ou désenvoûter

LES ZOMBIS

Dans les campagnes, il n'est pas rare d'entendre encore aujourd'hui un parent dire à un enfant *Zombi là ké chaié ou* (« le zombi va te charrier, t'emporter »). De tous les esprits, le zombi est le plus connu : empruntant la forme d'un homme très grand sans tête (remplacée par un arbre) ni bras, il est condamné à errer sans fin sur terre. Dans les cases, il y avait toujours un petit coin à terre avec du sable pour décourager le zombi, censé compter tous les grains avant de pouvoir franchir le seuil.

Les quimboiseurs, ou « panseurs d'âme », sorciers ou guérisseurs

LES DIABLESSES

On dit de la diablesse que c'est une femme très belle qui guette les hommes les nuits du mois de mai afin de les séduire pour leur plus grand malheur. L'imagerie populaire la représente sur une charrette lancée à toute allure, jouant du tambour.

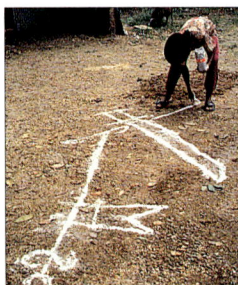

Papa diable, diseur de bonne aventure

LE DORLISS

Le mythe du *dorliss*, ou « homme au bâton », esprit malin qui abuse des femmes pendant leur sommeil, a été repris par Ernest Pépin dans son roman *L'Homme au bâton* (Gallimard, 1992). C'est l'histoire d'une jeune fille de bonne famille, Lisa, visitée la nuit, qui se retrouve enceinte. La nouvelle alimente une véritable psychose collective, et la population se lance dans des chasses à l'homme au bâton qui dégénèrent en émeutes...

LE QUIMBOIS

Tous, Blancs et Noirs, riches et pauvres, vont chez le quimboiseur, souvent en cachette. On y va pour demander des conseils, en amour, en travail, en argent, pour se protéger contre un mauvais esprit, pour jeter un sort. Procédé magique, le quimbois peut aller de la simple incantation à la fabrication d'un objet, et prend assez souvent la forme d'un philtre à base de végétaux, le *coud'zèb*. Le livre de Revert (*La Magie antillaise,* Bellenand, 1951) reproduit un « cahier des quimbois » qui donne une série de recettes pour le moins inquiétantes...

LES MAISONS HANTÉES

De la maison de Zévallos à la simple case qui brûle de façon inexpliquée, la légende de la maison hantée est encore bien vivace. Les lieux qui ont été l'objet de tueries ou d'affrontements seraient souvent hantés.

LE BAIN-DÉMARRÉ

Afin que la nouvelle année emporte avec elle la déveine, rien ne vaut un traditionnel « bain-démarré ». Le rituel commence à minuit par une baignade à l'embouchure d'une rivière ou dans la mer. Il faut ensuite se frotter le corps avec une queue de morue pour se débarrasser des mauvaises influences de l'année écoulée. De retour à la maison, seconde partie du rituel : le bain de feuillages. Les plantes porteuses de prospérité seront mises à bouillir dans un canari. Le bain se prend tiède. Si le jour de l'An reste la période idéale, chaque occasion est bonne pour un « bain-démarré », notamment quand le travail ou les amours ne sont pas au beau fixe. Il se prend alors le premier vendredi du mois. Le « bain-démarré » version hindoue : après une triple purification par l'eau, le feu et le rhum, la famille partage son premier repas de l'année, un colombo sur la feuille (*chanblanni*).

LES GARDIENS DE L'ARGENT

On raconte que les excédents d'or des corsaires et des boucaniers étaient autrefois enterrés dans des trous ; devant chaque trou était exécuté l'esclave qui l'avait creusé. L'esprit de ce corps est *gardien de l'argent* qui déciderait parfois d'apparaître à un individu en rêve pour lui désigner le lieu où se trouve l'or...

LES AVIS D'OBSÈQUES

En Guadeloupe, la mort n'est pas perçue comme un phénomène individuel mais comme un événement affectant la vie de la collectivité dans son ensemble. RCI diffuse chaque jour après son journal les avis d'obsèques. Avant que la radio ne prenne le relais, c'étaient les conques de lambis qui informaient de morne en morne les intéressés et les invitaient à se joindre à la veillée mortuaire.

LES VEILLÉES MORTUAIRES

La veillée est un moment privilégié où les proches du mort se retrouvent pour échanger des devinettes, raconter des contes. Autrefois, les baigneuses officielles effectuaient la toilette mortuaire du défunt, exposé ensuite sur son lit dans son « linge de mort ». Celui-ci est toujours veillé

Le cimetière de Morne-à-l'Eau à la Toussaint

par les femmes et les enfants. À l'extérieur, la veillée profane réunit les hommes, qui boivent, racontent des blagues, chantent, jouent du gwoka, accompagnent la famille jusqu'au petit matin. Les voisins quittent alors la maison ; ils reviendront plus tard, en fin d'après-midi, pour l'enterrement. Autrefois, c'était la fameuse « descente de corps » sur un brancard, porté à dos d'hommes. Aujourd'hui, le cortège se rend en voiture au cimetière. L'idée est d'accompagner le défunt, de l'aider à changer de lieu. Après l'enterrement, on ramène l'esprit du mort dans sa maison, où il demeure pendant neuf jours de prières avant de s'en aller définitivement lors de la seconde veillée dite « vénéré ».

LA TOUSSAINT

Le cérémonial de la Toussaint est très suivi. Le temps d'une nuit, les cimetières sont illuminés et deviennent des lieux de rencontre dans une sorte d'immense veillée. Les sépultures sont nettoyées,

Les objets prennent une valeur magique

refleuries et illuminées de bougies censées éclairer les êtres et symboliser leurs prières s'élevant vers Dieu. Traditions chrétiennes et croyances africaines de type animiste se mêlent, favorisant le sentiment d'une présence réelle des défunts. Les gens qui ne peuvent pas se rendre au cimetière participent à leur façon en mettant des bougies devant chez eux pour célébrer leurs morts.

LES CIMETIÈRES

La première chose que les missionnaires du début de la colonisation apercevaient à leur arrivée aux Antilles était un alignement de croix blanches marquant les sépultures de leurs prédécesseurs. Jusqu'à l'abolition de l'esclavage, il y avait les emplacements clôturés pour les hommes libres, généralement près de l'église ou près des bourgs, et ceux pour les esclaves, relégués près des usines ou dans des lieux insalubres, sans nette délimitation des tombes. Après l'abolition de l'esclavage, il fallut agrandir, voire déplacer les cimetières. Privés longtemps de la possibilité de rendre hommage à leurs morts, les nouveaux libres se sont mis à soigner leurs sépultures, même les plus modestes, délimitées par des conques de lambis. Cette tradition se perd mais tous les cimetières sont très bien entretenus.

Costumes et bijoux créoles

« **M**i on bel matadô ! » avait-on coutume de dire
à la vue d'une dame en costume traditionnel… ;
le métissage espagnol n'est pas seulement dans
le terme « matador ». À l'image de la culture
guadeloupéenne, le costume créole résulte d'un
fabuleux brassage d'éléments venant des régions
françaises, d'Espagne, d'Afrique et d'Inde.
Le mélange de ces cultures donne une réelle
originalité au costume, qui s'inspire tout de même
principalement de la « robe à la française », portée
par la bourgeoisie du XVIII siècle. Si l'œil averti
détecte encore çà et là quelques accessoires
du costume créole dans la tenue des femmes
d'aujourd'hui, celui-ci est seulement porté pour
des occasions particulières.

Le foulard que l'on porte autour du cou est d'origine espagnole.

LES BIJOUX CRÉOLES
« Zéping'tremblant », « boutons-à-clous »,
« zanneaux-chenilles », etc, sont autant de
déclinaisons de l'or antillais. Les bijoux créoles
résultent d'un métissage des pratiques
africaines, indiennes et européennes. Le
bijou européen est gravé et serti de
pierres précieuses ; le bijou africain
met en valeur les différentes teintes
de l'or et les possibilités offertes
par le métal. De véritables chefs-
d'œuvre ornent parfois les
costumes créoles.

Pendentifs
motif « forçat »

*Le « tété-négresse » est
un cercle de grains d'or
à l'intérieur duquel est
montée en superposition
une série de petites
fleurs se terminant par
un grain choux au sommet.*

LES BOUCLES D'OREILLES
Souvent inspirées de la
faune et de la flore,
elles faisaient, avec les
colliers, les bracelets et
les broches, partie d'une
parure complète.

La chaîne de
« **forçat** », est faite
de mailles ovales,
creuses et emboîtées
(une maille lisse,
une maille striée).

*L'alternance
de grains
choux et de
grenats est un
héritage de la
piraterie.*

*Les grains choux
sont deux demi-sphères
de même diamètre,
striées et soudées l'une
à l'autre.*

**Anneaux
créoles simples**

La robe est coupée dans une étoffe lourde et imprimée.

L'épingle tremblante, à laquelle sont accrochés des cheveux des parents ou des enfants, est piquée dans la coiffe.

La coiffe en forme de turban est faite dans une pièce d'étoffe madras ou mouchoir.

LES COIFFES, OU « TÊTES »

La nécessité de se protéger du soleil pendant le travail forcé aux champs peut sans doute expliquer le port d'une étoffe autour de la tête. Cependant, au XVIIIe siècle, dans la bonne société, les femmes ne sortent jamais sans couvre-chef, imitées par les différentes couches de la population. Ainsi, la « tête » créole serait la combinaison de coiffes provinciale et africaine… à moins qu'elle ne tienne d'abord du turban oriental. Qu'importe ! Cette coiffe s'illustre par une grande variété de formes aux noms parfois poétiques. La jeune fille porte un foulard jusqu'à l'âge de 18 ans.

La « tête ronde », ou cassave, est une variante de la « tête calandée » réservée aux grandes occasions. Elle est ornée de bijoux comme les chaînes continues ou ici une épingle tremblante.

La « tête de deuil » était portée par les femmes qui quittaient le deuil. Le mouchoir noir et blanc signifie en effet le demi-deuil.

La « tête babillée » est une tête ronde portée lors des messes ou baptêmes par les femmes de bonne famille.

LA GUADELOUPE AU JOUR LE JOUR

Entre le carnaval et les *chanté-Nwel,* les différents festivals, les élections des « Miss » et les *léwoz* improvisés, les occasions de faire la fête sont nombreuses en Guadeloupe. L'événement majeur demeure le carnaval *(p.46),* qui, depuis quelques années, a retrouvé un nouveau souffle. Au mois d'août, la fête des cuisinières et le Tour cycliste international de la Guadeloupe sont également des manifestations très populaires. Tout au long de l'année, les communes vivent au rythme de leurs fêtes patronales qui sont l'occasion

Carnaval

d'animations multiples, de rencontres sportives, de conférences, de concerts, de concours divers et de bals. Les festivités inspirées par des traditions populaires ne manquent pas : fête du Calvaire à Baie-Mahault, concours de dominos à la Désirade, concours de bœufs tirant sur la Grande-Terre, journée de marins-pêcheurs à Marie-Galante, rencontres caribéennes de contes et légendes au Lamentin. Pour tout renseignement, prenez contact avec les offices du tourisme ou les syndicats d'initiative *(p. 255).*

L'oratoire de la chapelle Baie-Olive, lieu de pèlerinage

CARÊME

L'une des plus grandes fêtes traditionnelles de la Guadeloupe commence à cette période de la haute saison touristique, qui dure de janvier à mai : le carnaval occupe tout le mois de février de cette saison sèche. C'est aussi la saison de la canne à sucre. Les fêtes religieuses de Pâques et de la Pentecôte réunissent toutes les familles sur les plages ; elles sont célébrées autour du matété à crabes et d'acras au son de la musique antillaise.

JANVIER

Pèlerinage à la chapelle Baie-Olive *(1er janv.),* pointe des Châteaux *(p. 153).* On y vient prendre un « bain-démarré ».
Fête des Grands-

Course de bœufs tirant

Fonds *(1er janv.),* Sainte-Anne, avec courses de bœufs tirant et remise des prix.
Fête de Pombiray *(29, 30, 31 janv.),* Saint-François, une grande fête indienne avec processions.
Festival de musique *(1re et 2e sem.),* Saint-Barthélemy, à Gustavia et à Lorient : jazz, musique de chambre et musique classique.

FÉVRIER

Le carnaval *(2e et 3e sem.)* dans les rues de Pointe-à-Pitre *(18-25 fév.)* et de Basse-Terre *(chaque dim. du 11 janv. au 25 fév.).* Le carnaval *(1-23 fév.),* au Moule, revient au XIXe siècle autour de danses et de défilés traditionnels ; Le Lamentin *(2-14 fév.)* organise la seconde édition du « Canne Aval », événement culturel autour de la canne à

sucre, exposition de peinture, danse et musique traditionnelle. **Journée des acras** *(8 fév.),* Morne-à-l'Eau, combats de coqs, dégustation d'acras, animation musicale.

MARS

Mi-Carême *(19 mars), vidé* (défilé) en rouge et noir dans toute l'île jusqu'à une heure avancée de la nuit.
Vendredi saint, longues processions aux calvaires des bourgs et des communes. En signe de deuil, les cloches ne sonnent pas.
Lundi de Pâques, on se rend à la plage ou à la rivière pour se baigner, jouer de la musique et déguster le matété à crabes *(p. 229).*
Trophée des Caraïbes *(5-13 mars),* régate reliant Le Marin (Martinique) à la marina de Bas-du-Fort, au Marin.

Vidé (défilé) de carnaval

MOYENNE MENSUELLE D'ENSOLEILLEMENT QUOTIDIEN

Heures
12
9
6
3
0
Janv. Fév. Mars Avril Mai Juin Juil. Août Sept. Oct. Nov. Déc.

Ensoleillement

On observe 2 000 à 3 000 heures de soleil par an, soit plus de 7 heures par jour. Les régions montagneuses sont souvent couvertes à cause des nuages accrochés aux sommets, tandis que les côtes reçoivent directement les rayons du soleil. Ici, le parapluie, rebaptisé « ombrelle », est destiné à protéger du soleil.

Salon du livre de la Guadeloupe *(1re et 2e sem.)*, Centre des arts, Pointe-à-Pitre.

AVRIL

Fête de la mer et du poisson *(3-5 avril)*, à Saint-François.
Fête du crabe *(12-13 avril)*, Morne-à-l'Eau, célébrée autour d'un pique-nique pour la protection de la mangrove où se reproduit le crabe.
Festival du film caraïbe *(16-20 avril)*, à Saint-Barthélemy, projections et rencontres avec des professionnels. **Orchestrades de la Caraïbe** *(14-19 avril)*. Rassemblement d'orchestres de jeunes de la Caraïbe. Plusieurs concerts en communes. Concert final sur la place de la Victoire à Pointe-à-Pitre.

MAI

Fête de la section Dubedou *(8, 9, 10 mai)*, Saint-François, défilés, concours agricole, course cycliste, animations.
Festival gastronomique *(1er-10 mai)*, Saint-Barthélemy, présence de professionnels (chefs et producteurs), dégustations, soirées à thèmes.
Festival de l'image sous-marine *(29 mai-1er juin)*, Saint-Barthélemy, exposition d'art, baptêmes de plongée en piscine gratuits et concours de dessins d'enfants.
Arrivée de la Transat AG2R *(1re et 2e sem.)*, Saint-Barthélemy, traversée de l'Atlantique au départ de Lorient (Bretagne).
Fête de l'abolition de l'esclavage *(27 mai)*, à la Guadeloupe et dans les îles.

Le festival de gwoka de Sainte-Anne

HIVERNAGE

Même si la période de juin à décembre est la basse saison touristique ou saison des pluies, elle n'en reste pas moins une époque de festivités diverses et de manifestations culturelles. C'est en septembre et en octobre que tombent les fortes pluies et que les risques de cyclones sont importants. La saison des combats de coqs, le « sport » national de la Guadeloupe, commence dès le mois de novembre et se prolonge jusqu'au mois d'avril. Par ailleurs, au mois de novembre, les morts sont vénérés par les Indiens. Semblany est une manifestation au cours de laquelle on offre le repas préféré du défunt à la famille.

JUIN

Fête de la musique *(20 juin)*. Ce soir-là est l'occasion pour les musiciens de jouer un peu partout dans l'archipel.
Bill Fish Tournement *(12, 13, 14 juin)*, Saint-Martin, (anciennement Marlin Open),

compétition qui consiste à pêcher le plus gros poisson, notamment le plus gros marlin.

JUILLET

Festival de gwoka *(5-14 juil.)*, Sainte-Anne. Pendant une semaine, artistes connus et moins connus se produisent sur la plage et dans la rue centrale du bourg.
Forum de l'artisanat d'art et des traditions populaires *(22 juil.-1er août)*, Sainte-Anne, exposition-vente, présentation de produits locaux et de produits d'artisans étrangers et... élection de Miss Sainte-Anne *(mi-juil.)*.
Fête de la pointe des Châteaux *(12, 13, 14 juil.)*, hommage au patrimoine précolombien et à l'agriculture d'autrefois (manioc, cultures en terre sèche).
Anniversaire de la naissance de Victor Schoelcher *(21 juil.)*.
Fête de la section Bois de Vipart *(25-26 juil.)*, Saint-François. Défilés et animations afro-guadeloupéennes.
Fête de Schoelcher à Grand-Case *(21 juil.)*, Saint-Martin, en même temps

MOYENNE MENSUELLE DES PRÉCIPITATIONS

MM
240
180
120
60
0
Janv. Fév. Mars Avril Mai Juin Juil. Août Sept. Oct. Nov. Déc.

Précipitations

L'hivernage est la saison humide, particulièrement pendant les mois de septembre et d'octobre. La zone la plus arrosée est le massif de la Soufrière au sud de la Basse-Terre : environ 10 m d'eau par an en moyenne s'abattent sur la montagne. En revanche, le littoral du sud de la Grande-Terre est très peu arrosé.

la fête du quartier qui organise des jeux et des spectacles.
Festival Indigo *(juil.)*, au fort Fleur-d'Épée. Exposition d'arts plastiques d'artistes de la Caraïbe.

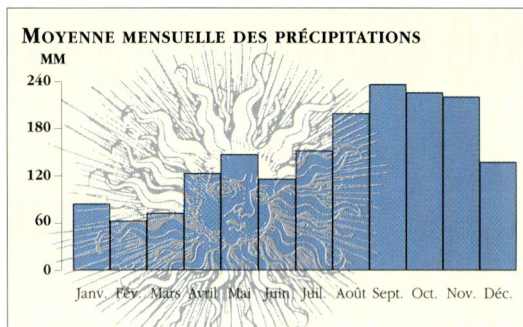
Le tour cycliste de Guadeloupe

AOÛT

Tour cycliste de la Guadeloupe *(7-16 août)*, l'événement sportif de l'année, nombreuses animations à chaque étape et une grande fête est organisée à l'arrivée à Pointe-à-Pitre.
Fête des marins *(15-16 août)*, Saint-François. Traditions de la mer, pèlerinage des marins, bénédiction.
Fête patronale *(15 août)*, aux Saintes, à Terre-de-Haut, tir de canons le matin, défilé de majorettes et bal public.
Fête des marins-pêcheurs *(16 août)*, aussi à Terre-de-Haut : bénédiction de la mer et organisation de régates.
Fête de Saint-Barthélemy *(24 août)* propose régates, cérémonies religieuses, bal et feux d'artifice.
Fête des quartiers du vent *(1re et 2e sem.)*, Saint-Barthélemy. Régates, concours divers, bal et feux d'artifice.
Fête de Gustavia *(22 août)*.

SEPTEMBRE

Le Temps des livres, organisé par le réseau des bibliothèques de la Guadeloupe.

OCTOBRE

Fête de Saint-François *(2, 3, 4 oct.)*, fête patronale célébrée autour d'un concours de belote, de conférences pour la jeunesse et de spectacles divers.

NOVEMBRE

Grap à Congo *(1er nov.)*, fête nocturne traditionnelle introduite par les esclaves, avec danses et chants rituels, perpétuée par une famille de Capesterre-Belle-Eau (sur invitation).
Fête de la section de Bragelonne *(10-11 nov.)*, à Saint-François, mise en valeur de l'élevage. Courses de bœufs tirant.
Fête de sainte Cécile *(22 nov.)*, patronne des musiciens. Concerts sur les places publiques et dans les églises dans les principales agglomérations.
Route du rhum *(nov.)*,

L'arrivée de la Route du rhum à la marina de Bas-du-Fort

course transatlantique en solitaire, dont l'arrivée s'effectue à la marina de Bas-du-Fort à Pointe-à-Pitre.
Marathon suédois *(28 nov.)*, Saint-Barthélemy, course à pied de 2 à 15 km.
Fête des quartiers de Pointe-à-Pitre *(tous les w.-e. du 8 nov. à la mi-déc.)*, tournois sportifs, concours, concerts et animations dans toute la ville autour d'un thème choisi par chaque quartier.

DÉCEMBRE

Fête de la Saint-Nicolas *(6 déc.)*, aux Saintes, à Terre-de-Bas. Célébration du patron de la commune par une procession et une bénédiction de la mer.
Fête des Saints-Innocents *(28 déc.)*. Grand-messe traditionnelle pour les enfants.

TRADITIONS LOCALES

L es Guadeloupéens savent s'amuser entre les manifestations religieuses et les fêtes patronales où se mêlent des chants, de la musique et des jeux autour d'un bon repas en famille ou entre amis.

LA TOUSSAINT

Des milliers de bougies sont allumées sur les tombes pour éclairer les morts, qui sont veillés toute la nuit par leurs proches. Cette célébration est fêtée par un pique-nique dans le cimetière ou à sa sortie par un souper. Pour finir la fête de la Toussaint, les maisons s'illuminent

MOYENNE MENSUELLE DES TEMPÉRATURES

°C

30
24
18
12
6
0

Janv. Fév. Mars Avril Mai Juin Juil. Août Sept. Oct. Nov. Déc.

Températures

Les alizés, vents d'est doux et humides, limitent les variations saisonnières et diurnes des températures. Aussi, en Guadeloupe, la moyenne des températures oscille-t-elle entre 24 et 27 °C. Saint-Claude, situé sur les contreforts de la Soufrière, est par ailleurs une station réputée pour son microclimat.

également pour honorer une dernière fois leurs morts.

LA FÊTE DES CUISINIÈRES

À la Saint-Laurent, les cuisinières membres de la Société des cuisinières de la Guadeloupe vont faire bénir des paniers de victuailles à l'église Saint-Pierre-et-Saint-Paul. Une messe rassemble demoiselles d'honneur, gouvernantes, sergentes, dames de compagnie, qui prennent place autour de la reine-présidente. Après la traditionnelle quête, elles défilent dans les rues de Pointe-à-Pitre en une procession rejointe par le préfet et le maire. Elles sont vêtues de leur robe traditionnelle et de leur tablier brodé du gril de saint Laurent. Certaines seront décorées pour être les meilleurs cordons-bleus. Après la procession, la fête se poursuit par un grand repas et se termine par un bal.

NOËL

La veillée du 24 décembre est l'une des plus belles de l'année. Les familles se regroupent pour manger, chanter et danser. Aujourd'hui, la tradition des *chanté-Nwel* revient en force, et, dès le mois de novembre, on se retrouve entre amis ou en famille pour chanter les cantiques. Si certaines des traditions ne sont plus respectées à la lettre, le plat traditionnel de Noël est toujours le ragoût de cochon accompagné de riz blanc, de lentilles, de bananes ou de *tit'misères*, de pois d'Angole et d'ignames. On boit du sirop

L'assemblée des Cuisinières dans l'église Saint-Pierre-et-Saint-Paul

de groseille, une boisson sirupeuse sans alcool, du *schrubb*, liqueur d'écorces d'orange. Après la messe, la tradition veut que chacun se rende chez les voisins et les amis pour boire du rhum, manger, et avant de repartir vers une autre maison.

FÊTES PATRONALES

Tout au long de l'année, chaque ville, chaque bourg rend honneur à son saint patron. C'est ainsi toujours l'occasion de défilés, de concerts, de jeux et d'animations diverses pendant un week-end entier.
1er mai : Petit-Canal ; **4 mai :** Vieux-Habitants ; **12 juin :** Le Lamentin ; **24 juin :** Baie-Mahault, Le Moule ; **25 juin :** Deshaies ; **4 juillet :** Port-Louis ; **16 juillet :** Basse-Terre ; **25-27 juillet :** Sainte-Anne (quartier du Bourg), Capesterre (Marie-Galante), Goyave ; **2-5 et 9-12 août :** Vieux-Fort ; **15 août :** Trois-Rivières, Grand-Bourg (Marie-Galante), Pointe-Noire, la Désirade, Petit-Bourg ; **17 août :** Capesterre-Belle-Eau ; **18-25 août :** Saint-

Barthélemy ; **23-25 août :** Sainte-Rose, Saint-Claude, Le Gosier, Bouillante, Saint-Louis (Marie-Galante) ; **3-4 octobre :** Saint-François, Basse-Terre ; **9-12 octobre :** Anse-Bertrand ; **17-18 octobre :** Basse-Terre ; **11 novembre :** Gourbeyre ; **28-30 novembre :** Morne-à-l'Eau ; **5-7 décembre :** Les Abymes ; **novembre-décembre :** Pointe-à-Pitre.

JOURS FÉRIÉS

Nouvel An (1er janvier)
Vendredi saint
Lundi de Pâques
Fête du Travail (1er mai)
Armistice de 1945 (8 mai)
Abolition de l'esclavage (27 mai)
Ascension (6e jeu. après Pâques)
Pentecôte (2e lun. après l'Ascension)
Fête nationale (14 juillet)
Assomption (15 août)
Toussaint (1er nov.)
Armistice (11 nov.)
Noël (25 déc.)

Le carnaval

Ange rouge

On dit que sur les navires négriers le rite obligatoire du passage de la ligne du tropique donnait déjà lieu à des manifestations carnavalesques avec déguisements. Le carnaval constitue l'un des temps forts de la vie guadeloupéenne. Marquant à l'origine le début du carême catholique, cet « adieu à la chair » se déroule pendant les derniers jours gras. Il commence le dernier dimanche de l'Épiphanie et se termine par l'enterrement de Vaval, le mercredi des Cendres. Tous les excès sont permis pendant ces trois jours de fête durant lesquels certains ne dorment pas. Concours de beauté, de costumes, défilés de chars, marathons de danse se succèdent.

Le carnaval de Basse-Terre, conserve sa particularité, avec son défilé de marchandes et le célèbre groupe de musiciens «Voukoum ».

Les carcasses de voitures, peintes et décorées, deviennent des chars rêvés pour les défilés

AKIYO

De nombreux groupes de carnaval ont émergé, dont le plus populaire est Akiyo. Reprenant la musique Mass à Saint Jean des laissés-pour-compte de la société, les musiciens souhaitaient organiser la résistance culturelle. Avec l'arrestation des militants nationalistes au début des années 80, le groupe fut accusé d'être un bastion terroriste. Mais lorsqu'en 1985 le préfet voulut l'interdire, 8 000 personnes manifestèrent. Ayant toujours dénoncé répression, malaise social, colonialisme, guerres ou essais nucléaires, le groupe est devenu un véritable mythe pour une grande partie de la population. En 1997, lors de la commémoration des événements de mai 67 *(p. 67),* Akiyo avait organisé les défilés dans les rues.

Défilé derrière la bannière d'Akiyo

ORCHESTRE DE RUE

Le rythme des tambours, pour certains réalisés à partir de fûts métalliques, mène les défilés à travers la ville. Groupes de gwoka, steel-bands… répandent leur musique dans les rues.

« **Nègre-gros-sirop** » **au corps enduit de mélasse**

Le dimanche est le jour des déguisements et réunit tous les masques et les chars qui avaient fait un tour d'essai les dimanches précédents.

Le lundi, jour des « mariages burlesques », verra défiler des couples étranges ou comiques.

Le Mardi gras appartient aux Grands Diables rouges et aux diablotins.

Le mercredi des Cendres, la mort de Vaval est couronnée par une apothéose de bals et de « chansons couronne ». Diables et diablesses vêtus de blanc et de noir défilent dans les rues de Basse-Terre et de Pointe-à-Pitre.

L'effigie de Vaval, appelée bwa-bwa est brûlée et jetée à la mer aux cris de Vaval mô, Vaval mô (Carnaval est mort) Vaval pa quitté nou (Carnaval ne nous quitte pas).

LE CARNAVAL EXUTOIRE

Le carnaval représente pour une société la possibilité de se ménager des soupapes de sécurité. Ainsi, l'une de ses caractéristiques essentielles est l'inversion des rôles et le nivellement social. C'est un précieux exutoire. Sous l'esclavage, le carnaval qui avait lieu sur les plantations était étroitement surveillé. Dès le XVIIᵉ siècle, les rôles s'inversaient, l'espace de quelques heures : l'esclave commandait et le maître obéissait. Après l'abolition de l'esclavage, la population sort des plantations et s'empare de la rue, « négrifiant » le carnaval. Désormais la musique, le tambour, la danse vont l'emporter. Le carnaval fut longtemps un signe de contestation, de rébellion, d'acte de dérision d'une population qui faisait un pied de nez à une société à l'organisation de laquelle elle ne participait pas.

Le masque efface les signes distinctifs

HISTOIRE DE LA GUADELOUPE

L'archipel guadeloupéen a été associé depuis très longtemps – sans doute bien avant le IIIe millénaire av. J.-C. – aux grandes périodes de l'évolution des civilisations précolombiennes. Le peuplement des îles s'est effectué au rythme des vagues successives de migrations venant du continent américain. La Guadeloupe, au XVIe et au début du XVIIe siècle, a occupé une place importante, mais discrète, dans le dispositif de pénétration de l'Amérique espagnole.

Cependant, la conquête véritable de l'archipel guadeloupéen ne commença qu'avec l'occupation des Français en 1635, l'extermination des indigènes karibs et l'expropriation de leurs terres. Des aventuriers-colons choisirent progressivement de se fixer pour exploiter les îles. Un double processus colonial et esclavagiste – termes indissociables jusqu'en 1848 – se développa durablement avec l'élaboration du code noir (édit de 1685) et des règlements locaux. Une main-d'œuvre de captifs africains transportés sur les navires négriers approvisionna le système esclavagiste. À la périphérie de la colonisation française, la Guadeloupe fut placée sous la dépendance économique et politique de la Martinique. En 1848, la France réorganisa le système colonial. 70 % de la population guadeloupéenne furent émancipés sans indemnité, sans assistance, alors que les propriétaires d'esclaves reçurent des fonds en liquidités et des facilités de prêts bancaires. L'économie coloniale fondée sur la monoculture sucrière fut maintenue sans l'esclavage en 1848. Elle fut favorisée par l'importation de travailleurs sous contrat en provenance de pays africains, asiatiques, de Malte, de Madère, de France et des colonies anglaises voisines. Un modèle de colonisation s'imposa très tôt, dans le sillage de la personnalité de Victor Schoelcher, se fondant sur le principe de l'assimilation. Ce modèle, inauguré en 1789 avec l'accès des représentants coloniaux aux États généraux, s'épanouit avec l'usage du vote au suffrage universel à partir de 1848 et l'élection des députés à l'Assemblée nationale. Dès lors, un processus d'intégration s'accéléra et s'acheva avec le vote de la loi du 19 mars 1946, faisant de la Guadeloupe un département français. La crise de surproduction des années 1884-1885 sonna le glas des usines, « grandes centrales », qui disparurent au cours de la décennie 1960-1970. Des modèles de développement imposés de l'extérieur n'ont pas permis de juguler l'effondrement économique, l'absence de structures de production et l'aggravation du chômage. Le problème majeur est de savoir comment la Guadeloupe pourra concilier une dépendance totale avec les impératifs logiques de son environnement caraïbe et de ses racines géohistoriques.

Navires anglais attaquant le fort Saint-Charles à Basse-Terre, Guadeloupe, 1762

◁ *Le Serment des ancêtres*, par Guillaume Guillon-Lethière (Sainte-Anne, 1760 - Paris, 1832)

Espace et populations précolombiennes des Caraïbes

Adorno

L'existence d'une Méditerranée des Caraïbes ne se dissocie pas d'un système de mers et d'arcs insulaires - arc occidental et arc oriental. Les Caraïbes insulaires ont toujours été associées au continent américain.

Leur peuplement remonte à l'époque de l'ouverture des trois routes principales de navigation du continent vers les îles en 15000 av. J.-C. : les « ponts » Venezuela-Trinidad et les Caraïbes orientales, Floride-Bahamas-Cuba, Honduras-Jamaïca-Cuba. Ce processus fut arrêté après la montée du niveau des mers engendrée par la dernière déglaciation. D'autres vagues de populations indigènes arrivèrent par mer jusqu'au XVᵉ siècle.

Vasque funéraire indigène
Cette poterie ornée de motifs a été trouvée à Marie-Galante.

Enfant emmailloté associé aux légendes mayas

Vocabulaire karib
De nombreux termes de la langue des Karibs sont encore utilisés de nos jours, par exemple ananas, acajou, barbecue, canari, cacao, canoa, cimarron, hamac, hurricane, iguane, pirogue, tabac…

Tête de personnage indigène
La datation de cet objet en coquillage lambi, découvert à la Désirade, est encore aujourd'hui incertaine.

CHRONOLOGIE

Des bandes de chasseurs descendent de Béringie vers le sud	**40 000-38 000 B.P.** Site de Lewisville, Texas	**30 000-24 000 B.P.** Traces d'industrie au Mexique (Tlpacoya et El Cedral) et au Nicaragua (El Bosque)	**15 000-11 000 B.P.** Chasseurs en Amérique du Sud (sites de chasse au Venezuela)	
70 000 B.P.	**40 000 B.P.**	**26 000 B.P.**	**13 0000 B.P.**	**10 0000 B**
50 000 B.P. Toca do Boqueirao do Sitio da Pedra Furada (Piaui), site brésilien découvert en décembre 1973	**26 000-13 000 B.P.** Chasse au gros gibier en Amérique du Nord	**25 000-20 000 B.P.** Extinction de la mégafaune	**13 000-8 500 B.P.** Régression marine en période glaciaire	

Image mythique des Karibs
On peut dater exactement (le 13 janvier 1493) la naissance du « Karib sauvage mangeur d'hommes » dans le journal de C. Colomb.

Où voir la Guadeloupe précolombienne

Le musée Edgar-Clerc au Moule (p.152) rassemble une partie des collections archéologiques découvertes en Guadeloupe. Le parc archéologique des Roches Gravées à Trois-Rivières (p. 106) présente un exceptionnel ensemble de pétroglyphes.
À voir aussi le site de la rivière du Plessis et les fouilles en cours au Moule (Anse à la Gourde).

Tampon corporel *découvert sur le site des fouilles d'Anse à la Gourde* (p. 153).

Pétroglyphes

Les pétroglyphes du parc archéologique de Trois-Rivières font partie d'un complexe de pierres gravées d'un caractère sacré.

Enfant emmailloté

Pierre à trois pointes
Certaines pierres à trois pointes sont anthropomorphes. Cette pierre trouvée en Guadeloupe mesure plus de 25 cm de largeur.

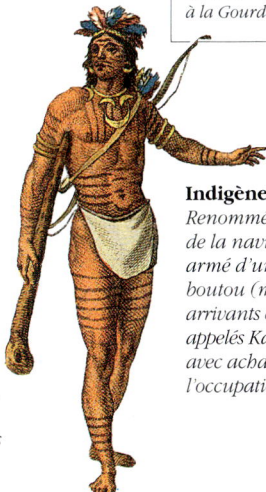

Indigène karib
Renommé pour sa maîtrise de la navigation, il est ici armé d'un arc et d'un boutou (massue). Les derniers arrivants en Guadeloupe, appelés Karibs, s'opposèrent avec acharnement à l'occupation de leur territoire.

9 000-3 000 B.P. Remontée du niveau marin		Vers l'an 1000 Arrivée des Karibs dans les îles de l'arc oriental
8 500 B.P.	0	1000
Vers 6 000 B.P. Déglaciation	**909** Fin des cités-États mayas. Stèles de Tonina et Tzibanché	

Goulot de bouteille

La Guadeloupe espagnole

L'archipel des Karibs devenu Guadalupe, Marie-Galante, la Désirade, les Saintes..., occupe une position centrale sur la route des courants marins, des alizés et des hurricanes. Intégrée au réseau de points d'appui des flottes espagnoles, la Guadeloupe approvisionne les galions qui poursuivent leur route vers Panama, La Havane ou Saint-Domingue. Pendant plus d'un siècle, les Espagnols vont se heurter aux habitants, les terribles Karibs *flecheros*. L'intrusion des Ibériques s'accompagne d'un redéploiement de la traite africaine. Le Portugal, qui a investi le premier dans ce trafic dès 1422, doit fournir des captifs africains aux Espagnols.

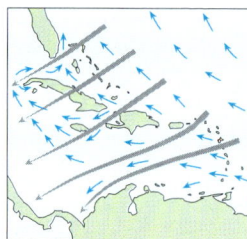

Lame
(XVIᵉ s.)

LES VENTS ET LES COURANTS

— Courants marins
— Alizés

DÉCOUVERTE DE L'AMÉRIQUE

Les vaisseaux de Colomb arrivent en octobre 1492 en vue des Bahamas. Cette arrivée apparaît comme une rupture et inaugure une phase de conquête, d'extermination des indigènes et d'expropriation des terres.

Christophe Colomb
*C'est le navigateur qui attribue à l'île le nom de Guadeloupe, par référence au monastère espagnol de Santa María de Guadalupe.
Le nom karib de l'île était Kairi-Kairi.*

**Caravelle
espagnole**

CHRONOLOGIE

1492 (12 oct.) Arrivée de Christophe Colomb aux îles Lucayes (Bahamas). Début de l'implantation espagnole aux Caraïbes

1494 Traité de Tordesillas

Colomb s'inclinant devant la reine d'Espagne

1515 Expédition de Juan Ponce de León contre les Karibs de Guadeloupe

1490	1495	1500	1505	1510	1515	1520

1494-1499 Conquête de l'île d'Ayti. Début de l'extermination des indigènes des Caraïbes insulaires

1519 Hernán Cortés part de Cuba pour la conquête du Mexique

1493 (3 nov.)
Colomb, lors de son deuxième voyage, aborde la Désirade, Marie-Galante, la Guadeloupe, la Dominique

Le traité de Tordesillas (1494)
*Il fixe la ligne de partage du monde
entre le Portugal et l'Espagne.*

Armes
*Le mousquet
espagnol du début
du XVIᵉ siècle fut utilisé par les
conquistadores en Amérique.*

La Vierge des marins
*Cette représentation allégorique de la
« découverte » du « Nouveau Monde » montre
Colomb et les frères Pinzón, aux pieds de la
Vierge des marins.*

Caravelle

Juan Ponce de León
*Le conquistadore
espagnol fut le
gouverneur de Puerto
Rico. Il se rendit en
Floride en quête de la
fontaine de Jouvence.*

1563-1565
Coligny tente
d'établir une
colonie française
en Floride

1569 Cédule de Philippe II
renouvelant l'autorisation
de faire la guerre aux Karibs

1595 Raleigh attaque
Trinidad et le Venezuela

1609 Les Espagnols
décident de fortifier
la Guadeloupe
contre les corsaires

1624-1654
Les Hollandais
occupent le Brésil

1560	1570	1580	1590	1600	1610	1620

1561
Organisation
des flottes
espagnoles
d'Amérique

1572 Drake à Panama

*Sir Francis
Drake*

1599-1601
Samuel de
Champlain
aux Indes
occidentales,
dont la
Guadeloupe

1609-1621
Trêve de Douze Ans
entre l'Espagne et
les Provinces-Unies

La conquête (1625-1683)

L es Provinces-Unies entreprirent de combattre l'Espagne sur mer aux Caraïbes. La création des deux compagnies de commerce (VOC et WIC) affaiblit les Espagnols. L'occupation du Brésil par les Hollandais (1624-1654), le développement de la traite négrière et d'une économie sucrière attisèrent les convoitises. L'ouverture des entrepôts hollandais favorisa l'implantation en Guadeloupe de pirates cherchant à s'enrichir dans le sillage des Ibériques. Cette occupation supposait l'affaiblissement de l'Espagne, une diminution de la menace karib et des apports financiers.

Nicolas Fouquet
Le nom de Fouquet est associé à la création des grandes compagnies de commerce et de colonisation.

Willem Usselinx
Né en Hollande, calviniste, théoricien de la colonisation, Usselinx est un des fondateurs de la WIC et de la Compagnie suédoise des Indes occidentales.

La Basse-Terre

La Grande-Terre

Les Saintes

L'ARCHIPEL DE LA GUADELOUPE

Cette carte gravée au début de la colonisation française (1680) est l'une des premières tentatives de représentations géographiques fidèles de l'archipel. Les Karibs sont à l'époque repliés sur l'île de la Dominique.

CHRONOLOGIE

Logo de la VOC

1621 Fondation de la West-Indische Compagnie, ou WIC (Provinces-Unies)

1626 Richelieu crée la Compagnie de Saint-Christophe

1639 Philippe Longvilliers de Poincy gouverneur de Saint-Christophe

1600	1610	1620	1630	1640

1602 Fondation de la Vereenigde Oostindische Compagnie, ou VOC (Provinces-Unies)

1624 Début de la conquête des îles orientales par les Anglais et les Français (sauf les îles neutres laissées aux Karibs)

1625 Les Français et les Anglais s'établissent à Saint-Christophe (St-Kitts)

1635 La Compagnie de Saint-Christophe est remplacée par la Compagnie des Îles d'Amérique

Recensement de 1664

Vers 1664, la population de la Guadeloupe - au moment du rattachement au domaine royal - comprenait « un ramassis d'hommes et de femmes de plusieurs nations » : Français, Espagnols, Flamands, Hollandais, Portugais, Danois, Suédois, Grecs, Turcs, des marchands juifs et des nègres bien entendu.

La Désirade

Le cardinal de Richelieu
Grand maître de la navigation à partir de 1625, il fut le fondateur des premières compagnies, sur le modèle néerlandais, et protecteur des aventuriers corsaires français aux Caraïbes.

Marie-Galante

La Dominique est dite habitée de « barbares belliqueux et anthropophages ».

OÙ VOIR LA GUADELOUPE DE LA CONQUÊTE

À Sainte-Marie (Capesterre-Belle-Eau) a été érigé un petit monument à l'emplacement présumé du débarquement de Christophe Colomb dans l'île *(p. 100)*. À Basse-Terre, on peut visiter le fort Delgrès, qui domine la mer des Caraïbes.

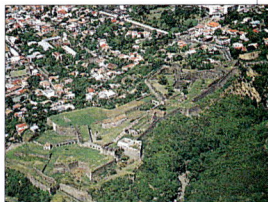

Le fort Delgrès, anciennement nommé fort Saint-Charles, puis fort Richepanse, fut construit au XVIIe siècle (p. 116-117).

François Lolonois
Lolonois est l'un des pirates français qui sévirent dans la mer des Caraïbes avant la colonisation.

1650	1655	1660	1665	1670

1650-1664
Vente des îles françaises à des propriétaires privés après la liquidation de la Compagnie des Îles d'Amérique

1656-1740 Première guerre des Marrons en Jamaïque

1670-1671
Révolte d'esclaves en Guadeloupe

1654-1655
Les Espagnols chassent les Français de l'île de la Tortue

1656 Première révolte d'esclaves à la Guadeloupe

1655 Expédition de Cromwell à la Jamaïque

1664
Colbert crée la Compagnie des Indes occidentales

1674 Suppression de la Compagnie des Indes occidentales. Rattachement de la Guadeloupe au domaine royal

La traite et le système esclavagiste

L a traite négrière fut du XVe au XIXe siècle l'un des trafics de captifs les plus importants. Elle relia l'Europe, l'Afrique et les Amériques. La plupart des grands ports de la côte atlantique française pratiquèrent la traite le long des côtes d'Afrique occidentale et dans l'océan Indien. Interdite en 1807 par la Grande-Bretagne, puis en 1815 par le traité de Vienne, la traite se poursuivit de manière illégale jusqu'aux abolitions de l'esclavage dans les colonies françaises, aux États-Unis et au Brésil.

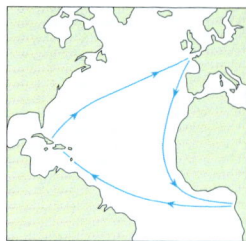

LE COMMERCE TRIANGULAIRE
—— *Routes maritimes*

Nègres à fond de cale
La traversée durait parfois plusieurs mois.
Le taux de mortalité sur les vaisseaux négriers
pouvait atteindre 30 % de la cargaison.

Négrier cherchant à séparer une famille

Entrave pour poignets
Cette entrave, utilisée
sur les navires négriers
pour immobiliser
les captifs,
est l'un des rares
vestiges du matériel
négrier.

SCÈNE DE TRAITE NÉGRIÈRE
Sur les côtes africaines, les négriers échangeaient des marchandises de troc (pacotilles, alcools, armes, tissus) contre des captifs, butins de razzias dans des villages, et de guerres.

Pacotille
La plus grande partie
des perles utilisées pour
la traite négrière
étaient fabriquées en
Europe,
principalement à
Venise.

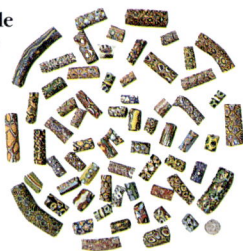

Caravane d'esclaves
Les circuits de la traite clandestine ont duré bien au-delà des interdictions du XIXᵉ siècle.

Captif prêt à être embarqué

La rébellion d'un esclave
Sur les navires négriers, les épidémies et les révoltes étaient fréquentes pendant la traversée.

Bordeaux, port négrier
Bordeaux, Nantes, La Rochelle, Lorient, Saint-Malo, Honfleur, Dunkerque pratiquèrent jusqu'à la fin du XIXᵉ siècle la traite légale, puis illégale.

La vente
La vente d'esclaves entre propriétaires dans une même colonie, ou d'îles voisines, était fréquente.

L'organisation coloniale sous la monarchie absolue

La France imposa sa souveraineté sur l'archipel guadeloupéen après avoir chassé les indigènes. Les Karibs se défendirent dans les îles voisines jusqu'à la fin du XVIIIe siècle. La construction coloniale se fonde sur le système esclavagiste (Code noir, 1685). Les colons propriétaires d'esclaves contrôlent l'économie et la justice. Provinces-Unies et Angleterre obligent la France à combattre sur trois fronts : terrestre, naval et colonial. Le développement économique et social de la Guadeloupe s'effectue sous la dépendance de la Martinique, où résident le gouverneur général des îles du Vent et l'intendant.

LE
CODE NOIR.
LETTRES
PATENTES
Pour l'établissement d'un Conseil
Souverain à Surate.

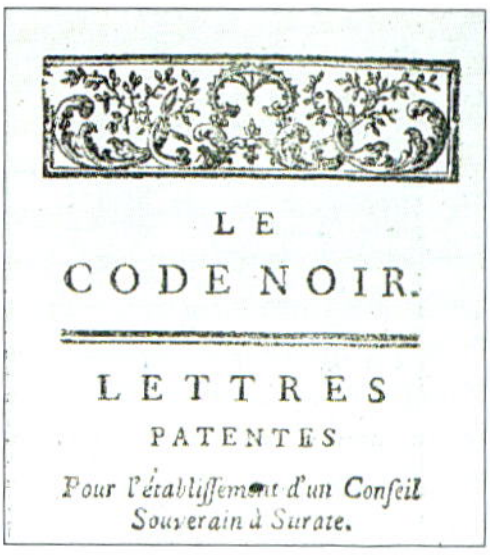

Code noir
Édit de 1685, règlement de la police des esclaves, c'est un recueil de vœux pieux non appliqué sur place.

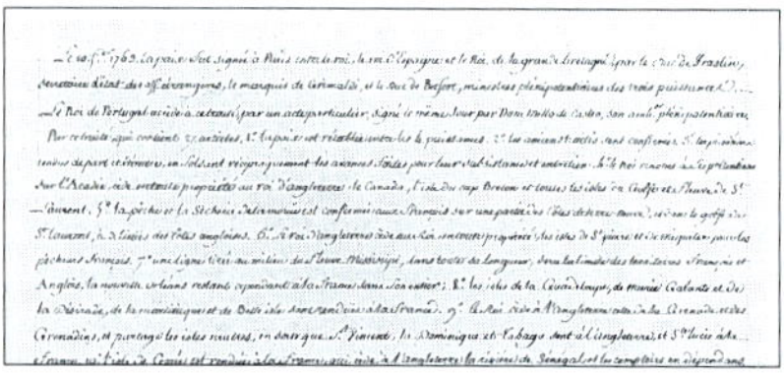

Le traité de Paris (1763)
La France perd le Mississippi, la Grenade et les Grenadines mais récupère la Guadeloupe, échangée contre le Canada. Après restitution de la Guadeloupe, Choiseul réorganise la politique et la défense nationale (construction du fort Saint-Charles).

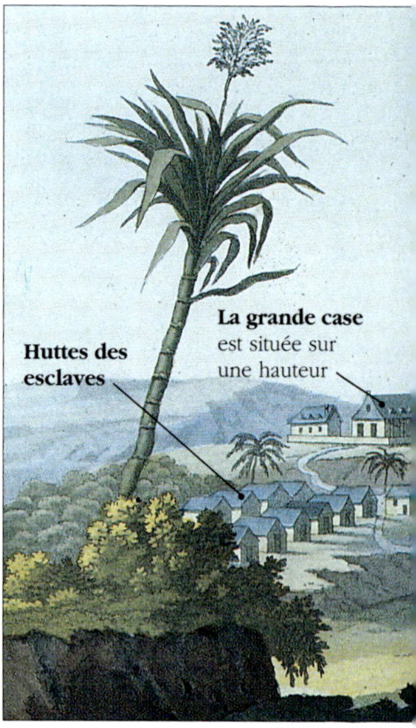

La grande case est située sur une hauteur
Huttes des esclaves

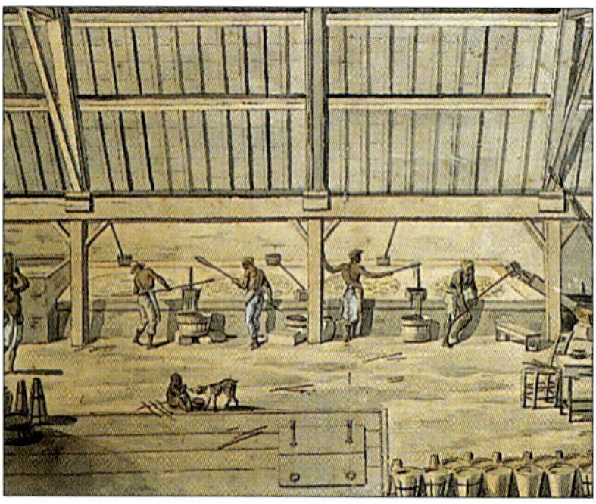

La fabrication du sucre
Cette illustration montre la phase de la cuisson du jus de canne à sucre par un « atelier » d'esclaves.

Chronologie

1772-1678 Guerre de Hollande

1685 (mars) Publication du Code noir

1701-1714 Guerre de la Succession d'Espagne. Marie-Galante occupée par les Anglais

1670 | 1680 | 1690 | 1700 | 1710

1689-1697 Guerre de la ligue d'Augsbourg

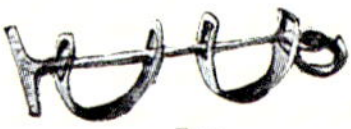

Fers

1710-1725 Révoltes d'esclaves en Guadeloupe

Châtiment du fouet
Les sévices corporels étaient particulièrement nombreux et inhumains, entraînant fréquemment la mort des esclaves.

Ateliers et entrepôts

Marronnage
Les nègres cimarrons refusaient de se soumettre au système esclavagiste. Fuyant les plantations et leurs châtiments, des communautés de cimarrons livrèrent de véritables guerres aux puissances coloniales européennes. Les « grands camps » de marrons de Guadeloupe étaient nombreux sur les hauteurs de la Basse-Terre et dans les Grands-Fonds de la Grande-Terre.

Champ de canne

Moulin à sucre
La canne à sucre est broyée dans les tambours du moulin actionnés ici par la force animale (chevaux, bœufs), à la différence de moulins mus par la force de l'eau ou du vent.

UNE PLANTATION
Une plantation est composée de la grande case des maîtres, des huttes des esclaves, des cachots, des moulins à sucre et des champs de canne.

1740-1748 Guerre de la Succession d'Autriche. La France prend Sainte-Lucie, mais perd Saint-Barthélemy et Saint-Martin

1752 Révoltes d'esclaves en Guadeloupe

1762 Prise de la Martinique et de La Havane par les Anglais

1720	1730	1740	1750	1760

1736-1738 Révoltes d'esclaves en Guadeloupe

Entrée du fort Saint-Charles

1756-1763 Guerre de Sept Ans

1763 Traité de Paris

1759-1763 La Guadeloupe est occupée par les Anglais, qui y introduisent 40 000 captifs africains

La Guadeloupe révolutionnaire (1760-1810)

La Guadeloupe révolutionnaire
Nicole Réache, peintre guadeloupéenne, a réalisé une reprise de La Liberté guidant le peuple *d'E. Delacroix (1830).*

Une période révolutionnaire s'ouvre aux Caraïbes dans la décennie 1760-1770. La société guadeloupéenne est minée par un processus de résistance des esclaves. En contrepoint se développe, à partir de 1789, un mouvement révolutionnaire venant de France. L'abolition de l'esclavage décrétée en 1793 à Saint-Domingue est confirmée par la Convention en février 1794. Bonaparte, voulant rétablir le système esclavagiste, envoie aux Caraïbes deux expéditions militaires : l'une à Saint-Domingue, l'autre en Guadeloupe. L'ordre colonial finit par triompher après le massacre des insurgés et la déportation de 10 000 nègres guadeloupéens dans les colonies espagnoles.

Toussaint Louverture
L'un des acteurs principaux de l'indépendance haïtienne mourut au fort de Joux (Jura) en avril 1803 après avoir été capturé par traîtrise par les troupes françaises.

DÉCRET D'ABOLITION DE L'ESCLAVAGE
Le 16 pluviôse an II (4 février 1794), la Convention nationale déclare aboli l'esclavage des nègres dans toutes les colonies : en conséquence, elle décrète que tous les hommes, sans distinction de couleur, domiciliés dans les colonies, sont citoyens français et jouiront de tous les droits assurés par la Constitution.

CHRONOLOGIE

Révolte à Saint-Domingue

1766 Prise de la Louisiane par les Espagnols : mouvement de résistance des colons français

1769 Révolte d'esclaves au Suriname

1791 (21-22 août) Soulèvement des esclaves de la partie nord de Saint-Domingue

1789 (mai) Réunion des États généraux à Paris

1760	1770	1780	1790

1763-1773 Première guerre karib

1767-1769 Premier mouvement révolutionnaire à Saint-Domingue

1783 Indépendance des États-Unis

1776-1783 Guerre d'indépendance des États-Unis

1790 Insurrections d'esclaves à Capesterre, Goyave, Petit-Bourg, Sainte-Anne

Victor Hugues

Il reprend la Guadeloupe en avril 1794 et la dote d'un gouvernement révolutionnaire. Il est commissaire civil de la colonie avec Pierre Chrétien. De nombreuses propriétés sont alors sous séquestre, et des planteurs fuient vers l'étranger.

Louis Delgrès (1776-1802)

Après s'être retranché au fort Saint-Charles (p. 116-117), le colonel Delgrès, officier martiniquais, refusa de distribuer 11 000 fusils à la population et préféra se réfugier au Matouba, où il se suicida avec 300 personnes, hommes, femmes et enfants.

Les esclaves agenouillés sont caractéristiques d'une représentation allégorique.

Le général Richepanse

Il commande l'expédition envoyée par Bonaparte pour rétablir l'esclavage. Il arrive en Guadeloupe en 1802 avec une division navale, réprime le soulèvement dirigé par Delgrès et Pelage, et rétablit l'esclavage le 16 juillet 1802.

Ignace

En 1802, pendant que Delgrès se réfugiait au Matouba et faisait sauter son campement, Ignace se rendait à Baimbridge, près de Pointe-à-Pitre, et trouvait la mort face aux troupes de Richepanse (p. 119).

1792 Égalité des droits accordée par la Législative aux « gens de couleur » libres

1795-1805 Seconde guerre karib

1797 Déportation des Black Karibs de Saint-Vincent à l'île de Roatan

1802 Rétablissement de la traite et de l'esclavage par Bonaparte

1810-1814 Les Anglais s'emparent de la Guadeloupe

1795	1800	1805	1810

1793 Abolition de l'esclavage à Saint-Domingue

1794 Abolition de l'esclavage dans les colonies françaises. Martinique et Guadeloupe occupées par les Anglais

1798-1801 Après la proclamation de V. Hugues contre les États-Unis, « quasi-guerre » entre la Guadeloupe et les États-Unis

1804 Indépendance d'Haïti

1803 Bonaparte cède la Louisiane aux États-Unis

1814 Traité de Paris

Navire anglais

Destruction du système esclavagiste

Des mouvements philanthropiques inspirés de modèles anglais proposent la suppression de la traite négrière, puis de l'esclavage. Rapports et déclarations se succèdent, le trafic et l'institution persistent. Il faut attendre 1848, la chute de la monarchie de Juillet et l'intervention de Victor Schoelcher auprès du gouvernement provisoire pour que l'abolition de l'esclavage soit décrétée le 27 avril 1848 à Paris. La France républicaine met en place une administration coloniale qui vise à maintenir le travail sur les plantations et l'ordre public. Les « nouveaux citoyens » de Guadeloupe se retrouvent, sans indemnité, sur un marché du travail dominé par les anciens maîtres.

Louisy Mathieu
Ancien esclave, premier député noir de Guadeloupe, il fut élu en 1848 à l'Assemblée nationale dans les rangs schoelcheristes.

VICTOR SCHOELCHER

Victor Schoelcher (1804-1893)

Schoelcher découvre en 1829 les horreurs du système esclavagiste lors d'un premier voyage aux Amériques. Il consacre ensuite toute sa vie de rentier aisé à l'analyse des sociétés coloniales et à la lutte pour l'abolition de l'esclavage. Très influencé par les mouvements abolitionnistes britanniques, républicain, il devient sous-secrétaire d'État aux Colonies du gouvernement provisoire de 1848 et président de la Commission d'abolition de l'esclavage. Il est l'auteur du décret d'émancipation du 27 avril 1848. Il fait appliquer le projet de réorganisation économique, sociale et politique qu'il avait élaboré pour les colonies, malgré un long exil à Londres sous le Second Empire. Il retrouve son siège de parlementaire colonial à l'Assemblée en 1871 et devient sénateur inamovible en 1875.

CHRONOLOGIE

1815 Pendant les Cent-Jours, les Anglais reprennent la Guadeloupe et la Martinique. Deuxième traité de Paris

1825 Reconnaissance d'Haïti par la France contre le paiement d'une indemnité

1810	1820	1830

1810-1830 Guerre d'indépendance des colonies espagnoles d'Amérique du Sud

Traité de Vienne (1815)

1831 Révolte d'esclaves en Guadeloupe et en Jamaïque

Tremblement de terre de 1843
Une grande partie du matériel de production sucrière fut détruit par le séisme. On construisit alors les premières fabriques.

Représentant de l'État français ceint de l'écharpe tricolore

Arbre de la Liberté
Un arbre de la Liberté fut planté à Basse-Terre en 1848, en présence du gouverneur de la Guadeloupe et du préfet apostolique.

Esclaves se libérant de leurs chaînes

Les autorités républicaines appellent à une réconciliation sociale.

DÉCRET DU 27 AVRIL 1848

Au nom du peuple français, Le gouvernement provisoire, Considérant que l'esclavage est un attentat contre la dignité humaine ; qu'en détruisant le libre arbitre de l'homme, il supprime le principe naturel du droit et du devoir ; qu'il est une violation flagrante du dogme républicain « Liberté, Égalité, Fraternité » ; Considérant que, si des mesures effectives ne suivaient pas de très près la proclamation déjà faite du principe de l'abolition, il pourrait en résulter dans les colonies les plus déplorables désordres ; Décrète : Article 1er L'esclavage sera entièrement aboli dans toutes les colonies et possessions françaises…

Colonisation et « second esclavage » (XIXe siècle)

La destruction du système esclavagiste s'accompagne d'un renforcement du contrôle social. L'administration coloniale qui décrète l'état de siège en Guadeloupe de mai 1850 à décembre 1851 organise plusieurs procès politiques qui muselent les voix d'insulaires, comme celles de Marie-Léonard Sénécal et de ses amis, qui revendiquent en 1848-1849 l'indépendance de l'île. L'économie se fonde sur la monoculture sucrière. Les usines centrales emploient une main-d'œuvre de travailleurs sous contrat, ce qui entraîne l'exclusion des « nouveaux libres » du marché du travail.

Gaston Gerville Réache
Député de la Guadeloupe de 1881 à 1906, il fonda Le Moniteur des colonies *à Paris avec Schoelcher en 1882*

L'usine centrale
C'est l'unité de culture et de fabrication de sucre brut dont la construction commença en 1844 sur le modèle cubain. La maison Derosne et Cail fournit l'essentiel de leur équipement aux 18 usines qui furent érigées au XIXe siècle en Guadeloupe et à Marie-Galante.

Hégésippe Légitimus
Influencé par le Guyanais Édouard Nobal, qui arrive en Guadeloupe en 1888, Légitimus, leader socialiste, devient député de la Guadeloupe en 1898. Fondateur du Comité de la jeunesse républicaine et du Parti ouvrier de Guadeloupe, il crée le journal Le Peuple *en 1891.*

CHRONOLOGIE

1848 Arrivée (5 juin) du commissaire général de la République Adolphe Gatine, avocat parisien

1852 Décrets autorisant l'introduction de main-d'œuvre sous contrat — *Indien sous contrat*

1851 Procès de l'indépendantiste M.-L. Sénécal

1849 Premier numéro du *Progrès*, journal républicain schoelcheriste. Schoelcher et Perrinon sont élus aux législatives. Procès politiques

1857 Arrêté Husson : obligation du livret d'engagement et du passeport « intérieur » pour les travailleurs

1861 Convention entre France et Grande-Bretagne pour le recrutement direct de travailleurs indiens dans les territoires contrôlés par les Britanniques

1860 Fondation de la Société de crédit national

1863 Fondation du Crédit foncier colonial

1866 Sénatus-consulte élargissant les compétences et charges financières des conseils généraux

1850 — 1860

L'habitation Bois-Debout

Située près de Capesterre-Belle-Eau, c'est la maison de famille d'Alexis Léger, le poète Saint-John Perse (p. 24 et 87).

OÙ VOIR LA GUADELOUPE DE LA FIN DU XIXᵉ SIÈCLE

La maison Zévallos *(p. 153)* et le musée Saint-John Perse *(p. 86-87)* témoignent de l'architecture métallique de la fin du XIXᵉ siècle. Quant aux nombreuses carcasses d'usines sucrières, elles sont autant de vestiges de ce passé économique.

Le musée Saint-John Perse, à Pointe-à-Pitre.

AFFICHE COLONIALE

Le marin et le soldat encadrent et surveillent un champ de canne à sucre, représentant la production et le commerce de la colonie. Une première crise de surproduction sucrière aura toutefois lieu entre 1884 et 1910. La production du sucre de betterave a alors dépassé celle du sucre de canne.

Immigrations post-esclavagistes

À partir de 1854 et jusqu'en 1889, plusieurs dizaines de milliers de travailleurs dits « libres sur contrats » furent introduits en Guadeloupe. En provenance d'Afrique, d'Inde, de Chine, de Madère, du Japon, ils étaient soumis à des contrats d'une durée de 5 à 8 ans, que certains qualifièrent de « second esclavage ». Dix pour cent d'entre eux furent rapatriés. Leurs salaires étaient quatre fois moindres que les taux de rémunération dus aux « nouveaux libres ».

	1884 Vote de l'interruption des immigrations de main-d'œuvre contractuelle par le conseil général	**1891** Création du journal *Le Peuple* par Hégésippe Légitimus	**1895** Légitimus président du conseil général	**1904** Légitimus maire de Pointe-à-Pitre
1870	**1880**	**1890**		**1900**
68-1878 erre de Dix Ans Cuba	**1878** Saint-Barthélemy redevient française	**1888** Arrivée en Guadeloupe du Guyanais Édouard Nobal	**1894** Légitimus est élu conseiller général	

Colonisation et assimilation (XXᵉ siècle)

L'effondrement de l'économie coloniale s'accélère au XXᵉ siècle malgré une demande accrue de rhum pendant la guerre de 1914-1918. Les restrictions de la monoculture sucrière engendrent de vives tensions sociales. Un mouvement socialiste apparaît, prôné par une élite politique qui vise l'assimilation. Des compétitions électorales dominées par la fraude, la corruption et la violence ne répondent pas aux attentes de la population guadeloupéenne, qui affronte la montée du chômage et les cataclysmes naturels. Après la Seconde Guerre mondiale et l'occupation des îles par les forces de Vichy, la Guadeloupe est intégrée à la France par la loi du 19 mars 1946.

1939 Guadeloupe, Guyane, Martinique placées sous les ordres de l'amiral Robert, haut-commissaire. Le gouverneur Sorin administre la Guadeloupe entre 1940 et 1943

1932 Gratien Candace devient député de la Guadeloupe et sous-secrétaire d'État aux Colonies

1943 H. Hoppenot délégué de la France libre arrive en Guadeloupe

1928 (12 sept.) Cyclone : environ 1 500 morts

1932-1936 Grèves

1910 Grève des ouvriers agricoles en Guadeloupe

1859-1930 Le commandant Mortenol, polytechnicien et capitaine de vaisseau

1900	1920	1940

1900	1920	1940

1902 Création de la réserve Karib de la Dominique. Grèves en Guadeloupe

1902-1911 Députation d'A.-L. Gérault-Richard

1909 Fondation du journal *Le Nouvelliste* par H.-A. Lara

LE NOUVELLISTE
LE PLUS RÉPANDU DES JOURNAUX DES ANTILLES FRANÇAISES
QUOTIDIEN DE LA GUADELOUPE

1914 Ouverture du canal de Panama

1914-1918 La participation des troupes à la Première Guerre mondiale se solde par 3 000 morts et blessés

1923 Publication de *La Guadeloupe*, ouvrage historique par O. Lara (1879-1924)

LA GUADELOUPE

1936 Front populaire. Félix Éboué gouverneur de la Guadeloupe

1944 (avril) Une section guadeloupéenne du Parti communiste français est créée

1946 Loi transformant la Guadeloupe en département français

1948 Victoire de la Guadeloupe au Trophée Caraïbe de football

FÉLIX ÉBOUÉ (1899-1944)

Né en Guyane, administrateur en chef des colonies (Soudan et Martinique), Félix Éboué est gouverneur de la Guadeloupe par intérim à dater du 27 octobre 1936, puis gouverneur de troisième classe (4 décembre 1936) jusqu'en juillet 1938. Chef du territoire du Tchad à partir du 19 novembre 1938, il devient ensuite gouverneur général de l'AEF (12 novembre 1940, JO de la France libre).

Félix Éboué et Eugénie Tell-Éboué, député de la Guadeloupe en 1946

1973 Création du Caricom (Caribean Common Market) réunissant les territoires anglophones devenus indépendants

BRISER les urnes colonialistes conquérir L'INDEPENDANCE NATIONALE

MAMAN COCHON

LES OUVRIERS et PAYSANS dans la création de

1967 De graves troubles accompagnent la grève des ouvriers du bâtiment. La même année sont jugés des Guadeloupéens indépendantistes

1985 Conférence des dernières colonies françaises : des Guadeloupéens revendiquent l'indépendance

1983 Intervention des États-Unis à Grenade

1981 Création de l'OECS

1996 Marie-José Pérec remporte deux médailles d'or aux JO d'Atlanta

1960	1980

1960	1980

1976 Menace d'éruption de la Soufrière. Évacuation

1994 Adhésion de la France à l'Association des États caraïbes

1982 Décentralisation : la Guadeloupe devient une région monodépartementale

1960 Fermeture progressive de la plupart des usines sucrières de Guadeloupe (jusqu'en 1975)

1998 (26 février) Éclipse totale de soleil sur la Guadeloupe

1989 Le cyclone Hugo touche la Guadeloupe, les îles Vierges, Puerto Rico et la Caroline du Sud

L'héritage de l'histoire

Depuis la fin du XVIIIe siècle, les Guadeloupéens sont plongés dans un processus de destruction du système esclavagiste et du système colonial. Une population traumatisée, atomisée, ne constituant pas une société, a hérité d'une tradition de débrouillardise. Elle affronte le chômage et les conséquences du « génocide par substitution » (A. Césaire). Une conception du travail viciée par le passé s'associe aux effets pervers de la défiscalisation, à l'émigration et aux migrations internes. La non-transmission des valeurs culturelles acquises se conjugue avec la vie politique marquée par le décalage persistant entre un discours assimilateur et les aspirations qui se traduit par une abstention permanente aux élections. Cet archipel reste soumis à une dépendance écrasante qui explique la fragilité du substrat touristique.

Le créole
L'enseignement demeure coupé de l'environnement caraïbe. La langue créole parlée par le peuple guadeloupéen reste un instrument de communication orale.

Cimetière à la Toussaint
L'illumination des tombes à la Toussaint est une tradition préservée. Famille et amis se retrouvent autour des tombes pour une partie de la nuit.

L'ANT
L'Agence nationale pour l'insertion et la promotion des travailleurs d'outre-mer a succédé au Bumidom. En Guadeloupe, le taux de chômage atteint 34 % provoquant une émigration contrôlée pour une insertion difficilement vécue.

Temple évangéliste
De nombreuses sectes sont implantées en Guadeloupe.

Récif corallien
La fragilité des fonds marins exige une vigilance des autorités administratives. L'arc des Caraïbes orientales s'élève en effet de 20 cm par an.

Ruines de l'usine Marquisat
La ruine du secteur de la canne (p. 177) n'est pas relayée par la création de nouvelles infrastructures de production.

La pêche
La pêche reste une activité artisanale, démunie des moyens nécessaires à son développement qui épuise les ressources du plateau continental.

L'AÉROPORT PÔLE-CARAÏBES
« Cordon ombilical », il relie la Guadeloupe au reste du monde. L'archipel guadeloupéen importe la majorité de ses biens de consommation. Pôle-Caraïbes est le lieu de transit obligé de la majorité des émigrants et des touristes de passage.

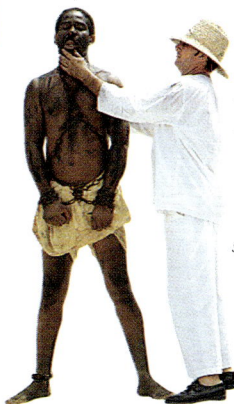

Reconstitution d'une vente d'esclaves
L'année 1998 fut celle du cent cinquantenaire de l'abolition de l'esclavage : une occasion d'évoquer les problèmes économiques, sociaux et politiques hérités du XIXᵉ siècle. À Pointe-à-Pitre furent reconstitués le débarquement d'un vaisseau négrier et une vente d'esclaves.

Voyages en Guadeloupe

La Guadeloupe d'un coup d'œil

Ce guide divise la Guadeloupe en cinq régions géographiques. Un chapitre est consacré à chacun de ces secteurs qui ont une personnalité et une géographie particulière. Ainsi, Pointe-à-Pitre apparaît comme une vraie capitale économique et culturelle. La Basse-Terre, montagneuse et humide, est décrite en deux chapitres : le Nord et le Sud. Deux chapitres sont aussi consacrés à la Grande-Terre, sèche et ensoleillée.

Le musée Saint-John-Perse à Pointe-à-Pitre *(p. 86-87)*

Les îlets Pigeon dont les fonds sous-marins font la joie des plongeurs *(p. 126-127)*

La route de la Traversée ou route des Deux Mamelles *(p. 134-135)*

La Soufrière domine le sud de la Basse-Terre *(p. 120-121)*

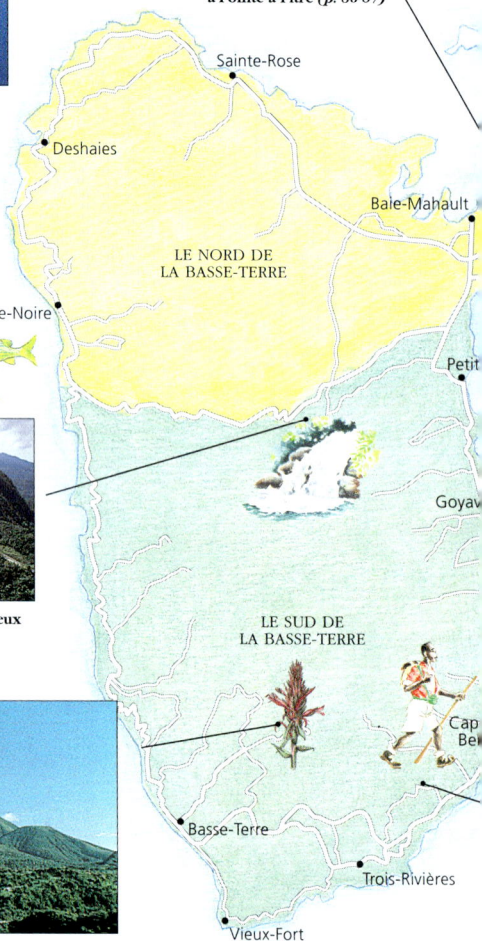

Sainte-Rose

Deshaies

Baie-Mahault

LE NORD DE
LA BASSE-TERRE

Pointe-Noire

Petit

Goyav

LE SUD DE
LA BASSE-TERRE

Cap
Be

Basse-Terre

Trois-Rivières

Vieux-Fort

Pointe de la Grande Vigie

-Bertrand

LE NORD DE
LA GRANDE-TERRE

Petit-Canal, longtemps dédié à
l'industrie sucrière *(p. 174-175)*

0   10 km

Le Moule

LE SUD DE
LA GRANDE-TERRE

Les Abymes

NTE-À-PITRE

Sainte-Anne

Le Gosier

Gardel au Moule, la dernière sucrerie
de la Guadeloupe *(p. 154-155)*

Le fort Fleur-d'Épée, forteresse à la Vauban *(p. 166-167)*

Les chutes du Carbet *(p. 104-105)*

POINTE-À-PITRE

L a capitale économique de la Guadeloupe conjugue les contrastes entre une architecture exogène et des maisons coloniales rescapées des cataclysmes, entre l'agitation diurne et l'impression de couvre-feu des nuits, et surtout contraste avec Basse-Terre, la capitale administrative, qui a toujours soupçonné « La Pwent », la débonnaire, de visées hégémoniques.

Selon la légende, la ville tiendrait son nom d'un pêcheur hollandais, un certain Peter venu du Brésil vers 1654, qui vendait ses prises sur une pointe, désignée ensuite comme « pointe à Peter ». Puis, le nom de Pointe-à-Pitre se serait imposé. Une autre interprétation le fait dériver de celui d'une agave d'Amérique centrale, appelée *pitera* en espagnol et *pite* en haïtien…

La rue Frébault est le chemin de naissance de Pointe-à-Pitre. Ancienne « chaussée des Abymes », elle fut construite en 1748 pour relier la paroisse du même nom à la mer et permettre l'exportation directe des produits de la canne qui, depuis 1715, prenaient la route du port de Basse-Terre. Les Anglais, qui occupaient la Guadeloupe (guerre de Sept-Ans), fondèrent le premier bourg sur le morne Renfermé et créèrent le port vers 1760, faisant combler les marécages par 35 000 esclaves.

Trois ans plus tard, le bourg, passé sous contrôle français, se développa avec l'installation d'un tribunal de l'Amirauté qui dispensa les habitants d'aller à Basse-Terre pour régler leurs affaires. En 1772, la ville prit le nom de Pointe-à-Pitre. En 1780, un gigantesque incendie marqua le début d'une série de catastrophes. L'histoire mouvementée de la ville connut un point d'orgue entre 1789 et 1802, lorsque Victor Hugues arriva pour abolir l'esclavage (avril 1794), puis lorsque Richepanse et ses troupes furent dépêchés pour le rétablir (1802). Mais les épreuves n'ont pas eu raison de la cité chantée par Saint-John Perse, qui, à l'aube du IIIe millénaire, veut valoriser sa position centrale dans l'arc caraïbéen.

La Darse de Pointe-à-Pitre au début du siècle

◁ Le parapluie antillais protège plus du soleil que des averses soudaines et courtes ou « grains »

À la découverte de Pointe-à-Pitre

Située sur l'île de la Grande-Terre, limitée à l'ouest par
la rivière Salée et à l'est par les Grands-Fonds, la commune
s'étend sur environ 270 ha. Le centre lui-même, partie
touristique de la ville, est compris entre la mer au sud
et les boulevards Faidherbe et de Chanzy au nord. Au-delà
s'étendent les quartiers de Lauricisque, au nord-est, et de
Bergevin et de l'Assainissement, au nord. À l'est du centre
se trouve le quartier de Massabielle, tandis que le Carénage,
avec la cour Zamia et la carcasse rouillée de l'ancienne usine
Darboussier, s'est développé à l'est de la N4, qui mène
à la marina de Bas-du-Fort et au touristique Gosier.

ROUTE NATIONALE 1

BOULEVARD

RUE EUVRÉMONT

GÈNE

DE

L'AMITIÉ

12 *Lauricisque*

DES

PEUPLES

RUE NEIL ARMSTRONG

RUE HO-CHI-MINH

DE

LA

CARAÏBE

Be

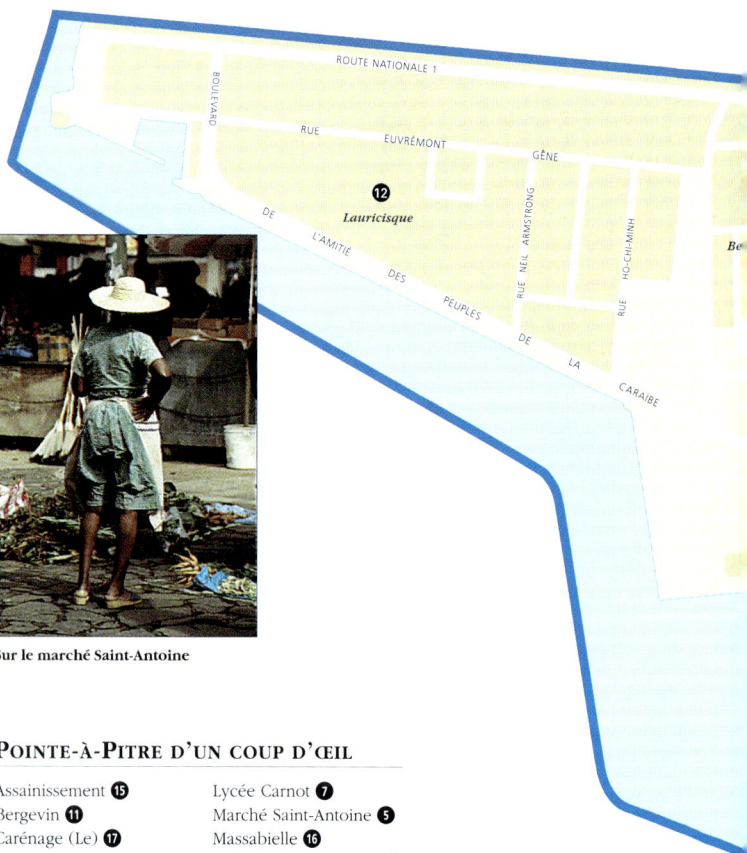

Sur le marché Saint-Antoine

POINTE-À-PITRE D'UN COUP D'ŒIL

0   500 m

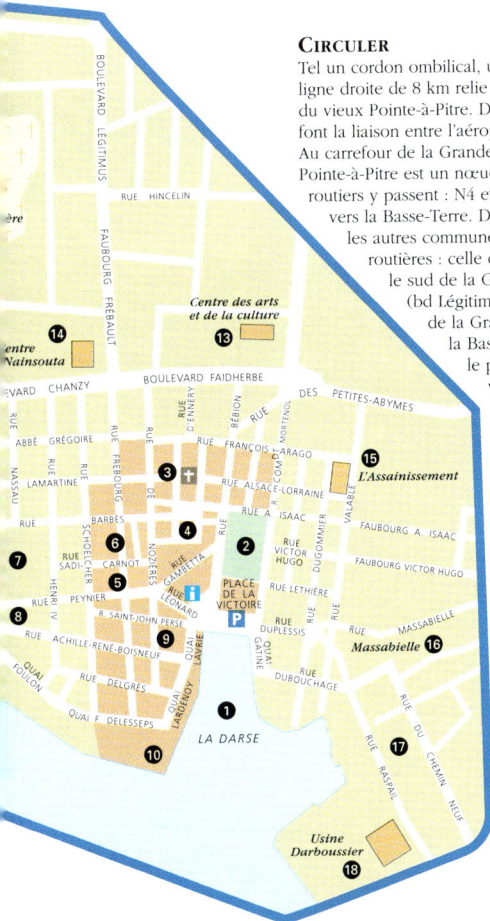

La place de la Victoire, ouverte sur la Darse

CIRCULER

Tel un cordon ombilical, une longue
ligne droite de 8 km relie l'aéroport Pôle Caraïbes au centre
du vieux Pointe-à-Pitre. Des taxis et un service régulier de bus
font la liaison entre l'aéroport et la ville.
Au carrefour de la Grande-Terre et de la Basse-Terre,
Pointe-à-Pitre est un nœud de communications : tous les axes
routiers y passent : N4 et N5 vers la Grande-Terre, N1 et N2
vers la Basse-Terre. Des bus permettent de se rendre dans
les autres communes à partir de plusieurs gares
routières : celle de la Darse (rue Dubouchage), pour
le sud de la Grande-Terre, celle du Morne Ferret
(bd Légitimus) pour le nord et le centre
de la Grande-Terre, celle de Bergevin pour
la Basse-Terre. Pointe-à-Pitre est aussi
le point de départ de liaisons maritimes
vers les Saintes et Marie-Galante.

Plan

BOULEVARD LÉGITIMUS
RUE HINCELIN
FAUBOURG FRÉBAULT
BOULEVARD CHANZY
Centre des arts et de la culture ⑬
⑭ *Centre Nainsouta*
EVARD CHANZY
ABBÉ GRÉGOIRE
RUE FRÉBOURG
BOULEVARD FAIDHERBE
RUE D'ENNERY
RUE BÉBIAN
DES PETITES-ABYMES
RUE MORTENOL
RUE LAMARTINE
NASSAU
RUE
RUE FRANÇOIS-ARAGO
RUE ALSACE-LORRAINE
③ ✚
④ ②
⑮ *L'Assainissement*
RUE A. ISAAC
FAUBOURG A. ISAAC
BARBÈS
RUE SCHŒLCHER
RUE SADI-CARNOT
⑥
⑤
RUE VICTOR HUGO
DUGOMMIER
VALABRE
FAUBOURG VICTOR HUGO
⑦
HENRI IV
PEYNIER
R. SAINT-JOHN PERSE
RUE ACHILLE-RENÉ-BOISNEUF
⑧
PLACE DE LA VICTOIRE 🅿 ℹ
RUE LÉTHIÈRE
RUE DUPLESSIS
⑨
QUAI LARDENOY
QUAI LAVRIE
QUAI GATINE
RUE
MASSABIELLE
Massabielle ⑯
QUAI FOULON
RUE DELGRÈS
QUAI F. DELESSEPS
RUE DUBOUCHAGE
①
LA DARSE
⑩
⑰
RUE DU CHEMIN NEUF
RUE RASPAIL
Usine Darboussier ⑱

LÉGENDE

■ Pas à pas *p. 78-79*

🅿 Parc de stationnement

ℹ Information touristique

VOIR AUSSI

• *Hébergement* p. 218

• *Restaurants, cafés et bars* p. 232

Pointe-à-Pitre pas à pas

Joueur de ka, rue Saint-John Perse

L e centre nerveux de la ville grouille d'une vie chatoyante autour de son axe majeur, la rue Frébault avec ses petits métiers et ses commerçants syriens et libanais. Le marché Saint-Antoine offre quant à lui un univers de couleurs et de senteurs épicées. Le musée Schoelcher, qui recèle les témoignages d'une page fondamentale de l'histoire guadeloupéenne, n'est pas loin.

La maison Souques-Pagès, qui abrite le musée Saint-John Perse, est un magnifique témoignage de l'architecture coloniale. Au temps de la flibuste, le port et les environs de la place de la Victoire furent le siège des fameux corsaires de la Guadeloupe. Peu étendu, le centre se parcourt aisément à pied.

Le musée Schoelcher
Les souvenirs rassemblés dans une superbe maison coloniale rappellent la mémoire du grand anti-esclavagiste.

★ **Le marché Saint-Antoine**
La générosité et l'exubérance de la nature antillaise se retrouvent sur les étals du marché.

0   100 m

★ **Le musée Saint-John Perse**
La maison aux dentelles de zinc rassemble des souvenirs du poète, Prix Nobel de littérature.

RUE SADI CAR...
RUE FRÉBAULT
RUE PEYNIER
RUE SAINT-JOHN PERSE
RUE ACHILLE-RENÉ BOISNEUF
RUE DELGRÈS
QUAI F. DE LESSEPS
QUAI LARDENOY

LÉGENDE

- - Itinéraire conseillé

L'église Saint-Pierre-et-Saint-Paul

Sa façade blanche cache une imposante structure métallique, conçue pour résister aux séismes.

MODE D'EMPLOI

Carte routière C3. 27 000.
5, square de la Banque (05
90 82 09 30). t.l.j. place
de la Victoire (TUPP). Darse
(Les Saintes, Marie-Galante).

Palais de justice

Ancien
presbytère

RUE LAMARTINE

RUE FRANÇOIS ARAGO

RUE ALEXANDRE ISAAC

RUE ALSACE-LORRAINE

RUE DE NOZIÈRES

RUE GAMBETTA

RUE BÉBIAN

★ La place de la Victoire
Bordée de maisons créoles et plantée de palmiers royaux et de manguiers, la place a gardé un petit air rétro.

À NE PAS MANQUER

★ **Musée
Saint-John Perse**

★ **Marché
Saint-Antoine**

★ **Place de la Victoire**

**L'office du
tourisme**
Un élégant immeuble de style néo-classique, construit au début du siècle, accueille les touristes en quête de renseignements.

La Darse ❶

Marie-Galante, les Saintes. du lun. au sam.

Ce petit plan d'eau au trafic dense et coloré est comme partie intégrante de la place de la Victoire. Il a toujours eu la vocation de desservir les proches dépendances de la Guadeloupe, même si les gabares et les goélettes ont laissé place aux vedettes les plus modernes pour filer vers Marie-Galante ou les Saintes. L'embarcadère récemment installé atténue à peine le joyeux désordre des départs qui mettent en compétition différentes compagnies. Comme au XIXᵉ siècle, quand la Darse ressemblait encore à une petite plage, de nombreuses barques saintoises viennent toujours vendre le poisson fraîchement pêché, et ainsi que le veut la tradition, sans que les pêcheurs mettent pied à terre. Il est vrai que le marché aux poissons, à quelques pas de là, n'admet la concurrence qu'à cette condition.

La place de la Victoire ❷

L'esplanade aérée qui regarde les eaux tranquilles de la Darse est le cœur historique de la ville. Cet ancien terrain de foire appelé place Sartine fut baptisé place de la Victoire par Victor Hugues en 1794 pour célébrer sa victoire sur les Anglais. Les allées sont bordées des sabliers centenaires que fit planter

Les navettes pour les Saintes et Marie-Galante partent de la Darse

Hugues vers 1794 (voir encadré) et s'enorgueillissent de flamboyants écarlates, de manguiers, de palmiers royaux aériens et de plantes ornementales. Lors de l'invasion anglaise de 1810, le lieu devint place Skinner, et reprit son nom au départ des Anglais en 1814. La place reste le lieu de prédilection des Pointois, qui viennent s'y promener en famille, en début de soirée, à l'heure où les protagonistes du « Sénat » s'apprêtent à refaire le monde. Le terme « Sénat » pourrait venir de la déformation du mot « cénacle ». Cette véritable institution de la place de la Victoire, née au lendemain de la guerre de 1914, réunit tous les jours à la tombée de la nuit les maîtres de la parole sous un sablier proche de l'ancienne Banque de la Guadeloupe. La place est entourée de beaux édifices, parmi lesquels l'office du tourisme de la Guadeloupe,

installé dans l'ex-bâtiment de la chambre de commerce de la Guadeloupe, construit en 1927, et l'ancienne Banque de la Guadeloupe. On remarque également la sous-préfecture, une ancienne caserne. Véritable institution, le cinéma-théâtre La Renaissance a remplacé au début du siècle le cinéma Aux Variétés où les Pointois suivaient alors les épisodes du Sept de trèfle et se délectaient d'une opérette comique. Le kiosque en forme de manège n'accueille plus les concerts dominicaux de la fanfare municipale. C'est en 1962 que l'imposant buste du gouverneur Félix Éboué (p. 66) fut implanté face à la Darse.

Buste de Félix Éboué, place de la Victoire

🛈 Office du tourisme de la Guadeloupe

5, square de la Banque. ☎ 05 90 82 09 30. 🕐 du lun. au ven. de 8 h à 17 h, le sam. de 8 h à 12 h.

🎬 La Renaissance

Place de la Victoire. ☎ 05 90 82 01 94.

La place Gourbeyre ❸

De la place de la Victoire, par la rue Alexandre-Isaac, on atteint la place Gourbeyre, qui porte le nom du gouverneur de la Guadeloupe (1786-1845) qui s'illustra dans l'organisation des secours lors du séisme destructeur de 1843 (p. 66). Elle accueille la gendarmerie,

La place de la Victoire, lieu de rencontre privilégié des Pointois

Le palais de justice, œuvre d'Ali Tur, place Gourbeyre

le palais de justice, construit en 1930-1931 par Ali Tur *(p. 112)* et dont le patio abrite un bassin, l'église Saint-Pierre-et-Saint-Paul et **l'ancien presbytère** (1845) classé monument historique en 1992. Il présente sur trois façades de belles galeries alternées de garde-corps et soutenues par des colonnes métalliques. Des chiens-assis favorisent la ventilation de l'étage. L'entrée principale donne sur la place de la Victoire par un escalier en demi-lune.

L'église Saint-Pierre-et-Saint-Paul ❹

Place Gourbeyre. ⬜ *de 5 h 30 à 12 h.* ✚ *lun., mar. et ven. à 6 h ; mer. et sam. à 18 h ; dim. à 7 h et 9 h.*

L'édifice fut construit sur le modèle de l'ancienne église de Pointe-à-Pitre que Victor Hugues avait fait raser en 1794 comme « emblème honteux du fanatisme ».

Le 22 septembre 1807 débuta la construction de la nouvelle église sur son emplacement actuel. Terriblement éprouvé par le tremblement de terre du 8 février 1843, l'édifice dut être une nouvelle fois reconstruit et le métal s'imposa comme matériau pour sa résistance aux éléments naturels. Malgré les outrages du cyclone de 1865 et des incendies de 1871 et 1899, l'église a su garder l'essentiel de son apparence. Une rénovation récente a mis en valeur son imposante façade ocre au fronton triangulaire qui cache le joli volume de la basilique. À l'intérieur, on remarque l'originalité de sa structure métallique.

La façade de l'église Saint-Pierre-et-Saint-Paul

VICTOR HUGUES ET LA PREMIÈRE ABOLITION DE L'ESCLAVAGE

La reprise de la Guadeloupe, 15 prairial an II (3 juin 1794)

Cinq ans après la prise de la Bastille, le décret du 4 février 1794 porta l'abolition de l'esclavage dans toutes les colonies. Victor Hugues, inflexible messager des Conventionnels en Guadeloupe, débarqua au Gosier à la tête de 1 500 hommes le 2 juin, trois mois après une nouvelle occupation anglaise. Il délivra Pointe-à-Pitre, renforça le fort Fleur-d'Épée, construisit celui de Baimbridge et fit raser l'église qui jouxtait la place Sartine, qu'il rebaptisa place de la Victoire. Victoire des sans-culottes sur les aristocrates, victoire des esclaves noirs sur les planteurs blancs, mais victoire rouge sang où la guillotine surnommée le « rasoir national » fonctionna sans relâche, colorant sinistrement certains jours le bassin de la Darse vers lequel s'écoulait le « sang impur » par un canal creusé à cet effet. C'est l'époque d'un exode massif de colons vers des terres plus accueillantes, en particulier vers La Nouvelle-Orléans, Trinidad et la Martinique, encore occupée par les Anglais. C'est aussi l'époque où Hugues fit planter des sabliers en carré sur la place de la Victoire pour célébrer cette période de terreur qui conduisit tout de même à l'abolition de l'esclavage. Pour combattre les Anglais, il leva une armée dont les troupes comportaient nombre d'officiers noirs et fut à l'origine des corsaires de la Guadeloupe qui écumèrent les mers et portèrent des coups terribles à la flotte ennemie. Victor Hugues exerça un véritable proconsulat durant les quatre années de son séjour, cumulant les pouvoirs militaires, civils et judiciaires. En 1798, date de sa révocation, il était à la tête d'une immense fortune amassée grâce à des procédés contestables.

Le marché Saint-Antoine ❺

Ancienne place Royale, baptisée place de la Liberté par Victor Hugues en 1794, la place du Marché est l'un des lieux les plus attachants et les plus vivants de Pointe-à-Pitre. C'est l'un des passages obligés pour le visiteur désireux de se familiariser avec la vie antillaise. Les marchandes, s'efforçant de retenir l'attention du touriste émerveillé, rivalisent de mots doux, souvent teintés d'ironie. Chacune détient son secret de vente. Elles proposent vanneries, friandises, balais, épices, punchs ou philtres magiques destinés à guérir tous les maux *(voir encadré)*.

Marchande de fleurs

★ **Les étals multicolores**
Fruits et légumes composent de véritables tableaux : piments, bananes, ananas, avocats, etc.

La charpente métallique répond aux normes anti-sismiques et anti-cycloniques.

★ **Les épices**
Cannelle, poudre à colombo, safran, vanille, bois d'Inde… aiguillonnent les sens.

La place au début du siècle
La fontaine en fonte, avec ses angelots, fut inaugurée en 1874.

Carambole
Ce fruit jaune à larg côtes brillantes donn un excellent jus parfumé.

LES PHILTRES MAGIQUES : LE RÊVE À BON MARCHÉ

Le visiteur sera sans doute attiré par d'intrigantes petites bouteilles qui fleurissent sur les étals des pacotilleuses. « Essence d'amour », « doudou retourne », « essence monnaie », « finance », « eau de réveil », autant de noms pour des breuvages censés envoûter, ou désenvoûter. Les essences qui marchent le mieux sont celles destinées à lutter contre les forces du mal. En tête du palmarès, l'eau de Cologne Saint-Michel, qui chasserait les démons et les mauvais esprits. En Guadeloupe, toutes les classes sociales consomment ces eaux. Mais elles s'achètent bien souvent à la tombée de la nuit car si le parfum magique s'utilise, il ne s'exhibe pas. Peut-être vous laisserez-vous tenter par leurs pouvoirs réels ou imaginaires ?

Eau de délivrance, eau de fidélité, amour sans fin…

MODE D'EMPLOI

Place du Marché (angle des rues Peynier et Frébault). de 6 h à (environ) 16 h. dim. et j. fériés.

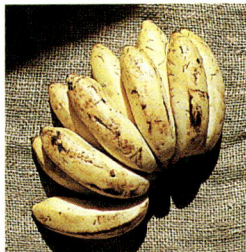

Figue-pomme
Cette banane de taille moyenne, ventrue et acidulée se mange en dessert.

Des chapiteaux ouvragés font partie des éléments décoratifs de l'architecture métallique.

Punchs et sirops
Punchs coco et sirops sont fabriqués de façon artisanale.

De fines colonnes métalliques soutiennent la halle.

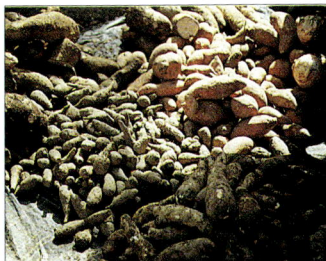

Les racines et les tubercules
Ignames, patates douces, madères et malangas composent une partie de l'alimentation antillaise.

À NE PAS MANQUER

★ **Les étals multicolores**

★ **Les épices**

Les rues commerçantes ❻

Chacune des rues du centre a sa spécificité. La rue Frébault, menant au port, est la plus animée. La rue Achille-René-Boisneuf a le plus de maisons traditionnelles, avec **la maison natale de Saint-John Perse** (n° 54), **l'ancienne mairie** (n° 51),

Vente ambulante de boissons

inaugurée en 1885, à la façade restaurée. Les rues Bébian et Sadi-Carnot sont les plus anciennes. À l'angle des rues Sadi-Carnot et Jean-Jaurès, **l'ancien musée l'Herminier,** belle résidence de la fin du XIXᵉ siècle, a abrité jusqu'en 1962 un musée d'histoire naturelle qui dut fermer faute d'entretien. Les rues Schoelcher et Nozières sont les plus commerçantes. Au 18 de la rue Schoelcher, une plaque célèbre la naissance (1849) du *Progrès*, journal républicain schoelcheriste. À l'angle des rues d'Ennery et Arago, **l'externat Saint-Joseph de Cluny** allie des éléments d'architecture créole à un style Second Empire (monument historique).

La cour ombragée par des manguiers du lycée Carnot

Le lycée Carnot ❼

28, rue Jean-Jaurès.

Sur le site de l'ancien hôpital militaire (1780), détruit par le tremblement de terre de 1843, fut reconstruit le bâtiment qui abrite aujourd'hui le plus vieux lycée de la Guadeloupe, avec ses murs rose pastel décrépits, ses volets bleus délavés et ses grilles en fer forgé éternelles. L'établissement a ouvert ses portes en 1883. Après avoir favorisé l'éducation des fils de la bourgeoisie, leur évitant les frais dus à l'expatriation, le « temple du progrès et de la conciliation » a vu passer jusqu'en 1965 tous les futurs responsables de l'île, hommes politiques, avocats, médecins, artistes. Si vous poussez les grilles pour pénétrer dans la cour, vous trouverez toujours quelqu'un pour vous rappeler les aventures du surveillant

« Tibère-le-Chat », les bizutages, les « cabèches » et les fêtes organisées. Lycée d'enseignement professionnel depuis 1979, il souhaite aujourd'hui former non plus l'élite mais les citoyens.

Encadrement de fenêtre, musée Schoelcher

Le musée Schoelcher ❽

24, rue Peynier. ☎ 05 90 82 08 04. ☐ du lun. au ven. de 9 h à 17 h. ● sam., dim. et j. fériés.

Le bâtiment vieux rose à la façade ornée de moulures fut construit en 1887 pour abriter la collection d'objets d'art et de souvenirs léguée par Victor Schoelcher en 1884. Le musée s'est depuis enrichi de nombreux objets liés à l'histoire de l'esclavage. Les pièces les plus émouvantes sont peut-être ce crâne et ce collier d'esclave trouvés dans une sépulture sur la plage des Raisins Clairs. Le musée conserve aussi des souvenirs du commandant Mortenol.

Marchande de balais, début XXᵉ s.

LES PETITS MÉTIERS

Aujourd'hui nombre de petits métiers anciens ont disparu en Guadeloupe. Si les joueurs d'orgue de barbarie et les « bomboatiers » (propriétaires de canots chargés du transport des marchandises et des passagers) se font rares, on trouve encore des marchandes ambulantes qui proposent des objets de pacotille, des crieurs de journaux, des petits cordonniers qui envahissent les trottoirs pour des réparations de fortune. Les marchandes qui vendent des sorbets, des pâtés chauds ou des *bokits* sont partout, sur les marchés ou dans les rues. Les vendeuses de *sinobol* (le mot vient de l'anglais *snowball*), glace pilée arrosée de sirop de grenadine ou de menthe que l'on vend dans les fêtes de quartier ou de commune, ont beaucoup de succès.

L'architecture urbaine

S ituée dans un ensemble de baies et bordée de mornes de faible altitude, la ville de Pointe-à-Pitre a su tirer parti de son ouverture maritime malgré la proximité de marais et de zones inondées qui ont nécessité travaux de comblement et assainissements réitérés. La vieille ville a pris naissance autour de la Darse dans un périmètre de

Frise en bois décorative

trame orthogonal datant du XVIIIe siècle. De nombreuses destructions *(p. 89)* ont chaque fois nécessité une nouvelle configuration urbaine et surtout un choix de matériaux (ossature métallique pour les charpentes, murs mitoyens en maçonnerie de brique) susceptibles de résister aux fléaux naturels.

LES DEMEURES BOURGEOISES

Dès la fin du XIXe siècle, étant donné la rareté du fer, on adopta un compromis entre bois et métal et l'on vit s'édifier des demeures bourgeoises dites « haut et bas ». Malgré ces innovations, les demeures citadines ne sont pas dépourvues de réminiscences rurales dans la mesure où les pièces de service (cuisine et sanitaires) sont situées dans une cour, parfois agrémentée d'un jardin, à une distance salutaire du bâtiment principal.

Les fanfreluches et frises en bois ou en métal qui ornent balcons, rebords des toitures et galeries dotent ces bâtisses de sinuosités décoratives et fonctionnelles caractéristiques de l'architecture créole urbaine (sud des États-Unis, Mascareignes et ensemble de l'arc antillais).

Les éléments forts de la façade sont colorés personnalisant ainsi chaque maison.

La couverture est en tôle.

Les chiens-assis contribuent à l'aération des combles.

Les étages des immeubles et les combles sont en bois.

Le rez-de-chaussée en maçonnerie est réservé aux activités commerciales.

Pièces maîtresses et galeries sont constituées par des éléments en fer forgé.

Le musée Saint-John Perse ❾

Le musée Saint-John Perse, inauguré le 31 mai 1987 lors des cérémonies célébrant le centenaire de la naissance d'Alexis Léger, est installé dans une maison particulière. À la fin du siècle dernier, un riche Louisianais avait commandé en France deux maisons, dites du type Eiffel, pour doter ses deux filles mais le commandant du navire qui les transportait fit escale à Pointe-à-Pitre après un cyclone et les vendit aux enchères. L'une fut achetée par M. Souques, alors directeur de l'usine Darboussier, et l'autre fut acheminée sur les terres à sucre de Zévallos *(p. 153)*. Henri Bangou, maire de Pointe-à-Pitre, décida avant 1975 d'acquérir la maison et de la consacrer à l'écrivain. Classée monument historique, la maison Souques-Pagès fut alors restaurée.

Les carreaux de la façade
En tôle peinte, ils rappellent le style des azulejos espagnols.

La structure complète de la maison (charpente, colonnes du péristyle…) est métallique.

Le masque de Saint-John Perse ◆
Le masque est l'une des quatre épreuves en bronze réalisées en 1969 à la demande du poète par Andras Beck (1911-1985).

Les portes-persiennes
Elles assurent la ventilation de cette maison de ville.

Au rez-de-chaussée, expositions temporaires et reconstitution d'un intérieur créole.

SAINT-JOHN PERSE ET SON ŒUVRE

La légende veut que le Prix Nobel de littérature soit né en 1887 sur l'îlet aux Feuilles dans la rade de Pointe-à-Pitre. Il passa son enfance entre les plantations Joséphine et Bois-Debout (près de Capesterre). Alexis Léger, *alias* Saint-John Perse quitta

Alexis Léger et ses sœurs

la Guadeloupe en 1899 pour ne jamais y revenir. Une enfance aux Antilles magnifiée (beaucoup de documents ont disparu), un exil prolongé et une vie itinérante nourriront son œuvre. Celui qui refusait d'être catalogué comme auteur régional ou poète exotique avait affirmé la vocation universelle de son œuvre dès la parution d'*Éloges*. Ses thèmes de prédilection sont « la solitude dans l'action » (*Anabase*) et l'éternité de l'exil dans la condition humaine *(Exil)*.

MODE D'EMPLOI

9, rue de Nozières. 📞 05 90 90 01 92. ⬤ de 9 h à 17 h. ⬤ sam. apr.-midi et dim. ♿

Au premier étage, une exposition permanente est consacrée à la vie de Saint-John Perse.

Les fanfreluches, dentelles de tôle, bordent le toit, soulignant la légèreté de l'ensemble.

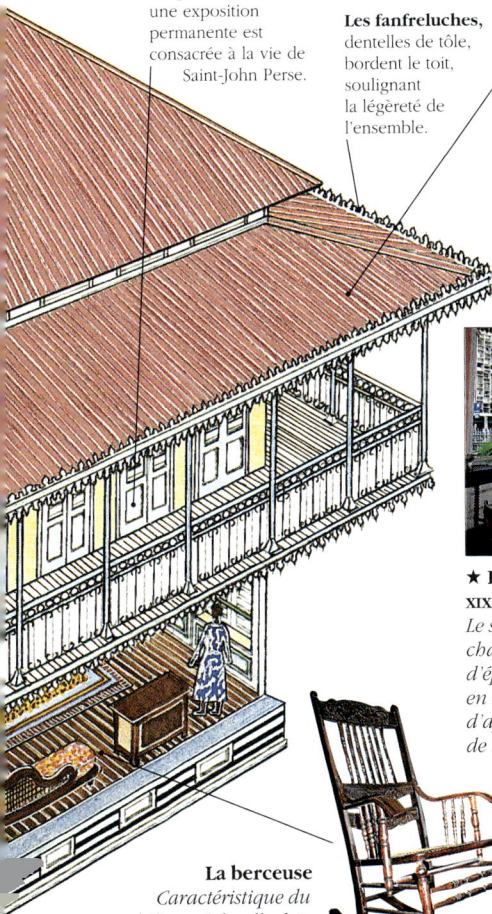

★ La bibliothèque
Très agréable, elle conserve l'œuvre de Saint-John Perse, des ouvrages de littérature créole, d'ethnologie, d'histoire et d'histoire de l'art antillaise. Il y a également une vidéothèque.

★ Le salon créole de la fin du XIXᵉ siècle
Le salon, reconstitué au rez-de-chaussée, possède un mobilier d'époque en mahogany et un plafond en zinc. Les costumes ont été réalisés d'après des albums de photographies de la famille Léger.

La berceuse
Caractéristique du mobilier créole, elle date du début du siècle et provient de Pointe-Noire.

À NE PAS MANQUER

★ Le salon créole

★ La bibliothèque

Le port autonome accueille les navires de fort tonnage

Le port autonome de la Guadeloupe ❿

Situé dans le Petit Cul-de-Sac marin, accessible sans condition de marée ni de vents à des navires de fort tirant d'eau, le port prit naissance vers 1760 dans la rade de Pointe-à-Pitre à l'initiative des Anglais.
Si jusqu'en 1970, son trafic est celui d'un port colonial, les impératifs de l'internationalisation de l'économie et des échanges obligent le port autonome à se doter, dans les années 80, d'équipements modernes, dont le terminal conteneur de Jarry, qui a détrôné les installations de Basse-Terre. Seul port autonome des départements d'Outre-Mer, il exerce ses compétences sur les sites de Pointe-à-Pitre-Jarry, Bas-du-Fort, où se situe la marina, Basse-Terre, et Folle-Anse à Marie-Galante. C'est l'une des places portuaires majeures dans l'organisation des transports maritimes de la zone caraïbe. Globalement, le trafic a doublé pendant les dix dernières années et place le terminal à conteneurs de Pointe-à-Pitre-Jarry au troisième rang national, après Le Havre et Marseille. Par ailleurs, le trafic de passagers, et plus particulièrement la croisière touristique, affiche une progression exponentielle

(+ 30 % en 1995). **La zone de commerce international de Jarry** a été conçue comme l'élément essentiel d'une plate-forme logistique pour favoriser les échanges entre l'Europe, la zone caraïbe et les États-Unis. Ce complexe de 50 ha héberge un centre de télécommunications disposant des technologies les plus récentes et regroupe une zone franche communautaire de 20 ha d'entrepôts francs, un parc industriel de 25 ha réservé aux entreprises exportatrices, le Centre de commerce international et une zone de vie et de détente. La zone est reliée depuis septembre 1997 au nouvel aéroport Pôle Caraïbes capable d'accueillir 2,5 millions de voyageurs.

Bergevin ⓫

N.-O. du centre-ville. 🚌 *Basse-Terre, via Petit-Bourg, Goyave, Capesterre (t.l.j. à partir de 6 h).*

Le quartier de Bergevin est d'une grande authenticité malgré l'architecture brutaliste des barres et des nombreuses HLM qui lui donnent des airs de banlieue parisienne. Bordé par le cimetière et le Centre des métiers d'art au nord, il s'adosse plein sud au port de marchandises le long duquel pacotilleuses et marchandes de fruits et légumes proposent leurs étals.

À l'ouest, le long mur d'enceinte du stade annonce Lauricisque, ancienne zone difficile de Pointe-à-Pitre. Auprès du stade, les bus multicolores à destination de la Basse-Terre occupent un large terre-plein qui fait office de gare routière. Il faut dire que les installations aménagées à cet effet près des quais n'ont jamais pu être utilisées, s'avérant trop exiguës pour recevoir les autocars. Le parcours des 70 km entre Pointe-à-Pitre et Basse-Terre dure deux bonnes heures.
Le cimetière, tout en pente, organise les sépultures sur de raides contreforts. Sur les hauteurs de l'allée centrale se trouve la tombe du commandant Bouscaren (1832-1880), surmontée d'un buste aujourd'hui

La tombe du Commandant Bouscaren, cimetière de Bergevin

Couverture de la partition
du marquis de Boullié

AU TEMPS DES TRANSATLANTIQUES

Plusieurs décennies durant, le port fut le siège d'un rituel du départ pour « là-bas », pour la France. Les paquebots *Colombie, Normandie, Antilles, Flandre,* et bien d'autres transatlantiques de la Compagnie générale maritime font partie de la mémoire collective des Antillais. Bateaux de l'exil ou migration de l'espoir, voyage forcé de professionnels en mission ou d'étudiants partant poursuivre leurs études, ou encore voyage d'agrément de fonctionnaires en congé administratif, nombreux sont ceux qui ont effectué, à une ou plusieurs reprises, « la traversée » sur l'un de ces bâtiments. À l'heure du départ, plusieurs centaines de personnes agitaient des foulards multicolores à l'adresse de leurs proches agglutinés sur le pont du bateau, alors que certains reprenaient en chœur le mélancolique « *Adieu foulard, adieu madras… doudou an mwin, i ka pati, hélas hélas cé pou l toujouw…* » (Adieu foulard, adieu madras… mon chéri s'en va… hélas hélas c'est pour toujours…) diffusé par les haut-parleurs du port. Ce furent les bananiers qui dans les années 30 ouvrirent la voie :

à l'occasion de chaque traversée, qui durait de dix à vingt jours, une douzaine de passagers embarquaient sur le *Fort-Desaix,* le *Fort-Richepance,* le *Fort-Royal* ou le *Fort-Saint-Louis* qui emportaient les bananes de la Guadeloupe vers les marchés européens. Depuis les années 70 et la généralisation du transport aérien, ces voyages font partie d'un passé révolu, alors que les quais retrouvent depuis quelques années la singulière atmosphère des luxueux paquebots et du tourisme de croisière.

La foule massée sur le quai attend le départ

décapité et couverte de fleurs. À longueur d'année, des visiteurs défilent devant la tombe de ce pourfendeur des « jeteurs de sorts ». Les « ensorcelés » l'honorent souvent d'un salut militaire car c'est l'ami de ceux qui connaissent les malheurs de la sorcellerie. Après avoir été de longues années en sommeil, **le Centre des métiers d'art** de Bergevin a retrouvé une nouvelle activité. Première école d'arts plastiques de la Guadeloupe, il propose aussi des ateliers d'arts plastiques pour enfants et adultes et des stages en artisanat d'art. Dans sa boutique sont vendus les objets réalisés par les artisans qu'il regroupe. Typique à souhait, **le marché de la Cité-Nouvelle,** ancien marché à Man Réo, est le plus créole et le plus chatoyant

de la ville. Cet aimable capharnaüm s'anime cinq fois par semaine dans l'espace couvert coincé entre deux immeubles de la cité Bergevin. À l'entrée, des marchands ambulants offrent l'eau d'une noix de coco tranchée sous vos yeux à la machette quand d'autres vantent bananes et melons du pays.

Noix de coco
tranchée

🏛 Cimetière
Rue Amédée-Fengarol/avenue Youri-Gargarine. ◯ *du lun. au ven. de 6 h à 18 h ; sam., dim. et jours fériés de 6 h à 17 h.*

🏛 Centre des métiers d'art
ZA de Bergevin, rue Amédée-Fengarol. ☎ *05 90 82 13 60.* ◯ *du lun. au ven. de 8 h 30 à 12 h 30 et de 14 h 30 à 17 h 30.* ⬤ *sam. et dim.*

🏛 Marché de la Cité-Nouvelle
Faubourg Frébault. ◯ *t.l.j. sf mar. et jeu. de 6 h à 14 h.*

Lauricisque ⑫

O. de la ville.

L auricisque a longtemps souffert d'une réputation sulfureuse. Jusque dans les années 1980, ce quartier s'apparentait à une *favela* criminogène rassemblant un fatras de cases délabrées dans des conditions sanitaires déplorables. La résorption de cet îlot s'est effectuée au rythme de la rénovation de Pointe-à-Pitre, et il donne aujourd'hui l'image d'un espace maîtrisé, qui a su conserver, à côté des immeubles collectifs stylisés à l'antillaise, un habitat de maisons basses. Vous le découvrirez le long du parcours sportif de plus de 1 km, aménagé sur la belle façade maritime du Petit Cul-de-Sac marin, juste avant la rivière Salée. Le parcours sportif borde ainsi le beau boulevard de l'Amitié-des-Peuples-de-la-Caraïbe, dont les jeunes palmiers royaux offrent déjà une flatteuse perspective.

Le Centre des arts et de la culture

Le Centre des arts et de la culture ⓫

Place des Martyrs-de-la-Liberté. ☎ 05 90 82 79 78. FAX 05 90 91 76 45. 🕐 du lun. au ven. de 8 h à 12 h et de 14 h à 18 h, le sam. de 8 h à 12 h.

Le Centre des arts et de la culture occupe le plus haut point de l'esplanade de **l'hôtel de ville** d'inspiration corbuséenne, construit en 1973. Si la grande salle Toussaint-Louverture reçoit régulièrement les grands noms de la musique internationale et du théâtre depuis 1978, le centre propose un calendrier plutôt bien fourni en expositions dans des galeries aux noms évocateurs (Martin-Luther-King, Pablo-Neruda, Jacques Stephen-Alexis ou encore Solitude…) de « martyrs de la liberté ». La salle Salvador-Allende est très prisée pour des colloques et de petits spectacles ainsi que le théâtre de verdure Che-Guevara, qui jouxte l'entrée du bâtiment. La structure héberge également quatre salles de musique et un foyer de danse. Entre le centre et l'hôtel de ville se dresse **l'Anneau brisé,** un mémorial réalisé, au début des années 1970, par Henri Martin-Granel pour commémorer le sacrifice de Delgrès, Ignace et Solitude.

Le centre culturel Rémy-Nainsouta ⓮

Boulevard Légitimus. ☎ 05 90 89 65 21. 🕐 t.l.j. de 8 h à 18 h.

Étudiants et chercheurs le fréquentent surtout pour la richesse de son centre de documentation afro-caribéen. Pourtant, le centre culturel Rémy-Nainsouta possède également la plus grande salle d'exposition de la ville et un espace de réunion bénéficiant d'équipements modernes dans l'ancienne chapelle. Ce bâtiment singulier, datant de 1843, abritait à l'origine un hospice nommé Saint-Jules. Cette bâtisse faite autrefois pour les humbles a été rénovée après les terribles dégâts causés par le cyclone Hugo en 1989. Elle offre désormais une longue façade subtilement colorée sur le boulevard Légitimus. Avec son énorme toiture rouge coiffant des murs revêtus d'un bardage, le centre Rémy-Nainsouta est atypique. L'édifice, qui relève du patrimoine, porte le nom d'un général vétérinaire qui servit en Afrique au sein de l'armée française, et qui, devenu maire de Saint-Claude dans les années 40, fit élever en 1948 un mémorial sur la route de Matouba à la gloire de Delgrès et de ses compagnons *(p. 117).*

Le centre culturel Rémy-Nainsouta, un espace culturel afro-caribéen

---

LE THÉÂTRE EN GUADELOUPE

La production théâtrale, longtemps réservée à une élite, fut sans doute de ce fait presque inexistante en Guadeloupe. Depuis quelques années, les écrivains, à l'instar des romancières Maryse Condé ou Simone Schwartz-Bart, sont nombreux à s'intéresser à ce mode de communication privilégié avec le grand public. Dans les années 70, des troupes locales (Théâtre du Marron à la MJC de Pointe-à-Pitre, Théâtre du Cyclone d'Arthur Lérus, Théâtre du Volcan d'Alex Nabis, Poul'bois de Pointe-à-Pitre) encouragent

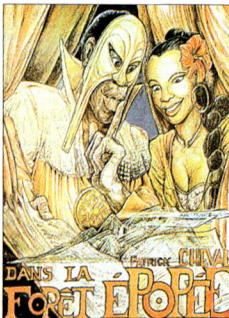

La Forêt Épopée, spectacle joué de 1987 à 1991 au Centre des arts et de la culture

la création de pièces originales. Parmi les troupes les plus novatrices, citons Pawol a neg Soubarou d'Harry Cancel ou Moun Koubaril de José Jernidier. Les groupes se multiplient : Sinatu, qui rassemble de jeunes comédiens, a monté dans les années 80 *Atann Attan* ou *Vant a pelpet,* deux adaptations théâtrales de Sylviane Telchid. Les artistes sont souvent auteurs, metteurs en scène et comédiens : Patrick Cheval a monté plusieurs spectacles, dont *La Forêt Épopée* et *Au rendez-vous d'Adel Bè,* Greg Germain a adapté *Vendredi Crusoë* de Derek Walcott et Jean-Michel Martial *Liens de sang* d'Athol Fougard. Lancé par José Egouy avec *Victor Makoumé* au début des années 80, le théâtre comique est sans doute aujourd'hui le genre qui a le plus grand succès, avec par exemple les sketches de Jak and Pat et *Ti Fabrice,* personnage de Patrick Dalexis. Le théâtre se démocratise peu à peu, notamment grâce à l'initiative du festival des Abymes, qui a introduit les professionnels dans les écoles. L'une des expressions théâtrales par excellence demeure le théâtre de rue et le carnaval.

Destructions et reconstructions

Depuis 1780, date de sa première destruction, la ville paraît victime d'une malédiction. En fait, si Pointe-à-Pitre fut si touchée par les catastrophes naturelles, c'est parce qu'elle était essentiellement construite en bois. Les incendies, les tremblements de terre et bien sûr les cyclones ont tour à tour dévasté la cité. La ville n'a pas été épargnée par les épidémies, entre autres le choléra, qui étaient aussi meurtrières que les cataclysmes naturels. Les blessures laissées par ces événements tragiques ne sont pas forcément visibles. Elles expliquent cependant l'apparent « désordre » du bâti de la ville et la quasiomni-présence du béton.

Le 8 février 1843, à dix heures du matin, un violent séisme de deux longues minutes, suivi d'un incendie, détruit totalement plus de 900 maisons et une grande partie des bâtiments publics, faisant 3 000 morts et 1 500 blessés. Le dévouement du Dr L'Herminier pendant cette épreuve et la détermination du gouverneur Gourbeyre dans l'organisation des secours leur valurent la postérité.

Le cyclone du 12 septembre 1928 ravagea Pointe-à-Pitre, causa la mort d'environ 1 500 personnes en Guadeloupe. Il reste inscrit dans la mémoire collective guadeloupéenne, par les dégâts et le traumatisme qui en a résulté.

En septembre 1989, le cyclone Hugo dévaste la Guadeloupe. Avec des vents supérieurs à 250 km/h (et des pointes à plus de 300 km/h), Hugo est considéré comme le cyclone du siècle.

CHRONOLOGIE

1700	1800	1900	2000
1780 première destruction	1843 séisme	1899 incendie	1989 cyclone
	1851 séisme	1931 incendie	
	1865 cyclone		
		1928 cyclone	
		1897 tremblement de terre	
	1871 incendie		
	1850 incendie		

L'Assainissement ❶❺

N.-E. de la ville.

S elon un plan d'assainissement proposé en 1931 afin de résorber la croissance des faubourgs dans des zones marécageuses, d'importants travaux de construction tentent de relier les rues de la vieille ville aux nouveaux quartiers qui prendront le nom d'« Assainissement ». Les cases des populations démunies seront donc progressivement remplacées par l'opération dite de « rénovation urbaine » qui se met en place dans les années 50. Les canaux d'évacuation des eaux usées coulant à l'air libre, dangereuses pour la santé publique, seront comblés. Aujourd'hui, l'Assainissement, avec ses rues à angle droit et ses petits *lolos,* est une zone sûre. Le quartier abrite le palais de la Mutualité, un complexe cinématographique, l'école de musique ainsi qu'une clinique de bonne renommée. Les habitants de l'Assainissement se targuent d'être les vrais Pointois.

La grotte de Massabielle

Massabielle ❶❻

E. de la place de la Victoire.

À Pointe-à-Pitre, on dit « aller au morne Massabielle » ; en effet, ce quartier est situé dans la partie la plus haute de la ville. On y accède à partir de la rue Duplessis, qui longe le mur d'enceinte de la maison d'arrêt près de la place de la Victoire, ou encore par la rue Victor-Hugo. Massabielle fut longtemps le chemin obligé pour se rendre à l'ancien hôpital général (hôpital Ricou) dont l'une des ailes est aujourd'hui occupée par

le Centre caribéen de drépanocytose « Guy Mérault » *(voir encadré).* La même rue conduit toujours à l'institut Pasteur. Mais Massabielle est surtout connu pour le secours à l'âme prodigué par sa belle église dont la grotte « miraculeuse », toujours fleurie, attire des fidèles venus de tout le pays. Celle-ci est située en contrebas de l'église.

Centre caribéen de drépanocytose « Guy Mérault »
CHRU de Pointe-à-Pitre/Les Abymes.
📞 05 90 91 68 08. **FAX** 05 90 91 69 34.

Le Carénage ❶❼

S.-E. de la place de la Victoire.

À la sortie de Pointe-à-Pitre, en direction du Gosier, le Carénage est aujourd'hui considéré comme l'un des quartiers chauds de la ville. Bien que les musiciens aient malheureusement quelque peu déserté les *lolos,* qui se transforment souvent en libre-services, le Carénage a gardé une atmosphère particulière. C'est l'un des rares endroits de l'île où des notes de salsa ou de mérengué s'échappent des cases. La présence des « Espagnoles », prostituées originaires de Saint-Domingue ou de Trinidad pour la plupart, y est pour quelque chose. Les habitants disent avec ironie de la prostitution qu'il s'agit là de la nouvelle « usine ». L'histoire du Carénage est en effet intimement liée à celle de l'usine Darboussier, qui était autrefois le poumon économique de la Grande-Terre. L'usine fonctionnait encore à plein régime dans les années 60-70 mais sa fermeture au début des années 80 marqua la fin d'une certaine époque du Carénage. Si le tout-à-l'égout fait encore défaut et si les cases demeurent peu résistantes en cas de tremblement de terre ou de cyclone, certains ont choisi de rester au Carénage. Dédaignant les cités comme la cité Raphaël-Cipolin,

Les tambours ka sont fabriqués de manière artisanale

LES KA DE FÉLIX FLAUZIN

Au Carénage, tout le monde connaît l'atelier de fabrication et de réparation de ka de Félix Flauzin. Ayant toujours vécu dans ce quartier, il fabrique et répare des tambours, « élément à désordre », « *bitin a vié Nèg* », comme il les appelle avec tendresse. Pour fabriquer un ka, selon Félix Flauzin, il faut une connaissance parfaite de la géométrie, de l'ébénisterie, de la peau et, bien sûr, de la musique. La peau d'un cabri femelle produisait un son aigu, celle d'un cabri mâle, un son grave ; elle était destinée ainsi au « maké » (ou marqueur, tambour au son aigu pour l'improvisation) ou au « boula » (tambour basse sur lequel sont frappés les rythmes de base). Aujourd'hui, le ka étant réglable, on peut utiliser indifféremment l'une ou l'autre peau. Il est possible de commander un ka à l'atelier de Félix Flauzin.

Des ka encore muets

LA POINTE DE LA RECHERCHE GÉNÉTIQUE

La drépanocytose est la maladie génétique la plus fréquente
en Guadeloupe. Elle touche essentiellement les populations
noires. Un nouveau-né sur 260 en est atteint et un
Guadeloupéen sur huit est transmetteur de cette maladie
de la douleur qui se loge dans le sang. Depuis 1990, elle est
reconnue par les autorités sanitaires locales comme problème
majeur de santé publique. Cette même année, sous l'impulsion
de Guy Mérault, directeur de recherche à l'Inserm, une unité
dédiée à la prise en charge globale de cette maladie fut créée.
Le Centre caribéen de drépanocytose « Guy Mérault », première
structure médicale en l'espèce dans l'espace francophone,
prodigue des soins, s'attache à la prévention par l'identification
des transmetteurs et des couples risquant de donner naissance
à des enfants atteints, et mène des recherches, en liaison avec
l'Inserm. En 1994, le centre fut doté d'un laboratoire d'analyses
médicales spécialisé en hématologie et agréé pour la pratique

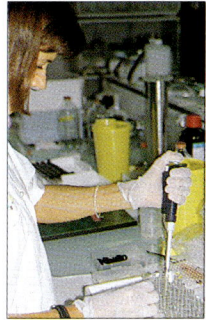

**Dans les laboratoires du
Centre Guy Mérault**

des analyses de génétique moléculaire. Désormais, il est possible de réguler le flux des
malades et de leur apporter soins et réconfort en l'absence de traitement curatif. En région
parisienne, thalassémies et drépanocytoses sont suivies par une équipe de l'hôpital Henri-
Mondor de Créteil, qui fonctionne en synergie avec le centre de Pointe-à-Pitre.

---

surnommée « la prison », ou
la cité Louisy-Mathieu, gagnée
sur la mangrove, les habitants
du Carénage jouissent encore
d'un petit carré de terre
et d'une relative tranquillité.
Il existe aujourd'hui un vaste
programme de réhabilitation
du quartier.

L'usine
Darboussier

Carénage, rue Peynier.

De la mer, les vestiges de
ce qui fut la première
usine sucrière des Antilles
françaises forment une vilaine
verrue. La sucrerie de
Darboussier, fermée depuis

1980, était très renommée.
L'usine, implantée en 1869,
reflète par son gigantisme
la croyance des hommes
de l'époque en la marche
irrésistible du progrès
technique, ce que la *Gazette
officielle de la Guadeloupe*
traduisait alors par l'image de
« l'industrie qui tend la main à
l'agriculture et la convie au
partage des bénéfices ».
La belle affaire fut au départ
dirigée par Ernest Souques,
propriétaire de la demeure
qui abrite aujourd'hui le
musée Saint-John Perse
(p. 84). À proximité de la
triste carcasse de la fabrique
affleurent encore çà et là
quelques rails des 14 km
de voies ferrées par lesquels

arrivaient du Moule, de
Petit-Canal ou de Port-Louis
la majeure partie des récoltes
de cannes du pays.
De la même manière,
les machines qui subsistent
dans ses noirs décombres
témoignent encore de la force
de frappe économique que fut
Darboussier, qui n'a pas résisté
au tournant stratégique opéré
par les grands capitaux dans
les années 60-70 *(p. 177)*.
La visite du site n'est plus
autorisée pour des raisons
de sécurité, même si quelques
bureaux restent hantés par
l'équipe de l'usine Gardel
(p. 154). Il est probable que
Darboussier sera transformé
en marina ou en complexe
touristique de prestige.

La gigantesque carcasse désaffectée de l'usine Darboussier

LE SUD DE LA BASSE-TERRE

La Basse-Terre est l'autre visage de la Guadeloupe. C'est l'île du volcan... De cette imposante Soufrière lourde de menaces phréatiques, l'inconscient collectif guadeloupéen a gravé le souvenir de l'évacuation de plusieurs dizaines de milliers de personnes en 1977. Mais la route sud de la Basse-Terre invite au festival d'une nature dont la richesse alimente le Parc national de la Guadeloupe.

Passé le pont de la Gabarre ou celui de l'Alliance qui enjambent la rivière Salée, cette partie de la Guadeloupe annonce de prometteuses perspectives : « l'île d'émeraude », hérissée d'une exubérante végétation coiffant les pentes et contreforts de son relief tourmenté, est aussi « l'île aux belles eaux », dans le triomphe des chutes du Carbet et la féerie des fonds marins des îlets Pigeon. Cette véritable cathédrale de la forêt tropicale, paradis des randonneurs, est le domaine du Parc national de la Guadeloupe. La Soufrière en est le joyau... Tournée vers l'est, la côte au Vent s'est inscrite dans l'histoire quand Christophe Colomb jeta l'ancre à Sainte-Marie le 4 novembre 1493. Sur cette route de mémoire, le temple hindou de Changy signale l'existence d'une forte population d'origine indienne dans la région de Capesterre-Belle-Eau, et le parc des Roches Gravées de Trois-Rivières atteste que la commune fut un berceau de la civilisation précolombienne des Petites Antilles. Au centre de cette riche région, la ville de Basse-Terre, terre d'élection des premiers colons, conserve son statut de capitale de la Guadeloupe. Elle s'est résolument engagée dans une politique de développement par la culture et le patrimoine, pour faire taire le souvenir des malheurs qui l'ont éprouvée. La côte sous le Vent s'annonce déjà, baignée par la mer des Caraïbes dont les fonds magiques n'ont d'égale que les criques qui rythment la route littorale.

La région s'ouvre au tourisme, et, en attendant les infrastructures d'hébergement qui lui font pour l'instant défaut, il faut prendre le temps de la découvrir, pour mieux l'aimer...

Les fonds marins préservés des îlets Pigeon recèlent une faune et une flore sous-marine très riches

◁ **Les roches gravées de Trois-Rivières témoignent du passé amérindien de l'île**

À la découverte du sud de la Basse-Terre

L'histoire et la nature sont les pôles d'attraction majeurs de cette région. Basse-Terre, préfecture de la Guadeloupe, conserve un patrimoine historique important comme le fort Louis-Delgrès. Les roches gravées de Trois-Rivières et de la rivière du Plessis apportent un témoignage de l'époque amérindienne. Le développement éco-touristique valorise la beauté des sites naturels des rivières et des cascades comme les chutes du Carbet, et des montagnes comme la Soufrière ou les monts Caraïbes. Pour découvrir ces lieux, il faut suivre la trace des Crêtes, la trace Merwart ou la trace Victor-Hugues et les sentiers de randonnée.

LA RÉGION D'UN COUP D'ŒIL

Mahaut

D 23

D 15

26
ÎLETS PIGEON

Pigeon

25 BOUILLANTE

D 14

HABITATION
CAFÉIÈRE
LA GRIVELIÈRE
24

Marigot

D 27

VIEUX-HABITANTS
23

ROCHES GRAVÉES
DE DU PLESSIS
22

D 13   D 30

SAINT-CLAUDE

BAILLIF **21**

D 26

17
BASSE-TERRE   GOURB

D 6

VIEU
Pointe du
Vieux-Fort
à

Le fort Delgrès, témoin des luttes franco-anglaises dans l'archipel

LÉGENDE

- Route principale
- Route secondaire
- Autre route
- Point de vue

CIRCULER

La N1, à l'est, et la N2, à l'ouest, font le tour du sud de la Basse-Terre par Gourbeyre, passage obligé de la côte au Vent (est) à la côte sous le Vent (ouest). Elles convergent vers Basse-Terre. Au départ de Basse-Terre, la N3 entre dans les terres jusqu'à Saint-Claude. Dans son prolongement, la D11 permet d'accéder à la Soufrière. À 4 km au sud de Capesterre-Belle-Eau, à Saint-Sauveur, les chutes du Carbet sont accessibles par la D4. Pour rejoindre la pointe de Vieux-Fort, l'extrême sud de la Basse-Terre, en partant de Basse-Terre ou de Trois-Rivières, il faut prendre la D6, qui longe le littoral est et ouest.

VOIR AUSSI

- **Hébergement** p. 218-219
- **Restaurants, cafés et bars** p. 232-233

D 23 · N 1 · D 1 · D 1 · PETIT-BOURG (2) · Montebello · DOMAINE DE VALOMBREUSE (1) · PÉPINIÈRES DE BLONZAC (3) · GOYAVE (5) · e Bel-Air Merwart · Morne Moustique ou Joffre 1120 · Matéliane 1298 · CHUTES DE MOREAU (4) · -SANS-TOUCHER 518 · -SANS-TOUCHER · Plage Sainte-Claire · SAINTE-MARIE (6) · Plage de Roseau · SOUFRIÈRE 1467 (20) · DISTILLERIE LONGUETEAU (7) · PLANTATION GRAND CAFÉ "BELAIR" (8) · TEMPLE DE CHANGY (9) · D 11 · l'Échelle 1397 · BA · Maison Volcan · CHUTES DU CARBET (11) · la Citerne 1155 · CAPESTERRE-BELLE-EAU (10) · D 3 · D 4 · Bananier · rces chaude Dolé · D 8 · NTS AÏBES · D 7 · 6 · TROIS-RIVIÈRES (12) · (13) · PARC ARCHÉOLOGIQUE DES ROCHES GRAVÉES · Grande Anse · N 1

Le volcan de la Soufrière (1 467 m)

Le domaine de Valombreuse ❶

Carte routière C3. Cabout, 97170 Petit-Bourg. ☎ 05 90 95 50 50. ☐ t.l.j. de 9 à 18 h. 🖫

Sur 4,5 ha en pente douce à 200 m d'altitude, ce jardin présente la flore guadeloupéenne et une volière aux 500 oiseaux. Créé en 1990, il tire son nom des vallons ombragés qui caractérisent cette région. À Valombreuse, on recense plus de 300 espèces de fleurs et de plantes provenant des espaces situés à la même longitude que la Guadeloupe. La visite qui s'effectue sur des sentiers bordés de plantes et de fleurs assidûment fréquentées par les foufous (colibris) dure une à deux heures. Il est possible de commander un bouquet conditionné pour le voyage transatlantique.

La rade protégée de Petit-Bourg

Petit-Bourg ❷

Carte routière C3. 🏛 15 000. 🛈 mairie (05 90 95 38 00). ⛴ t.l.j. 🚌

Cette commune verdoyante doit son nom à une ancienne rivalité avec la ville de Basse-Terre, le « Grand-Bourg », compétition que le développement des activités portuaires de Pointe-à-Pitre a rendu stérile. Petit-Bourg possède une petite rade protégée qui permit à la « paroisse Notre-Dame-du-Petit-Cul-de-Sac », née au XVIᵉ siècle, de connaître un essor servi par un remarquable dynamisme agricole.

À la Révolution, l'histoire de Petit-Bourg fut agitée. En 1794, le bourg élut les premiers députés représentant la Guadeloupe à la Constituante, fut occupé par les Anglais et vit l'exécution de centaines d'hommes par Victor Hugues. Révoltes d'esclaves, répressions et procès en sorcellerie marquent aussi son passé. Plus récemment, en 1928, la commune connut les grèves des ouvriers agricoles, durement réprimées. Aujourd'hui, Petit-Bourg abrite les installations de l'Institut national pour la recherche agronomique

Excursion aux chutes de Moreau ❹

Ces chutes, tombant d'une centaine de mètres, rivalisent de beauté avec celles du Carbet. Pour aller aux chutes de Moreau, accessibles au plus grand nombre, il convient de partir avant 14 h et de s'équiper puisqu'il faudra traverser plusieurs fois la rivière à gué. Un vrai bonheur tant que les conditions météorologiques restent clémentes, sinon gare aux eaux qui gonflent rapidement avec les fréquentes pluies de la forêt humide !

Route forestière ①
Sur la route forestière qui mène à la trace, une forêt de plusieurs centaines de mahoganys est protégée par l'ONF.

La chute de la Ravine Racoon ③
Dans le bassin où l'on peut se baigner vivent des écrevisses d'eau douce.

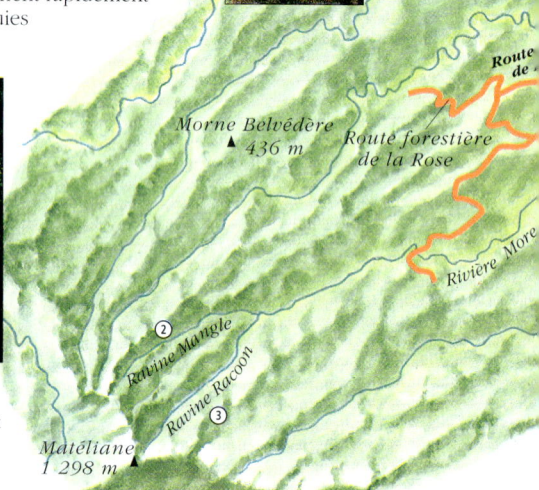

Route de ·

Morne Belvédère
▲ 436 m

Route forestière de la Rose

Rivière More

②

Ravine Mangle

Ravine Racoon

③

Matéliane 1 298 m ▲

(INRA) et tire peu de revenu de son petit port de pêche. À **Montebello** se fabrique l'un des meilleurs rhums de la Guadeloupe et l'on peut visiter la distillerie. La commune se tourne désormais vers le tourisme vert ; Vernou, le saut de la Lézarde, la route de la Traversée et la cascade aux Écrevisses (*p. 135*) font partie de son territoire, parmi les plus étendus de l'île.

Les rhums Montebello
Distillerie Carrère. [05 90 95 43 82 et 05 90 95 41 65.

AUX ENVIRONS
La Lézarde et **la Moustique,** deux des plus longs cours d'eau de la Guadeloupe, prennent leur source au morne Moustique et descendent vers le Petit Cul-de-Sac marin. Si l'on veut ajouter le sport à l'aventure, **la trace Merwart** s'impose.

On l'emprunte à Vernou (*p. 135*). **La trace Victor-Hugues** que l'on prend à Montebello aboutit de l'autre côté des crêtes à Matouba, comme la trace Merwart, après 8 h de marche. Parmi les nombreuses balades, **les routes forestières de Jules et de Grosse Montagne** sont superbes.

Les pépinières de Blonzac ❸

Jardin d'eau. 8 km au S. de Petit-Bourg. [05 90 95 59 37. ◯ de mer. à dim. de 9 h à 17 h. 🎫 prix groupe pour plus de 10 pers.

Depuis 1995, le Jardin d'eau englobe les ombrières des pépinières de Blonzac affectées à l'acclimatation des plantes du monde entier. Au bord de la rivière la Rose, des activités sont proposées. Outre les promenades dans le Petit Bois aux épices, le spectacle du bassin des carpes *koï* ou encore les belles eaux de la cascade de l'îlot Mangot, on peut assister à la séance quotidienne de pêche aux *ouassous* dans les bassins d'élevage et prêter le « serment des chevaliers de l'ordre de la nature » devant la Roche qui pleure.

La Roche qui pleure, Jardin d'eau

CARNET DE ROUTE

Longueur : 2,8 km.
Durée : 2 h 30 de marche (env. 5 h aller-retour).
Difficulté : bons marcheurs.
Départ : Goyave.
Parking : Douville (10 km de Goyave).

La chute de la Ravine Mangle ②
La baignade est possible dans la vasque aux eaux « glacées ».

PETIT-BOURG
Blonzac
Douville
a Rose
restière de Douville
N
Goyave
Moreau
Petite rivière à Goyaves
Morne-Rouge
CAPESTERRE-BELLE-EAU

LÉGENDE
— Itinéraire
▭ Autre route
〰 Rivière

0   1   2 km

L'aqueduc de la distillerie Bolivar, à Goyave

Goyave ❺

Carte routière C4. 🚶 *3 656.*
ℹ️ *mairie (05 90 95 90 06).* 🚌 *t.l.j.*

Une impression de calme domine cette commune rurale dont le bourg est isolé de la grande circulation, depuis la fin des années 70, par la construction de la N1. À l'ouest, une forêt humide couvre les trois quarts du territoire, habillant de vert le massif de **Matéliane** (1 298 m) d'où descendent de nombreuses rivières formant deux principaux cours : **la Petite Rivière à Goyaves** et **la Rose.** Leur embouchure est couverte de mangrove, mais le littoral baigné par l'Atlantique possède des anses sableuses, notamment **la plage de Sainte-Claire** à l'est. Au nord, **la rivière Sarcelle** sépare Goyave de Petit-Bourg et au sud l'autre bord de **la ravine Briqueterie** se situe à Capesterre *(p.102).*

La paroisse, fondée en 1684, s'appelait Sainte-Anne-de-la-Petite-Rivière-à-Goyaves. Le nom de Goyave s'imposa à cause de la profusion des goyaviers en ces lieux. En avril 1790, Goyave fut le théâtre d'une révolte d'esclaves « exemplairement réprimée » d'après le gouverneur Cluny. Huit mois auparavant, la Guadeloupe avait été gagnée par les idéaux de la Révolution ; mais l'insurrection préparée par les esclaves de Petit-Bourg et Capesterre avorta à cause des pluies diluviennes qui empêchèrent l'embrasement des plantations programmée la nuit du 11 avril. Il s'en suivit une féroce répression.
Goyave bénéficie d'un climat frais favorable à la culture de la banane, qui occupe les terres autrefois dévolues au café, au cacao et surtout à la canne dont les dernières unités de transformation ont disparu en 1970. Les vestiges de **l'aqueduc de la distillerie Bolivar** témoignent encore de ce passé.

Le buste de Christophe Colomb domine le mémorial

Sainte-Marie ❻

Carte routière C4. Section de Capesterre.

La traversée du hameau offre l'image traditionnelle de jeunes garçons proposant des paquets de crabes

Vendeur de crabes au bord de la route

attachés, qu'ils traquent dans la mangrove et surtout à Four à Chaux. **Le mémorial de Christophe Colomb** rappelle que le Génois aurait accosté à Sainte-Marie en novembre 1493, pour trouver de l'eau et reposer l'équipage.
On rapporte que, de la mer, il se serait émerveillé du spectacle, « de tous côtés des cascades écumeuses se précipitaient de hauteurs vertigineuses ».
Sur le bord de mer, une plaque de marbre blanc récemment fixée sur une petite colonne est dédiée « au Caraïbe inconnu ».

AUX ENVIRONS
La plage de Roseau est la plage familiale par excellence. Les « kabriyèlè » (chasseurs de crabes) y ont leurs habitudes, comme les amateurs de palourdes. Le lieu a acquis une certaine notoriété depuis l'installation de la famille Jah,

Les rastas de la famille Jah prônent un retour à la nature

une communauté de quelques dizaines de rastas. Ce village de grandes tentes installé à proximité d'une source d'eau douce se veut le premier village biosphère, prônant le retour à la nature et le refus « des pollutions de la société de consommation ». Le matin, la famille Jah se lève au chant du « Cocorico-Jah » et accepte de recevoir d'éventuels visiteurs toute la journée à condition de respecter deux principes : ne toucher physiquement aucun membre du groupe et se déchausser pour fouler le sol de son pré carré.

La distillerie Longueteau ❼

Carte routière C4. Domaine du marquisat de Sainte-Marie. Route de Neuf-Château. ☎ 05 90 86 33 02. ◯ du lun. au ven. de 9 h à 18 h, le sam. de 9 h à 13 h et sur r.-v.

L a petite route du hameau de Neuf-Château mène à la cocoteraie qui annonce l'entrée dans le vieux domaine. Fondée en 1895, la distillerie Longueteau est la plus ancienne distillerie de Guadeloupe encore en activité. Elle fonctionne à la vapeur et on y produit le rhum « Mon Repos ». L'endroit recèle par ailleurs, une pièce importante de l'histoire de Capesterre, **la pierre des marquis de Sainte-Marie,** qui remonte à l'époque où Louis XIV érigea le domaine de Sainte-Marie en marquisat, en avril 1661, par lettres patentes signées à Versailles.

La plantation Grand Café « Belair » ❽

Carte routière C4. Route de Neuf-Château. ☎ 05 90 86 91 69. ◯ de mai à oct. du lun. au ven. 9 h à 12 h ; l'après-midi, week-end et jours fériés sur r.-v. ; de nov. à avr. : du lun. au ven. 9 h à 17 h et sur r.-v. 📷

L a plantation Grand Café est une superbe habitation bananière de 30 ha. Une visite en char à bancs tracté y est

---

LES GUADELOUPÉENS D'ORIGINE INDIENNE

Évaluée à 60 000 personnes, la communauté indienne se concentre dans des villes comme Capesterre-Belle-Eau, Le Moule, Petit-Canal, Port-Louis, Saint-François et dans les anciennes zones sucrières sans oublier le fort regroupement de Matouba-Papaye qui échappe à cette localisation cannière. L'implantation des anciens « engagés » remonte à l'abolition de l'esclavage de 1848 *(p. 62).* Aujourd'hui, le fait indien s'impose dans la réalité multi-ethnique du pays et dans

Statue de Marianman, la divinité du temple

le métissage qui en découle, en dépit de l'ostracisme dont a longtemps souffert le « kouli-malaba ». Près de 80 % des Indiens sont croyants et plus de la moitié des familles sont pratiquantes. Depuis 1910, sous l'impulsion d'Henri Sidambarom cette communauté a acquis le statut de guadeloupéen, la nationalité française et, en l'espace de quarante ans, a comblé son retard tant en termes d'éducation que d'ambition pour atteindre l'égalité.

---

proposée à travers la plus grande bananeraie de la Guadeloupe. C'est l'occasion de découvrir des variétés venues du monde entier : bananes velues, bananes géantes, régimes en spirale, etc., dans un cadre somptueux, sur fond de Soufrière.

Le temple hindou de Changy ❾

Carte routière C4. 3 km de Capesterre. *Renseignements le mer. et le sam. de 7 h à 12 h.*

L a façade blanche ornée d'une douzaine de statues polychromes du plus grand temple hindou du pays signale l'importance numérique des

Guadeloupéens d'origine indienne de cette région. Ce lieu de culte est dédié à la déesse Marianman ou Mayinman, la très vénérée divinité aux quatre bras armés de l'épée, du disque, du trident de Shiva et du lilas des Indes. Les cérémonies célébrées par les *pouçaris* (prêtres) se déroulent le samedi et le dimanche toute l'année sauf pendant le mois de novembre et le carême (du carnaval à Pâques). Lors de ces cérémonies, des moutons sont sacrifiés et finissent en colombo généreusement partagé avec l'assistance. La majorité des Indiens pratiquent le culte de leurs ancêtres, tout en étant catholiques.

Le temple de Changy, le plus important lieu de culte hindou de la Guadeloupe

Capesterre-Belle-Eau ❿

De « caput terrae » au « Cap à l'Est » accordé à Colomb quand il décida d'accoster, l'origine du nom de cette agglomération suscite bien des interprétations. En fait, *Capesterre* ou *Cabesterre* désignerait la côte au vent de l'île. Le peuplement fut rapide dès le début de la colonisation française. Houël y installa en 1654 de riches Hollandais chassés du Brésil, grands connaisseurs de la canne. Ils prirent souche, s'allièrent aux Français et furent à l'origine de familles de grands colons. La cité garda dynamisme et combativité quand la banane éclipsa la canne en 1945. Capesterre fournit plus de la moitié de la production bananière de la Guadeloupe.

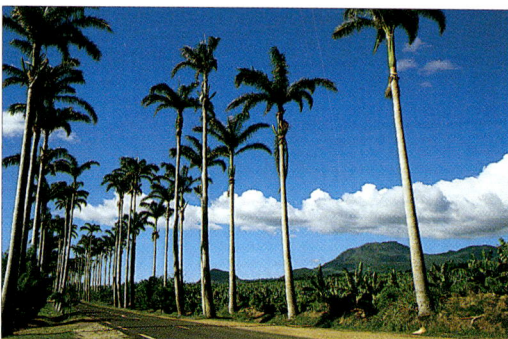
L'allée Dumanoir, l'un des lieux les plus photographiés de l'île

À la découverte de Capesterre

Capesterre est une commune active dont le bourg s'est développé autour de l'église au clocher séparé, de la mairie qui lui fait face et du marché toujours bien approvisionné. La commune s'enorgueillit de ses superbes entrées. Au nord, les flamboyants rouges donnent la réplique aux filaos qui précèdent, au sud, les palmiers de l'allée Dumanoir. Au pays de la diversité, l'on note une forte présence indienne (p.101). C'est la patrie du poète Sonny Rupaire, celle de Paul Lacavé, le député-maire qui en fit un fief communiste pendant trente ans, et celle de Gérard Lauriette, premier magistrat de la commune pendant trois ans (voir encadré).

La pulpe de manioc est finement tamisée avant d'être cuite

🦐 La manioquerie

Sortie N. du bourg. En contrebas du pont de la rivière du Pérou. Cette petite entreprise familiale fabrique de la farine de manioc et des cassaves (galettes de manioc). Ses installations d'apparence vétuste ont appartenu à l'habitation Pérou et utilisent les méthodes héritées des Caraïbes pour extraire tout le liquide toxique du manioc. Le « jus » du manioc contient du cyanure, alors que sa chair, râpée, séchée et chauffée sur de grandes platines en fonte, régale le palais.

🌿 Le parc Paul-Lacavé

Entrée principale rue de la République. ⬛ en permanence et surveillé de jour.

Gérard Lauriette dans son petit musée

GÉRARD LAURIETTE

Ce provocateur qui frisera les 80 ans en l'an 2000 a créé l'école et le musée qui portent son nom sur un terrain communal à Capesterre, librement, comme sa pensée mystico-rationaliste qui l'a fait élire maire de la commune en 1983. Cet éternel marginal déclaré « instituteur fou » en 1961 par l'Éducation nationale, qui l'employait, a connu la Cour de sûreté de l'État. Il conteste encore les valeurs « que lui impose la société française ». Invité à des colloques internationaux, il a publié plusieurs ouvrages, étalés sur une modeste table dans son antre-musée, à côté de tableaux noirs couverts de sa prose dérangeante. Gérard Lauriette reçoit avec enthousiasme, et un propos jubilatoire jaillit par flots de sa bouche amusée. *Sortie sud de Capesterre, à gauche de la station service.*

Le parc Paul-Lacavé, seul jardin public intra-muros de l'île

Ce jardin public créé en 1969 s'avère très agréable avec son petit théâtre de verdure, sa fontaine en pierres volcaniques et la fraîcheur procurée par les arbres géants.

🏭 L'usine Marquisat
Route de Routhiers D3. *Visite dangereuse par endroits.*
La carcasse de l'ancienne unité sucrière de la région est fermée depuis 1969. Construite pour centraliser le traitement de la canne du secteur, Marquisat a connu le sort de la filière devenue marginale quand la banane s'est imposée après la guerre. Les lieux abritent l'atelier de Michel Rovelas *(p. 29)*. La D3 qui frôle Marquisat est un chemin habile vers la troisième chute du Carbet *(p. 105)*.

🌴 L'allée Dumanoir
N1. Sortie Sud de Capesterre.
La route rectiligne est bordée sur plus de 1 km par deux doubles rangées de palmiers royaux. Les premières (350 palmiers) furent plantées en 1850 par l'écrivain Pinel-Dumanoir pour délimiter sa propriété. L'allée Dumanoir est le témoin des menées du gouverneur Houël, qui avait obtenu de Louis XIV que ses terres et celles de Brinon soient érigées en marquisat.

⛪ Le cimetière aux Esclaves
Visite libre et gratuite conseillée en période diurne : pas d'éclairage.
À proximité de l'habitation Bois-Debout, où Saint-John Perse passa une partie de son enfance, un petit chemin conduit à un sous-bois où une dalle demande aux visiteurs « honneur et respect » à la mémoire des esclaves.

Les petits tumulus soutenus par des conques de lambis

MODE D'EMPLOI

Carte routière C4.
🏠 19 000. ℹ️ *rue Paul-Lacavé (05 90 86 02 75).* 🗓️ *t.l.j.* 🚌

Plusieurs dizaines de tombes sans nom orientées tête vers l'Afrique sont disséminées. Certaines, simples tumulus soutenus par des conques de lambis, sont fleuries, d'autres s'ornent de jolies petites plantes vertes et blanches appelées neiges.

AUX ENVIRONS
À **Saint-Sauveur,** la route de **L'Habituée** grimpe vers la forêt dense. Près du Grand Étang, **les jardins de Saint-Éloi** sont l'antre de la belle fleur tropicale. Les bouquets conditionnés pour les longs voyages peuvent être livrés à l'aéroport le jour du départ. La maison fut chargée de la décoration florale des JO d'Albertville.

🌺 Les jardins de Saint-Éloi
Route des chutes du Carbet, L'Habituée, Capesterre. *Visite gratuite de 9 h à 17 h.* 📞 *05 90 86 39 22.*

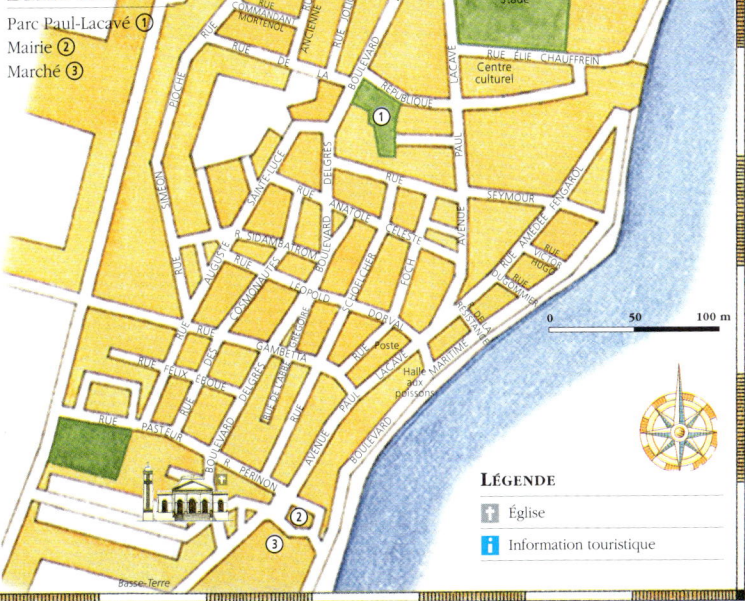

CAPESTERRE-BELLE-EAU

Parc Paul-Lacavé ①
Mairie ②
Marché ③

LÉGENDE

🟥 Église

ℹ️ Information touristique

Les chutes du Carbet ⓫

Fleur de balisier

L e Grand Carbet prend sa source à 1 300 m sur les pentes de la Soufrière, et rejoint la mer à Capesterre-Belle-Eau. Par trois fois, le torrent se jette du haut des falaises du flanc sud-est du volcan. Ces trois chutes font partie des cascades les plus hautes des Petites Antilles. Elles sont accessibles à partir d'un parking situé à 8,5 km de Saint-Sauveur, à proximité d'une aire de pique-nique à 600 m d'altitude. Les chemins sont bien balisés mais le terrain est glissant. Fougères arborescentes, balisiers, lauriers roses montagne et des arbres de 30 à 35 m de haut comme l'acomat boucan, le gommier blanc ou le châtaignier grandes feuilles composent une forêt dense.

La siguine blanche
Cette plante épiphyte, avec ses feuilles immenses (les plus grandes peuvent dépasser 2 m) et luisantes, protège les randonneurs lors des averses.

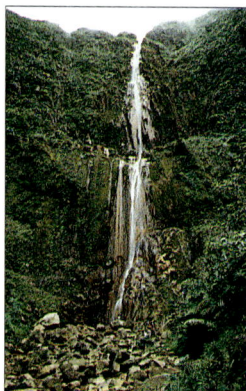

La première chute
Elle tombe en deux sauts successifs : un grand de 115 m relayé par un petit d'une dizaine de mètres.

La première chute, la plus belle, se mérite : il faut parfois grimper pour passer les obstacles même si le sentier est bien aménagé.

Première chute du Carbet
115 m

La Soufrière 1 456 m ▲

Deuxième chute du Carbet
110 m

▲ *L'Échelle*

La Citerne ▲

Le tour de l'étang, belle boucle d'une heure de marche, donne l'occasion de découvrir faune et flore spécifiques (niveau 1).

Étang de l'As de Pique

Étang Madère

Les fougères arborescentes
Elles croissent en sous-bois et peuvent atteindre jusqu'à 10 ou 15 m de hauteur.

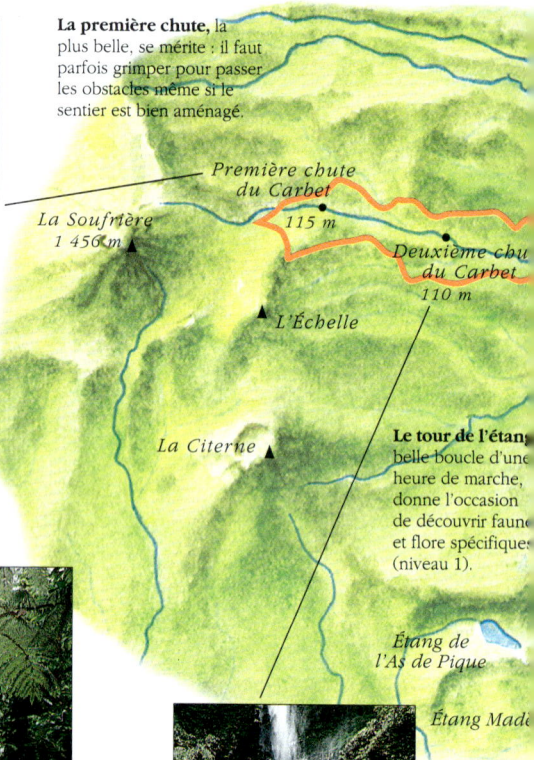

La deuxième chute
Elle est la plus connue parce que la plus accessible. Le bassin circulaire où elle se jette est superbe. On est à 500 m d'altitude.

La troisième chute
Plus petite que les deux autres, mais beaucoup plus puissante, à 350 m d'altitude, elle peut se rallier à partir de la deuxième chute. Un itinéraire plus facile (2 h) part de Routhiers, au lieu dit Petit-Marquisat.

MODE D'EMPLOI

Carte routière C4. ℹ️ *bureau des gardes moniteurs (secteur Soufrière)* 📞 *05 90 99 03 15. Maison de la Randonnée* 📞 *05 90 99 18 73 ou 05 90 81 24 83.* **Première chute** : 125 m de haut, niveau 4 (randonneurs expérimentés), 4 h aller et 3 h retour. **Deuxième chute** : 110 m de haut, niveau 1 (tout public), 20 mn aller. **Troisième chute** : 20 m de haut, niveau 2 (bons marcheurs), 4 h aller-retour. **Grand Étang** : env. 7 km de Saint-Sauveur par la D4, tour de l'étang niveau 1, 1 h.

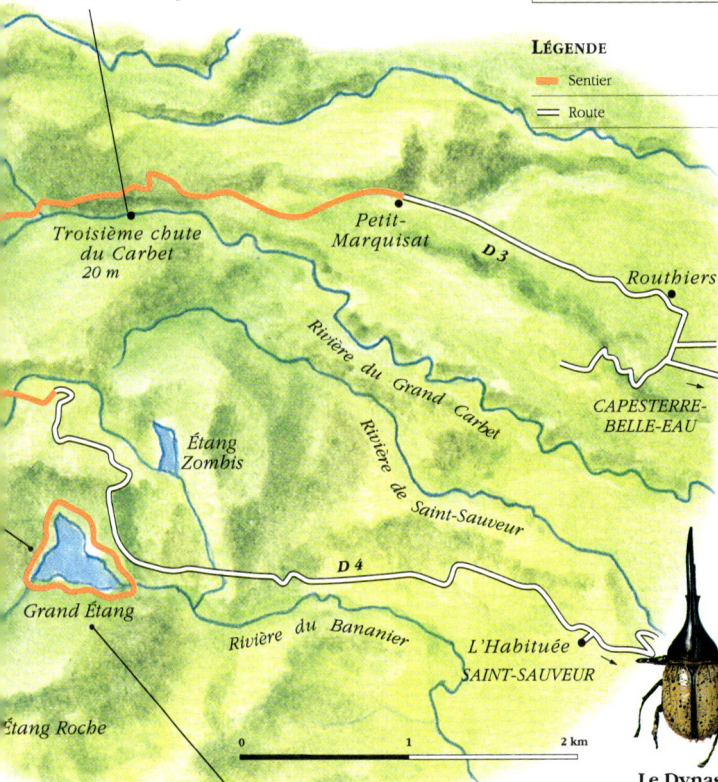

LÉGENDE

Sentier
Route

Troisième chute
du Carbet
20 m

Petit-
Marquisat

D 3

Routhiers

Rivière du Grand Carbet

Étang
Zombis

Rivière de Saint-Sauveur

CAPESTERRE-
BELLE-EAU

D 4

Grand Étang

Rivière du Bananier

L'Habituée
SAINT-SAUVEUR

Étang Roche

0   1   2 km

Le Grand Étang
C'est un lac de montagne d'origine volcanique d'une superficie de 20 ha. Outre les bambous de la berge, il s'y développe une flore originale composée de palétuviers jaunes, de joncs, de magnolias ou de fleurs bleues des hauts. Attention, les moustiques attaquent !

Le Dynastes hercules
Le « scieur de long », doté d'une pince qui pourrait scier des branches, peut atteindre 17 cm.

Du débarcadère de Trois-Rivières partent des navettes pour les Saintes

Trois-Rivières ⓬

Carte routière C5. 🏠 *8 600.* 🚹 *Rue Gerville-Réache (05 90 92 77 01).* ⛴ *t.l.j.* 🚌

L a commune doit son nom aux trois principaux cours d'eau qu'elle recèle (rivière Grande-Anse, rivière Trou-au-Chien et rivière Petit-Carbet). On la dit « fille de Karukéra » car elle fut le sanctuaire des Amérindiens et une place importante des premiers temps de la colonisation.
Les colons s'y installent à partir de 1640 et y cultivent cacao, vanille, café, manioc, indigo et tabac avant que la canne ne marginalise ces cultures pour occuper 60 % des terres en 1772. Les champs de bananes qui couvrent aujourd'hui la région soulignent le déclin de la tige à sucre. Du **port de pêche**, on découvre un superbe panorama des Saintes, à 14 km au large. Le débarcadère permet de rallier Terre-de-Haut. Cet échange maritime permanent a autrefois favorisé l'activité du port, autour duquel s'est développé le bourg ; les premiers colons se sont installés à proximité où se trouvent aujourd'hui les deux plus anciens vestiges : **la fontaine d'amour de Pautuzel** (1786) et **le cachot aux esclaves.** Belles maisons coloniales dans les hauts de la commune et dans le bourg.

🏠 Port de pêche
Navettes pour les Saintes (Terre-de-Haut) *matin et après-midi.* C.T.M. 📞 05 90 99 50 68. *Traversée 45 mn.*

Le parc archéologique des Roches Gravées ⓭

Carte routière C5. Bas du bourg. 📞 05 90 92 91 88. ⛴ *t.l.j. de 8 h 30 à 17 h.* ♿

C lassé monument historique en 1974, ce bel espace de 1 ha constitue le témoignage le plus spectaculaire de la civilisation précolombienne aux Antilles. Au milieu d'un chaos de roches volcaniques provenant de l'explosion du massif de la Madeleine et d'une végétation luxuriante se trouvent d'étranges pétroglyphes laissés par les Indiens. Un tesson trouvé près d'une roche a permis de dater ces dessins anthropomorphiques de 300 à 400 apr. J.-C. Le parc, traversé par la rivière aux Cressons, recense 18 ensembles de roches gravées et 21 espèces végétales des Caraïbes dont certaines ont conditionné toute l'économie des Amérindiens (bananier, cacaoyer, roucou, manioc, calebassier). L'une des plus célèbres roches du parc se trouve au Muséum d'histoire naturelle de New York.

AUX ENVIRONS
La D6 qui permet le passage de la côte au Vent à la côte sous le Vent donne de fabuleux points de vue sur les Saintes et les pointes du littoral rocheux. Elle frôle la belle **plage de Grande-Anse**, dont le sable noir rappelle que la région est volcanique.

Vieux-Fort ⓮

Carte routière B5. 6 km au S-E de Basse-Terre par la D6. 🏠 *1 500.* 🚹 *mairie (05 90 92 00 00).* 🚌

C 'est un joli petit village excentré et accroché aux pentes des falaises à pic face au canal des Saintes. L'Olive et Duplessis comprirent l'intérêt stratégique du littoral, qu'ils fortifièrent après avoir chassé les Caraïbes ; le fort Royal fut édifié au-dessus de la pointe. Aujourd'hui, ces lieux abritent **le Centre de broderie et des arts textiles.** Ces vestiges guerriers donnent une atmosphère singulière au village qui arbore un petit phare côtier (1955) dressé en vigie du Sud et exhibe près de l'église le plus ancien clocher du pays, ouvrage hors les murs en pierre volcanique.

🏠 Centre de broderie et des arts textiles
Association de broderie de Vieux-Fort. Fort-l'Olive. 📞 05 90 92 01 14. ⛴ *t.l.j. de 9 h à 18 h.*

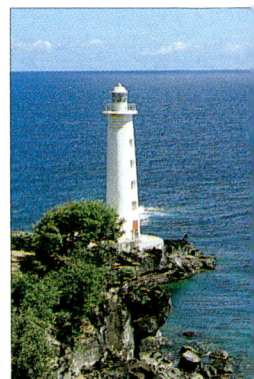
Le phare de Vieux-Fort, dernier bastion terrestre de la Basse-Terre

Les monts Caraïbes ⓯

Carte routière B5.

L es monts Caraïbes forment une unité géologique distincte du massif de la Soufrière. Plus vieux, ils apparaissent il y a environ 450 000 ans et culminent à

687 m. De nombreux joggers, cyclistes et promeneurs arpentent le parcours sportif le plus ancien de l'île. Il aboutit près de la marina et de la plage de Rivière-Sens. **La trace des Monts-Caraïbes** de niveau 3 (sportifs) part sur les hauteurs de Vieux-Fort pour arriver en 4 h à Gourbeyre, au lieu-dit Champfleury. Les hauteurs de Vieux-Fort sont aussi le point de départ du sentier de grande randonnée.

Gourbeyre 16

Carte routière B4. 🎿 6 500. 🛈 av. du Général-de-Gaulle (05 90 92 28 62). 🚌

A ncien « quartier du Dos-d'Âne », rattaché à « Basse-Terre extra-muros », Gourbeyre, née en 1846, porte le nom du gouverneur de la Guadeloupe qui fut très actif après le séisme de 1843 (p. 62). La région fut en 1802 le théâtre de la révolte de Delgrès (p. 117), dont le souvenir est conservé à l'Hôtel des Archives départementales à Gourbeyre. Lieu de passage entre la côte au Vent et la côte sous le Vent, Gourbeyre a toujours été une zone de villégiature de la bourgeoisie du chef-lieu. La région, couverte de fragiles bananeraies, s'est tournée vers le tourisme, grâce à la variété de ses sites, dont **la marina de Rivière-Sens,** qui accueille des bateaux venant de toute la Caraïbe. Au sommet du Houëlmont siège **l'observatoire volcanologique de la Soufrière,** qui assure la surveillance des volcans de la Caraïbe (voir encadré). Parmi les premières stations thermales et climatiques de la Guadeloupe, **les sources d'eau chaudes de Dolé** sont réputées être efficaces contre les rhumatismes. Si le grand bassin a disparu, le « Bain des Amours » est toujours très couru, de jour comme de nuit, par les connaisseurs qui apprécient ses 33 °C. L'eau de Dolé, c'est aussi l'eau de source « Capès », mise en bouteilles à l'usine.

Les sources chaudes de Dolé sont excellentes pour les rhumatismes

🛥 **Marina de Rivière-Sens**
Capitainerie 📞 05 90 81 77 61. Club nautique de Basse-Terre 📞 05 90 81 16 02. Location de bateaux. 🎣 Tournoi international de pêche au gros (rens. par téléphone).

🌋 **Observatoire volcanologique de la Soufrière**
Le Houëlmont, 91113 Gourbeyre. 📞 05 90 99 11 33, FAX 05 90 99 11 34.

🌋 **Sources d'eau chaudes**
Dolé. Ancienne N1 entre Trois-Rivières et Gourbeyre. 📞 05 90 92 10 92.

AUX ENVIRONS
La D10, au-dessus de Gourbeyre, conduit au sentier du **Bassin Bleu** (niv. 1) qui mène à la rivière du Galion en 20 mn. Durant les heures ensoleillées, le bain y est très agréable. Il faut plus d'endurance pour atteindre **la cascade de la Parabole**, à 1 h de marche en suivant la rive droite. **La trace des Étangs** (niv. 3) a le même point de départ que le Bassin Bleu (3 h pour joindre le Grand Étang à l'Habituée, p. 105).

L'OBSERVATOIRE VOLCANOLOGIQUE

L'observatoire, qui fait partie de l'Institut de physique du globe de Paris (IPGP), est installé à Gourbeyre dans des bâtiments construits en 1992 au sommet d'un relief volcanique vieux de 500 000 ans, le

Le site de l'observatoire

Houëlmont. Ce site, situé à 430 m d'altitude, permet la bonne réception par radio des données provenant des capteurs installés sur le volcan qui enregistrent en permanence la sismicité, les déformations du volcan, les variations locales du champ magnétique terrestre et la température au fond d'un forage sur le volcan. L'observatoire surveille l'évolution de la composition chimique des gaz fumerolliens et des sources thermales et contribue aux reconstructions de l'histoire géologique du volcan. Il a joué un rôle primordial lors de l'éruption de 1976, en détectant l'augmentation de l'activité sismique, laissant présager l'éventualité, à partir de mars 1976, de manifestations de surface. Celles-ci auraient pu être le prélude à une éruption magmatique aux conséquences bien plus graves, comme celles constatées depuis le réveil du volcan Soufrière Hills à Montserrat, le 18 juillet 1995. L'observatoire reçoit les visiteurs sur rendez-vous à titre exceptionnel, en attendant l'aménagement de l'espace qui accueillera le public.

Basse-Terre pas à pas ⑰

Au pied de la Soufrière et ouverte sur la mer des Caraïbes, Basse-Terre est le siège du conseil régional, du conseil général, de la préfecture et de l'évêché. Le centre-ville est séparé en deux par la rivière aux Herbes. Au nord du cours d'eau, le quartier commerçant s'étend derrière le port, avec le cours Nolivos, la cathédrale et l'hôtel de ville. Au sud, le quartier du Carmel comprend la plupart des édifices administratifs et s'étend jusqu'au pied du fort Louis-Delgrès, ancien fort Saint-Charles, qui garde l'entrée sud de la ville.

Homme qui danse,
A. Baptiste

★ **Le jardin botanique**
Des espèces tropicales du monde entier sont regroupées dans ses allées ombragées.

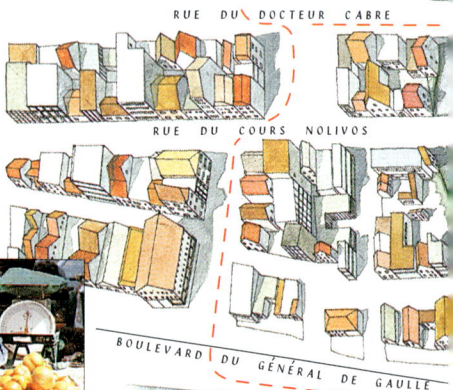

La cathédrale
Les statues qui encadrent l'autel complètent l'intérêt et la beauté de l'espace intérieur de la cathédrale.

LÉGENDE

– – Itinéraire conseillé

0   50 m

RUE BÉBIAN

RUE DU DOCTEUR CABRE

RUE DU COURS NOLIVOS

BOULEVARD DU GÉNÉRAL DE GAULLE

Le marché
Senteurs et couleurs des pyramides de fruits et de légumes donnent toute sa saveur au marché.

À NE PAS MANQUER

★ **Fort Louis-Delgrès**

★ **Jardin botanique**

★ **Le fort Louis-Delgrès**
Commencé en 1650, il fut la première place forte de la Guadeloupe.

MODE D'EMPLOI

Carte routière B4. 14 200. 05 90 81 24 83. Baillif. du lun. au sam. fête du Carmel (16 juil.), fête de Basse-Terre (fin nov.-début déc.), Carnaval (févr.)

L'Artchipel
L'édifice qui évoque un volcan est le pôle culturel de la Basse-Terre.

RUE DU CHAMP D'ARBAUD

RUE MAURICE MARTIN

AVENUE DU GOUVERNEUR GÉNÉRAL FÉLIX ÉBOUÉ

RUE DE LA RÉPUBLIQUE

Le palais du conseil général
Sa façade monumentale s'ouvre sur la mer et l'avenue des Caraïbes.

À la découverte de Basse-Terre

Pendant le Carnaval

On présente parfois les *moun'Bastè* (« ces gens de Basse-Terre »), comme des gens discrets, à l'affût derrière leurs persiennes… En effet, Basse-Terre, qui a souffert de la concurrence économique de Pointe-à-Pitre et de l'éruption de 1976, a pu sembler une ville assoupie. Mais la capitale historique de la Guadeloupe, « ville d'art et d'histoire » depuis 1995, a entrepris la restructuration de la façade maritime et du port pour ouvrir la ville sur la mer et relancer le tourisme de croisière, la mise en valeur du patrimoine et la rénovation de l'habitat.

La partie basse de la ville borde la mer des Caraïbes

Naissance de Basse-Terre

Le 14 février 1635, le gentilhomme de L'Olive et son associé Duplessis obtiennent de la Compagnie des Isles d'Amérique une commission pour « commander ensemble dans l'île qu'ils habiteraient ». L'expédition tente d'abord de s'installer au nord de la Guadeloupe (pointe Allègre) avant de se rabattre, décimée par la maladie et la famine, vers le sud. Après la mort de Duplessis, L'Olive fait construire un fort à la pointe sud (Vieux-Fort) et entame une véritable guerre d'extermination des Caraïbes de 1636 à 1639. Sa cruauté lézarde son autorité auprès des pères dominicains dépêchés pour évangéliser les Caraïbes. Ces derniers finissent par obtenir une large concession au nord de la ville actuelle. La mort de L'Olive marque l'acte de naissance de Basse-Terre sous la direction d'Aubert et de Houël. Aubert, ancien chirurgien du roi à Saint-Christophe, fait la paix avec les Caraïbes et commence la mise en valeur du pays dès avril 1640. Mais c'est Charles Houël nommé le 1er avril 1643 gouverneur et sénéchal de la Guadeloupe qui y laissera son empreinte. Il œuvre d'abord pour son profit personnel en acculant la Compagnie à la faillite pour acheter la Guadeloupe avec son beau-frère de Boisseret. Houël se fait construire une maison fortifiée sur la rive droite du Galion à l'emplacement de l'actuel fort Delgrès. La présence rassurante de ce château fort attire les premiers habitants de la rive gauche de la rivière aux Herbes : un premier bourg se développe autour de la paroisse du Carmel, fondée par les dominicains. L'installation des capucins sur la rive droite de la rivière aux Herbes conduit à la fondation de la paroisse Saint-François, en 1713 ; en 1736 est construite une église, future cathédrale. Deux bourgs coexistent donc sous l'Ancien Régime de part et d'autre de la rivière aux Herbes, mais seul celui du Carmel porte le nom de ville de Basse-Terre. Ils ne seront réunis qu'à la Révolution.

⊞ Le pont du Galion

Prenant sa source à la Soufrière, la rivière du Galion coule au pied du fort Delgrès avant de se jeter dans la mer des Caraïbes. Le pont qui enjambe cette belle rivière, dont la vallée accueille parfois quelques processions d'iguanes, fut construit à grands frais en 1780 par l'architecte Gérard ; Louis XVI, s'étonnant de son coût, demanda s'il était pavé d'or. À l'origine, deux passerelles en bois accostaient l'arche centrale du pont : celles-ci pouvaient être brûlées pour empêcher l'ennemi de le traverser.

⊞ La préfecture

Rue de Lardenoy. Visite sur autorisation préfectorale.
Quelque 200 m après le fort, un haut mur d'enceinte blanc

La préfecture occupe l'ancien palais du Gouverneur

Une case traditionnelle, rue de la Mulâtresse-Solitude

masque à la vue le parc de la préfecture et son énorme bâtiment colonial signé Ali Tur *(voir encadré)*. L'ancien palais du Gouverneur reconstruit par l'architecte en 1935, après le cyclone dévastateur de 1928, est au cœur du quartier d'Orléans, siège de nombreuses administrations comme les Affaires sociales et les Travaux publics.

La façade de Notre-Dame-du-Mont-Carmel

♆ Le Carmel

Il s'agit historiquement du premier quartier de Basse-Terre, installé sur la pente qui descend du fort Delgrès, limité au nord par la rue de Lardenoy et à l'ouest par le boulevard Félix-Éboué. **Notre-Dame-du-Mont-Carmel,** dont le fronton porte des armoiries (famille Hoüel ou Hincelin), est héritée de l'ancienne église des jésuites construite à la fin du XVIIe siècle et rebâtie au XIXe. Une fois l'an, le 16 juillet, jour de la fête du Carmel, l'église sort son joyau doré pour la procession de la Vierge. Précédée par une centaine d'enfants endimanchés, la haute statue est portée par six hommes, ouvrant ainsi le long défilé à travers les rues du quartier. La cérémonie s'achève dans l'église où les fidèles espèrent pouvoir toucher cette vierge miraculeuse couverte d'offrandes. Elle fut trouvée en 1916 sur le terrain qui jouxte l'église et qui abrite depuis une petite grotte dédiée à Notre-Dame de Lourdes. **La grotte du Mont-Carmel** est un lieu de dévotion. Le samedi après-midi, la cérémonie du chapelet réunit plusieurs dizaines de femmes qui occupent de grands bancs cirés protégés par un joli préau en bois en face de la chapelle de la grotte. Cette chapelle a été érigée en 1917, après dit-on la dix-huitième apparition de la Vierge à Lourdes. L'endroit est très prisé par les catholiques guadeloupéens, qui le couvrent d'ex-voto, et il y coule avec parcimonie une petite source aux vertus supposées.

LE DÉCLIN ÉCONOMIQUE DE BASSE-TERRE

Dans les années 60, en dépit de sa traditionnelle concurrence avec Pointe-à-Pitre, la capitale administrative de la Guadeloupe, était toujours le premier port de l'archipel par son activité bananière. Mais en 1974, la Compagnie générale maritime décide de transférer ses activités vers le port de Pointe-à-Pitre, équipé pour traiter des conteneurs frigorifiques. C'est la retraite anticipée pour quelque 400 dockers et le service minimal pour l'ensemble des activités de la ville. Comble de malheur, le 8 juillet 1976,

Évacuation des habitants en 1976

la Soufrière se réveille et plus de 73 000 habitants de la région sont évacués vers la Grande-Terre. Cet épisode durera cinq longs mois. Lorsque la Soufrière se calme, de nombreux habitants ne regagnent pas la région, qui en sort économiquement et démographiquement affaiblie. Ainsi, de 1982 à 1990, la croissance de la population, de 18 % pour l'ensemble de la Guadeloupe, ne dépasse pas les 5 % dans le Sud de la Basse-Terre.

Des fresques couvrent de nombreuses façades, ici le lycée G.-Réache.

⌂ L'arsenal
Rue Lethière.

L'arsenal, à l'origine ancienne propriété des pères jésuites, devint une caserne d'artillerie au XVIIIe siècle lorsque les jésuites furent expulsés. Les bâtiments actuels, qui se superposent très exactement aux casernes d'origine, datent du XIXe siècle. Désaffecté, l'arsenal fut acheté en 1920 par les propriétaires actuels qui le transforment en appartements. Cette propriété privée se visite discrètement avec l'assentiment des occupants. Le plus grand calme règne dans ce lieu ombragé.

⌂ Le lycée Gerville-Réache
37, rue Amédée-Fengarol.

Un peu plus loin les superbes marches en pierres du lycée conduisent à une grille en fer forgé du début du XIXe siècle. Les bâtiments eurent des vocations successives. C'est sur l'emplacement du couvent des Carmes (1650-1793) que le comte de Lardenoy, gouverneur de la Guadeloupe, posa la première pierre d'un nouvel hôpital militaire en 1819. C'était alors un bâtiment en U,

construit autour d'une cour centrale. Transformé en 1906, il abrita les bureaux du gouvernement jusqu'en 1946. Il devint alors lycée et porte le nom de Gaston Gerville-Réache (1854-1908), député de la Guadeloupe de 1881 à 1908. Les façades et les toitures des deux bâtiments d'entrée, l'escalier et le portail d'entrée dans la cour principale sont inscrits à l'inventaire supplémentaire des monuments historiques.

⌂ Le palais de justice
Bd du Gouverneur-Général-Félix-Éboué.

Œuvre majeure d'Ali Tur, le palais de justice est un édifice monumental, ce que

Le palais de justice d'Ali Tur forme un diptyque avec le palais du conseil général

ALI TUR, L'ŒUVRE D'UNE VIE (1889-1977)

À la suite des destructions causées par le cyclone de 1928, le gouverneur Tellier fait appel à l'architecte Ali Tur pour rebâtir les édifices gouvernementaux et communaux de la Guadeloupe. L'urgence commandait ces travaux qui devaient être achevés pour 1935, afin de célébrer le tricentenaire du rattachement à la France. Cet architecte, né en Tunisie de parents français, est alors connu pour avoir construit un ensemble de logements à Paris, notamment dans le XVIe arrondissement. Ali Tur aura soin de se servir des éléments d'architecture déjà existants (persiennes, galeries ouvertes, auvents) afin de répondre aux exigences climatiques que sont la température, l'humidité et l'ensoleillement, tout en y introduisant l'architecture du béton. Pour cela, il décide de faire appel à une équipe de techniciens compétents afin de former la main-d'œuvre locale. Ainsi, il peut utiliser des matériaux et des procédés de construction qui résistent aux cyclones : le béton, des toitures en dalle, des terrasses plates et des structures de poteaux-poutres en béton armé. Ali Tur

aura construit, entre 1929 et 1937, une centaine d'édifices en Guadeloupe, parmi lesquels trois sont proposés au classement au titre des monuments historiques : la préfecture, le palais du conseil général et le palais de justice de Basse-Terre. L'œuvre d'Ali Tur aurait pu être de pure circonstance, mais elle s'est naturellement inscrite dans le patrimoine architectural de la Guadeloupe.

Dessin d'Ali Tur pour le palais du Gouverneur, actuelle préfecture

La grande esplanade du Champ d'Arbaud est dominée par un imposant monument aux morts

traduisent les emmarchements courbes et la colonnade qui entoure le patio. Le bâtiment faisait partie d'un projet urbain comprenant le palais de justice, le conseil général et le Champ d'Arbaud.

♿ Le conseil général
Bd Félix-Éboué.
Situé dans un jardin clôturé, le palais du Conseil Général, édifice au caractère monumental très marqué, domine la rue de la République. Sa belle façade d'inspiration classique, avec ses deux immenses cariatides et son grand escalier, est tournée vers la mer.

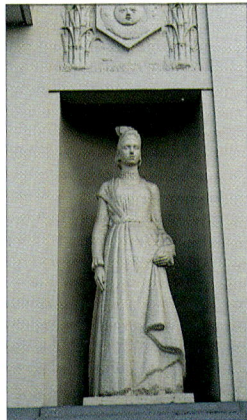

Deux cariatides encadrent l'entrée du conseil général

L'Artchipel, pôle culturel phare de la Basse-Terre

🎭 La Scène nationale « Artchipel »
Bd du Gouverneur-Général-Félix-Éboué. ☎ 05 90 99 29 13. ⏰ de 8 h 30 à 12 h 30 et de 14 h à 17 h 30.
L'Artchipel, qui appartient au réseau des Scènes nationales, contribue à la vocation culturelle de Basse-Terre et se veut pôle de référence dans la diffusion et la formation culturelle. L'échange est son credo et ses moyens lui permettent d'accueillir et d'héberger de nombreux artistes. L'audacieuse construction aux formes de volcan a ouvert sa scène en 1996, trouvant un public convaincu par ses excellents équipements qui faisaient cruellement défaut dans le chef-lieu. L'Artchipel a été construit sur le site du square Pichon, ancien Champ de Mars, qui accueillit longtemps

les manifestations festives de « Vendredi Pichon ». De l'hôtel du Gouverneur ou Vieux-Gouvernement que fit construire le gouverneur Cochrane sur le Champ de Mars au tout début du XIXe siècle ne subsiste aujourd'hui que la grille en métal. L'hôtel fut détruit par le cyclone de 1825.

♣ Le Champ d'Arbaud
Le Champ d'Arbaud, à l'origine terrain d'entraînement de l'artillerie qui porte le nom du gouverneur d'Arbaud (1775-1780), est aujourd'hui un jardin public. La vaste esplanade aménagée de mobilier urbain moderne est bordée de belles maisons coloniales. C'est un lieu de promenade calme et agréable, surtout quand l'on attend l'heure des séances du cinéma qui s'y trouve (p. 247).

🏞 La rivière aux Herbes
En traversant la ville du Nord montagneux au Sud littoral, la rivière aux Herbes, au très faible débit, sépare Basse-Terre sans fracas. La rivière a joué un rôle de frontière entre les différents quartiers à l'époque des balbutiements de la ville en gestation. Le petit pont urbain qui l'enjambe conduit 50 m plus loin à la belle cathédrale de Basse-Terre.

La belle façade classique de la cathédrale de Basse-Terre

🔒 La cathédrale

Place Saint-François.

Le bâtiment en pierre de taille du pays, pierre volcanique aux nuances grises, bleutées, voire violacées, fut construit par les capucins en 1736, marquant l'une des étapes de l'élaboration de la ville. Sa façade principale, de style classique, est son décor majeur, comme c'est le cas pour la plupart des églises antillaises. La travée centrale est encadrée de deux niches qui abritent les statues de saint Pierre et de saint Paul. Une fenêtre servant de niche la surmonte. Celle-ci accueille une Vierge blanche qui fut installée en 1876 pour remplacer une horloge transférée sur le clocher, qui est séparé du corps principal de l'édifice. Particulièrement riche, l'intérieur mérite une visite. La cathédrale est située dans le quartier le plus « citadin » de Basse-Terre avec ses rues animées et son ambiance retenue et accueillante.

🏛 Le musée Gerty-Archimède

25, rue Maurice-Marie-Claire. 📞 05 90 81 40 39. 🕐 du lun. au ven. de 8 h à 12 h et de 14 h à 17 h 30. ● sam. et dim.

Cette petite exposition rappelle la mémoire de Gerty Archimède (1909-1980), première femme avocat de Guadeloupe et des Antilles qui se rendit célèbre par son combat pour ses compatriotes et pour les femmes *(p. 37)*. Une salle d'exposition rassemble des photographies, objets, livres et souvenirs de Gerty Archimède.

🏚 La maison Chapp

Cours Nolivos, rue du Docteur-Cabre.

Au cœur du quartier de Saint-François, cette belle maison bourgeoise à deux étages, en pierre de taille, fut construite au XVIIIe siècle. De 1841 à 1855, elle fut la propriété de Charles Le Dentu, avocat, maire de Basse-Terre, président du conseil général et… arrière-grand-père du poète Saint-John Perse. La maison Chapp est classée monument historique.

🌊 Le boulevard maritime et le port

L'évolution de la façade maritime est l'élément moteur de la transformation engagée par la municipalité. Les jolis lampadaires à l'ancienne qui jalonnent une partie du long boulevard maritime préfigurent la « promenade des Anglais tropicale » que prépare le projet destiné à ouvrir la ville sur la mer et réciproquement. Jusqu'alors la configuration des installations offrait une image très négative de la ville ; l'accueil des bateaux de croisières est de ce fait l'un des objectifs principaux du développement du port. L'avenir de la ville se joue en grande partie ici. On ne manquera pas, en attendant, d'aller flâner dans la farandole d'odeurs et de couleurs du **marché couvert** qui fait face à la mer des Caraïbes et dont l'horloge, œuvre d'Ali Tur, est classée.

Le boulevard maritime, une « promenade des Anglais » antillaise

🏚 Le Bas du Bourg

Considéré comme l'abcès populaire de Basse-Terre, on l'appelle aussi quartier Sainte-Thérèse. Il est concerné par le programme de rénovation rendu possible par les avantages du classement en

Sous des parasols, les étals s'étendent hors du marché couvert

zone franche urbaine dont bénéficie la ville, qui entend restructurer et requalifier son périmètre urbain. En attendant ces bons augures, le Bas du Bourg vit son ancrage populaire avec ses *lolos*, son gwoka et « Voukoum », groupe de musiciens dont la notoriété en Guadeloupe prend toute sa dimension au moment du carnaval de Basse-Terre.

🍂 Le jardin botanique
Circonvallation. **Maison des Aînés** *rue du Dr-Cabre (05 90 81 62 52).* Ce jardin n'est plus aujourd'hui à la hauteur de sa réputation. La restauration annoncée des lieux violentés par les cyclones devrait donner plus de lustre à sa très intéressante collection de plantes du monde entier. Pour l'instant, l'endroit vaut surtout par la maison des Aînés, qui siège dans une magnifique demeure louisianaise. Les « aînés » venus d'ailleurs y sont les bienvenus et peuvent bénéficier d'un hébergement de dépannage dans les chambres aménagées à l'étage de la maison blanche. **La maison des Aînés** est située sur un promontoire à partir duquel l'on découvre

Défilé de marchandes de Basse-Terre le lundi-gras

les jolies villas créoles de la cité Deboisvieux, traversée par la rivière aux Herbes.

🏛 Le pensionnat de Versailles
8, rue Victor-Hugues. Une imposante enceinte de béton agréablement peinte abrite les installations de la troisième institution française pour la réussite au bac en 1996, et sa petite chapelle

parcimonieusement ouverte à la visite. Située à la pointe nord du Carmel *(p. 110)*, l'institution est dirigée par les sœurs de Saint-Joseph de Cluny.

La maison des Aînés accueille les personnes âgées de passage

🏛 Le village Caraïbes
Rond-point Guillard. Un rond-point, aménagé au début de l'année 1998, présente un surprenant village caraïbe. Des Amérindiens sont mis en scène, de façon très réaliste, dans leurs activités quotidiennes avant l'arrivée des premiers Européens. Cette réalisation est le dernier-né des ouvrages d'art qui jalonnent la Basse-Terre (rond-point des Roches Gravées à Gourbeyre, rond-point industriel à Montebello, etc.).

LA PASSION DU JEU

Elle coule dans les veines de tous les Guadeloupéens. Depuis l'introduction des combats de coqs dans les îles, les Antillais se passionnent pour ce jeu cruel où deux coqs, bichonnés et entraînés comme des champions par leurs propriétaires, s'affrontent pendant quelques minutes. Les pitts à coqs séduisent une foule attentive et initiée qui n'hésite pas à parier des sommes énormes ; la mise peut atteindre 20 000 F. Les dominos, plus pacifiques, attirent famille ou amis dans l'arrière-salle d'un *lolo* ou dans la cour d'une case pour des parties animées mais bon enfant. Le jeu est rythmé par le bruit des pièces de bois abattues bruyamment sur la table et par les vociférations et gesticulations des joueurs destinées à déstabiliser l'adversaire. Plus récemment, les Guadeloupéens se sont laissés gagner par la fièvre du PMU et plébiscitent massivement les lotos, Jack-pots et autres Millionaires.

Partie de dominos en plein air

Le fort Louis-Delgrès

Monument historique depuis 1977, considéré comme l'un des plus beaux fleurons de l'architecture militaire à la Vauban, le fort domine l'embouchure du Galion et le quartier du Carmel. Cet ensemble commencé vers 1650 par le gouverneur Charles Houël était une maison fortifiée connue sous le nom de « château de la Basse-Terre ». Première place forte de la Guadeloupe, il prend le nom de fort Saint-Charles en 1753, en hommage à Houël. Il ne trouva son aspect actuel qu'après 1780, changeant plusieurs fois de nom. C'est en 1989 que le conseil général le rebaptisa fort Louis-Delgrès.

La grande caserne
Le bâtiment restauré est utilisé aujourd'hui comme salle de conférence pour des événements culturels.

★ **Le bastion sans nom**
Il domine le port, la ville de Basse-Terre et ses environs.

Cuisines voûtées

Casemate

Corps de garde

★ **L'entrée principale**
Le porche édifié au XVIIIᵉ s. a gardé des éléments du pont-levis. Construite en calcaire de Grande-Terre, la façade n'arbore pas les armes du roi, la Révolution étant passée par là !

Le cimetière militaire
Sur le Grand Cavalier se trouve un cimetière où reposent le général Richepance et l'amiral Gourbeyre, ainsi que d'autres officiers.

Chemin de ronde

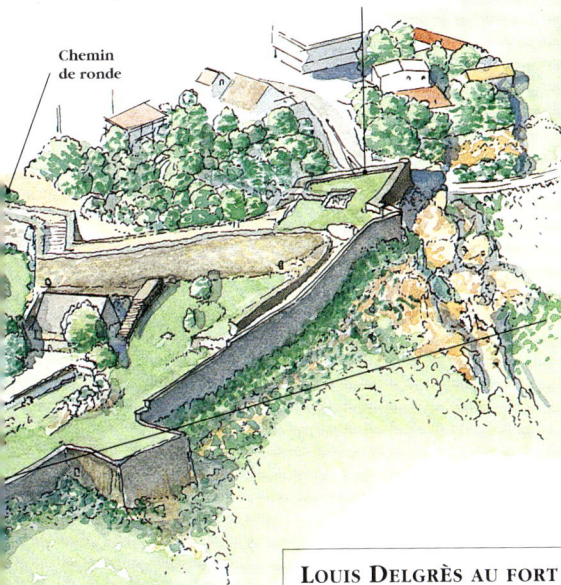

★ **La citerne**
Construite par le père Labat en 1702-1703, elle servait à stocker l'eau mais aussi de douve en cas d'attaque. Un plancher en bois au ras du sol permettait de garder l'eau au frais.

Le cachot
Une prison et son cachot furent construits à l'emplacement de la maison fortifiée édifiée par Houël vers 1650 et détruite en 1703.

LOUIS DELGRÈS AU FORT SAINT-CHARLES

Louis Delgrès

« À l'univers entier le dernier cri de l'innocence et du désespoir... » Ainsi commence la proclamation du 10 mai 1802, publiée dans toute la ville et signée par Louis Delgrès, commandant en chef de la Force armée de Basse-Terre. Ce mulâtre, colonel d'infanterie, avait, avec Ignace, Massoteau et d'autres officiers noirs de l'armée française, prit la tête de la révolte contre Richepanse, chargé par Napoléon de rétablir l'esclavage aboli en 1794. Moins nombreuses, mal armées et trahies par l'officier noir Pélage, les troupes de résistance furent débordées. Le corps expéditionnaire se lança à l'assaut du fort Saint-Charles, où s'étaient rassemblés Delgrès et les rebelles, 600 Noirs jusque-là enchaînés sur les navires de Richepanse. Le soir du 22 mai, Delgrès sortait du fort avec 400 hommes par la poterne du Galion. Ils se réfugièrent sur les hauteurs de Matouba dans l'habitation d'Anglemont. Le 28 mai, l'assaut fut lancé. Plutôt que se rendre, Delgrès se fit sauter avec ses 300 derniers compagnons et l'avant-garde des troupes ennemies, au cri de « Vive la liberté ». Dans les décombres, on trouva la compagne de Delgrès. La mulâtresse Solitude, enceinte lors de sa capture, fut suppliciée et exécutée après la naissance de son enfant. L'esclavage fut rétabli le 16 juillet 1802.

Le massif de la Soufrière, vu de Saint-Claude

Saint-Claude ⑱

Carte routière B4. 🏠 *10 700.*
🛈 *bourg (05 90 80 18 93).* 🕒 *du mar. au sam.* 🚌

L a commune la plus
résidentielle de la
Guadeloupe, dominée par
le massif de la Soufrière qui
la protège des vents, tutoie
les limites nord de Basse-Terre.
À plus de 530 m d'altitude,
c'est la station la plus élevée
des Petites Antilles. En
Guadeloupe, l'expression
« moun'Saint-Claude » (celui
qui vient de Saint-Claude)
suggère une qualité de vie
spécifique à cette cité noyée
dans un écrin de végétation
luxuriante et entourée d'une
centaine de rus et de rivières.
Un climat idéal de 22 °C en
moyenne annuelle a incité
les maisons de cure à s'établir
dans ce cadre sain et apaisant.
En juillet et août 1976,
l'éruption du volcan a placé
la commune sous les feux
de l'actualité. Il s'agit pourtant
d'une cité méconnue,
longtemps vouée à la double
fonction de lieu de passage
vers les sommets et
de banlieue résidentielle
de Basse-Terre qui a
maintenant décidé de
capitaliser ses énormes
potentialités touristiques.
Elle héberge le siège du **Parc
national de la Guadeloupe**
(p. 18-19) à Montéran.
Les colons arrivèrent ici vers
1656 pour cultiver primeurs et

canne à sucre ; et la mémoire
des nombreuses habitations
se retrouve dans des
toponymes comme Bellevue,
Dugommier, Ducharmoy
ou encore Bologne dont
la distillerie rescapée produit
un rhum adulé en
Guadeloupe *(p. 122).*
Au XVIIᵉ siècle , Saint-Claude
n'était qu'un quartier
de « Basse-Terre extra-
muros ». Le recul
de l'économie sucrière vers
la fin du XVIIᵉ siècle et surtout
au XVIIIᵉ, ajouté à la trop
forte pluviométrie de l'endroit
impliquent alors une

reconversion dans l'élevage.
Une forte colonie de
peuplement composée
de Français, de Canadiens et
d'Allemands (2 000 hommes)
venue de Guyane défriche
les hauteurs du Matouba sans
pouvoir s'y adapter. Ce lieu
devint le berceau historique
du « quartier » et la terre
légendaire du sacrifice
de Louis Delgrès et de ses
300 compagnons.

**🌿 Parc national
de la Guadeloupe**
Habitation Beausoleil, Montéran.
📞 *05 90 80 86 00.* 🕒 *mar.*

Une belle maison coloniale abrite le syndicat d'initiative de Saint-Claude

Matouba ⑲

Carte routière B4. N3 à partir de l'église de Saint-Claude (2,5 km).

« et trois cents sangs giclés vers ton ciel Matouba
        Matouba
Crépuscule éternel serti dans nos mémoires
        Matouba
Pourtant c'était le jour. Ce fut le jour pourtant.
        Oooooooooh !
        Matouba »
Sonny Rupaire (*Matouba*, in *Cette igname brisée qu'est ma terre natale*, Éd. Caribéennes, 1964).

Jean-Michel Martial dans le rôle d'Ignace

LE PROCÈS DE L'HISTOIRE

En 1997, le cinéaste guadeloupéen Christian Lara, connu pour des films comme *Coco-la-fleur, Vivre libre ou mourir, Adieu foulards,* tournait *Sucre amer* sur les contreforts de la Soufrière. Le film retrace l'engagement d'Ignace, ancien charpentier analphabète devenu officier, aux côtés de Louis Delgrès contre le rétablissement de l'esclavage. Lara entendait rouvrir le dossier d'un homme ordinaire devenu héros, par le biais d'un procès moderne et à l'heure où l'on se préparait à commémorer le 150e anniversaire de l'abolition de l'esclavage.

De la géographie montagneuse de Saint-Claude, le Matouba a le relief le plus tourmenté, entre 500 et 800 m d'altitude. On dit dans le pays que les gens d'ici « ont la peau fraîche » et déjà les colons y trouvaient « un climat sain qui rappelle celui de l'Europe ». Dans cet îlot de nature toujours prisé pour ses légumes et la culture florale se déroulèrent quelques hauts faits historiques. La paroisse du Parc, comme l'appelèrent les religieux qui s'y installèrent, servit de refuge à plusieurs reprises contre les attaques anglaises (1691, 1703, 1759 et 1794) et, devenu camp retranché, fut le cadre de la capitulation du général Ernouf face aux Anglais le 6 février 1810. Celui-ci ne put se replier car la route qui devait relier Matouba à Petit-Bourg à travers la montagne était inachevée. Ce beau projet de la chambre d'agriculture, privé de

La stèle Delgrès à Matouba

ressources, avait avorté en 1775 et la route devint une simple trace au début du XIXe siècle. Il s'agit de l'actuelle **trace Victor-Hugues** *(p. 99).* Entre-temps, Matouba avait retenti du sacrifice du commandant Louis Delgrès *(p. 117).* Une stèle en marbre blanc commémore modestement sa bravoure, sur la route de Matouba, quelques mètres après le deuxième pont dans le virage adossé aux anciennes terres de l'habitation d'Anglemont.
Dans ce monde végétal, la forêt dense qui couvre les pentes fertiles représente 10 % de la forêt domaniale guadeloupéenne, et les sentiers de randonnée sont nombreux. Pour aller au point de départ de ces balades, il faut dépasser la clinique « Les Eaux Vives » et **le centre thermal Harry Hamousin** situés en haut du plateau de Papaye. C'est le seul centre agréé des Petites Antilles. Ses eaux sont captées à la source même des Bains Chauds de Matouba à 1 057 m d'altitude et arrivent à la station à la température de 49,6 °C. Les indications thérapeutiques de ces eaux sulfurées et sulfatées concernent nez, gorge, oreille, maladies articulaires et dermatoses. L'usine d'**eau minérale Matouba** dont la qualité est appréciée au-delà des frontières de la Guadeloupe, se trouve dans les parages de l'église et est alimentée

par la source Roudelette dans la forêt de Frézias.

🛁 Centre Thermal
Matouba Papaye. ☎ 05 90 80 53 19.

AUX ENVIRONS
À partir de l'aire de pique-nique de Beausoleil, la cascade Vauchelet demande une heure de marche, il faut 1 h 30 pour atteindre les Bains Chauds de Matouba et deux heures pour la chute des gorges du Galion.
Il faut s'équiper à cause de la fraîcheur et de l'humidité. De **la maison forestière de Matouba,** l'on peut prendre le départ de la fameuse trace Victor-Hugues (GRG1). Pour rejoindre Petit-Bourg par les crêtes, la marche de niveau 3 (sportifs) dure 8 à 10 heures.

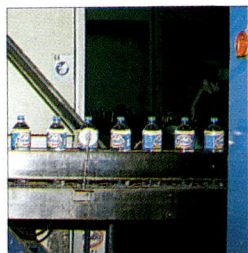

Le saut d'eau de Matouba

L'eau minérale Matouba est mise en bouteilles à l'usine

La Soufrière ❷⓪

Thym-montagne

Celle que les Guadeloupéens appellent communément « la vieille dame » est un volcan jeune et toujours en activité. Avec ses 1 467 m, c'est le point culminant des Petites Antilles. La Basse-Terre est une des îles les plus récentes de l'arc antillais et la formation du massif volcanique remonte à moins de 100 000 ans. C'est l'un des volcans vivants les plus hospitaliers du monde : au sommet, aucun cratère de lave ne bouillonne et sa découverte est des plus paisibles. Un peu plus d'une heure après avoir quitté la Savane à Mulets, on atteint le sommet où des vapeurs parfois acides et l'odeur d'œuf pourri signalent le caractère sulfureux des dégagements du fameux cratère sud.

Le sommet de la Soufrière
Le dôme de 300 m de diamètre domine un paysage de gouffres, de failles et de pics, tapissé d'une végétation chiche.

L'ananas-montagne
Cette broméliacée dont la fleur rouge rappelle celle de l'ananas cultivé ne donne pas de fruit.

Piton
Dolomieu

Chemin des
Dames

Nez
Cass

La maison du Volcan présente une exposition sur le volcanisme.

Cratère
sud

Savane
à Mulets
(1 142 m)

Abri

Grande
chute du
Galion

Trace de
l'Armistice

La Citerne
Cet ancien cratère inactif, à la forme régulière, culmine à 1 155 m. Le fond en est occupé par un plan d'eau. On l'atteint après une randonnée facile de 1 h à partir du parking de la Savane à Mulets.

Vers la

Le panache de vapeur
Cette vue du dôme de la Soufrière montre le panache de vapeur qui émane en permanence du cratère sud.

La Soufrière
(XVIIIe s.)

LES ÉRUPTIONS

La Soufrière n'a pas connu d'éruption magmatique depuis la formation de son dôme actuel au XVe siècle. Ses récentes colères ont toutes été phréatiques, c'est-à-dire résultant de la dépressurisation rapide de l'eau contenue au cœur du volcan et surchauffée au contact de la chambre magmatique. En 1798, une crise provoque un éboulement connu aujourd'hui sous le nom d'éboulement Faujas. Le 1er février 1837, une violente explosion est accompagnée de nombreux séismes. L'activité reprend en 1956, puis 20 ans plus tard en 1976-1977. Ce dernier épisode sera le plus important depuis la colonisation. Durant huit mois, le volcan, pris de convulsions (plus de 16 000 tremblements de terre enregistrés), crache vapeurs, poussières, pluies de roches sur la région alentour. D'importantes coulées de boue (lahars) recouvrent la montagne, obstruant certaines rivières… Les autorités font évacuer les 70 000 habitants du sud de la Basse-Terre. Mais, comme l'avait prédit Haroun Tazieff, le cataclysme ne se produira pas.

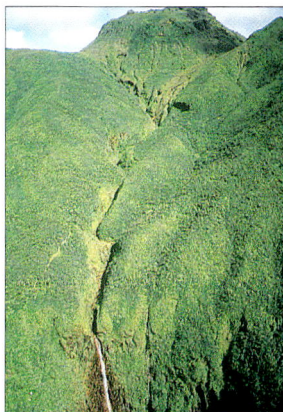

Refuge

Grande randonnée

Carmichaël

Grande randonnée

Trace Karukéra

La première chute du Carbet
La cascade effectue une chute de 125 m en deux ressauts. La paroi est ocrée à cause des sels minéraux contenus dans l'eau. On l'atteint après une randonnée de 2 h (p. 104).

La tour du Père Labat, construite en 1703

Baillif ㉑

Carte routière B4. 🏔 *6 300.*
ℹ️ *centre socio-culturel (05 90 81 68 94).* ✈️ *(05 90 81 15 85).* 🚌

B aillif peut faire figure
de banlieue commerciale
de Basse-Terre avec ses
grandes surfaces, ses boutiques
et ses ateliers. L'histoire
des deux communes est
intimement liée. Ainsi dès
le début de la colonisation,
les habitants de la paroisse
occupaient les deux rives
de la rivière des Pères,
où les pères dominicains
s'étaient installés en 1636.
Le nom de Baillif viendrait
du patronyme d'un riche
commerçant établi dans
le bourg au XVIIᵉ siècle ; selon
une autre hypothèse, il serait
hérité du passage en 1637
de Philippe de Longvilliers
de Poincy, bailli à Saint-
Christophe.
La situation de Baillif
la rendait très vulnérable
aux attaques maritimes.
La paroisse fut brûlée par
les Anglais une première fois
en 1691, puis en 1703.
Les défenses qui s'échelonnent
depuis l'embouchure de la
rivière du Plessis et englobent
le fort de la Madeleine,

la Batterie et le fort
de Saint-Dominique
furent le théâtre
des combats les plus
fameux de l'île lors
des invasions anglaises
des XVIIᵉ et XVIIIᵉ siècles.
La dernière en date et
la moins connue est
celle du mois d'août
1815, quand les forces
armées et la Marine
anglaises durent
débarquer pour ramener à
la raison l'amiral de Linois et
le général Boyer-Peyreleau,
passés dans le camp de
Napoléon Iᵉʳ le 18 juin 1815
à 18 heures, heure de
Guadeloupe, alors que le
même jour et à cette heure à
Waterloo, l'Empire français
avait déjà expiré. C'est le père
Labat qui fut chargé par
le gouverneur Auget de
concevoir et de faire réaliser
les défenses sur le littoral sud.
La fameuse **tour du Père
Labat,** élevée à la pointe des
Pères en 1703, qui se dresse
encore face à la mer des
Caraïbes, ne résista pas aux
Anglais. Haute de 4 m, large
de 13 m avec des murs
de 2 m d'épaisseur, elle
abritait une pièce à feu et
12 hommes pouvaient y tenir.
Aujourd'hui si les distilleries
où les dominicains
fabriquaient le fameux rhum
du Père-Labat ont disparu,
Baillif accueille toujours les
installations et les plantations
de **Bologne,** le rhum le plus
célèbre du pays. Par ailleurs,
Baillif reste aussi l'une des
communes rurales les plus
actives de la Guadeloupe
grâce à la culture de la canne
et de la banane d'une part,
mais aussi grâce aux
plantations vivrières de **Saint-**

Robert et de **Saint-Louis.**
Outre les roches gravées
de la rivière du Plessis,
on a récemment découvert
(cyclone Marilyn 1995) sur les
rives de la rivière du Baillif
des squelettes des premiers
habitants de l'île qui vivaient
là bien avant l'arrivée des
Caraïbes. Des itinéraires
fléchés permettent d'atteindre
ces sites sur les hauteurs
de Baillif, ainsi que la forêt de
Trianon qui abrite une belle
plantation de mahoganys.

🏭 **Distillerie Bologne**
Cité Bologne. 📞 *05 90 81 12 07.* 🕐
*du lun. au sam. de déc. à juil. de 8 h à
13 h.* 📷 *20 mn.*

**Les pétroglyphes de la rivière du
Plessis, dans un beau site naturel**

Les roches gravées
de Du Plessis ㉒

Carte routière B4. Lieu-dit Saint-
Robert par la D13.

L a rivière du Plessis qui
sépare Baillif de Vieux-
Habitants possède dans son lit
l'un des vestiges les plus
anciens de l'occupation
humaine de l'île. Dans ce site
sont rassemblées une
vingtaine de roches gravées
de plus de 150 dessins.
Ces pétroglyphes, les seuls
trouvés sur la côte sous
le Vent, seraient des traces
du passage de populations
amérindiennes, sans doute
lors d'une remontée de
la rivière afin de l'explorer.
Après le passage du cyclone
Marylin, un nouveau site
a été découvert dans le bourg,
dégagé par la crue de
la rivière.

La distillerie Bologne produit un rhum blanc parfumé très réputé

L'Anse à la Barque constitue un mouillage abrité

Vieux-Habitants ❷❸

Carte routière B4. 7 455.
bourg (05 90 98 33 43).

Poursuivant sur la N2 en quittant Baillif par le nord, on emprunte une route à flanc de falaise qui offre le majestueux panorama du Val de l'Orge, avant la rivière du Plessis et l'arrivée à Vieux-Habitants. Les Habissois vivent en partie de la pêche et du tourisme, mais les riches plantations maraîchères de l'intérieur des terres alimentent les marchés de Basse-Terre et de Pointe-à-Pitre. Si Vieux-Habitants revendique le titre de plus ancienne commune de la Guadeloupe, la réalité historique veut que Vieux-Fort ait été occupé par L'Olive juste avant Vieux-Habitants. Le père Breton raconte qu'un certain Nicolas Suyllart, dit Laramée, aurait fondé en 1636 le quartier de la Pointe-Saint-Joseph, ancien nom de la commune. Pour sa part, le père Labat écrit dans ses *Relations du Nouveau Voyage* que « du temps de la première Compagnie qui peupla l'isle, tous ceux qui avaient achevé les trois ans de service qu'ils devaient à la Compagnie se retiraient dans cet endroit pour n'être plus confondus avec les serviteurs et les engagés de la Compagnie, et s'appelaient habitants ». Il faut donc préciser qu'étaient habitants ceux qui possédaient une habitation dans la paroisse. Le terme « vieux habitants » désigne ainsi les premiers habitants installés ici et par là même en Guadeloupe. Bâtie à cette époque, **l'église Saint-Joseph** jouxte le cimetière à l'intérieur d'une enceinte du centre-ville. C'est la plus ancienne église de la Guadeloupe avec celle du Carmel à Basse-Terre *(p. 111)*, elle fut détruite en 1703 par les Anglais. Reconstruite par les capucins, elle connut un certain nombre de modifications. Son originalité tient à son clocher détaché du corps principal de l'édifice, à ses contreforts massifs et à son porche en pierre de taille classé monument historique, au fronton duquel figurent les armoiries de l'ordre des capucins. Les deux pilastres qui encadrent le porche portent, eux, l'emblème du Limousin comme une signature laissée par des ouvriers originaires de cette région. Un mausolée a été construit à la mémoire de ceux dont les tombes ont été emportées par le cyclone Marylin de 1995.

Panorama de la vallée de Beaugendre

AUX ENVIRONS
L'Anse à la Barque est une baie fermée parfaite pour le mouillage. Avec ses vestiges de batteries côtières et ses deux petits phares (l'un à la pointe nord et l'autre au fond de la rade), le site (classé) est d'une beauté exceptionnelle. **Les vallées de Beaugendre** et **de la Grande Rivière des Vieux-Habitants** permettent une intrusion dans les terres et on peut y pratiquer le canyoning. Par ailleurs, de nombreuses aires de pique-nique sont installées sur les principaux sites (plage de Rocroy, plage du Bourg, plage de l'Étang, dans les hauteurs de Cousinière, etc.)

L'église Saint-Joseph est la plus ancienne de la Guadeloupe

L'habitation caféière La Grivelière ㉔

En 1726, le capitaine de Clieux rapporta trois plants de caféiers du jardin botanique de Paris. La Grivelière avait été créée quelques années auparavant par des moines missionnaires. La « fabrique de la paroisse Saint-Joseph-des-Vieux-Habitants » connut différents propriétaires privés jusqu'en 1988, quand la Région Guadeloupe en fit l'acquisition. L'ancienne habitation, classée monument historique, arbore encore sa roue à aubes et une grande partie de son appareil de production.

L'entrée
Une allée en pente raide conduit à l'entrée de l'habitaion où se trouve un petit oratoire fleuri.

La déceriserie
Le fruit du café mûr, appelé cerise, est décerisé : la pulpe est enlevée afin de récupérer la graine, qui sera ensuite lavée et séchée.

Hangar

La roue à aubes
L'ancien moulin à eau apportait l'énergie nécessaire aux machines.

La bonifiérie
Bonifier consiste à enlever la parche, fine pellicule qui enrobe le grain de café, une fois que celui-ci a été décerisé, lavé et séché.

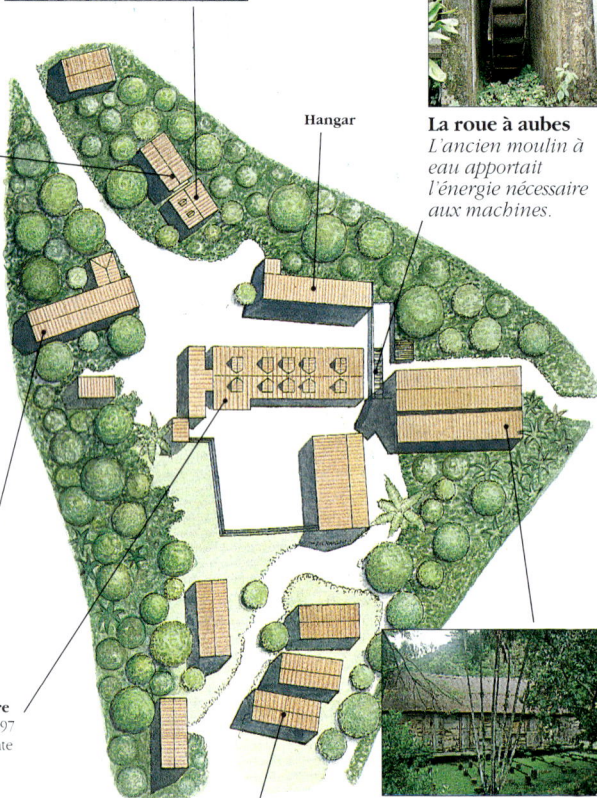

Petit boucan

La maison de maître
a été restaurée en 1997 maçonnerie, charpente et ossature ont été entièrement reprises.

Les cases des esclaves font partie du prochain programme de restauration.

Le grand boucan
Le café décortiqué était mis à sécher dans les tiroirs du boucan et retourné au râteau. Les tiroirs pouvaient être repoussés en cas de pluie.

MODE D'EMPLOI

Carte routière B4. Grande Rivière. D27 à la sortie N. de Vieux-Habitants (env. 6 km).

Au ponton de Malendure sont proposées des sorties en mer

Bouillante ㉕

Carte routière B4. 24 km au N. de Basse-Terre. 7 000. *bourg (05 90 98 73 48), plage de Malendure (05 90 98 86 87).*

« On peut y faire cuire des œufs, en les tenant suspendus dans l'eau avec un mouchoir », écrivait le père Labat en 1696 (excellent observateur d'un usage qui perdura jusque dans les années 50) à propos des sources d'eau bouillante de cette jolie commune de la côte sous le Vent. Cette richesse naturelle a toujours conditionné la vie de Bouillante, qui abrite aujourd'hui **la centrale géothermique** *(voir encadré)*. Cette vieille paroisse répondait au nom d'« îlet à Goyaves », dit-on, car les îlets Pigeon étaient autrefois couverts de ce fruit ; le bourg de la commune se trouvait à **Pigeon,** où fut construite la première église. Comme Baillif et Vieux-Habitants, le village fut détruit par les Anglais en 1691 et en 1703. De riches Hollandais chassés du Brésil y séjournèrent et contribuèrent au XVIIIᵉ siècle à installer la culture de la canne. Cette activité imposée mit à mal la relative prospérité d'un quartier qui tirait profit de la culture du pétun, du roucou, de la vanille, du café et du cacao. Il est vrai que le relief se prêtait peu à la culture extensive de la canne. L'activité agricole reste aujourd'hui importante, mais on s'est depuis tourné vers le tourisme. Si la pêche traditionnelle n'a pas disparu, la pêche au gros, plus sportive (daurade, marlin), s'est développée ; le fumage de l'espadon contribue à la renommée du village.
À **la plage de Malendure** sont rassemblés plusieurs centres de plongée. En effet, de là, les sites sous-marins des îlets Pigeon *(p. 126-127)*, à environ 1 km du rivage, sont rapidement accessibles. Des sorties en bateau à fond de verre permettant de découvrir les fonds marins sont aussi proposées *(p. 251)*.

AUX ENVIRONS
De la route littorale (Falaise), on peut admirer le fameux « cœur de Bouillante » tracé dans la mer des Antilles par les anses Bouillante et Marsolle. La côte est connue pour ses superbes plages : Anse Galet, Anse Thomas, Anse Duché, Petite Anse et Anse à la Barque se succèdent et rivalisent de charme. Deux itinéraires de randonnée pédestre tiennent ici la vedette. **Le sentier littoral de Petit Malendure**, accessible derrière la plage du même nom, est une excursion en forêt sèche du littoral, au-dessus des falaises volcaniques et en face des îlets Pigeon *(p. 126)*. De nombreuses petites criques invitent à la baignade tout au long du parcours. Après environ 2 h de marche de niveau 2 (bons marcheurs), on arrive sur la N2 à proximité du pont de la rivière Colas. **La trace des Crêtes** ou trace des pitons de Bouillante (classé niveau 4, expérimenté) doit être abordée comme une véritable course de haute montagne. Elle relie Bouillante à Petit-Bourg, après de très beaux panoramas de la mer des Caraïbes au-dessus de la côte sous le Vent. Départ sur la D14 à Village (Bouillante) et arrivée 5 h 30 plus tard sur la route de la Traversée (D23).

LA CENTRALE GÉOTHERMIQUE DE BOUILLANTE

Depuis 1995, l'usine géothermique de Bouillante fournit en électricité les communes de Vieux-Habitants à Pointe-Noire sans pollution ni nuisance sonore, grâce à l'eau de mer souterraine chauffée par le volcan. Puisée à 300 m où elle est à 242 °C, elle sort du forage à 180 °C.

La centrale exploite une énergie non polluante

L'alternance de vapeurs basses et hautes pressions dans une turbine permet de générer un courant électrique de 5 500 volts. Cette production de 3 000 à 4,5 MW à plein régime permet de soulager le réseau principal, parfois insuffisant pour l'ensemble de la population de la Guadeloupe. Cette usine, unique centrale géothermique à haute température de France, a nécessité un investissement lourd et exige un entretien constant, mais le site de Bouillante est désormais connu dans le monde entier et attire l'attention de nombreux pays à l'heure où les énergies nouvelles et renouvelables sont promues. Il faut considérer cette usine comme un prototype et une vitrine de la technologie française.

Les îlets Pigeon 🄯

Pitons volcaniques surgis des profondeurs de la mer des Caraïbes, les îlets Pigeon, situés à 800 m des côtes, sont baignés par des eaux en général cristallines. Leurs fonds sous-marins abritent une faune dont la richesse et la diversité sont exceptionnelles. Une visite en bateau à fond de verre ou une plongée en scaphandre autonome permettent d'en découvrir les charmes. Ces îlets idéaux pour les plongeurs, confirmés ou débutants, par la grande variété des habitats (fonds coralliens, tombants rocheux, sources chaudes sous-marines). Pêche et chasse sous-marine sont interdites, d'où l'abondance des poissons et leur grande familiarité. Un projet de réserve pour protéger ces fonds marins est à l'étude.

Bancs de *Clepticus parrae*
Des bancs de ces poissons aux couleurs chatoyantes tournent en permanence autour des îlets à la recherche du plancton dont ils se nourrissent.

Le poisson soldat
Cette espèce de mœurs nocturnes sort des anfractuosités du récif dès la tombée de la nuit à la recherche de vers et de crustacés.

Sources chaudes

Aquarium

Poisson-perroquet (*Sparisoma viride*)

Corail « Cerve de nep

Le Pagre « dents-de-chien »
Ce prédateur à la dentition puissante se tient dans une éponge à l'affût d'une proie éventuelle.

Les Demoiselles
Ce sont de petits poissons très abondants sur le récif depuis la surface jusqu'à plus de 30 m de profondeur. Leur bouche extensible leur permet de capturer du plancton qu'ils chassent activement tout au long de la journée.

La gorgone éventail
Elle est avec les coraux de feu un des animaux caractéristiques des petits fonds accessibles à la majorité des visiteurs.

Les gorettes à lignes bleues

Les gorettes vivent en bancs autour des îlets où elles chassent crabes, crevettes et mollusques.

MODE D'EMPLOI

Carte routière B4. ⓘ plage de Malendure *(05 90 98 86 87).* ⛴ ponton de Malendure.

Lima scabra

Ce mollusque peut être rencontré libre ou fixé dans un creux de rocher. Les valves de sa coquille sont entrebâillées pour projeter à l'extérieur des tentacules brillamment colorés.

Jardin de corail

Petit îlet

Piscine

Pointe aux carangues

Pointe Barracuda

Grand îlet

Le mérou

C'est un des grands carnivores des récifs caraïbes. Il se tient à l'affût des poissons de passage à l'entrée des grottes.

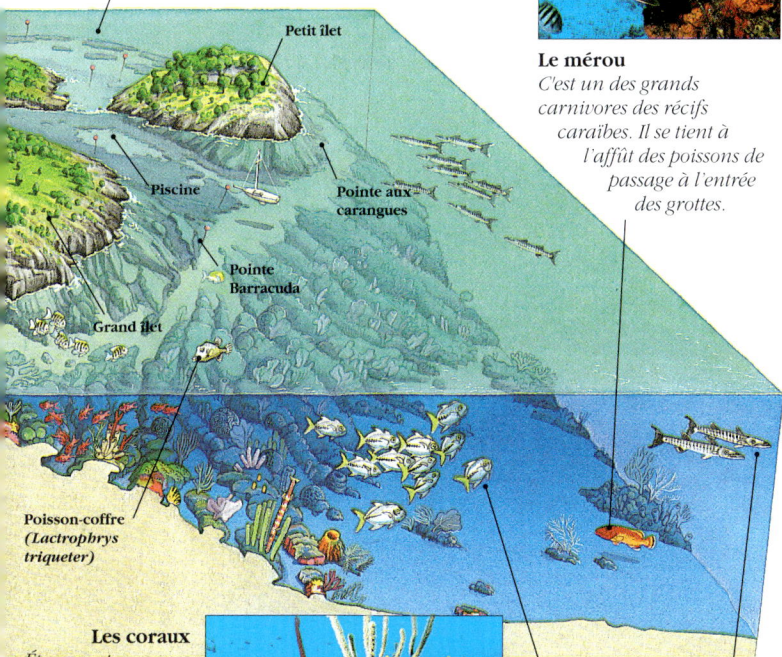

Poisson-coffre
(Lactrophrys triqueter)

Les coraux

Éponges et gorgones sont très abondants sur les récifs coralliens des Antilles. Une trentaine d'espèces de coraux, autant de gorgones et une centaine d'espèces d'éponges peuplent les fonds des îlets.

Carangues
(Caranx latus)

Barracuda
(Sphyraena barracuda)

Éponge géante

Cette éponge en forme de cratère peut atteindre plus de 1 m de diamètre.

LE NORD DE LA BASSE-TERRE

Dans le nord de la Basse-Terre, l'abondance de cascades et de chutes d'eau rappelle que les Indiens caraïbes avaient déjà baptisé la Guadeloupe Karukera, « l'île aux belles eaux ». Les amoureux de végétation tropicale se régaleront et les plus courageux emprunteront l'une des nombreuses traces qui sillonnent la région.

Découverte unique, au beau milieu de la forêt tropicale, la route de la Traversée ou route des Deux Mamelles qui traverse le nord de la Basse-Terre est l'un des plus beaux itinéraires de la Guadeloupe. La descente vers Pointe-Noire est splendide lorsque les flamboyants de part et d'autre sont en fleur. Le nord de la Basse-Terre est aussi la région des traces, ces longs sentiers qui s'enfoncent dans la montagne. C'est une belle région où souvent une brume enveloppe la montagne, où les éclaircies succèdent aux violentes averses. Ici, la nature comme les éléments sont excessifs.

La route entre Deshaies et Le Lamentin, avec la montagne en arrière-fond, les champs de canne au premier plan et la mer omniprésente, est magnifique. Chaque bourg a son histoire : Pointe-Noire a pour réputation d'être réfractaire à l'ordre établi, Deshaies fut un point névralgique de l'affrontement entre les Britanniques et les Français, Le Lamentin fut une terre d'élection des flibustiers. La côte sous le Vent dut se défendre : les vestiges de batteries et de fortifications témoignent de cette histoire mouvementée. Avec son passé marqué par les boucaniers, les flibustiers, ses chemins de traverse et sa mangrove, le nord de la Basse-Terre a de quoi séduire le visiteur à l'âme aventurière et vagabonde. C'est là que la mangrove se développe. Cette forêt de palétuviers est un indispensable vivier pour la reproduction de la faune et de la flore. Ceux qui aiment la culture ne seront pas en reste : Le Lamentin avec ses écoles d'art et de musique, ses sculptures en plein air et son ciné-théâtre se targue d'être la « capitale culturelle » de la Guadeloupe.

Chaque barque est affublée d'un nom affectueux par son propriétaire. Ici , à l'anse de Deshaies

◁ Rivières et cascades émaillent la route de la Traversée

À la découverte du nord de la Basse-Terre

Le nord de la Basse-Terre est une région propice aux randonnées. Les sportifs apprécieront la découverte des traces de Sofaïa-Baille-Argent et des Contrebandiers. Les amoureux de la nature ne seront pas laissés pour compte. La réserve naturelle du Grand Cul-de-Sac marin et la route de la Traversée offrent de beaux sites protégés. Pour ceux qui aiment les plages, celles de Grande Anse, de l'Anse de la Perle ou de l'Anse Caraïbe sont très agréables. La maison du Bois, la maison du Cacao à Pointe-Noire, le musée du Rhum ou le domaine de Séverin sont les étapes obligées d'une découverte des modes de production traditionnels.

Îlet à Kahouanne

Pointe Allègre

Pointe du Petit Bas-Vent

N 2

SAINT

D 18

la Grande Anse

M DU

D 19

Morne Bois-d'Inde

DESHAIES 9

Sofaïa

N 2

Sofaïa

Trace Baille-Argent

TRACES DU NORD DE LA BASSE-TERRE

FERRY 8

10

la Couronne ▲ 756 m

PARC DES ORCHIDÉES

Belle Hôtesse 777 m

7

Trace des Contrebandiers

Baille-Argent

Trou-Caverne

D 22

Gommier

▲ Morne Janneto 744 m

POINTE-NOIRE 5

D 17

N 2

D 16

ACOMAT

6

VOIR AUSSI

Anse Caraïbe

Morne à Georges ▲ 555 m

- *Hébergement* p. 219-220

- *Restaurants, cafés et bars* p. 233-234

Morne à Louis

D 28

R fores Grosse-

D 23

768 m ▲

les Mamelles 712 m

N 2

Ma de la

Grande Anse, une des plus belles plages de Guadeloupe

0   2   4 km

LA RÉGION D'UN COUP D'ŒIL

Case traditionnelle, Anse Nogent

Îlet à Caret

Îlet à Fajou

❶

G R A N D   C U L - D E - S A C   M A R I N

LA BOUCAN

LE LAMENTIN

⓮

BAIE-MAHAULT

❸

RIVIÈRE
SALÉE

Pont
de la Gabarre

N 2

N 1

❷

GROSSE-
MONTAGNE

⓯

D 1

D 2

N 10

D 24

POINTE-
À-PITRE

⓰

N 1

D 2

❹

ROUTE DE
LA TRAVERSÉE

D 23

D 1

PETIT-BOURG

D 1

Saut de la Lézarde
evisses

LÉGENDE

— Route principale
— Route secondaire
— Autre route
☆ Point de vue

CIRCULER

Partant de Pointe-à-Pitre, le pont de la Gabarre, avec ses six voies, permet de relier la Grande-Terre à la Basse-Terre. Pour rejoindre Baie-Mahault, il faut prendre la N1. De Baie-Mahault, la N2 *via* Le Lamentin et Sainte-Rose, permet de découvrir toute la côte sous le Vent jusqu'à Deshaies et Pointe-Noire. La plus belle route reste la D23, qui traverse la forêt tropicale, coupe la Basse-Terre en deux et relie les extrémités est et ouest du nord de la Basse-Terre.

Le Grand Cul-de-Sac marin ❶

Créée en 1987 et gérée par le Parc national de la Guadeloupe, la réserve naturelle du Grand Cul-de-Sac marin s'étend sur près de 3 700 ha de milieux littoraux marins et terrestres. L'intérêt écologique de la mangrove et l'importance de ces milieux ont motivé la décision de les protéger. Estuaire de la Grande Rivière à Goyaves, mangrove, récifs coralliens sont autant de sites merveilleux à découvrir. De nombreux îlets (îlets de Carénage, îlet de la Biche, îlet à Fajou, îlet à Christophe) sont inclus dans la réserve.

Héron garde-bœuf

Les palétuviers
Noirs, rouges, gris ou blancs, ils constituent la mangrove et se développent le long des côtes basses et des estuaires.

LE GRAND CUL-DE-SAC MARIN

Il regroupe quelques espaces littoraux les mieux préservés et les plus représentatifs de la faune et de la flore des Petites Antilles.

Îlets de Carénage
Îlet à Fajou
Îlet Macou
La Biche
Vieux-Bourg
Sainte-Rose
Pointe J'ai-Fouillé
Pointe Granger
Pointe de la Grande Rivière
Pointe Lambis
Îlet à Christophe
Pointe Madeleine
Le Lamentin
Baie-Mahault
Pointe-à-Pitre

Mangrove
Marais herbacés
Forêt marécageuse d'eau douce
Réserve naturelle

La frégate
Oiseau erratique, elle se déplace en fonction de ses besoins alimentaires.

Les « sémafot' »
Des milliers de crabes surnommés « sémafot' », ou crabes violonistes, en raison de la longue pince qu'ils agitent, vivent sur l'îlet à Fajou.

LES OISEAUX DE LA RÉSERVE

Oiseaux de mer (sternes, frégates, pélicans bruns), de milieux d'eau douce (poules d'eau, martins-pêcheurs) ou terrestres (passereaux), sédentaires ou migrateurs peuplent la réserve. On peut y voir également des pluviers dorés et argentés, râles gris (oiseaux de la famille des rallidés), hérons garde-bœufs, colibris, sucriers et parulines. La réserve est le refuge de nombreux oiseaux migrateurs qui quittent l'Amérique du Nord en hiver. Le canard, le grand héron, le balbuzard et le grand et le petit chevalier y viennent au printemps et en automne.

Les hérons garde-bœufs dorment et se reproduisent dans la mangrove

MODE D'EMPLOI

Carte routière C2-3. 🏠 *43, rue Jean-Jaurès, 97122 Baie-Mahault (05 90 26 10 58).* 🖼 *avec les agents du Parc national de la Guadeloupe.*

Le pont de la Gabarre relie la Basse-Terre et la Grande-Terre

La rivière Salée ❷

Carte routière C3.

L a rivière Salée est un bras de mer long de près de 4 km qui sépare l'île de la Grande-Terre de celle de la Basse-Terre et qui relie le Petit et le Grand Cul-de-Sac marin. Longtemps, le passage d'une rive à l'autre se fit en canot. Puis une gabarre, sorte de bac se déplaçant le long d'un câble à la force des bras, assura la traversée de la rivière Salée, coulant plusieurs fois avant qu'un pont, le pont de l'Union construit en 1806, assure une liaison permanente entre les deux rives. Aujourd'hui, **le pont de la Gabarre,** avec ses six voies, est emprunté chaque jour par des milliers d'automobilistes. Cordon ombilical souvent pris en otage lors des mouvements sociaux qui secouent l'île, c'est un point stratégique. Depuis peu, un nouveau pont, **le pont de l'Alliance,** inauguré en octobre 1997, permet d'absorber une partie du trafic grandissant qui s'établit entre les deux îles.

Baie-Mahault ❸

Carte routière C3. 🏛 *19 153.* 🏠 *mairie (05 90 26 59 60).* 🛒 *t.l.j.* 🚌

B aie-Mahault est aujourd'hui le point de passage obligé entre la Grande-Terre et la Basse-Terre. Il y a une vingtaine d'années, le territoire de la commune était encore en grande partie couvert de marécages. Baie-Mahault doit son nom à un arbre de la région, le « mahot », dont l'écorce fibreuse était utilisée pour confectionner des

cordages. La légende veut que des flibustiers soient à l'origine du village, devenu aujourd'hui la banlieue résidentielle de Pointe-à-Pitre, avec sa mairie et sa jolie petite église. En contrebas, l'embarcadère est un point de départ pour découvrir le Grand Cul-de-Sac marin. Avec le quartier de **Jarry,** Baie-Mahault est devenu le poumon économique de l'île. Jarry comprend une zone industrielle prolongée par un port autonome *(p. 88),* un parc industriel, une zone d'entrepôts. C'est en 1962 que commencèrent les travaux d'aménagement et d'assainissement de ce site, progressivement gagné sur la mangrove. Destreland, premier centre commercial de l'île, est le « temple de la consommation » en Guadeloupe. L'artiste Éric Hodebourg y a peint les plus belles façades des maisons de Pointe-à-Pitre sur une fresque de 300 m^2.
Le vélodrome de Gourde-Liane devait être l'un des leviers du développement économique du nord de la Basse-Terre et devenir un centre performant de loisirs et d'animation pour la Guadeloupe. En fait, il ne connaît son heure de gloire qu'une fois par an au moment de l'inauguration du Tour de Guadeloupe, pour retomber aussi vite dans l'oubli. À Baie-Mahault, vous pourrez découvrir les plaisirs de la glisse et du ski nautique ou vous perfectionner ; l'école de ski nautique **AGSN** dispose d'un plan d'eau de 27 ha.

Vélodrome
Stadium, 97122 Baie-Mahault.
📞 *05 90 26 57 92.*

AGSN
Birmingham. 📞 *05 90 26 17 47.*

La mairie de Baie-Mahault

La mangrove
Elle est essentielle à l'écosystème. Plusieurs dizaines d'espèces de poissons s'y reproduisent. Une fois qu'ils ont atteint l'âge adulte, ils gagnent le lagon et passent la barrière de corail.

L'îlet à Fajou
Sur le plus grand îlet de la réserve, à proximité de la barrière de corail, se trouve le dernier four à chaux de la Guadeloupe. Il pourrait devenir un observatoire privilégié du Parc national pour l'étude des oiseaux.

La route de la Traversée ❹

Panache d'officier

La route de la Traversée, appelée plus communément « route des Deux Mamelles », est, l'une des plus belles de la Guadeloupe. Elle commence après Vernou, s'enfonce dans la forêt tropicale et relie les deux côtes en quelque 35 km. Elle doit son nom à deux dômes volcaniques, la mamelle de Pigeon (768 m) et la mamelle de Petit-Bourg (716 m). Inaugurée en 1967, cette réalisation de l'Office national des forêts et du Parc national de la Guadeloupe couvre près de 40 000 ha. De nombreux sites ont été aménagés et les sentiers balisés permettent de découvrir la faune et la flore d'une des forêts tropicales les mieux préservées des Petites Antilles.

Pointe-Noire
La descente vers Pointe-Noire est impressionnante, surtout lorsque les flamboyants sont en fleur.

La trace de la rivière Quiock suit le cours de la rivière pour se terminer face à l'aire de pique-nique de Bras-David (2 h 30).

Le morne à Louis,
en haut duquel se dresse un relais hertzien, vaut la peine d'être gravi pour le magnifique point de vue sur la mer.

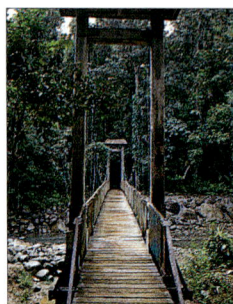

Du col des Mamelles part un sentier qui mène au sommet de la Mamelle de Pigeon (30 mn).

La trace des Crêtes (6 h de marche) offre de très beaux panoramas de la mer des Caraïbes.

La maison de la Forêt
Trois sentiers botaniques balisés de 20 mn à 1 h de marche permettent de découvrir les arbres de la forêt.

La mamelle de Petit-Bourg
Au départ de la D23, on accède au sommet (716 m) en 1 h de marche.

POINTE-NOIRE

Mahaut

Morne à Louis

Parc zoologique

Mamelle de Pigeon 768 m

Mamelle de Petit-Bourg 716 m

BOUILLANTE

Pitons de Bouillante

Route forestière de Grosse-Montagne

Rivière Corossol

Trace des Crêtes

N 2

D 23

D 14

La rivière Bras-David

Elle prend sa source aux pitons de Bouillante à 1 000 m d'altitude et rejoint la Grande Rivière à Goyaves qui se jette au nord dans le Grand Cul-de-Sac marin (p. 132). Par beau temps, il est possible de s'y baigner sans aucun danger.

Les pépinières Lesueur
Les pépinières vendent orchidées, arbres du voyageur, palmiers ou arbres fruitiers et se chargent des envois de fleurs vers l'Hexagone.

Le saut de la Lézarde
est un endroit féerique, avec son plan d'eau turquoise et sa chute de 12 m.

```
0          2          4 km
```

La trace Merwart est
l'une des plus longues de la Basse-Terre : 8 h de marche à travers les crêtes du morne Moustique et du Sans-Toucher.

La cascade aux Écrevisses

Elle est à 3 mn à pied de la route, une fois franchie la Grande Rivière à Goyaves. Un bassin, au pied de la cascade, permet de se baigner. La rivière Corossol est là, jonchée de grosses pierres où les enfants aimeront jouer. Un parking, avant la cascade, permet de laisser la voiture.

LÉGENDE

▬	Route principale
▬	Autre route
- - -	Sentier
🏠	Aire de pique-nique
☆	Point de vue

Pointe-Noire ❺

Monument aux morts

Pointe-Noire doit son nom à la présence dans la mer d'une chaîne de roches granitiques volcaniques d'un noir bleuâtre. Spécialisée depuis le XVIIIᵉ siècle dans le travail du bois avec l'installation des charpentiers de marine et des scieurs de long, Pointe-Noire est un bourg très paisible qui s'étire le long de la mer, bordé de maisons créoles en bois. Les habitants de Pointe-Noire ont longtemps eu la réputation d'être des contestataires, réfractaires aux autorités. En 1715, un groupe de petits planteurs se mobilisa afin d'obtenir la levée d'un impôt institué par le roi, « l'octroy par tête de Noir ». Leur victoire donna des idées à d'autres planteurs jusqu'en Grande-Terre.

Fabrication artisanale du *bâton kako*, à la maison du Cacao

Le clocher de Pointe-Noire

À la découverte de Pointe-Noire

À l'entrée du bourg se trouve **l'anse Guyonneau** où l'on peut assister au halage d'une senne si on a la chance d'arriver au moment où les pêcheurs rentrent au port. Le bourg lui-même est très paisible. Au beau milieu de la petite place ombragée de flamboyants se dresse le monument aux morts avec son poilu et sa Marianne très cocardiers, au teint bien blanc. Derrière la place, une petite plaque de bois sur laquelle on peut lire l'inscription « A tout neg marron » est fixée dans un vieux mur en pierre.

🏛 Destination coquillage

Anse Caraïbe, 97116 Pointe-Noire.
📞 05 90 98 24 37. 🕐 t.l.j. de 9 h30 à 12 h30 et de 15 h30 à 18 h30.
L'Anse Caraïbe est une petite plage de sable noir pleine de charme qui aurait abrité un site précolombien. Un petit musée du Coquillage, créé par Mme et M. Desjardins, y est installé depuis 1995.

Il présente une collection de 1 400 espèces. La visite guidée de 40 mn, les panneaux explicatifs et la bibliothèque permettent de découvrir la diversité des coquillages existant.

🏛 La maison du Cacao

Grande Plaine, 97116 Pointe-Noire.
📞 05 90 98 21 23. 🕐 du lun. au sam. de 9 h à 17 h et le dim. mat. de 9 h à 13 h.
À l'emplacement d'une ancienne plantation et propriété de la famille Pagésy, la maison du Cacao a ouvert ses portes en février 1994. Culture et récolte du cacao et du café, écabossage, fermentation, séchage : toutes les étapes de fabrication sont expliquées. En cheminant au milieu des plantes diverses, on découvre l'arbre à cabosses, qui peut porter jusqu'à 5 000 fleurs ; on apprend également que la vanille est une orchidée, que le roucou dont s'enduisaient les Indiens, utilisé aujourd'hui dans la cuisine créole, se trouve à l'état de graine sur les arbres. À la sortie, il est possible de déguster un petit chocolat, d'acheter de la liqueur ou du punch (cacao, café) et du beurre de cacao. Selon la légende, le cacao était une « boisson des dieux » chez les Aztèques et eut son importance dans la découverte du Nouveau Monde…

Le cadre verdoyant d'une ancienne plantation accueille la maison du Cacao

La maison du Bois expose le savoir-faire des charpentiers antillais

MODE D'EMPLOI

Carte routière B3. 7 537.
route des Plaines.
sam. matin.

🏛 La maison du Bois

Les Plaines, 97116 Pointe-Noire.
05 90 98 17 09. t.l.j. de 9 h à 17 h.

La maison du Bois fait face à la mer. À l'entrée, des arbres étiquetés permettent d'identifier les nombreuses espèces tropicales : palmier royal, mahogany, acajou blanc, entre autres. La maison, elle-même construite en bois du pays, présente les différents usages, anciens et modernes, des bois de la Guadeloupe. Du piège à crabes à la machine à déceriser le café, en passant par l'atelier du charron et le « bot » saintois, elle offre un aperçu du savoir-faire traditionnel des charpentiers antillais.

Le racoon, mascotte du Parc national

⚡ L'écloserie de ouassous

M. Herman. D17, Petite Plaine, 97116 Pointe-Noire. 05 90 98 11 83. t.l.j. de 9 h 30 à 16 h. lun.

L'originalité de l'écloserie de Pointe-Noire, la plus importante de la zone caraïbe, réside dans la production de post-larves qui deviendront plus tard d'authentiques ouassous, ces grosses crevettes d'eau douce, *made in Guadeloupe*. Autrefois, il suffisait de poser des nasses ou même de détourner provisoirement le cours d'un ruisseau pour capturer facilement les ouassous. Aujourd'hui, du fait du non-respect des règles élémentaires de préservation du milieu naturel, l'écrevisse se fait de plus en plus rare et les ouassous d'élevage remplacent peu à peu les ouassous des rivières.

🏛 La caféière Beauséjour

Acomat, 97116 Pointe-Noire.
05 90 98 10 09. du mar. au dim. de 10 h à 17 h.

Magnifiquement située au sommet d'un morne, cette plantation de café existait depuis la fin du XVIIe siècle. En 1996, 1 200 plants de café ont été replantés. Désormais des visites commentées sont organisées, avec dégustation de café. Un petit écomusée rassemble une belle collection de moulins à café d'époque.

Les ouassous se font rares dans les rivières

LES CULTURES DE LA CÔTE SOUS LE VENT

La cabosse, fruit du cacaoyer

La côte sous le Vent est une région de cultures traditionnelles anciennes : vanille, café, cacao. Le chevalier de Clieu, gouverneur de Guadeloupe de 1737 à 1753, ayant sacrifié amoureusement la moitié de sa ration d'eau à son plant de café pour la traversée, aurait été le premier à promouvoir le caféier en Guadeloupe. En 1960, la Guadeloupe produisait 343 t de fèves qui étaient torréfiées sur place et 1 000 t pour l'exportation. Une main-d'œuvre trop chère et des cyclones dévastateurs ont découragé les planteurs. Les premières plantations organisées de cacaoyers ont vu le jour en Guadeloupe en 1660. Aujourd'hui, le cacao ne figure plus que dans la rubrique importations des statistiques officielles. Si les bâtons de *kako anmé* se trouvent encore sur les marchés, les petits producteurs se font de plus en plus rares et les cacaoyers existent seulement à l'état sauvage. Quant à la vanille, introduite en Guadeloupe par le docteur Hernandez lors du second voyage de Christophe Colomb en 1503, elle n'est quasi plus cultivée depuis 30 ans. Seuls quelques producteurs perpétuent la tradition.

Les fruits du plant de café

La piscine du saut d'Acomat est appréciée des habitants de Pointe-Noire

Le saut d'Acomat ❻

Carte routière B3. N2, puis D16 vers Acomat.

Bassin profond aux eaux gris bleuté teintées de reflets verts, le saut d'Acomat est souvent décrit comme la plus jolie piscine naturelle de la Guadeloupe. Une belle balade dans les hauteurs de Pointe-Noire débouche sur une chute d'eau d'une dizaine de mètres. Attention ! Pour y accéder, on doit traverser une propriété privée : discrétion et respect des habitudes des riverains s'imposent donc. Depuis le cyclone Marilyn et les fortes crues, les plongeons sont strictement interdits.
Sur les hauteurs d'Acomat, il est aujourd'hui possible de visiter **la Casa Vanille,** une plantation d'un hectare de vanille. Si vous êtes curieux, les producteurs vous expliqueront les pratiques

La Casa Vanille, à Pointe-Noire

ancestrales de la culture de la vanille. M. Desplan prépare aussi des poulets boucanés *(p. 228)* pour les petites réceptions. Avant d'arriver à la trace des Contrebandiers *(p. 141)*, un chemin sur la gauche mène à **la fabrique Lesueur.** Après avoir été planteur de bananes et producteur de café, Guy Lesueur s'est lancé depuis 1969 dans la confection de confitures. Il en produit 300 t par an, essentiellement destinées au marché local. Il n'y a pas de visites organisées, mais le visiteur peut déambuler au milieu des cuves en inox et acheter du café torréfié ou un pot de confiture de goyave ou de banane.

🏠 Casa Vanille
Carte routière B3. Hauteurs Acomat, 97116 Pointe-Noire.
📞 *05 90 98 22 77 ou 98 08 18.*
🕐 *ven. à dim.* 📷 *obligatoire (9 h, 11 h et 15 h).* 🈺

🏠 Fabrique Lesueur
Carte routière B3. N2, puis D17. Domaine de l'Espérance, Les Plaines, 97116 Pointe-Noire.
📞 *05 90 98 01 22.* 🕐 *du lun. au ven. de 7 h30 à 15 h.*

Le parc des Orchidées ❼

Carte routière B3.Trou Caverne-Gommier (4 km au N de Pointe-Noire). 📞 *05 90 98 02 85.* ⏰ *à 11 h le w.-e. sur r.-v.* 🈺

Le parc des Orchidées est un jardin mystérieux bien mal indiqué. Pourtant, chaque week-end, son propriétaire Jean-Claude Rancé entrouvre les portes de cet espace de

Le parc des Orchidées, un véritable musée-jardin

4 000 m² où 2 000 variétés d'orchidées du monde entier poussent à l'air libre. Il fait découvrir les feuilles de la fleur du tigre qui agrippent le visiteur, les cheveux d'ange qui ne vivent que de l'humidité et de l'air, les belles laitues d'eau douce, les lotus qui ne s'ouvrent que la nuit. La visite prévoit aussi une dégustation des punchs, un détour par ses collections de graines, de pierres précolombiennes et de *Dynastes hercules (p. 105).* Aujourd'hui, Jean-Claude Rancé est en train de construire une petite maison de plantes médicinales. Le bouche à oreille fonctionne et les amateurs viennent du monde entier visiter le parc. Il est conseillé de prendre rendez-vous à l'avance.

Chaque fleur de vanille est fécondée à la main

Les orchidées en Guadeloupe

L e dernier recensement de l'ONF fait état de 93 orchidées en Guadeloupe. Les espèces originaires d'Extrême-Orient ou bien d'Amérique du Sud abondent dans les vérandas des orchidophiles. Pourtant, la forêt recèle de belles espèces endémiques, terrestres ou épiphytes. Certaines sont communes, tel le *Spiranthes lanceolata* ou l'*Eulophia alta* que l'on trouve au bord des routes,

Dynastes hercules posé sur une Vanda

et en quantité plus colonisatrice le *Spatoglocys*, d'autres nécessitent un œil exercé pour être découvertes sur le tronc d'un arbre ou sur un rocher, telles les fleurs vert pâle des *Epidendrum* ou les grappes jaunes des *Oncidium*. Piège pour l'insecte, énigme pour le collectionneur, l'orchidée fascine. Les amateurs sont nombreux à se retrouver dans des clubs pour y partager leur passion.

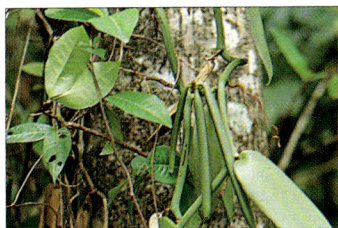

La vanille *est l'orchidée sauvage la plus célèbre en Guadeloupe. Sa cueillette est formellement interdite.*

L'Oncidium, *avec ses grappes jaunes, croît sur les troncs et les branches.*

Les Cattleya, *tout comme les Vanda, les Dendrobium ou les orchidées araignées, sont les espèces les plus cultivées de l'archipel guadeloupéen.*

Plus de 1 500 espèces de Dendrobium, *aux couleurs multiples, existent à travers le monde.*

JEAN-CLAUDE RANCÉ, UN ORCHIDOPHILE PASSIONNÉ

« L'être humain n'a rien créé, il a tout copié sur la nature » ; ce pourrait être la devise de Jean-Claude Rancé. Opérateur-radiologiste au centre hospitalier de Bouillante, il est depuis toujours passionné de plantes. Son rêve aurait été de devenir botaniste. Né en 1946, il a été bercé par les récits des anciens qui vivaient en autarcie, entre moulin à manioc et séchoir à vanille. Chaque matin, il se lève à 4 h 30 pour s'occuper de ses fleurs et de son parc dont il fait la toilette deux fois par jour. « On parle aux orchidées, on élève

Jean-Claude Rancé

des orchidées, on ne les plante pas », répète avec malice Jean-Claude Rancé. Sept années d'entretien et de « conversations » sont nécessaires pour que l'orchidée devienne adulte et donne une fleur. Cet animiste ne jure que par la beauté de la nature. Chez lui, l'électricité est solaire et l'eau provient de la montagne.

L'anse de Deshaies

Ferry ❽

Carte routière B3. 🚐
ℹ️ *voir Deshaies.*

C e petit village de pêcheurs a beaucoup de charme. Au petit matin ou en fin de journée, il est agréable de s'y arrêter le temps de discuter avec les pêcheurs, de les regarder tirer

Nom de barque, à Ferry

leurs barques sur la plage ou confectionner des nasses, dont le modèle original est attribué aux Amérindiens : le cadre était fabriqué avec des bambous ou de la canne coupée. Aujourd'hui, on utilise du grillage. À la tombée du jour, vous pourrez toujours guetter le fameux rayon vert.

Deshaies ❾

Carte routière B3. 🚶 *3 854.* ℹ️
mairie (05 90 28 44 44). 🚐

C'est Robert Deshaies, délégué par l'Assemblée coloniale en 1763 auprès de la cour à Londres pour la négociation du traité de Paris qui aurait donné son nom au village. Celui-ci était au cœur d'une région fréquemment visitée par les Anglais ou les pirates, en provenance de Montserrat et d'Antigua. Incendié en 1804, Deshaies conserve de cette époque mouvementée des vestiges militaires comme la batterie de la pointe Deshaies où s'alignent des pièces à feu devenues inutiles. La région aurait été occupée par des précolombiens ; des haches dites caraïbes ont été découvertes dans les hauteurs. Dépourvue d'habitations sucrières, la commune a longtemps vécu du café et du coton. Elle est devenue aujourd'hui un coin rêvé pour

Les traces du nord de la Basse-Terre ❿

L es traces en Guadeloupe sont nombreuses. La meilleure période pour suivre une trace est la saison sèche, entre février et mai. La forêt est inoffensive ; les seuls ennemis sont de petites fourmis rouges. Le Parc national de la Guadeloupe a classé les itinéraires selon leur degré de difficulté : tout public, bons marcheurs, sportifs et pénibles. Ces derniers doivent être abordés comme de véritables courses de haute montagne.

La trace Belle-Hôtesse ③
Elle présente un trajet ombragé et très agréable. Au bout, belle vue de Pointe-à-Pitre.

La grotte Notre-Dame-des-Larmes ⑤
Elle domine la rivière Petite-Plaine placée sous la protection de la Vierge de l'Amour infini ; la Vierge Marie y serait, dit-on, apparue.

La trace de Sofaïa-Baille-Argent ①
Comparée parfois à un petit coin d'Afrique, elle est jalonnée de chutes d'eau, bassins, anthuriums géants et nids de perdrix.

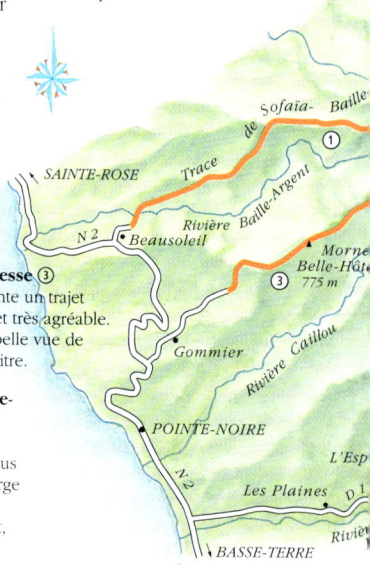

SAINTE-ROSE

Trace de Sofaïa- Baille

N 2 • Beausoleil

Rivière Baille-Argent

①

Morne Belle-Hôt... 775 m

③

• Gommier

Rivière Caillou

POINTE-NOIRE

L'Esp...

Les Plaines

Rivière...

BASSE-TERRE

L'Anse de la Perle, entre Sainte-Rose et Deshaies

la pêche et la plongée sous-marine. Le bourg, avec ses maisons en bois traditionnelles, son église en hauteur, a tout pour séduire.

AUX ENVIRONS
La plage de Grande Anse demeure malgré le passage de différents cyclones l'une des plus belles de la Guadeloupe. Les amateurs de grandes étendues sableuses et de vagues seront en effet comblés. La plage est bordée de raisiniers sous lesquels on

peut s'abriter ; les Guadeloupéens adorent s'y installer en famille, avec leur canari, le dimanche ou les jours fériés. Des vendeurs de crêpes feront aussi le bonheur des gourmands. La plage de **l'Anse de la Perle,** juste après Rifflet, est moins fréquentée que celle de Grande Anse. Au large de la pointe du Petit-Bas-Vent, **l'îlet à Kahouanne** porte le nom de la tortue qui vient y pondre ses œufs et qui y vivait autrefois.

LA FOUILLE DES IGNAMES

C'est une tradition : le 23 décembre, des Guadeloupéens partent encore « fouiller l'igname » dans la montagne. Après avoir trouvé le tubercule, il convient de lui rendre hommage en remplissant le trou avec des feuillages pour que, l'année suivante, l'igname soit encore plus belle. Sur la côte sous le Vent dans la région de Pointe-Noire, il y a une variété très prisée d'ignames pour Noël, « l'en bas bon » qui y pousse à l'état sauvage.

Igname à chair blanche

Les bains chauds de Sofaïa ②
Ils sont réputés pour les bienfaits qu'ils procurent à la peau.

CARNET DE ROUTE

Carte routière B3. 🛈 *bureau du Parc national (secteur Traversé), Mahaut, Maison Élisabeth, 97116 Pointe-Noire (05 90 98 10 28).*
Trace des Contrebandiers : du lieu-dit «l'Espérance » (N2 puis D17) à la route forestière de Duportail (Sainte-Rose), sportifs, 3 h 30. Emporter de l'eau. **Trace Belle-Hôtesse** : du lieu-dit « Gommier » (sortie N. de Pointe-Noire, sur la N2) au sommet du morne Belle-Hôtesse, bons marcheurs, 1 h 30. Attention éboulements. **Trace Sofaïa-Baille-Argent** : du bout de la route menant aux sources sulfureuses au quartier Beausoleil (Pointe-Noire), pénible, 5 h 30. Attention aux éboulements.*

La trace des Contrebandiers ④
Elle servait jadis de passage aux clandestins qui transportaient le rhum des distilleries de Sainte-Rose vers la côte sous le Vent.

LÉGENDE

▬ Itinéraire

▭ Autre route

Sainte-Rose ⓫

Carte routière B2. 🏠 *17 000.* 🚏
mairie (05 90 28 08 68). 🚢 *t.l.j.* 🚌

Sainte-Rose est un joli village de pêcheurs sur le versant nord de la chaîne montagneuse entre Deshaies et le Lamentin. Au début du XVIIIᵉ siècle, les Anglais d'Antigua qui pillaient régulièrement la côte se cachaient sur les îlets qui la longent. Pendant la Révolution, sous Victor Hugues, la commune prit le nom de « Tricolore ». Si la vocation première de Sainte-Rose était la culture du tabac

Un pêcheur de Sainte-Rose en train de remailler son filet

et du coton, la région devint rapidement grande productrice de sucre et de rhum. Il est vrai que la présence de nombreuses rivières favorisait la culture de la canne. La prédominance de l'économie sucrière se traduisit par l'implantation d'usines centrales (Bonne Mère et Comté) à l'ouest du bourg. Le bourg est agréable ; les acacias bordent le front de mer, les pêcheurs débarquent langoustes et poissons. C'est un excellent point de départ pour une visite du Grand Cul-de-Sac marin. À quelques encablures de son embarcadère, une chaîne d'îlots et, au-delà, des cayes parsemées d'îlets.

AUX ENVIRONS
À 6 km de Sainte-Rose (par la D19), à moins de 500 m de la chapelle de Sofaïa, **la source de Sofaïa** serait apparue lors du tremblement de terre de 1843. Dès 1852, quelques cases auraient été construites pour recevoir des malades. Un bassin a été aménagé pour le bain. La source sulfureuse est réputée dans toute la Guadeloupe pour ses vertus médicinales. À **la pointe Allègre**, à une dizaine de kilomètres à l'est de Sainte-Rose par la N2, s'implantèrent les deux artisans de la colonisation française en 1635, Liénard de L'Olive, qui aurait fait bâtir un fort, dit fort Saint-Pierre, et Duplessis d'Ossonville. Pour le compte de la première Compagnie des Isles d'Amérique, ils venaient installer dans l'île 600 colons français « engagés » *(p. 54)* pour la plupart. **L'îlet de la Tête-à-l'Anglais** (N.-O. de Sainte-Rose), baptisé ainsi en référence au cactus « tête-à-l'Anglais », rappelle avec ironie le sentiment anti-britannique qui prévalait.

Une sucrote au musée du Rhum

Le musée du Rhum ⓬

Carte routière B2. Bellevue, 97115 Sainte-Rose. ☎ *05 90 28 70 04.* ⏰ *du lun. au sam. 9 h à 17 h.* 📷

À l'entrée de Sainte-Rose, le musée du Rhum expose différents coutelas servant à la coupe de la canne à sucre à travers le monde (Tanzanie, Cuba, Jamaïque, etc.), balai à coco, chaufferette à alcool, fer à repasser et autres objets d'*en tan lontan*. On remarquera aussi une magnifique cuve qui sert à récupérer le jus, un beau moulin à bêtes datant du XVIIᵉ siècle, un alambic clandestin, une sucrote et ses cinq chaudières pour la cuisson et la purification du jus de canne. Un petit film raconte l'histoire de la distillerie Reimonenq,

Un alambic traditionnel

LA COLLECTION DE FORTUNÉ CHALUMEAU

Le premier étage du musée du Rhum abrite une superbe galerie d'insectes et de papillons. Plus de 5 000 arthropodes ont été réunis par Fortuné Chalumeau, entomologiste d'origine guadeloupéenne, qui sillonna durant vingt ans les îles de la Caraïbe. Les spécimens sont étonnants : des papillons aux couleurs somptueuses, le thecla du Brésil au bleu phosphorescent, l'*Ancyluris formosissimo* du Pérou, que beaucoup considèrent comme le plus beau papillon du monde, les goliaths africains aux couleurs des masques du continent, les sphyngides, papillons nocturnes qui jouent un rôle important dans la fertilisation des plantes. À voir aussi, de nombreux *Dynastes hercules*, coléoptères qui vivent dans les forêts humides de Guadeloupe *(p. 105)* et dont les mâles se livrent à de terribles combats pour les femelles, ou encore les phasmes *chouval bois* ou *insectes feuilles* qui se confondent avec le milieu ambiant.

Heliconus becalé

De l'eau jusqu'à la taille, les pêcheurs ramènent les ouassous dans leur filet

la culture et la récolte de la canne, la fabrication du rhum. Enfin, une dégustation de différents punchs attend le visiteur à la sortie.

Le domaine de Séverin ⓭

Carte routière B3. Cadet, 97115 Sainte-Rose. 🔲 05 90 28 91 86. ⬜ t.l.j. de 8 h à 17 h. ⚫ dim. 🗹 ⬛ en petit train. 🔟 (05 90 28 34 54).

La recette de Dame Besson

Ancienne propriété d'armateurs nantais, le domaine de Séverin, qui portait alors le nom de Bellevue, fut racheté en 1928 par la famille Marsolle, qui y créa une distillerie. La visite se fait dans un petit train ou à pied. Dans 18 bassins sont élevées chaque année 25 000 larves d'ouassous (écrevisses), dont seulement la moitié atteint l'âge adulte à cause des prédateurs (aigrette neigeuse, martins-pêcheurs et crabiers) et de la mortalité naturelle. La pêche a lieu les mardis et vendredis. Ce domaine de 5 ha possède une distillerie et la dernière roue à aubes de l'île et des Antilles françaises à fonctionner. Ici, la fermentation est entièrement naturelle, grâce au soleil. À voir également, la chaudière à bagasse et la colonne à distiller. Le domaine de Séverin produit un rhum agricole, issu du jus végétal extrait directement de la canne. Une pimenterie artisanale produit tous les ans 70 000 pots de sauces antillaises et de piments confits, fabriqués selon une recette léguée par Dame Henri Besson, une tante Marsolle. La balade dans les hauteurs du domaine au milieu des champs de canne et la vue du Grand Cul-de-Sac

Sauces et piments sont préparés de manière artisanale

marin sont belles et reposantes. La visite du domaine se termine par une dégustation de jus et de rhum. Vous pourrez acheter deux types de rhum : le rhum blanc, base du ti-punch, et le rhum vieux. Les spécialités de la maison sont en vente à la boutique : ouassous au kilo, schrubb orange, punch au citron vert. Le *ti-lolo* propose du jus de canne frais, et un restaurant, situé dans une belle maison coloniale construite par Henri Marsolle en 1940, sert des spécialités de ouassous. À l'étage, des chambres d'hôtes ont été aménagées *(p. 220)*.

L'arrivage de la canne à la distillerie du domaine de Séverin

Alizés, triangles et tortues, par
Michael Warren, Karuptures

Le Lamentin ⑭

Carte routière C3. 🚶 11 322.
ℹ️ rue de la République, ancien palais
de justice (05 90 25 80 92). 🏛 t.l.j. sf
lun. 🚌

Le Lamentin doit son
nom au mammifère
marin semblable à un
gros phoque qui vivait
sur cette côte, se
nourrissait d'herbes et
cherchait des rivières
d'eau douce. Autrefois
fief des flibustiers,
Le Lamentin s'ouvre
sur la réserve naturelle
du Grand Cul-de-Sac
marin *(p. 132)* et sur
des étendues de canne
à sucre, avant la forêt
tropicale. La commune
prit naissance en 1726
près de la digue de
Germillac au cœur
des marais et s'est développée
le long de la rivière du
Lamentin. Longtemps tournée
vers la culture de la canne à
sucre, elle tire encore
l'essentiel de ses revenus
de l'agriculture mais a choisi
de se diversifier avec
l'implantation de nouvelles

Ananas
bouteille

productions agricoles, la
revitalisation du centre
thermal de Ravine Chaude et
le développement de la zone
industrielle de Jaula.
Si le père Labat rêvait de faire
du Lamentin la capitale de
la Guadeloupe, José Toribio,
maire depuis 1990, mise sur
le développement culturel
de sa commune, qu'il voudrait
capitale culturelle de
l'archipel. Un certain nombre
de réalisations en
témoignent : ciné-théâtre,
école d'arts plastiques, école
de musique, maison de
l'Esclavage et des Droits
de l'homme, itinéraire de
sculptures à l'air libre…
L'église de la Sainte-Trinité
se signale par ses tours
blanches de 14 m de haut,
abritant deux clochers. Bâtie
en 1930, elle est l'œuvre
d'Ali Tur *(p. 112)*, qui
construisit également le
palais de justice, l'hôtel
de ville, l'école primaire
du bourg et le presbytère.
Inaugurée en 1994 à
l'occasion du
bicentenaire de la
première abolition de
l'esclavage, **la maison
de l'Esclavage et des
Droits de l'homme,**
dédiée aux Droits de
l'homme et à l'histoire
de l'esclavage et du
peuplement de la région,
présente les formes
d'esclavage contemporaines
et propose une exposition
permanente. Premier musée
à l'air libre de ce type dans
la Caraïbe, **Karuptures**
rassemble, depuis 1994,
une dizaine d'œuvres érigées
autour du bourg par des
artistes. Les matériaux utilisés

La propriété Montalègre

sont le bois, le béton ou
le métal. Le seul artiste
guadeloupéen concerné est
Michel Rovelas *(p. 29)*.
Le Lamentin accueille aussi
depuis 1993 un **ciné-théâtre**.

🏛 **Maison de l'Esclavage
et des Droits de l'homme**
Cité Crâne. *Se renseigner au syndicat
d'initiative.*

🏛 **Karuptures**
📞 05 90 25 80 92. *Se renseigner
au syndicat d'initiative.*

🎬 **Ciné-Théâtre
du Lamentin**
Cité Jean-Jaurès, bourg. 📞 05 90 25
89 73, 05 90 25 83 32 *(répondeur).*

AUX ENVIRONS
À quelques kilomètres
au S.-O. du Lamentin,
la propriété Montalègre,
ou l'Hermitage, autrefois
couverte de canne à sucre,
s'est transformée en un vaste
champ où l'on trouve une
grande variété de plantes,
d'arbres et de fleurs. Non loin
se trouve **le domaine
Renéville,** premier
producteur d'ananas
bouteilles de la Guadeloupe
(près de 40 ha).

🌿 **Jardins de Montalègre**
Carte routière C3. Castel Lamentin.
📞 05 90 25 60 14. Ouv. le lun. et
ven. de 7 h à 14 h 30, mar., mer. et
jeu. de 7 h à 15 h.
**Domaine Ramassamy
ou Renéville**
Carte routière C3. Castel Lamentin.
Propriété privé. Fermé au public.

La maison de l'Esclavage et des Droits de l'homme, au Lamentin

La chapelle de Grosse-Montagne

Grosse-Montagne ⑮

Carte routière C3.

Jusqu'en 1995, Le Lamentin possédait à Grosse-Montagne la dernière unité sucrière en activité de la Basse-Terre. À la fin du XIXe siècle, la commune comptait 18 sucreries. En 1925, une ancienne sucrerie devenue distillerie fut transformée en usine centrale. Aujourd'hui fermée, Grosse-Montagne laisse encore deviner ses machineries, peintes de couleurs vives par des artistes guadeloupéens. **La chapelle de Grosse-Montagne** est restée célèbre par l'acte de résistance du

Fresques sur l'usine de Grosse-Montagne (M. Lemarie)

père Chérubin Céleste. En mars 1975, celui-ci entama une grève de la faim pour relancer le combat des travailleurs de l'usine de Grosse-Montagne qui réclamaient une augmentation du prix de la canne mais dont le mouvement était brisé par le recours à des paysans haïtiens. Des jours durant, il régna une atmosphère de fête, de révolution dans la chapelle, devenue un lieu de parole où tous accouraient en masse et s'exprimaient librement en créole sur les problèmes sociaux et politiques de la vie quotidienne. Le 1er avril, la chapelle était encerclée par les forces armées et les gens dispersés.

AUX ENVIRONS
Prenant sa source dans la montagne du Bel-Air, **la Grande Rivière à Goyaves** se jette dans le Grand Cul-de-Sac marin après avoir décrit une large boucle au nord du Lamentin. On peut remonter la plus longue rivière de la Guadeloupe sur plus de 3 km et découvrir la mangrove arbustive qui abrite une faune riche et variée. En traversant **La Boucan,** hameau au nom évocateur, on se souviendra des flibustiers qui écumaient jadis la région à la recherche de fruits, d'eau et de viande boucanée (fumée).

Ravine Chaude ⑯

Carte routière C3. Station thermale René Toribio, Ravine Chaude, 97129 Le Lamentin. 📞 05 90 25 75 92.

La station thermale de Ravine Chaude, très prisée des Guadeloupéens, se trouve à 110 m d'altitude, au milieu d'une végétation tropicale luxuriante, avec la montagne en toile de fond. L'eau, riche en minéraux comme le magnésium, l'alumine, le silice, le brome, le calcium, le soufre, l'iode, le fer, car enrichie lors de son passage dans le massif volcanique de la Soufrière, parvient à la station à une température naturelle de 33 °C. Différents soins sont aussi proposés : des jets qui fouettent et réactivent les circulations défaillantes, des bains bouillonnants relaxants aux huiles essentielles pour les corps fatigués et malmenés, des bains d'algues chaudes. Hammam, sauna, pressothérapie, cure contre les rhumatismes, cure postnatale, drainage lymphatique, la gamme des possibilités proposées est étendue.

La Grande Rivière à Goyaves, le plus long cours d'eau de l'île

LE SUD DE LA GRANDE-TERRE

*D*ans le sud de la Grande-Terre coexistent les endroits les plus visités et les plus méconnus de la Guadeloupe. La côte est idéale pour les visiteurs en quête de ciel bleu et de sable blanc. En marge, la région accidentée et enclavée des Grands-Fonds est moins facile d'accès mais passionnante pour qui s'intéresse à l'histoire de l'île et aux relations entre ses différentes communautés.

Enclavée, la région des Grands-Fonds, qui occupe une grande partie de la Grande-Terre, a en effet une histoire singulière, intimement liée à celle des Blancs-Matignon. Plus de deux cents ans après la Révolution, cette minorité blanche y vit toujours, isolée et repliée sur elle-même. C'est également dans le sud de la Grande-Terre que se trouve l'usine Gardel, la dernière sucrerie en activité de la Guadeloupe continentale. Les beaux vestiges de moulins, aujourd'hui envahis par le figuier maudit, témoignent de l'époque des plantations et de l'esclavage. Les tueries et les nombreux massacres d'esclaves ayant tenté de se révolter sur les plantations en ont fait une terre de légendes. Près du Moule, la magnifique maison Zévallos continue à alimenter les rumeurs les plus folles. On la dit hantée et personne ne s'aventure à l'habiter. Le sud de la Grande-Terre est aussi une région où les traditions sont bien vivantes : danses de mayolés autour du Moule, concours de chars à bœufs dans les environs de Saint-François, combats de coqs autour de Sainte-Anne. Région aux visages multiples, la Grande-Terre offre une large palette de paysages, du Gosier à la pointe des Châteaux. C'est essentiellement entre Le Gosier et Sainte-Anne que la vie nocturne est la plus intense. Entre *léwoz* improvisés, boîtes de nuit, concerts dans de petits bars ou dans des restaurants en bordure de plage, les amoureux de la nuit ont le choix. Enfin, si vous aimez la peinture, de nombreux artistes ont choisi de vivre dans la région du Moule ou du Gosier. À vous de partir sur les traces de leurs ateliers !

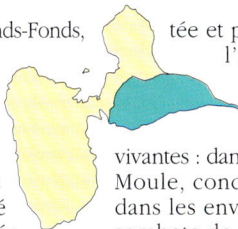

L'homme et son bœuf, image d'une Guadeloupe rurale à Bois-Jolan

◁ **Les rochers calcaires déchiquetés de la pointe des Châteaux s'avancent dans l'Atlantique**

À la découverte du sud de la Grande-Terre

Entre ses plages et ses mornes, le sud de la Grande-Terre présente des paysages variés. Cette région offre un pôle touristique prédominant au Gosier, à la marina de Bas-du-Fort et à Saint-François. Malgré cette forte présence touristique, le sud de la Grande-Terre a su conserver son cachet traditionnel à Sainte-Anne, avec ses *pitts*, et au Moule, seul port faisant face à l'Atlantique. La côte sauvage de la pointe des Châteaux, d'où l'on peut voir l'île de la Désirade, site naturel superbe, a été préservée. À l'intérieur des terres, les Grands-Fonds offrent un paysage vallonné, unique dans cette région où dominent les cultures maraîchères.

LÉGENDE

━━━ Route principale

━━━ Route secondaire

━━━ Autre route

☀ Point de vue

MORNE-À-L'EAU

N 5

D 107

D 108

D 104

D 111

D 112

D 113

DISTILL
DAMOI

MU
EDGAR

N 5

D 111

LES ABYMES

N 5

D 101

D 102

D 110

D 102

D 111

LES GRANDS-FONDS

9

D 105

136 m

Desbauteurs

Douville

Fouché

N 1

POINTE-À-PITRE

D 103

D 104

D 105

SAINTE-ANNE

8

la Marina

PETIT CUL-DE-SAC MARIN

BAS-DU-FORT

N 4

FORT
FLEUR
D'ÉPÉE

D 103

Port Blanc

Mare Gaillard

N 4

Bo

11

12

FORT
LOUIS-D'UNION

10

LE GOSIER

Saint-Félix

Plage de
la Caravelle
(Club Méditerrané

Îlet Gosier

L'îlet du Gosier, un paradis miniature

LA RÉGION D'UN COUP D'ŒIL

Bas-du-Fort ⑪
Distillerie Damoiseau ②
Fort Fleur-d'Épée ⑫
Grands-Fonds (Les) ⑨
Le Gosier ⑩
Le Moule ①
Maison Zévallos ⑤
Musée Edgar-Clerc ③
Pointe des Châteaux ⑥
Saint-François ⑦
Sainte-Anne ⑧
Sucrerie Gardel ④

Damoiseau, la dernière distillerie de la Grande-Terre

OCÉAN
ATLANTIQUE

OULE Plage de l'Autre-Bord

④ **SUCRERIE GARDEL**
D 117

⑤ **MAISON ZÉVALLOS**

D 116

N 5

D 102

Courcelles

D 118

Chapelle
Baie-Olive

N 4

⑦ **SAINT-FRANÇOIS**

Plage
des Raisins Clairs

D 118

Anse à la Gourde
Anse Tarare

**POINTE
DES CHÂTEAUX**

⑥

Pointe
des Colibris

VOIR AUSSI

• *Hébergement* p. 220-223

• *Restaurants,
cafés et bars* p. 234-237

0   2   4 km

CIRCULER

Deux routes entourent le sud de la
Grande-Terre, la N5 par Le Moule et la N4
par Le Gosier. Au départ des Abymes,
prendre la N5 pour rejoindre Le Moule
et Saint-François. Pour se rendre à l'est,
à la pointe des Châteaux, il faut prendre
l'unique route côtière, la D118 à Saint-
François. Pour se rendre à l'ouest, prendre
la N4, qui permet de longer le littoral *via*
Sainte-Anne jusqu'au Gosier. La D114,
qui relie Le Moule à Sainte-Anne, permet
d'aller aux Grands-Fonds ; de cette même
route, les D111, D102 et D105 mènent
au cœur de l'arrière-pays.

Le ponton du Méridien, à Saint-François

Le Moule ❶

Étoile de mer

Fondé vers 1680, avant Pointe-à-Pitre, Le Moule est l'une des plus vieilles communes de l'île. Autrefois centre sucrier et industriel, c'est actuellement la quatrième ville de la Guadeloupe. Sa rade, exposée aux violences de l'Atlantique, fut très tôt protégée par un « môle », à l'origine du nom du bourg. La vie du port fut intense jusqu'au début du XXe siècle. Depuis, son activité s'est considérablement ralentie. Dévasté par le passage du cyclone Hugo, Le Moule est aujourd'hui une bourgade encore préservée du tourisme.

MODE D'EMPLOI

Carte routière D2.
18 054. mairie, rue Joffre (05 90 23 09 00).
tous les matins, sam. et dim.

Les anciennes fortifications

Les vestiges de l'histoire guerrière sont encore visibles dans la rade du port et témoignent de la lutte contre les Anglais aux XVIIIe et XIXe siècles. Une poudrière et des restes d'entrepôts de magasins ont subsisté. Des ancres échouées dans les rochers font leur apparition entre deux vagues. Les canons sont encore là, pointés vers un ennemi imaginaire.

L'hôtel de ville

Trônant sur la place centrale, cet édifice un peu kitsch dont la première pierre fut posée en octobre 1926, fut inaugurée le 26 juin 1927. Le maire de l'époque soulignait alors « la joie émue et la légitime fierté » qui accompagnaient l'événement dans une commune sinistrée par les « cataclysmes de la Nature » et les « démembrements des centres usiniers de Marly, de Zévallos et de Duchassaing ». Avec sa façade néo-classique de couleurs pastel, encadrée de deux tourelles recouvertes de zinc, son escalier et son balcons solennels, le bâtiment offre un certain contraste avec les maisons traditionnelles haut-et-bas en bois qui entourent la place. Construit en maçonnerie, il résista au cyclone de 1928.

Les ancres échouées face au port

À la découverte du Moule

Le Moule est un bourg qui possède le triste privilège d'avoir vu se succéder une longue série de cataclysmes. Tremblement de terre en 1843, incendies en 1873 et 1897, cyclone en 1899, incendies en 1901, 1907, 1908 et 1913, cyclones de 1928 et de 1989 : aucune épreuve ne lui fut épargnée. Pourtant, Le Moule, qui conserve quelques jolies cases traditionnelles et un plan en damier hérité de l'urbanisme colonial, a beaucoup de caractère. Il faut prendre le temps de s'arrêter, d'aller à pied dans les rues et d'observer les jolies façades des maisons créoles. Le petit marché couvert, qui faisait face à la mer déchaînée, a été provisoirement déplacé auprès de la place. Le centre du Moule fait aujourd'hui l'objet de travaux importants de réaménagement.

Les danseurs « s'affrontent » avec un bâton

LES DANSES DE MAYOLÉS

La région du Moule est l'une des dernières en Guadeloupe où se pratiquent encore les danses de mayolés. Il s'agit d'une lutte, d'un duel au bâton sous forme de danse au son des tambours. Aujourd'hui, les jeunes délaissent cette danse traditionnelle et ceux qui savent encore manier le bâton sont peu nombreux. Lain Camphrin, l'un des derniers mayolés de l'archipel, vit à Marie-Galante et est régulièrement appelé en Guadeloupe pour participer à des concours.

La plage de l'Autre-Bord
N5 en direction de Saint-François.
En quittant Le Moule, après avoir franchi le pont, sur la gauche la petite plage de l'Autre-Bord, ombragée de raisiniers, est agréable et ventée. On peut s'y baigner en toute tranquillité à l'abri de la barrière de corail. De la plage, on a une vue de l'ancien port sucrier.

L'atelier de Mireille et Marie Prompt
80, lot Vieux-Moulin.
05 90 23 51 36.
Mère et fille sont toutes les deux des artistes éprises des civilisations amérindiennes. Elles exposent et vendent à l'intérieur de leur maison leurs dernières créations, sculptures et céramiques directement inspirées des formes précolombiennes (arawaks, caraïbes et taïnos) sobres et dépouillées. Elles utilisent la technique du colombin. Attention, les deux femmes travaillent beaucoup sur commande et ne peuvent pas toujours répondre à la demande. Elles animent des ateliers de poterie à demeure deux fois par semaine (séances d'« art-thérapie »).

Un exemple d'habitat traditionnel dans le bourg du Moule

L'ÉGLISE DU MOULE
Classée monument historique, l'église fut construite en 1850 et dédiée à saint Jean-Baptiste. Avec son plan en croix latine, c'est l'une des plus belles églises de la Guadeloupe. La découvrir alors que s'y déroule le catéchisme avec tous les enfants sages et bien habillés est un vrai régal.

Le clocher fut construit par Ali Tur après le cyclone de 1928.

À l'intérieur, on peut admirer les fresques du Guadeloupéen E. de Bérard et la voûte lambrissée.

Les persiennes permettent la circulation de l'air dans le bâtiment.

Les quatre colonnes ioniques de la façade néo-classique encadrent le porche et soutiennent le fronton triangulaire.

Deux niches n'ont jamais abrité les statues prévues.

La distillerie Damoiseau ❷

Carte routière D2. Bellevue, 97160
Le Moule. [05 90 23 55 55.
du lun. au sam. de 7 h à 15 h.
*de sept. à nov. pour la révision
annuelle des machines.* Cabane
*à rhum (ouv. du lun. au sam. de 8 h
à 18 h, dim. de 9 h à 13 h
de déc. à mai).*

À quelques kilomètres
du Moule, la dernière
distillerie de la Grande-Terre
(la Basse-Terre en compte
six) se dresse au milieu des
champs de canne, au cœur
de la Guadeloupe rurale et
traditionnelle. Les charrettes,
alignées devant la distillerie,
débordent de cannes qui
vont être déchargées puis
broyées. Gérée par les trois
frères Damoiseau, la
distillerie produit 1,3 million
de litres de rhum pour la
production locale et 200 000
litres à destination de
l'Hexagone. Elle absorbe
également la canne à sucre
que les petits planteurs n'ont
pas encore coupée après la
fermeture annuelle de la
sucrerie Gardel *(p. 154)*, mi-
juin. Ici, le visiteur est bien
accueilli et peut déambuler à

Cuves de la distillerie Damoiseau

sa guise dans la distillerie,
découvrir le broyage
des cannes, la fermentation
du jus dans des cuves,
le stockage du rhum dans
d'immenses fûts en bois, les
vertus bonificatrices du
chêne pour le rhum.
Il apprendra à
distinguer un
rhum agricole
d'un rhum
industriel. Il
saura qu'il existe
une récolte de
canne par an,
que celle-ci a un
rendement plus
intéressant entre février et

**Fragment de poterie
précolombienne**

juin et que les plantations se
font d'avril à juillet. Un joli
moulin est en cours de
rénovation. Les propriétaires
s'efforcent de préserver
le cadre traditionnel et le
patrimoine historique de la
distillerie. La visite s'achève
par un détour à la *Cabane
à rhum* où l'on déguste
gratuitement une variété de
punchs et de rhums.

Le musée Edgar-Clerc ❸

Carte routière D2. Parc de la
Rosette, 97160 Le Moule. [05 90
23 57 57 ou 05 90 23 57 43.
*de sept. à mars de 8 h 50 à
16 h 50 et d'avr. à août de 9 h 50 à
17 h 50.*

À l'emplacement d'un
ancien camp de repos
pour militaires, dans
un beau parc qui
domine la mer,
se trouve
le musée
départemental
de préhistoire de
la Guadeloupe.
Conçu par
l'architecte Jack
Berthelot *(p. 30)*,
il présente une jolie
collection d'archéologie
locale amérindienne.
Inauguré en 1984, ce musée
a été constitué à partir des
collections de l'archéologue
Edgar Clerc *(voir encadré)*.
Aujourd'hui, seul un tiers
de la collection est exposé
et le musée devrait être
restructuré dans un avenir
proche. L'idée est de faire
mieux découvrir à tous
l'importance des civilisations
caraïbe, arawak et celle
encore plus mystérieuse
des « Huécoïdes », qui
seraient arrivés dans l'île
vers 500 avant J.-C. On y
apprend que les statues
en bois de gaïac étaient
sacrées pour les Taïnos,
habitants amérindiens des
Grandes Antilles au moment
de l'arrivée de Christophe
Colomb, que les chiens
amérindiens étaient muets
car ils ne possédaient pas
de cordes vocales. De très
belles ceintures en pierre
taïnos, des vasques et vases

LES FOUILLES D'EDGAR CLERC

**Edgar Clerc
(1915-1982)**

Passionné d'archéologie, Edgar Clerc
entreprend ses fouilles sur la plage
de Morel, près de l'usine de Gardel,
dès 1957. En 1965, avec la Société
d'histoire de la Guadeloupe,
il présente la première grande
exposition d'archéologie
précolombienne qui se soit jamais
tenue en Guadeloupe. Des
centaines de visiteurs découvrent
alors la richesse du passé
amérindien de l'île, les parures et
les poteries ornées des Arawaks
et des Caraïbes. La découverte
de sépultures et de ces étranges objets que sont les
« pierres à trois pointes » *(p. 51)* prouve que le littoral a
été très anciennement fréquenté par les populations se
déplaçant vers le nord de l'archipel. Des années durant,
Edgar Clerc fouille à Morel, explore les côtes
de la Grande-Terre, sonde toutes les plages, établit
une carte archéologique de l'île. En 1972, il est
nommé directeur des Fouilles et des Antiquités
de la Guadeloupe, pense à la création d'un musée
public et fait don de sa collection en 1974. Il meurt
en 1982, deux ans avant l'inauguration du musée.

arawaks sont exposés et des panneaux expliquent le travail de l'argile, de la pierre et des coquillages. À voir aussi, une sculpture de Roger Arékian *(p. 28)* en pierre volcanique, des maquettes des caravelles de Christophe Colomb, une sculpture en bois de raisinier du sculpteur marie-galantais Armand Baptiste *(p. 189).*

La sucrerie Gardel ❹

P. 154.

Zévallos et ses dentelles en fer

La maison Zévallos ❺

Carte routière E2. Visible de la N5. Propriété privée fermée au public.

Aujourd'hui inhabitée, cette superbe maison coloniale aurait été, selon la légende, le lieu de tueries sanglantes et serait désormais hantée.
En briques roses, sur deux niveaux, entourée de belles ferronneries, la maison Zévallos garde jalousement ses secrets derrière ses volets clos. Sœur de la maison Souques-Pagès à Pointe-à-Pitre *(p. 86),* cette demeure serait sortie des ateliers Eiffel. Elle était destinée au maître des lieux, le comte Hector Parisis de Zévallos, à qui le sucre avait assuré la fortune. Derrière la maison de maître subsiste la cheminée de l'ancienne sucrerie fondée en 1845.

Le paysage rocheux et désolé de la pointe des Châteaux

La pointe des Châteaux ❻

Carte routière F3. D118. Parking.

À la sortie est de Saint-François, une route mène à la pointe des Châteaux, presqu'île qui s'avance dans l'Atlantique, lieu à la végétation rase rappelant certains paysages désolés et sauvages de Bretagne. La route aboutit à un parking ; à droite, l'Anse des Châteaux possède une plage de sable fin. Attention, la mer est démontée ; la baignade, très dangereuse, est fortement déconseillée. En revanche, la plage sur la gauche, la Grande Anse des Salines, est une longue bande de sable où il est très agréable de se baigner ; muni d'un tuba et d'un masque, on peut découvrir une multitude de poissons. On accède à **la pointe des Colibris** par un sentier en pierres calcaires. Il faut compter une quinzaine de minutes pour atteindre le calvaire et la table d'orientation du **morne Pavillon,** sur laquelle figurent quelques vers de Saint-John Perse.
La vue de la Désirade et des îles de la Petite-Terre est imprenable. Sur la côte nord de la pointe des Châteaux, **l'Anse Tarare** est le lieu d'élection des nudistes. Apparue dans les années 70, la pratique naturiste est interdite en Guadeloupe ; elle est seulement tolérée sur certains sites.
Le site archéologique de **l'Anse à la Gourde** s'étend sur 2 ha et serait le plus important site jamais découvert aux Antilles. Archéologues français et hollandais mettent au jour un village précolombien. Des céramiques, des poteries, une pierre à trois pointes, des statuettes ont été retrouvées. Les vestiges les plus anciens datent d'environ 300 ans apr. J.-C.

Le chantier de fouilles de l'Anse à la Gourde

La sucrerie Gardel ❹

Née en 1883, Gardel n'est alors qu'une petite unité qui apparaît en 12ᵉ position pour la quantité de sucre produit. Après la Seconde Guerre mondiale, la production sucrière connaît une forte croissance et, en 1966, Gardel absorbe l'usine Courcelles. Puis en 1970, l'usine Sainte-Marthe est en partie réinstallée sur le site de Gardel.

Depuis la fermeture de l'usine de Beauport en 1991 et celle de Grosse-Montagne en 1995, Gardel est la seule sucrerie de Guadeloupe, avec l'usine de Grande-Anse à Marie-Galante, à avoir survécu à la crise. Sa gestion a été reprise en 1997 par le groupe Saint-Louis.

Logo de la sucrerie

Le convoyeur
La canne, qui a été lavée, débitée et défibrée, est dirigée vers une batterie de moulins.

Cour à canne

Portiques et ponts roulants
Situés dans la cour à canne, ils permettent de décharger les camions.

Les moulins
La canne est écrasée dans une batterie de 4 à 5 moulins qui extraient le vesou, jus trouble et brunâtre.

Le sucre
20 % de la production appelée « consommation locale » est conditionnée en sacs ou en sachets.

UNE SUCRERIE DE CANNE
La période de production dure du 15 février au 30 juin. Pendant celle-ci, Gardel traite 5 000 t de canne par jour. Près de 200 personnes y travaillent en permanence. En 1997, Gardel a produit 48 000 t de sucre avec 482 000 t de canne.

Les appareils à cuire

La cuisson (70 °C) dure jusqu'à ce que le sirop devienne une masse pâteuse puis un ensemble de cristaux enrobés.

MODE D'EMPLOI

Carte routière D-E2. Gardel, 97160 Le Moule. ☎ *05 90 23 53 15. Fermé au public.*

Salle des moulins

La bagasse

Les résidus de cannes broyées sont utilisés comme combustibles et fournissent l'énergie nécessaire à l'usine.

Salle de fabrication

80 % de la production sort de l'usine en vrac pour être exportée par bateau vers les raffineries françaises.

GARDEL

L'entretien des installations

Les ouvriers ont un double métier : fabricants pendant la campagne et ouvriers d'entretien des machines pendant l'inter-campagne.

La centrifugation

Les centrifugeuses séparent les cristaux du sirop, qui sont retenus sur les parois.

Saint-François ❼

Un village de pêcheurs

La paroisse, fondée à la fin du XVIIᵉ siècle par des capucins, fut placée sous le patronage de saint François d'Assise. Les plus modestes colons blancs se seraient installés là, développant au cours du XVIIIᵉ siècle les cultures de la canne à sucre et du cotonnier. Saint-François traverse la Révolution en changeant son nom en « Égalité » avant de reprendre en 1801 l'ancienne dénomination. La culture de la canne est alors stimulée par l'implantation d'une usine centrale, l'usine Sainte-Marthe. Celle-ci rythme l'histoire locale pendant plus d'un siècle. Depuis sa fermeture en 1974, la commune mise sur le développement du tourisme.

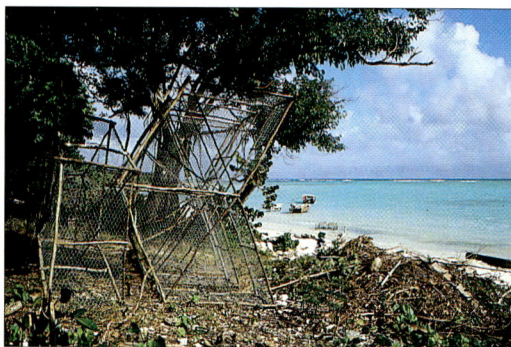

L'église de Saint-François

Nasses de pêche à Saint-François

À la découverte du bourg

Il y a encore vingt ans, Saint-François vivait au rythme de la pêche et du sucre. C'est aujourd'hui avec Le Gosier (p. 164) l'un des grands pôles touristiques de l'île. La commune a plusieurs facettes : celle luxueuse et touristique de sa marina et de sa succession d'hôtels ; celle plus sportive de son golf international, de son aérodrome et de ses clubs variés de planche à voile ; enfin celle plus authentique de ses pêcheurs qui vendent le poisson à la criée, et de ses ruelles paisibles.

Sur la place centrale se tient **le marché.** Disposé autour d'un bâtiment circulaire, il donne un aperçu des différents légumes, fruits et punchs disponibles en Guadeloupe. Sur **la place de l'église,** ombragée de flamboyants, les bancs invitent le passant à observer les vieilles femmes qui devisent assises côte à côte en attendant le car, à surprendre du regard le croyant venant se recueillir dans l'église. À l'intérieur de celle-ci, vous découvrirez une surprenante fresque un peu kitsch aux couleurs vives.

🐟 Le vieux port

À quelques minutes du centre, le vieux port s'anime dès 8 h du matin, avec le retour des pêcheurs partis à l'aube. Ceux-ci se font un plaisir de montrer le produit de leur pêche, qu'ils vendront aussitôt après à la criée. Saint-François produit chaque année près de 1 500 t de poissons.

LES CONCOURS DE BŒUFS TIRANT

Les concours de bœufs tirant sont une vieille tradition très prisée des agriculteurs guadeloupéens. Sur un parcours balisé d'environ 180 m, des attelages de bœufs tirent à tour de rôle une charrette lestée d'un poids de 1 à 2,2 t. Les « Solides de Morne-à-l'Eau », les « Frappeurs du Moule », les « Volcans de Sainte-Anne », les « Grimpeurs de Petit-Canal » ou les « Titans du Nord » d'Anse-Bertrand s'affrontent et grimpent sous l'œil avisé du « chauffeur », fouet à la main. Seulement 12 coups sont autorisés pendant la course, qui dure entre 3 et 6 mn. La foule encourage les bœufs à grands cris.

Des bœufs tirent un *cabrouet* lesté

▲ La marina

🕻 05 90 88 47 28. ⬤ t.l.j. sf dim.
et mer. apr.-midi de 7 h à 12 h et de
15 h à 17 h, sam. de 7 h à 11 h.
Ancienne saline, la marina
de Saint-François est située
au cœur de la commune et de
la zone touristique. Bordée
de boutiques et de restaurants,
elle réjouira les amateurs
de voiliers et autres bateaux.
De là partent les liaisons
maritimes pour les Saintes,
Marie-Galante et Petite-Terre.

**Le golf, un parcours international
sous les cocotiers**

🏌 Le golf

Avenue de l'Europe. 🕻 05 90 88 41 87.
⬤ t.l.j. de 7 h 40 à 18 h.
Dessiné par l'architecte
Robert Trent-Jones, le golf de
18 trous s'étend sur 60 ha. Un
arrosage automatique permet
aux greens de rester toujours
verts malgré l'ensoleillement.

🏖 La plage des Raisins Clairs

À la sortie de Saint-François
(direction de Sainte-Anne),
juste avant le cimetière indien
(p. 159), la plage des Raisins
Clairs doit son nom aux
nombreux raisiniers bord-de-
mer qui la bordent. On
les reconnaît à leurs feuilles
plates et arrondies et à
leurs fruits ronds semblables
à de petits raisins blancs.

(p. 159)

MODE D'EMPLOI

Carte routière E3. 🏠 7 987.
🛈 avenue de l'Europe (05 90 88
48 74). 🚢 Les Saintes,
Marie-Galante, Petite-Terre. 🛒
t.l.j. (rond-point du Méridien), du
mar. au dim. matin (centre-ville),
matin (vente de poisson au port
de pêche). 🎉 Fête des marins
(mi-août), Fête du poisson et de
la mer (avril).

L'ombre bienfaisante des raisiniers à la plage des Raisins Clairs

SAINT-FRANÇOIS

Marché ①
Plage des Raisins Clairs ②
Vieux port ③
Marina ④
Golf international ⑤

LÉGENDE

🏠 Église

🛈 Information touristique

À la découverte des environs de Saint-François

La région de Saint-François est une terre aride balayée par les vents d'est, où les moulins à vent s'égrènent le long des routes, rappelant le passé sucrier de la commune. En effet, au XIXe siècle, la culture de la canne à sucre alimentait 36 manufactures utilisant une trentaine de moulins à vent. La commune de Saint-François possède 12 anciens moulins à sucre qui appartiennent à des particuliers. Ils ont souvent perdu leur toiture et leurs ailes, sont envahis par la végétation et les figuiers maudits. Aujourd'hui, la région est le terrain privilégié de cultures nouvelles en Guadeloupe comme le melon.

La chapelle Baie-Olive, un lieu de pèlerinage

la chapelle Baie-Olive, dédiée à la Vierge, située dans un lieu isolé, face à la mer. Selon la légende, la Vierge y aurait accordé des grâces. La coutume veut que l'on y vienne en cortège le 1er janvier pour prendre un « bain-démarré » *(p.38)*, bain purificateur censé débarrasser les personnes du mal de toute une année.

L'oasis de Christian Brosius
Petit chemin de Belle-Espérance. 05 90 88 78 76. *t.l.j. de 8 h 30 à 11 h 30 et de 14 h 30 à 18 h.*

L'endroit est insolite et mérite le détour. Revenu en Guadeloupe il y a une quinzaine d'années après un long séjour en France, Christian Brosius a conçu le projet fou de faire surgir une véritable oasis de la rocaille, à une époque où il y avait pénurie d'eau. Avec patience et volonté, il a réussi son pari. Aujourd'hui, sapotilliers, quenettiers, reines des reinettes, prunes café, orangers, caramboliers et autres arbres fruitiers surgissent tout droit de la roche sur 8 000 m². L'oasis est irriguée par un système de bassins d'eau en étage.

L'Anse à la Barque, sable blanc et eaux étales

L'Anse à la Barque
8 km à l'O. de Saint-François par la N4.
À la limite de la commune de Sainte-Anne, l'Anse à la Barque est située à l'embouchure de la rivière du même nom. À proximité de cette belle plage se trouve une grotte dont l'accès est pour le moment protégé. Elle serait habitée par une variété particulière de chauves-souris et se prolongerait sous terre sur une bonne distance.

Le Maud'huy
Sainte-Marthe. Propriété privée.
La propriété porte le nom des comtes de Maud'huy, dont la famille a quitté la Guadeloupe depuis fort longtemps. L'habitation a été construite en 1873-1874 par Auguste Pauvert, l'artisan des infrastructures sucrières de Saint-François. Reçue préfabriquée de La Nouvelle-Orléans et montée sur place, la maison est faite de bois du Nord dont la résistance est légendaire. Très peu

de parties ont été modifiées. Cette habitation a été le cadre de la rencontre entre Valéry Giscard-d'Estaing, Jimmy Carter et Helmut Schmidt, lors du sommmet des chefs d'État en Guadeloupe, début janvier 1979. Elle acquiert ainsi une notoriété dont s'accommode son propriétaire Amédée Huyghues-Despointes, à l'époque grand patron du secteur cannier.

La chapelle Baie-Olive
D102, puis chemin.
Un chemin rocailleux mène à

La façade du Maud'huy encadrée de bougainvillées

Les Indiens

Jeune fille en costume

Saint-François est la commune de Guadeloupe ayant la population indienne la plus importante (40 % contre 27, 2 % en 1882). Les descendants d'engagés indiens arrivés dans l'île entre 1854 et 1889 ont su conquérir leur place dans la société post-esclavagiste. De tradition agraire, ils ont acheté les terres qu'ils travaillaient puis ont investi les secteurs économiques du commerce et des services. Depuis 1910, la communauté indienne a acquis le statut guadeloupéen et la nationalité française *(p. 34).*

LES CÉRÉMONIES

En général, le propriétaire de la chapelle accueille les fidèles à l'occasion des cérémonies religieuses qui sont des actes d'adoration, de remerciement à une divinité. À la suite des processions, un repas est offert sur le lieu du culte et consommé sur des feuilles de bananier. Une période de jeûne de quinze jours à trois semaines précède les cérémonies. Celles-ci sont interdites durant le mois de novembre et le carême, périodes considérées comme celles des chrétiens. Elles ont lieu souvent le dimanche, en présence d'un *pouçari* (prêtre). L'étranger, impur, n'est pas admis mais peut participer ensuite au repas. Les sacrifices de coqs et de cabris sont courants.

Le cimetière indien, *à l'ouest de la plage des Raisins Clairs, accueille les morts de la communauté à l'ombre des flamboyants. En effet, l'église catholique refusa aux premiers Indiens hindous l'accès à ses cimetières.*

De la petite chapelle *archaïque sous un manguier à celle plus moderne en dur, les lieux de culte sont nombreux dans la commune de Saint-François. L'indianité en Guadeloupe est un phénomène essentiellement rural. Si les temples sont rares dans les bourgs, la campagne des alentours de Saint-François en est émaillée.*

Des groupes de musique et de danse *se succèdent, présentant les principales légendes indiennes.*

Des danses traditionnelles accompagnent les cérémonies

La pépinière installée dans
l'ancienne usine de Courcelles

Sainte-Anne ❽

Carte routière D3. 🚶 *17 000.*
ℹ️ *Les Trois Ponts Galbas (05 90 88
09 49).* 🛒 *t.l.j. (grand marché le
w.-e.).* 🎭 *festival de gwoka (juil.).*

L es Saintannais ont les
pieds dans l'eau et la tête
dans les montagnes. À l'est
s'étendent des savanes
hérissées et des plateaux
couverts de champs de
canne ; à l'ouest commence
la région accidentée des
Grands-Fonds, enfin au sud-
est se trouvent de nombreuses
plages. Baptisée en hommage
à Anne d'Autriche, mère
de Louis XIV, Sainte-Anne
devient très vite la paroisse
la plus riche et la plus
peuplée de la Grande-Terre.
Les plantations de canne à
sucre sont incendiées en 1759
par les Anglais et les cultures
anéanties jusqu'à la
reconquête de la Guadeloupe
par Victor Hugues en 1794.
À la fin du XIXᵉ siècle, Sainte-
Anne est la première
commune sucrière de l'île,
avec une trentaine
d'habitations-sucreries et trois
usines à vapeur qui utilisent
une main-d'œuvre immigrée
essentiellement indienne.
Pendant la Révolution et
jusqu'au début du consulat,
Sainte-Anne est le théâtre
de nombreuses révoltes
sévèrement réprimées.
Le premier complot d'esclaves,
mené par le mulâtre Jean-Louis,
éclate dans la nuit du 15 au
16 mai 1791. Celui qui avait
prévu d'incendier le bourg
et de massacrer les Blancs
est dénoncé par un autre
esclave ; la répression sera
impitoyable. En août 1793,
des esclaves se soulèvent
et pillent les
habitations.
L'insurrection est
sévèrement
réprimée par le
gouverneur Collot,
tout comme le sera
celle de 1802.
À l'entrée de la ville se
trouvent une zone de vente
de poisson, le boulevard
maritime et le village
artisanal. C'est Ali Tur
(p. 112) qui reconstruisit
l'église en 1934, après les
destructions du cyclone
de 1928. Au centre de la
place se dresse le buste
de Victor Schoelcher sculpté
par G. Privat en 1948.
Le marché de Sainte-Anne est
bien approvisionné et vivant
le dimanche.

🌺 Le jardin de Courcelles

Courcelles. 4, 5 km de Sainte-Anne en
direction de Saint-François. 📞 *05 90
88 05 24.* ⬤ *t.l.j. sf le dim. de 9 h à
17 h.*
La pépinière est installée dans
l'ancienne salle des machines
de l'usine de Courcelles.
Bougainvillées, hibiscus,
arbres du voyageur sont
proposés au visiteur dans un
décor insolite : les nouveaux
propriétaires des lieux ont en
effet conservé les machines,
aujourd'hui envahies par les
plantes grimpantes.

L'église de Sainte-Anne

🏖️ La plage publique

Bourg.
Autrefois pourvue de
cabines, la plage
municipale était l'un
des lieux de
retrouvailles
privilégiés des
Saintannais, où
ils venaient faire
la fête en famille
à l'ombre des raisiniers.
Aujourd'hui, avec l'arrivée
des métropolitains, la
fréquentation de la plage
publique a changé.
Les marchands ambulants
et les vendeurs de beignets
sont omniprésents. Il est
agréable de se baigner dans
les piscines naturelles formées
entre les anses et les cayes
(récifs de corail).

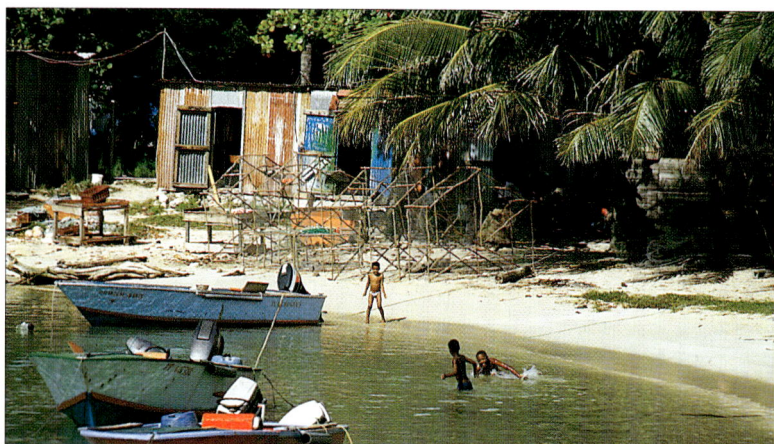

À Sainte-Anne, les pêcheurs fabriquent encore leurs nasses et pratiquent la pêche au casier

La plage de Bois-Jolan où les alizés font parfois oublier les morsures du soleil

La plage de la Caravelle
Ouest du bourg par la N4.

Un peu à l'écart du bourg, derrière la cocoteraie, la belle plage de la Caravelle, bordée de palmiers royaux, accueille volontiers les naturistes. Elle est devenue la propriété du Club Méditerranée, qui fit édifier l'un des premiers grands hôtels de l'île.

Bois-Jolan
Est du bourg par la N4.

La plage de Bois-Jolan a la réputation d'être le refuge des amoureux. Longue et étroite, protégée par la barrière de corail, elle est très agréable même si l'eau y est peu profonde. Les eaux transparentes sont d'un superbe vert émeraude.

Le théâtre de pierres
Gissac, N4 en direction de Saint-François. Très mal indiqué.

Des pierres ressemblant à des animaux ont été rassemblées dans cet endroit. Laissé à l'abandon, c'est un lieu insolite, où chiens errants et bœufs circulent. Le moulin de Gissac attenant au théâtre, mérite le coup d'œil.

LE FESTIVAL DE GWOKA

Tambour ka

Chaque année depuis 1987, au mois de juillet, Sainte-Anne devient pendant quelques jours la capitale du gwoka *(p. 26)*. Il n'y a encore pas si longtemps, le gwoka était considéré comme *mès à vyé Nég* (mœurs des Nègres des classes populaires). Né de la volonté de quelques hommes, dont Félix Cotellon et Georges Troupé, qui possède l'atelier Kimbol, ce festival est devenu en quelques années l'une des manifestations les plus intéressantes de l'île. Dans les années 70, les indépendantistes s'emparent du gwoka dans leurs revendications et en font un élément de leur combat idéologique. Longtemps musique de résistance ignorée par une partie de la population à qui elle rappelait trop la période esclavagiste dont elle est issue, le gwoka est devenu l'un des éléments les plus dynamiques de la culture guadeloupéenne. Ce festival a favorisé l'émergence de groupes comme Kan'nida, Poukoutan d'Esnard Boisdur qui se produisent hors des frontières de l'archipel.

***En 1987 les jeunes Saintannais de l'atelier Kimbol** participaient au lancement du festival. Aujourd'hui, c'est l'occasion pour les jeunes élèves de monter sur scène.*

Le gwoka, source d'inspiration pour de nombreux musiciens

Les Grands-Fonds ❾

L a route qui s'enfonce vers les Grands-Fonds entre Sainte-Anne et le Moule parcourt une région enclavée et chaotique, dans un véritable labyrinthe végétal. Le plateau calcaire, soumis à l'érosion verticale de la pluie, a donné un relief très accidenté : mornes et vallées encaissées se succèdent. Près de la totalité des plantes médicinales répertoriées en Guadeloupe poussent dans une terre argileuse et crayeuse. Les jardins potagers côtoient les traditionnelles cultures d'ignames, de patates ou de malangas et la région fournit aujourd'hui Pointe-à-Pitre en cultures maraîchères.

Colibri

L'église Sainte-Bernadette
Au lieu-dit les Grands-Fonds, Sainte-Bernadette est l'église préférée des Blancs-Matignon.

LES BLANCS-MATIGNON

Dans les Grands-Fonds vivent les derniers descendants des Blancs-Matignon, petite minorité blanche retranchée dans ces campagnes après l'abolition de l'esclavage en 1848. Ils sont près de 300 paysans à la peau claire et aux cheveux blonds à vivre à l'écart de tous, recroquevillés sur leur passé. Souvent envoyés en Guadeloupe pour des raisons familiales, parfois d'origine aristocratique, ils auraient choisi ces lieux secrets pour échapper aux massacres de la Révolution. Réfugiés dans les Grands-Fonds, ils défrichèrent les terres et achetèrent quelques esclaves. Refusant de se mélanger au reste de la population, ils payèrent le prix de la consanguinité. Ils furent ruinés avec l'abolition de l'esclavage en 1848. Encore appelés « Petits Blancs », ils cultivent des plantes vivrières dont ils alimentent Pointe-à-Pitre.

Un descendant de Blancs-Matignon

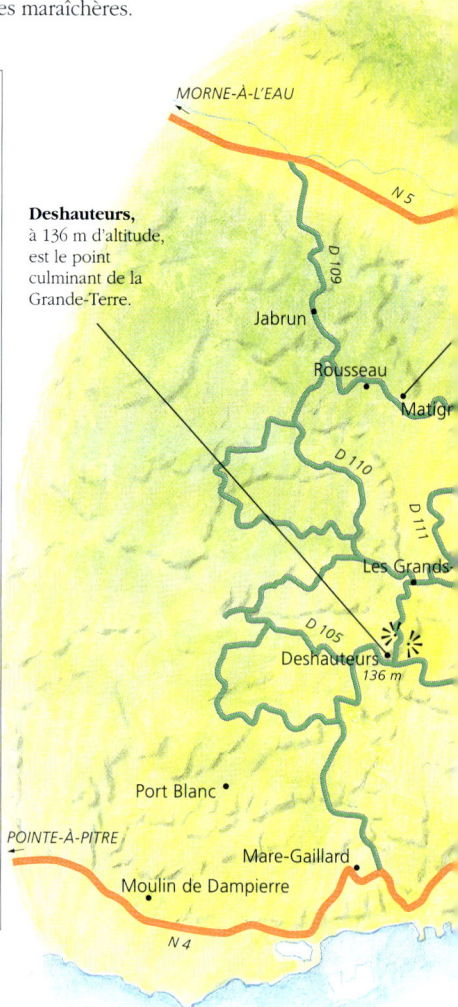

Deshauteurs, à 136 m d'altitude, est le point culminant de la Grande-Terre.

MORNE-À-L'EAU

N 5

D 109

Jabrun

Rousseau

Matign

D 110

D 111

Les Grands

D 105

Deshauteurs
136 m

Port Blanc

POINTE-À-PITRE

Mare-Gaillard

Moulin de Dampierre

N 4

À NE PAS MANQUER

★ **Le pitt de Fouché**

★ **Le moulin de Dampierre**

Le charbonnier

Peu avant le lieu-dit Grands-Fonds, sur le bord de la route, un charbonnier en activité vend du charbon.

MODE D'EMPLOI

Carte routière D3. **Pitt de Fouché** : combats de coqs dim. après-midi à partir de 16 h de janv. à juil.

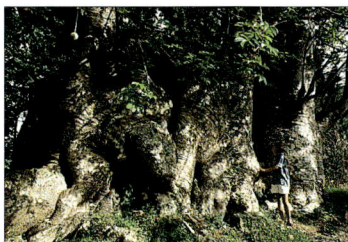

L'un des derniers baobabs de la Guadeloupe
Cet arbre au tronc impressionnant se dresse près de Grands-Fonds.

Le lieu-dit Matignon serait à l'origine du terme de « Blancs-Matignon ».

N 5

LE MOULE

SAINT-FRANÇOIS

D 114

Cocoyer •

D 111

SAINT-FRANÇOIS

N 4

e Fouché

05

SAINTE-ANNE

★ Le pitt de Fouché

Importés aux Antilles par les conquistadores, les combats de coqs se déroulent dans des pitts, *terme qui vient de l'anglais* coqpit. *Ces petits gallodromes sont de véritables arènes de combat. La haute période s'étend de novembre à avril. Les sommes pariées sont parfois importantes.*

★ Le moulin de Dampierre

Le moulin, envahi par les figuiers maudits, a perdu sa toiture et ses ailes.

LÉGENDE

━━ Route principale

━━ Autre route

⁂ Point de vue

L'église du Gosier, au centre
du bourg

Le Gosier ❿

Carte routière D3. 🏚 *20 708.*
ℹ️ *bd du Général-de-Gaulle (05 90
84 28 25).* 🚌 ⛴ *îlet du Gosier.*
🍽 *t.l.j.*

C e sont des pélicans d'eau
appelés « grands gosiers »
attirés par les lagunes riches
en poissons qui donnèrent
leur nom à la commune.
Il y a encore une vingtaine
d'années, Le Gosier était un
village tranquille qui étirait
son unique rue le long de
la mer. Pauvrement doté
par la nature, coincé entre
marais et grands fonds,
le lieu n'avait pas vocation
à devenir un pôle sucrier.
En revanche, on y cultivait
le café, le coton et le cacao.
Le Gosier a été la première
commune en Guadeloupe
à miser sur le développement
touristique. Le village s'est
rapidement métamorphosé
en une station balnéaire
animée, en partie grâce

NATURE ET IMAGINAIRE

La nature et l'imaginaire sont étroitement liés en
Guadeloupe. Les embouchures des rivières sont les lieux
sacrés pour les « bains-démarrés » *(p. 38)*, les forêts sont
habitées par les diablesses, les mares sont réputées pour
être des lieux chargés d'histoires (voir Marie-Galante).
Les mornes étaient les lieux inaccessibles où les nègres
marrons (esclaves en fuite) trouvaient refuge, « retirant leur
corps » de l'habitation. Quant aux sources, elles étaient
l'occasion de prendre des bains délassants. Aujourd'hui,
on ne peut plus se baigner dans la source de Poucet mais
le plan d'eau réaménagé, envahi de nénuphars et entouré
d'arbres ombrelles et d'immortels, a du charme.

La source de Poucet

aux avantages de la loi
de défiscalisation.
Aujourd'hui, devenu le plus
important pôle touristique
de l'île, Le Gosier offre
aux visiteurs des restaurants,
des hôtels, des boutiques
et des bars en abondance.
À **la pointe de la Verdure,**
sur plusieurs centaines
de mètres, s'alignent
hôtels de luxe et restaurants,
casinos et boîtes de nuit.
Les hôtels ont tous accès
à la plage et proposent
à leurs clients des sports
nautiques et des animations
diverses.

🐚 L'îlet du Gosier
⛴ *au bout de la rue Félix-Éboué.*
Avec son phare rouge qui
balise l'entrée du port
de Pointe-à-Pitre, ses arbres et
sa plage de sable blanc, l'îlet
du Gosier est un petit coin
de paradis apprécié des
véliplanchistes. Désert en
semaine, il est pris d'assaut
le week-end par des familles
entières. Au port du Gosier,
des pêcheurs proposent aux
visiteurs de les faire
traverser ; ceux-ci pourront
rester la journée à paresser
et à pêcher des burgos munis
d'un masque et de palmes.

Faisant face à la côte, l'îlet du Gosier étire sa plage de sable blanc

La marina est le premier port de plaisance du département

La marina

05 90 21 39 94 85. *de 8 h à 12 h et de 14 h à 17 h.*

La Guadeloupe est dotée d'un potentiel de mouillage parmi les plus recherchés de la Caraïbe (environ 1 000 places disponibles). Voiliers, restaurants, bars et boutiques se succèdent à la marina, souvent surnommée le « ghetto blanc » par les Guadeloupéens. La marina de Bas-du-Fort connaît une activité fébrile lors de l'arrivée de la Route du rhum.

L'aquarium de la Guadeloupe

2, place Créole, marina. *05 90 90 92 38.* *t.l.j. de 9 h à 19 h.*

À proximité de la rocade, sur la route du Gosier en venant de Pointe-à-Pitre, se trouve le plus grand aquarium des Antilles. Il rassemble des poissons aux couleurs translucides et vives, aux noms étonnants tels que le dragon noir, la vieille de Cuba, le zèbre à bandes,

Poisson-ange à l'aquarium

le labre clown, qui se cache sous le sable en cas de danger, le chirurgien bleu, l'oursin diadème ou encore le barracuda, poisson de légende. Les poissons, à leur aise dans de superbes aquariums, évoluent entre coraux de feu et algues géantes. Accompagné par des cris de dauphins, vous apprendrez au fil des panneaux, ce qu'est la mangrove ou la ciguatera. L'aquarium abrite également un laboratoire d'étude sur la conservation des espèces. Une boutique attenante propose des souvenirs aquatiques, et un bar permet de déguster des jus de fruits locaux.

AUX ENVIRONS

À quelques kilomètres à l'est du Gosier par la N4, **Saint-Félix** est surtout réputé pour son pain et son boudin, censés être tous deux parmi les meilleurs de l'île. Si l'on trouve en permanence du boudin blanc, il vaut mieux commander le boudin noir. La plage de Saint-Félix, envahie par les racines et s'avançant dans la mer, est sauvage et peu fréquentée.

L'arrivé de L. Bourgnon en 1994

LA ROUTE DU RHUM

Créée en 1978 par Michel Étevenon, la Route du rhum, course transatlantique en solitaire à la voile, relie Saint-Malo à Pointe-à-Pitre. Multicoques et monocoques s'affrontent tous les quatre ans sur une distance de 3 592 milles (environ 7 200 km).

La Route du rhum a vu la consécration, pour les multicoques, de Mike Birch (1978), de Marc Pajot (1982), de Philippe Poupon (1986), de Florence Arthaud (1990) et de Laurent Bourgnon (1994). Pour les monocoques, Michel Malinovsky a remporté les deux premières éditions (1978 et 1982), puis se sont succédé les victoires de Pierre Lenormand en 1986, de Titouan Lamazou en 1990 et d'Yves Parlier en 1994. Le record est détenu par Laurent Bourgnon, qui fit la traversée en 14 jours 6 heures 28 minutes. Malgré les moyens techniques mis en place, la Route du rhum n'évite pas les naufrages et les disparitions, celle notamment d'Alain Colas en 1978 et de Loïc Caradec en 1986. Extrêmement médiatisée, retransmise en direct, cette course a acquis une grande notoriété auprès des marins, des sponsors et des spectateurs. Elle a largement contribué au développement de la marina de Bas-du-Fort.

La boutique de l'aquarium prolonge la visite

Bas-du-Fort possède une importante structure touristique

Bas-du-Fort ⓫

Carte routière C3. Commune du Gosier. Sortir de la N4, avant d'arriver au Gosier.

Il y a encore une vingtaine d'années, Bas-du-Fort était un endroit sauvage et peu habité. Les enfants jouaient au foot sur un terrain vague et se baignaient. Des champs de canne et des élevages de bovins s'étendaient au pied du fort Fleur-d'Épée. Depuis 1975, l'implantation des hôtels et la création de plages artificielles ont complètement modifié le paysage et ont fait de Bas-du-Fort un important complexe touristique.

Le fort Louis ⓬

Carte routière C3. Bas-du-Fort, 97160 Le Gosier.

Mentionné par le père Labat, le fort Louis fut construit en 1695 sur le territoire du Gosier. Premier fort de la Grande-Terre édifié par les Français, le fort Louis, qui deviendra fort l'Union pendant la Révolution, devait protéger la rade et les navires marchands qui venaient y mouiller. Depuis les débuts de la colonisation, on avait surtout fortifié la Basse-Terre, plus riche et plus exposée aux attaques de l'ennemi, au détriment de la Grande-Terre. Bien que situé stratégiquement, le fort Louis fut laissé à l'abandon dès le début du XVIIIe siècle et tint dans l'histoire une place moins importante que son voisin le fort Fleur-d'Épée (*voir ci-contre*). Les ruines ne sont pas indiquées et assez difficiles à trouver. Il faut se rendre en face de l'actuel Novotel au sommet d'un petit morne qui domine la mer.

Le fort Fleur-d'Épée ⓭

Un soldat affublé du sobriquet « Fleur d'Épée » qui avait une case à cet endroit serait à l'origine du nom du fort. L'attaque anglaise contre la Guadeloupe en 1759 fait entrer le fort Fleur-d'Épée dans l'histoire. Occupé par les Anglais en 1794, il fut repris la même année par Victor Hugues après de violents combats contre les Anglais et les royalistes. La fin de l'histoire militaire de l'île et des rivalités maritimes entre la France et l'Angleterre entraîna le déclin du fort. Dès 1817, il fut négligé et livré à la végétation.

Les flamboyants du fort
Ombragé par une multitude de flamboyants, le fort domine la rade de Pointe-à-Pitre, la grande baie du Gosier et tout le Petit Cul-de-Sac marin.

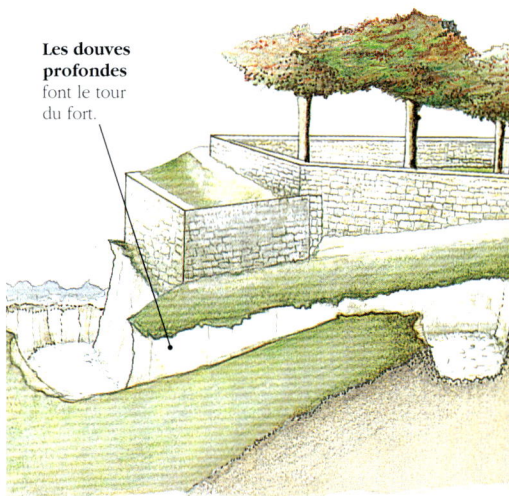

Les douves profondes font le tour du fort.

FORT FLEUR-D'ÉPÉE
Édifié selon les conceptions de Vauban, le fort Fleur-d'Épée se dresse au sommet d'un morne. De Bas-du-Fort, on y accède par une route sinueuse qui grimpe et passe devant la résidence départementale (ancienne résidence du sous-préfet).

★ La salle d'exposition
Un bâtiment en dur a été reconstruit, d'après les plans d'une casemate en bois, pour abriter des expositions.

MODE D'EMPLOI

Carte routière C3. Bas-du-Fort, 97160 Le Gosier. 05 90 90 94 61. **Musée départemental** *t.l.j. de 9 h 30 à 17 h 15 sf jours fériés.*

Vue aérienne du fort
Dissimulé par la végétation, le fort présente une forme irrégulière.

Au centre subsiste une poudrière particulièrement bien conservée.

Un souterrain reliait les différentes parties du fort. Des expositions temporaires s'y tiennent aujourd'hui.

Les canons
Trois canons, vestiges d'anciens combats, sont aujourd'hui couchés à terre.

★ L'entrée du fort
Le fort était entouré de fossés de défense et l'entrée était fermée par un pont-levis. Deux piliers massifs en pierre de taille encadrent cette porte monumentale.

À NE PAS MANQUER

★ L'entrée du fort

★ La salle d'exposition

LE NORD DE LA GRANDE-TERRE

S'il y a un esprit de la canne, le nord de la Grande-Terre est son repaire et les quelques dizaines de sucrotes décapitées qui hantent les vastes champs ondulants témoignent d'une vocation ancienne. Mais la canne n'est plus ce qu'elle était et cette région est surtout le domaine d'une nature superbe, depuis la pointe de la Grande-Vigie jusqu'à la mangrove du Grand Cul-de-Sac marin.

Tout juste rythmée par quelques mornes dont le plus significatif culmine à 136 m à Deshauteurs, la route du sucre offre le visage d'un pays plat dont les terres sèches et calcaires furent propices à la culture de la canne. Et même si l'usine Darboussier à Pointe-à-Pitre, celle de Beauport à Port-Louis ou encore l'unité de Blanchet à Morne-à-l'Eau ont cessé de fumer depuis les années 70-80, la canne reste la principale ressource de cette région, dont la vocation agricole a forgé l'esprit frondeur des habitants. De très nombreux Guadeloupéens d'origine indienne sont encore fixés à proximité des anciennes habitations où les engagés remplacèrent les esclaves au lendemain de l'abolition de 1848. Quelques sites comme les « marches des esclaves », à Petit-Canal, ou le parc Krayb, à la pointe de la Grande-Vigie, rappellent certains épisodes de l'histoire de la région.

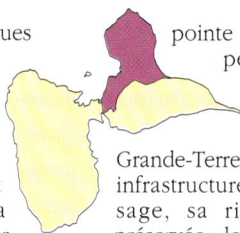

À l'opposé du sud de la Grande-Terre, le nord n'abrite aucune infrastructure hôtelière. Lieu de passage, sa riche nature est ainsi préservée : le Grand Cul-de-Sac marin et sa mangrove aux allures de jungle aquatique, les jolis villages côtiers de Port-Louis et d'Anse-Bertrand avec leurs superbes plages familiales aux eaux turquoise, ou encore les spectaculaires falaises de la Grande-Vigie aux abords de l'étrange porte d'Enfer marquée par la légende du Trou à Man Coco...

Le 26 février 1998, des milliers de visiteurs et de scientifiques venus du monde entier ont convergé vers la région d'Anse-Bertrand ; ils étaient aux premières loges pour observer une rare éclipse totale du soleil...

L'Atlantique vient rugir au pied des hautes falaises calcaires de la Grande-Vigie

◁ Port-Louis est un petit port de pêche actif

À la découverte du nord de la Grande-Terre

Peu ouvert au tourisme, le nord de la Grande-Terre offre
de splendides panoramas à la pointe de la Grande-Vigie
et à la porte d'Enfer. Le chemin de randonnée de la Grande
Falaise, qui longe la côte jusqu'à la pointe Petit-Nègre,
procure également une très belle vue du large. Au nord
d'Anse-Bertrand, qui fut le dernier refuge des Caraïbes,
le parc Krayb témoigne de la présence amérindienne.
Toujours sur la côte est, Port-Louis et la plage
du Souffleur, Vieux-Bourg, charmant village
de pêcheurs, méritent une halte. À ne pas
manquer, le cimetière en damier
de Morne-à-l'Eau et les « marches
des esclaves » à Petit-Canal.

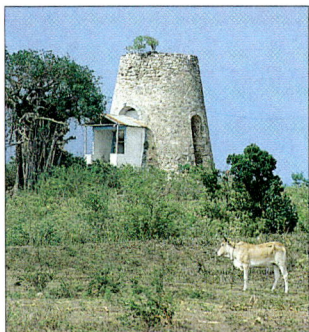

La silhouette d'un moulin, aux environs de
Gros-Cap

POINT
LA GRAND

ANSE LABORDE   D 122

ANSE-BERTRAND

8   N 8

9 N

POINTE
D'ANTIGUES

Anse du Souffleur   BEAUPORT
PORT-LOUIS   7   6

5   GASCHE

N 6

PETIT-CANAL   4

Îlet Macou

Îlet à Fajou   VIEUX-BOURG   2

MORNE-
D 107

D 106

N 5

1   LES ABYMES

la Basse-Terre

N 1

POINTE-À-PITRE

N 4

LA RÉGION D'UN COUP D'ŒIL

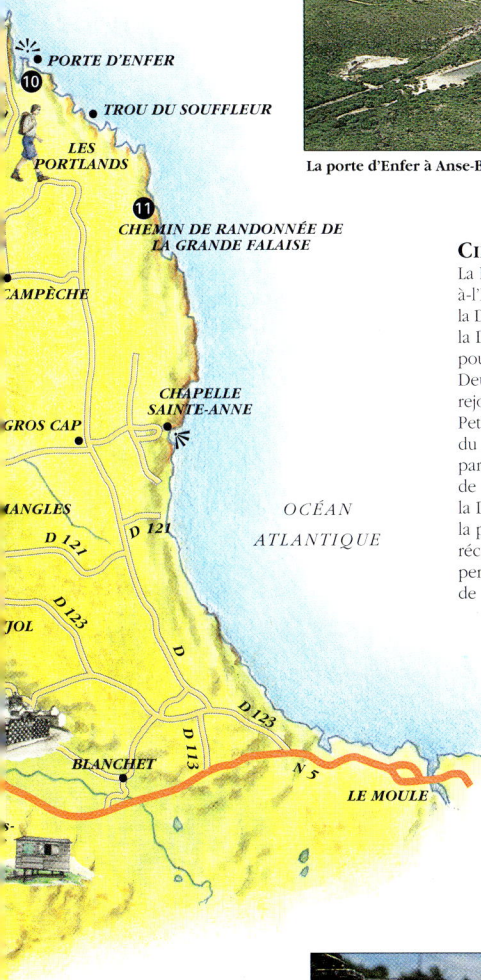

La porte d'Enfer à Anse-Bertrand

PORTE D'ENFER

(10)

TROU DU SOUFFLEUR

LES PORTLANDS

(11)

CHEMIN DE RANDONNÉE DE LA GRANDE FALAISE

CAMPÊCHE

CHAPELLE SAINTE-ANNE

GROS CAP

MANGLES

D 121   *D 121*

OCÉAN ATLANTIQUE

D 123

JOL

D 123

D 113

BLANCHET

N 5

LE MOULE

CIRCULER

La N5 *via* Les Abymes mène à Morne-à-l'Eau. Il faut prendre sur la gauche la D106 au départ des Abymes ou la D107 au départ de Morne-à-l'Eau pour accéder à Vieux-Bourg. Deux possibilités sont offertes pour rejoindre Anse-Bertrand : soit la N6 *via* Petit-Canal qui longe la mangrove du littoral jusqu'à Port-Louis, soit la N8 par l'intérieur des terres. La pointe de la Grande-Vigie est accessible par la D122 à partir d'Anse-Bertrand jusqu'à la porte d'Enfer. La D120, que l'on récupère à Campêche *via* Gros-Cap, permet de redescendre vers le sud de la Grande-Terre par Le Moule.

LÉGENDE

- Route principale
- Route secondaire
- Autre route
- Point de vue

| 0 | 2 | 4 km |

MES EFFORTS

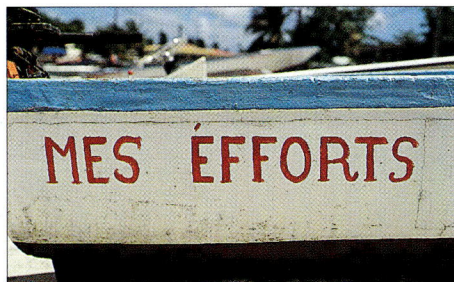

Chaque embarcation porte la marque de son propriétaire

VOIR AUSSI

- **Hébergement** p. 223

- **Restaurants, cafés et bars** p. 237

Les Abymes ❶

Carte routière C3. 🚶 70 000.
🛈 *Rue Achille-René-Boisneuf (05 90 20 26 89).* ✈ *Pôle Caraïbes.* 🚌 ⚓

Fondée en 1726 par Louis XV, la paroisse des Abymes est plus ancienne que Pointe-à-Pitre. Il y a un peu plus d'un siècle, le territoire des Abymes était composé de terrains situés dans le Petit Cul-de-Sac marin qui accueille maintenant le port de Pointe-à-Pitre. En raison de la proximité des côtes, ces terres marécageuses et insalubres sont devenues un lieu d'implantation prioritaire des colons de la Grande-Terre au tout début du XVIIIᵉ siècle. Où la limite entre Pointe-à-Pitre et Les Abymes se situe-t-elle ? Des différends territoriaux ont toujours

Au bord du canal Perrin

L'université Antilles-Guyane aux Abymes

affecté les rapports entre les deux communes, et force est de constater que l'une s'est construite en grignotant l'autre. À tel point que le centre des Abymes, à 8 km de Pointe-à-Pitre, soigneusement évité par la N2, reste presque rural au regard de son statut de « ville la plus peuplée » de la Guadeloupe.
Le bourg rural contraste avec la « modernité » de ses cités à l'architecture brutaliste des années 70. Les Abymes abritent par ailleurs le CREPS Antilles-Guyane, le Centre hospitalier universitaire et surtout l'aéroport Pôle Caraïbes qui reçoit quelque deux millions de visiteurs par an. L'agriculture reste le point fort de la commune, même si elle occupe aujourd'hui seulement 25 % des terres. Les cultures légumières se placent au deuxième rang

après la canne à sucre. Inaugurée en 1856 par monseigneur Fourcade, **la chapelle du Calvaire** se dresse sur le morne en face de l'église dédiée à Notre-Dame de la Guadeloupe. Une indulgence de 40 jours fut à l'époque accordée aux fidèles qui la visitaient et venaient prier pour la prospérité de la colonie. Le morne Calvaire est encore aujourd'hui un haut lieu du christianisme en Guadeloupe. La chapelle attire toujours des foules de fervents, en particulier le Vendredi saint, pour le chemin de croix.

🔒 **Chapelle du Calvaire**
Chemin du Calvaire, départ à gauche de la mairie.

AUX ENVIRONS
Bordé à l'ouest par le Grand Cul-de-Sac marin *(p. 132)* et la rivière Salée *(p. 133)*, le littoral est formé d'un réseau serré de racines, d'arbres, de marécages et de prairies salées, constituant l'une des plus belles mangroves de la Caraïbe, sillonnée de canaux navigables comme **le canal de Belle Plaine** et **le canal Perrin.** Ceux-ci sont de véritables nurseries pour la reproduction des langoustes, des crabes, des poissons et des oiseaux, mais aussi des coquillages très prisés tels que les palourdes, les chaubettes, les huîtres, etc.

Vieux-Bourg ❷

Carte routière C2. 🚶 2 000.

Il faut quitter la N5 vers la gauche (D107) avant d'entrer à Morne-à-l'Eau pour emprunter la départementale en direction du petit village de pêcheurs à 5 km de là. Avec son petit port, cette enclave excentrée et paisible qui fut autrefois le centre de Morne-à-l'Eau s'ouvre sur le Grand Cul-de-Sac marin. C'est un bon point de départ pour visiter les îlets qui lui font face : Macou et Duberran. La mangrove peut aussi s'explorer à partir de Vieux-Bourg par un réseau de découverte qui utilise le canal des Rotours. **L'îlet Macou** est un petit bout de terre du Grand Cul-de-Sac marin. Les canots amarrés à Vieux-Bourg peuvent y conduire le visiteur qui pourrait le 12 novembre, comme chaque année, assister à la messe dite pour les marins pêcheurs de la région dans **la chapelle Notre-Dame-de-Saint-Macou.**

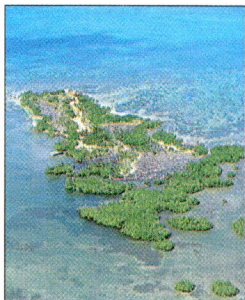
L'îlet Macou, au large de Vieux-Bourg

LES CRABES DE TERRE

Le crabe de terre, réputé
pour sa chair délicate

À Morne-à-l'Eau, patrie
du crabe de terre, il existe
des générations de *kabriyèlè*,
littéralement des chasseurs
de crabes. Ce qui est devenu
un métier était une façon pour
les déshérités d'améliorer
l'ordinaire. La boîte à crabes
est un piège inventé par
les esclaves, et qui joue
sur le réflexe du crabe à s'orienter vers les petits lieux
sombres au sortir de son trou. La méthode est proverbiale.
Ici on dit : *Mwin ni pasians kon bwèt'a krab* (« Je suis
aussi patient qu'une boîte à crabes »), tout un programme.
Mets de choix dans la gastronomie antillaise, le crabe
est aujourd'hui une denrée rare. Le dimanche de Pâques,
Morne-à-l'Eau organise la fête du crabe. Au programme :
concours du meilleur *kabriyèlè* et course de crabes.

Le cimetière de Morne-à-l'Eau
aligne ses tombes à damier

Morne-à-l'Eau ❸

Carte routière D2. 🚶 17 000.
ℹ️ *25, rue du Cimetière (05 90 24
78 19).*

Le canal des Rotours relie Morne-
à-l'Eau au littoral

À l'entrée de la ville, **le
cimetière** de Morne-à-
l'Eau accroche le regard avec
ses tombes à damier noir
et blanc, couvrant les flancs
d'un morne. Ce grand
échiquier n'a pas été imposé
par un arrêté municipal mais
résulte d'une volonté
collective. De l'autre côté
du morne trône **l'église
paroissiale** construite
par Ali Tur *(p. 112)* de 1929
à 1933. Elle remplace celle
érigée un siècle plus tôt,
et ravagée par le cyclone
de 1928. Reliant Morne-à-l'Eau
au Grand Cul-de-Sac marin,
le canal des Rotours,
cours d'eau long de 7 km,
fut construit pour répondre au
souci des colons de la fin du
XVIIIe siècle d'établir une voie
de communication entre leurs
habitations et le littoral.
Sa réalisation fut l'œuvre
de Jean-Julien Angot, baron
des Rotours et gouverneur
de la Guadeloupe de 1826 à
1830. De son passé glorieux
de nouvelle route industrielle,
le canal, aujourd'hui inutilisé,
reste la zone d'ancrage
de dix irréductibles pêcheurs.
Il est désormais l'objet
de grands projets municipaux
qui entendent associer
une démarche culturelle
de découverte à des activités
ludiques.

AUX ENVIRONS
À 2 km sur la route de Petit-
Canal, on remarque le flanc
blanc des mornes coupés
pour en prélever une grande
partie du tuf qui tapisse les
nombreux chemins vicinaux
de la Grande-Terre. **Les
carrières de Roujol** signalent
la forte teneur en calcaire de
cette région plutôt sèche. À
5 km à l'E. de Morne-à-l'Eau
par la N5, le site de **l'usine
centrale de Blanchet** abrite
aujourd'hui un crématorium.
Cette sucrerie née en 1869 a
fermé ses portes en 1979 à la
suite des restructurations de
la filière de la canne et des
regroupements de l'ensemble
du broyage de la région Nord
à Gardel au Moule *(p. 154)*.

L'ARBRE À PAIN ORIGINEL

Le père Labat raconte dans une chronique que
le tout premier arbre à pain *(Artocarpus incisa)*,
arrivé de Tahiti, a été planté en 1793 sur
les terres de l'habitation Corage (ou Corrège)
au lieu-dit Sauvia (env. 4 km de Vieux-Bourg
par la D107). L'arbre à pain, roi du jardin créole
à l'époque coloniale, hante encore les cours
des maisons traditionnelles. Il peut mesurer
jusqu'à 20 m de haut, ses feuilles sont larges et
découpées en forme de main de Fatma et son
fruit pèse environ 2 kg. Hier dévolue aux tables
modestes et « aux cochons », la pulpe blanchâtre
et farineuse du fruit à pain est devenue un mets
finement cuisiné, y compris pour les repas de fête.

Le fruit à pain est utilisé comme légume

Le port de pêche de Petit-Canal, ancien appontement où arrivaient les esclaves

Petit-Canal ❹

Stèle à l'esclave inconnu

Petit-Canal, ancienne Mancenillier, dédiée à l'industrie sucrière, se caractérisait par la forte densité d'esclaves (9 personnes sur 10) qui la peuplaient à partir du XVIIe siècle. Vers la fin du XIXe siècle, l'exploitation évolue ; de grands domaines se constituent autour des usines Duval et Clugny, qui mettent en place de nouvelles techniques. Petit-Canal devint après l'abolition de l'esclavage le lieu d'implantation d'immigrés européens, indiens, africains et japonais. En 1929, l'usine Duval, comme Clugny en 1890, est absorbée par Beauport à Port-Louis *(p.176)*. L'activité industrielle se réduit aujourd'hui à celle des distilleries.

À la découverte de Petit-Canal
À l'entrée de Petit-Canal, un chemin de terre à droite du panneau « Bienvenue à Petit-Canal » mène à **la forêt Deville**. Sur 45 ha poussent des mahoganys dont la petite taille est due à la composition du sol. S'étalant sur la pente orientale d'un morne, le bourg n'apparaît pas comme un lieu de villégiature. Dominé par l'église, le versant ouest s'ouvre sur la mangrove, avec vue au S.-O. de l'îlet Macou et au N.-O. de la pointe Sable-de-Bar, et offrant en contrebas les vestiges éloquents des heures de l'esclavage et de la société de plantation qui prévalait à Petit-Canal.

🔒 L'église
Située au sommet d'un morne, construite en 1747-1748, l'église de Petit-Canal fut privée de son péristyle par le cyclone de 1899. Érigé en face de l'entrée de l'église, un petit monument surmonté d'une étrange cloche en béton commémore l'abolition de l'esclavage. La petite histoire veut que des fouets y soient enterrés. Une inscription lapidaire « **Liberté 1848** », datant de l'abolition de l'esclavage, est gravée sur son socle.

♿ Les « marches des esclaves »
Partant de la petite plaine côtière qui abritait le village d'origine, un escalier monumental de 49 marches en pierre de taille mène à l'église. Chacune des 44 habitations-sucreries de la région de Petit-Canal décomptées en 1818 aurait fabriqué une marche, et les cinq autres auraient été offertes par le conseil municipal et le conseil de fabrique. À droite de l'église, les « marches des esclaves » établissent une pyramide de valeurs selon l'ethnie ; les premières marches pour les Congos et les plus hautes pour les Peuls et les Bamilékés.

♿ La prison des esclaves
Au bas de l'escalier, on est de plain-pied sur le site de l'ancien bourg. À quelques mètres à droite s'élèvent les murs de l'ancienne prison des esclaves. Elle est soutenue par les racines et les troncs d'énormes figuiers maudits. La construction, de 16 m de façade et 11 m de profondeur, se compose de trois salles

Les « marches des esclaves » à Petit-Canal

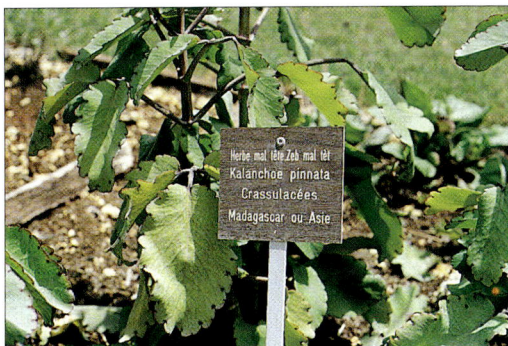

Le parc paysager de Petit-Canal est dévolu à la conservation des espèces

MODE D'EMPLOI

Carte routière D2. 6 585.
mairie (05 90 22 62 04).
t.l.j. (Les Mangles).

en enfilade. La vétusté de l'édifice rend la visite dangereuse, même si quelques barreaux sont solidement fixés aux fenêtres.

L'appontement

C'est par l'appontement que l'on aperçoit 300 m plus loin, qu'arrivaient les esclaves destinés à être vendus sur les marches menant à l'église. Ce qui est aujourd'hui un petit port de pêche compte depuis le 28 mai 1994 un gardien symbolique : la stèle surmontée d'un énorme tambour ka où brûle la flamme dédiée à l'esclave inconnu.

Le parc paysager

Rue Achille-René-Boisneuf. 05 90 22 76 18. t.l.j. de 9 h à 17 h sauf le lun.
Une signalétique très précise permet d'arriver à l'arboretum situé au centre de la commune. Couvrant 3 ha, le parc conserve la plus grande variété d'arbres originaires de la Grande-Terre, mettant un soin tout particulier à sauvegarder les espèces en voie de disparition comme le gaïac. Le parc paysager tend également à reproduire un écosystème qui englobe une mare. Et au fond du parc, une case créole avec « son jardin de case » (crotons, hibiscus, et autres espèces à fonction ornementale) et « son jardin créole » nourricier (piments, citrons, bananes, etc.) est ouverte à la visite.

La maison de l'Environnement

Rue Gerty-Archimède. 05 90 22 68 55. du lun. au ven. de 8 h 30 à 12 h 30 et de 13 h à 17 h. Excursions (payantes) le w.-e., tél. pour réserver.
Située dans le centre-ville, elle se propose de faire découvrir les richesses du patrimoine canalien à travers des excursions, notamment un circuit dans la mangrove

La chapelle Sainte-Anne

et un autre à travers les paysages et les sites historiques. Ces sorties sont ponctuelles et il convient de prendre contact avec la maison de l'Environnement.

AUX ENVIRONS
En 1822, la commune comptait 51 moulins. De nos jours, 37 tours se dressent encore dans sa campagne, souvent envahies par des figuiers maudits. Les aventuriers se risqueront sur les ruines de **l'habitation Castex,** situées à la sortie N. de la

commune en face de la petite forêt de filaos. Non loin se trouve le site de l'ancienne **usine Clugny.** Après le carrefour des Mangles, on quitte la N6 à droite pour rejoindre la partie la plus à l'est du territoire de Petit-Canal. Aux Mangles même, on peut visiter **le sanctuaire du Christ-Roi,** petite chapelle logée dans un ancien moulin, avant

Les moulins rappellent le passé sucrier de Petit-Canal

de poursuivre vers **Gros-Cap** (à l'E.) et visiter la tour qui abrite **la chapelle Sainte-Anne,** puis poursuivre vers la magnifique plage de sable blanc, **l'Anse Maurice,** baignée par l'océan Atlantique.

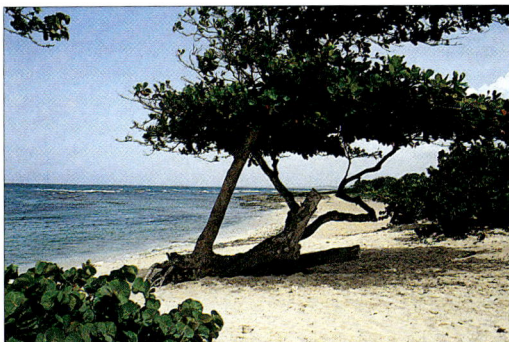

L'Anse Maurice sur la côte atlantique, aux environs de Gros-Cap

Le mât multicolore signale un temple indien

Gaschet ❺

Carte routière D2. 4 km de Petit-Canal sur la N6.

Comme les quartiers de Lalanne, Barbotteau, Fauvette, Belin, Beauplan et Pelletan (tous situés à la périphérie de la commune de Port-Louis), Gaschet abrite une importante population indienne. Deux temples hindous, dressant leurs mâts multicolores sur des mornes distants de quelques dizaines de mètres, attestent cette présence. Les cérémonies rituelles se déroulent toute l'année, excepté pendant le carême. On recense encore cinq autres temples plus modestes à Port-Louis, ouverts aux visiteurs.

Beauport ❻

Carte routière C2. Sur la N6 (à l'E.).

Cœur économique de la région jusque dans les années 1980, l'unité sucrière de Beauport était au centre du plus important bassin cannier du pays et produisait 27 % du sucre de la Guadeloupe (Gardel 37 %) en 1988. Depuis sa création en 1836, elle n'avait cessé de se développer. Armand Souques, docteur en médecine, avait fait l'acquisition aux enchères de l'habitation de Beauport, propriété des Ruillier en pleine brouille familiale pour y créer une sucrote. Vendue en 1908 à la SAUB (Société

Éléphant, faîtage d'un temple

anonyme des usines de Beauport), l'usine conserva son activité jusqu'aux prémices de la réforme foncière. Depuis la fermeture de l'usine et de la SEGT (Société d'élevage de la Grande-Terre), sa filiale d'élevage qui fut le troisième cheptel bovin français, le site, qui attend des projets à vocation culturelle ou touristique, présente aujourd'hui un visage de désolation.

Port-Louis ❼

Carte routière C2. 🏘 5 637. 🛈 Rue Sadi-Carnot (05 90 22 80 51). 🏠 t.l.j. 🚍

Orné de ses lampadaires et bordé de maisons créoles, le long boulevard maritime de Port-Louis s'ouvre sur le Grand Cul-de-Sac marin. Les côtes de Sainte-Rose et de la pointe Allègre

s'offrent à la vue et par beau temps l'île d'Antigua fait partie du panorama. Malgré les terribles outrages du cyclone Hugo en 1989, dont Port Louis porte encore les stigmates, l'ancien pôle économique du nord de la Grande-Terre conserve son caractère. Aujourd'hui, un Port-Louisien sur cinq est d'origine indienne ; la région a en effet été une importante zone de peuplement indien lié au développement de l'usine de Beauport.

L'église Notre-Dame-du-Bon-Secours cache sa structure métallique sous une jolie voûte en bois. Elle succéda en 1731 à un modeste lieu de culte installé déjà dans la rade et connut tous les malheurs de la petite

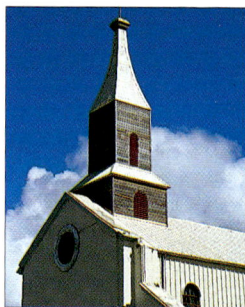

L'église Notre-Dame-du-Bon-Secours a résisté au cyclone Hugo

cité. Le gigantesque incendie de 1817, le tremblement de terre de 1843, l'immense brasier de 1890 rappellent le tribut payé par Port-Louis. En poursuivant sur le boulevard maritime vers la marina de pêche, **la croix de Rambouillet** inaugurée

À Port-Louis, la pêche est restée une activité artisanale

L'immense plage du Souffleur à Port-Louis

le 31 décembre 1865 s'impose au centre de la chaussée. Elle était destinée à conjurer le sort qui toucha Port-Louis, victime du choléra en 1863. Malgré les installations du **port de pêche de Zéphyr** (chambres froides, appontement réglementé, accès régulé), la pêche reste artisanale. Une centaine de pêcheurs, souvent d'origine saintoise, sont inscrits aux rôles d'équipage des Affaires maritimes, au troisième rang en Guadeloupe après les Saintes et Marie-Galante. **La plage du Souffleur** (au nord) est un site naturel exceptionnel, baigné par les eaux de la mer des Caraïbes. La fête annuelle de la plage est l'un des événements du mois de juillet en Guadeloupe. Au bout de sa large bande de sable blanc se trouve **le cimetière,** abritant des tombes singulières creusées dans le sable et entourées de conques de lambis ou bordées de feuilles de zinc.

Le cimetière, plage du Souffleur

AUX ENVIRONS
À partir du cimetière situé à l'extrémité nord de la plage du Souffleur, les amateurs de marche peuvent trouver prétexte à une promenade calme et sans grandes difficultés, tant le parcours qui emprunte les 7,5 km du littoral entre Port-Louis et Anse-Bertrand est agréable. La petite randonnée dure environ 2 h 30 entre mer bleue et mangrove. Sur le trajet, **la pointe d'Antigues,** avec sa petite chapelle, offre un généreux point de vue de la Basse-Terre.

LE DÉCLIN DU SECTEUR CANNIER

Les voies ferrées sont aujourd'hui abandonnées

En 1960, l'usine de Beauport est encore classée « parmi les plus belles affaires du siècle ». Mais l'offensive des betteraviers européens fragilise un marché déjà inquiet de la faiblesse du cours du sucre cubain (introduit dans la compétition par l'URSS). Il ne faut désormais plus compter sur les avantages fournis par la politique des quotas de l'après-guerre garantissant un plancher minimal à la production antillaise. En août 1960, la loi dite « de la réforme foncière » décide de l'utilisation des terres qui seront laissées en jachère par la nouvelle donne. Sa mise en œuvre confirme la déchéance de la canne et ressemble à une véritable révolution culturelle. Les instances départementales et régionales finissent par acquérir à grands frais les terres et les installations de nombreuses usines, y compris celles de Beauport. Plus de 5 000 ha de terres sont ensuite cédés à la SAFER chargée d'affecter les parcelles en imposant un principe de diversification des cultures dans le cadre de la réforme foncière. Le bilan de la réforme qui oblige les attributaires à planter en canne 60 % de leurs petites parcelles n'est guère flatteur. Entre-temps, les fermetures se succèdent avec celle de l'usine de Grosse-Montagne et de Darboussier. La quantité de canne broyée est passée de 1,7 million de tonnes en 1960 (152 042 t de sucre) à 375 765 t en 1995 (32 563 t de sucre), production assurée par les usines de Gardel au Moule *(p. 154)* et de Grande-Anse à Marie-Galante *(p. 191)*.

Les environs d'Anse-Bertrand

Anse-Bertrand ❽

Carte routière C1. 🏃 *5 000*. 🛈
mairie (05 90 89 48 48). 🚌 📧 *t.l.j.*
sauf lun.

« Ce petit coin du bout du monde… atteint depuis longtemps d'une maladie de langueur. » En 1863, le peintre Armand Budan désignait ainsi Anse-Bertrand, sa ville natale. La même atmosphère prévaut aujourd'hui dans cette commune de l'extrême nord de la Grande-Terre. Brûlées par le soleil et desséchées par le vent du nord, plaines et falaises ansoises ne suggèrent pas la prospérité, mais la région offre l'une des plus étonnantes destinations du pays. C'est non seulement le territoire où les derniers Caraïbes furent refoulés après le traité de 1660, mais c'est aussi l'écrin de la pointe de la Grande-Vigie.

AUX ENVIRONS
Sur quelque 2 ha, **le parc Krayb** offre, à travers un parcours jalonné de carbets et de dômes de pierres,

de nombreux témoignages de la présence amérindienne jusqu'au premier tiers du XVIIIᵉ siècle. Des fouilles ont mis au jour des fragments de poterie rouge, des débris de faïence, du silex, mais aussi des espèces végétales en voie d'extinction. Le parc Krayb est géré par le Centre de recherches intercaribéennes.

🏠 **Parc Krayb (parc caraïbe)**
Route de la Grande-Vigie. 🔲 *t.l.j. de 9 h à 17 h sauf le lun.* 📷

La pointe de la Grande-Vigie ❾

Carte routière D1. À 7 km au N.-E. d'Anse-Bertrand par la D122. Parc de stationnement. Sentier.

À la sortie nord de la commune, on longe la superbe plage de l'Anse Laborde avant de poursuivre jusqu'à la pointe de la Grande-Vigie. Les paysages sauvages sont couverts d'une végétation xérophile comme le monval dont se nourrissent cabris et lapins, les « sonnettes » avec leurs jolies petites fleurs bleues ou la verveine queue de rat. On est sur un éperon de calcaires récifaux à 84 m au-dessus de l'océan. Par très beau temps, à partir des aires de point de vue aménagées, on peut distinguer la Désirade à 50 km au S.-E. et Antigua à 70 km au N.-O. On y découvre aussi la succession des pointes et des anses où l'eau semble calme comme l'Anse Pistolet du côté de la porte d'Enfer.

La porte d'Enfer ❿

Carte routière D1. À 7 km au S.-E. de la pointe de la Grande-Vigie, par la D122.

Rien ici n'est infernal sinon l'inquiétant souvenir de la légende de Man Coco. La plage d'une calme beauté, à l'eau tiède et limpide, invite au bain. La mer s'avance très loin dans la terre découpée en faille étroite. Elle était à demi fermée par une arche naturelle en surplomb. Cette porte s'est effondrée après le séisme de 1843 *(p. 62)*. Un sentier tracé dans la paroi de la faille conduit à l'entrée d'un petit lagon et mène à une grotte percée dans la falaise. C'est **le Trou à Man Coco**. Selon la légende, madame Coco, ayant vendu son âme au diable, venait dans une grotte sacrifier aux rites vaudous. Parfois on la plaint parce qu'elle aurait été poursuivie pour des affaires de cœur et, victime de la rivalité d'une autre belle, elle y aurait disparu, son ombrelle à la main. La porte d'Enfer reste très fréquentée par les quimboiseurs.

Porte d'Enfer

La réserve des derniers Caraïbes

LE DERNIER REFUGE DES CARAÏBES

Le traité de paix signé le 31 mars 1660 au fort Saint-Charles (fort Delgrès) entre les chefs caraïbes, les Français et les Anglais marque le départ définitif des Amérindiens vers la Dominique, Saint-Vincent et la Grenade. Un peuple décimé est cantonné dans une réserve de 2 000 ha sur le territoire d'Anse-Bertrand. Les Caraïbes occupent alors surtout la pointe de la Grande-Vigie. On ne peut guère suivre les étapes de ce refoulement, hormis les pistes fournies par deux toponymes (Anse Caraïbe et Pierre à Marouba) au sud-ouest de la Grande-Vigie. En 1730, on dénombre 76 individus et, en 1825, 7 à 8 familles sont signalées à l'Anse du Petit-Portland. L'histoire retient aussi qu'en 1882 un groupe de 15 personnes descendant des Caraïbes revendique 200 ha des terres de leurs ancêtres. Ce peuple a encore quelques lointains parents du côté de Campêche ou de Massioux, dont les cheveux lisses et les pommettes saillantes indiquent l'origine.

Chemin de randonnée de la Grande Falaise ⓫

Au nord de la Grande-Terre, le chemin de la Grande Falaise longe la côte atlantique de la porte d'Enfer jusqu'à la pointe Petit-Nègre. Ce long sentier pédestre balisé est accessible toute l'année. Malgré le peu de difficulté, il exige prudence et sécurité. Les falaises, de 20 à 30 m de hauteur, à la pointe du Souffleur ou à l'Anse Belle-Rose, peuvent être dangereuses ; elles offrent une belle vue de la mer et des grottes mais il peut être risqué de s'aventurer sur les bords.

CARNET DE ROUTE

Itinéraire : 11 km.
Durée : 5 h.
Où faire une pause ?
Deux aires de pique-nique sont aménagées, une à l'entrée du lagon à la porte d'Enfer avec sa plage, une seconde à la fin de la randonnée à la Mahaudière à 50 m de la pointe Petit-Nègre.

Trou du Souffleur ②
Un morceau de calcaire effondré a provoqué ce trou rond. Des raisiniers de bord-de-mer le longent.

Trou à Man Coco ①
À l'entrée du lagon de la porte d'Enfer, le Trou à Man Coco est une voûte calcaire dans laquelle pénètre une eau calme. La grotte, ornée de bougies, est fréquentée par les quimboiseurs.

Tête à Bœuf ③
La ressemblance de la falaise avec une tête de bœuf est à l'origine de son nom. C'est ici que pousse un palmier, le latanier.

Pointe Petit-Nègre ⑤
De cette crête assez haute, l'île de la Désirade est visible. La traversée de la ravine permet de reprendre le sentier.

POINTE DE LA GRANDE VIGIE
Lagon de la Porte d'Enfer
Pointe du Lagon
Porte d'Enfer
Trou à Man Coco ①
D 122

Anse Belle-Rose
Pointe à Desbonnes
Pointe à Tortue
Trou du Souffleur
Pointe du Souffleur ②

LÉGENDE
Circuit recommandé
Point de vue

Les Portlands

Tête à Bœuf ③
Pointe des Gros-Caps

Grande Pointe

Pointe de l'Anse à la Barque

Anse à la Barque
Pointe Petit-Nègre ⑤

La Mahaudière ④
On découvre le moulin et le puits en ruine de l'ancienne sucrerie de la Mahaudière.

La Mahaudière ④

LES ÎLES DE LA GUADELOUPE

Si la Martinique est une île, la Guadeloupe, elle, est un archipel. Entre les paysages désolés de la Désirade et de Petite-Terre, les champs de canne de Marie-Galante, le fort Napoléon des Saintes, les casinos de Saint-Martin et les traditions bretonnes encore vivaces de Saint-Barthélemy, vous appécierez l'identité-mosaïque de la Guadeloupe.

Îles satellites, dépendances, il est toujours difficile de trouver le nom juste pour désigner les îles de l'archipel guadeloupéen. Un peu à l'image de la Guadeloupe face à la « métropole », elles n'ont pas d'autonomie politique. En fait, chaque île possède une identité bien singulière. En effet, quoi de commun entre Marie-Galante, la Désirade, les Saintes, Saint-Martin et Saint-Barthélemy ? La Désirade a la particularité d'avoir accueilli dans le passé lépreux et autres indésirables dont la métropole souhaitait se débarrasser. Aujourd'hui encore, elle reste mystérieuse, souvent victime d'événements inexpliqués.

Marie-Galante est un monde à part, une île complètement rurale, encore traversée par les charrettes à bœufs et imprégnée de la culture de la canne. Les Saintes sont formées de deux entités : Terre-de-Haut, relativement fréquentée par les touristes, et Terre-de-Bas, plus difficile d'accès, coquette et fleurie.

Quant aux îles du nord de l'archipel, Saint-Martin et Saint-Barthélemy, elles sont plus éloignées de la Guadeloupe continentale et ont leur sous-préfecture à Saint-Martin. Cette dernière, partagée entre les Hollandais et les Français, n'offre pas les mêmes paysages économiques, politiques et culturels selon que l'on se trouve d'un côté ou de l'autre de la ligne de démarcation.

Terre de jeux, d'endroits propices aux rencontres en tous genres et de boutiques détaxées, elle continue à attirer du monde. Saint-Barthélemy, l'île blanche qui n'a presque pas connu l'esclavage, est la plus attachée à perpétuer une certaine image d'elle-même : élitiste, et chère, elle se réserve à une minorité.

La rade des Saintes avec son fameux pain de sucre rappelle la beauté de la baie de Rio

◁ Cheminée quadrangulaire de la sucrerie en ruine de l'habitation Murat à Marie-Galante

À la découverte des îles de la Guadeloupe

Les îles de l'archipel guadeloupéen sont
à la fois proches et lointaines les unes
des autres. Planes, montagneuses, tropicales
ou arides, étirées ou ramassées, aucune
ne se ressemble. Chacune d'elles possède
sa spécificité, son caractère, son histoire
et ses habitudes. Partir à la découverte de
Marie-Galante, de la Désirade, des Saintes
ou des îles du Nord vous permettra d'aborder
d'autres univers, de sentir et d'apprécier leurs
différences.

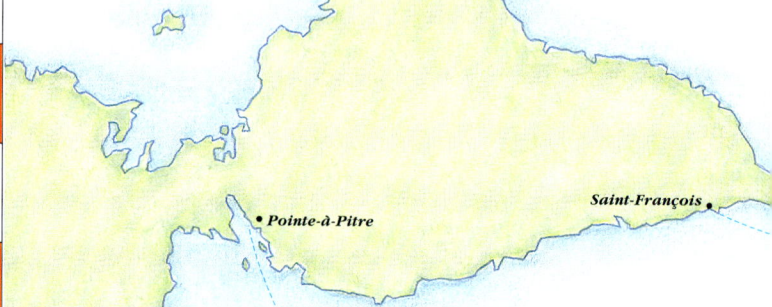

• *Pointe-à-Pitre*

Saint-François •

Le chef-lieu de Saint-Barthélemy, Gustavia, fut édifié par les Suédois

MARIE-GALANTE

Saint-Louis •

Grand-Bourg •

Capeste

LES SAINTES

Îlet à Cabrit   *Terre-de-Haut*

Terre-de-Bas   *Grand-Îlet*

LÉGENDE

- - - Liaison maritime

═══ Autre route

☀ Point de vue

VOIR AUSSI

• *Hébergement* p. 223-225

• *Restaurants,
cafés et bars* p. 238-239

LA DÉSIRADE

• Beauséjour

0   10 km

*Îles de
la Petite Terre*

La Feuillère à Marie-Galante est protégée par une barrière
de corail

CIRCULER

Les liaisons maritimes entre les différentes
îles de l'archipel guadeloupéen sont
fréquentes et nombreuses. De la Darse
à Pointe-à-Pitre, des vedettes se rendent
quotidiennement aux Saintes et à
Marie-Galante. De Saint-François, on peut
rallier les Saintes, Marie-Galante et la
Désirade (traversée agitée). L'embarcadère
de Trois-Rivières dessert quant à lui les
Saintes. Des liaisons aériennes existent
aussi depuis Pointe-à-Pitre pour ces trois
destinations (Le Raizet) ainsi que pour
Saint-Martin et Saint-Barthélemy. Entre
Saint-Martin et Saint-Barth existent des
liaisons maritimes et aériennes.

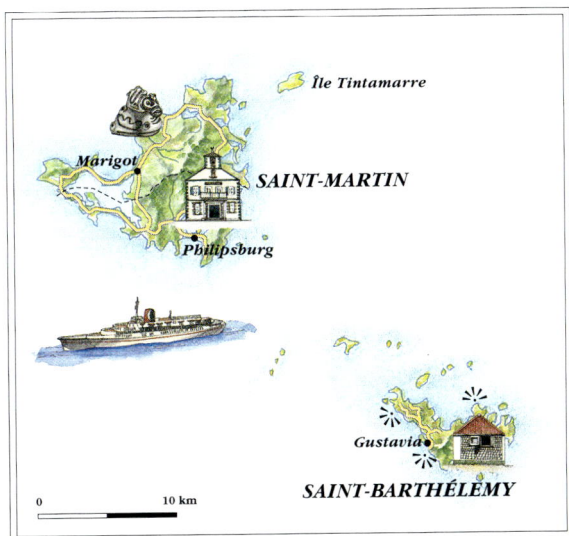

Île Tintamarre

Marigot

SAINT-MARTIN

Philipsburg

Gustavia

SAINT-BARTHÉLEMY

0   10 km

Les Saintes

Église de Terre-de-Haut

Colomb entra le 4 novembre 1493 dans l'éclatante baie des Saintes. La position stratégique de ces neuf îlots engendra un long différend franco-anglais. Les batailles navales se succédèrent. En 1815, l'archipel devint français et fut partagé en 1882 en deux communes : Terre-de-Haut et Terre-de-Bas. Depuis 1946, il est rattaché à la Guadeloupe. Le recours à l'esclavage fut limité car les Saintes ne sont pas des îles à sucre. La quasi-autarcie des premiers temps a laissé place, dès la fin des années 60, à une ouverture salutaire au tourisme, surtout à Terre-de-Haut, qui en tire l'essentiel de ses revenus.

LÉGENDE

✈	Aéroport
ℹ	Information touristique
⛴	Embarcadère
☼	Point de vue

Le Paté

Pointe à Vache

Pointe Noire

Pointe du Gouvernail

Grande Anse

Morne Abymes

8

Terre-de-Bas

Morne Paquette

Pointe à Nègre

Petites Anses

Gros Cap

La Vierge

Pointe Sud

Les Augustins

0 ————————— 1 km

Terre-de-Haut **1**

🏠 1 600. ℹ rue de la Grande-Anse *(05 90 99 58 60).* ⛴ Terre-de-Bas. 🎉 *15-16 août (fête patronale et fête des pêcheurs).*

Près de 30 mn après avoir quitté Trois-Rivières, après avoir traversé le canal des Saintes, la vedette accoste à Terre-de-Haut, niché dans sa célèbre baie en arc de cercle, son petit pain de sucre basaltique sur la droite et le fort Napoléon en surplomb de l'autre côté. L'air y est sec tout comme la terre et la végétation (les précipitations annuelles ne dépassent pas 1,5 m). Passé l'étonnante maison en forme de proue de bateau dévolue au médecin, la vedette se range le long de l'embarcadère. Quelques enfants et des jeunes filles au teint clair circulent dans le sympathique désordre de l'arrivée, en proposant des tourments d'amour *(p. 229)* disposés dans des paniers. À travers les rues bordées de petites maisons joliment peintes et coiffées de toits rouges, les visiteurs redécouvrent le plaisir de la marche. Depuis quelques années, hormis les jeeps de la gendarmerie et de très rares véhicules collectifs, ce sont des nuées de scooters de location qui sillonnent l'île. Bordant la mer, le bourg s'étend de l'Anse Mire au nord à Fond-Curé au sud ; le quartier du Mouillage, derrière l'embarcadère, en constitue le centre. Avec le fort développement du tourisme, les magasins ont fleuri aux abords de l'appontement, proposant un modeste artisanat local et des produits importés. En flânant dans la rue principale, on

L'appontement de Terre-de-Haut est toujours très animé

Guadeloupe

Pointe Morel

Pointe à Eau

Pointe du Vent

Pointe Bombarde

te brit

et à Cabrit ❷

Fort Napoléon ❸

Fort Joséphine

Pointe Sable

Plage de Pompierre ❹

Roches Percées

❺ *Grosse Pointe*

Anse du Bourg ❶

Terre-de-Haut

Trace des Crêtes

Grand Souffleur

Pain de Sucre

Grande Anse

Fond Curé   La Savane

Le Chameau
309 m ▲ ❻

Anse du Figuier

nse awen

Pointe Rodrigue

La Redonde

Pointe Plate

Pointe Basse

❼ Grand Îlet

Pointe des Colibris

MODE D'EMPLOI

10 km au sud de la Guadeloupe.
🏃 *3 100.* ✈ *Terre-de-Haut
(05 90 99 50 32).* ⛴ *Terre-de-
Haut (Pointe-à-Pitre, Basse-Terre,
Trois-Rivières, Saint-François via
Marie-Galante).* 🏛 *du lun. au
sam. jusqu'à 14 h, rue Benoît-
Cassin (Terre-de-Haut).*

rapidement aux sépultures saintoises. L'imposant Christ en croix qui y veille guide les pas vers ce lieu plutôt émouvant où, à l'exception de quelques caveaux bourgeois, s'étale une théorie de petits tumulus entourés de conques de lambis. Le chemin du cimetière se poursuit et permet d'atteindre le petit aéroport avant d'arriver à **la plage de Grande Anse.** L'aéroport, qui offre un atterrissage fort en émotions, a été construit en 1960, ouvrant du même coup Terre-de-Haut au tourisme international.

L'îlet à Cabrit ❷

Accès en bateau depuis Terre-de-Haut
(15 mn).

Faisant face au bourg de Terre-de-Haut et isolant la rade de la mer des Caraïbes, cet îlet aujourd'hui inhabité faisait partie du système de défense des Saintes. L'îlet abrita un temps une « convalescence » pour les militaires, et son isolement incita les autorités à y élever, en 1851, un pénitencier, antichambre du bagne de Cayenne jusqu'en 1902, puis à transformer la « convalescence » en lazaret de quarantaine pour les lépreux. À la fin du XIXe siècle et au début du XXe, Terre-de-Haut vit disparaître une à une ses différentes vocations militaires. On peut voir sur l'îlet à Cabrit les vestiges du fort Joséphine, construit au XIXe siècle sur les ruines d'un ancien fortin, peuplés d'iguanes et de cabris.

À Grande Anse, les hautes falaises tombent dans une mer houleuse

remarque **l'église** à la façade en pierre, juchée sur un petit promontoire à quelques pas de la mairie de style colonial et de sa place Hazier-du-Buisson ombragée d'amandiers-pays et de flamboyants. À l'intérieur de l'édifice, le regard s'arrête sur le beau plafond en bois en forme de carène renversée et sur l'étonnante peinture figurative illustrant la commune. Offerte par les marins, elle est dédiée à la Vierge protectrice, naïvement représentée sur l'œuvre à côté d'une simple prière : « Marie, Étoile de la mer, protégez les marins. » **Le cimetière marin** n'est pas loin, et le chemin à droite de la mairie mène très

Le fort Napoléon ❸

1,5 km au N. du bourg. ☎ 05 90 37 99 59. ⏰ t.l.j. de 9 h à 12 h. 🚫 1er janv., 1er mai, 27 mai, 15-16 août, 25 déc.

Le fort Napoléon se dresse au milieu d'un jardin de cactées

Situé sur le morne Mire à 114 m d'altitude, ce magnifique point de vue sur la rade est l'orgueil des Saintes. Bâti sur les ruines du fort Louis, détruit par les Anglais en 1809, restauré entre 1816 et 1840, il prit sa forme actuelle avec l'édification de nouvelles fortifications en 1844. L'ouvrage terminé en 1867 abrita une garnison jusqu'en 1889 et n'essuya jamais le feu ennemi ! Il s'agit d'un fort « à la Vauban », ceint de fossés protégeant les remparts. Dans la cour intérieure s'élève le bâtiment proprement dit. Longtemps menacé d'abandon, le site fut réhabilité en 1980 par l'Association saintoise de protection du patrimoine. **Le musée,** à l'intérieur de la vieille forteresse, raconte l'histoire des Saintes et présente produits et techniques de l'artisanat local sur le thème de la mer. Une salle est consacrée à la fameuse bataille des Saintes qui opposa Français et Anglais en 1782. **Le jardin exotique,** créé en 1984, s'illustre comme un conservatoire de la flore locale. Cactus-cierges, raquettes et « tête-à-l'Anglais », acacias de Saint-Domingue, campêche, toute la végétation naturelle de l'île y est présentée. Plusieurs jardins botaniques ont apporté leur concours à l'élaboration de cet espace, en particulier le jardin exotique de la principauté de Monaco, qui a fourni de belles collections.

La plage de Pompierre ❹

1 km au N.-E. du bourg.

Enchâssée dans la baie du même nom, c'est la plage la plus connue des Saintes et l'une des plus belles de la Guadeloupe. Aménagée de paillotes, calme et ombragée de raisiniers bord-de-mer, elle est baignée par les vagues paresseuses d'une eau claire et tiède. Elle constitue un excellent mouillage et est coupée de l'Atlantique par les Roches Percées, qui, selon la légende, protégeraient un trésor de pirates. Dommage, il est introuvable ! D'autres plages sont tout aussi accueillantes, comme celle du Pain de Sucre avec sa belle cocoteraie et ses fonds coralliens, l'Anse du Figuier au paysage sauvage, l'Anse Crawen appréciée des naturistes.

La trace des Crêtes ❺

1 h de marche, sans grande difficulté ; se protéger du soleil.

Sur cet itinéraire, le randonneur a toutes les chances de frayer avec des iguanes, et le sentier est bien indiqué à partir de la plage de Pompierre. On se dirige vers les Roches Percées en passant par la Grosse Pointe, d'où apparaît le littoral dans un décor de maquis. Au **Grand Souffleur,** la mer s'engouffre violemment dans un trou, avec un effet de souffle impressionnant. La trace descend ensuite par un chemin de rocaille entre cactus et falaises à pic vers **la plage de Grande Anse,** offrant ses vagues spectaculaires aux surfeurs.

Cabanes de pêcheurs à la plage de Bois-Joli

Le Chameau ❻

S.-O. du bourg. Route du Bois-Joli. Environ 2 h 30 aller-retour.

Puisque le soleil tape fort et en l'absence de sous-bois, il est prudent de réaliser le parcours le matin de bonne heure. Le sentier très pentu s'écarte parfois de la route goudronnée pour arriver au faîte du massif du Chameau à 309 m d'altitude. C'est le point culminant de l'île, dont le sommet est couronné par les ruines d'une tour de vigie, la tour Modèle, de laquelle se déploie un fantastique panorama de l'archipel et de la Guadeloupe.

Les îlets des Roches Percées ferment la baie de Pompierre

Grand Îlet ❼

La passe du Sud sépare Terre-de-Haut et Terre-de-Bas autour desquelles s'harmonise un chapelet d'îlots inhabités : au sud les Augustins, la Coche, Grand Îlet et la Redonde ; à l'est les Roches Percées et l'îlet à Cabrit au nord. Il faut obtenir une autorisation spéciale pour visiter Grand Îlet, le plus vaste des îlots inhabités de l'archipel. Il s'agit d'une réserve ornithologique où se reproduisent aussi en toute quiétude iguanes et cabris sauvages.

Terre-de-Bas ❽

🏃 1 520. 🏠 mairie (05 90 99 82 27). 🚢 Terre-de-Haut. 🎉 6 déc. (Saint-Nicolas, fête patronale).

Comme le terrain d'aviation est à jamais inachevé, le bateau demeure le seul moyen d'accès à ce gros rocher ramassé sur lui-même, protégé par des falaises et couvert d'une végétation dense. L'arrivée se fait à **l'Anse des Mûriers,** au nord-est de l'île, par l'une des cinq navettes quotidiens avec Terre-de-Haut. Deux petites statues gardent son entrée : Poséidon, le dieu grec de la Mer, et une Vierge protectrice. L'Anse des Mûriers accueille aussi l'usine d'appoint qui fournit l'électricité de l'archipel, Terre-de-Haut étant alimenté par un câble sous-marin. La même méthode prévaut d'ailleurs pour l'ensemble de la région, qui est ravitaillée en eau par un pipe-line raccordé à Trois-Rivières. La population tire sa subsistance de la pêche bien sûr, mais aussi de la culture du coton et du café. Les pêcheurs d'ici portent un curieux couvre-chef, le salako *(voir encadré)* et pavoisent le 6 décembre, jour de la Saint-Nicolas.

Grande Anse

Rien à voir avec Terre-de-Haut si ce n'est l'accueil discret et amical d'une population plus métissée et en apparence moins dense. Malgré la présence de quelques

LE SALAKO EST D'ORIGINE ASIATIQUE...

Par un astucieux travail de vannerie, la carcasse plate et ronde comme un parasol est faite de lattes d'écorces de bambou assemblées en soleil à partir d'un morceau de bois central. Fixée perpendiculai-rement à la partie supérieure, la coiffe est constituée d'un cylindre plat en fibres de nasse à mailles hexagonales placé en dessous. La carcasse est traditionnellement recouverte de tissu, blanc à l'extérieur, bleu à l'intérieur. Aujourd'hui, on les recouvre souvent de tissu imprimé. Il semblerait que des Asiatiques soient venus à Terre-de-Bas au XIXe siècle pour les besoins de la poterie de Grande Baie. Le salako, qui fait partie de l'image du pêcheur saintois, est entré dans le patrimoine de Terre-de-Bas et de toute la Guadeloupe.

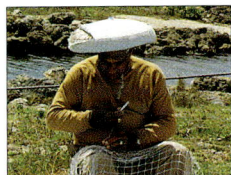

Pêcheur saintois coiffé du traditionnel salako

véhicules rendue nécessaire par la distance entre les deux pôles d'habitation, le calme règne dans le village aux coquettes maisons à persiennes, au centre duquel s'élève la grande chapelle dédiée à saint Nicolas. Le visiteur n'y trouvera pas les habituelles boutiques colorées ni les animations des îles vouées au tourisme, mais il profitera d'un cadre idéal pour la randonnée pédestre. Deux sentiers partent de la plage : **la trace du Nord** mène à Petites Anses en 2 h, sans grande difficulté, et **la trace Caraïbe** épouse la côte jusqu'à la ravine Caraïbe. **La trace de l'Étang,** belle balade en forêt, commence au sommet de la D213, dite « route du Nord », et permet d'apprécier la richesse de la forêt. Une route cimentée de 5 à 6 km relie Grande Anse à Petites Anses. Signalée à gauche en remontant de l'Anse des Mûriers, elle offre un beau panorama de Grand

Îlet, des Augustins et de la Coche. En contrebas, **les Poteries** sont les ruines de la poterie de Grande Baie qui abritait des installations de céramique dont on trouve encore des vestiges.

Petites Anses

Deux habitants sur trois vivent sur ce plateau qui n'offre aucune échappée sur la mer. C'est pourtant le pays de Brudey, le plus grand armateur de l'archipel dont la mythique *Maria* fend depuis de longues années les eaux turquoise du canal des Saintes, à l'instar des vedettes de génération plus récente. L'endroit est à peine plus animé que Grande Anse mais devient exubérant à la Saint-Nicolas, à l'occasion des réjouissances de la fête patronale du 6 décembre. Une messe et une procession rassemblent les marins dans la petite église au plafond en bois en forme de carène renversée et dans le cimetière.

Une végétation épaisse couvre l'île massive de Terre-de-Bas

Marie-Galante

**Blason de l'île
aux cent moulins**

« La grande dépendance », l'île ronde, est le plus étendu des satellites de l'archipel. Marie-Galante, « morceau isolé en mer de la Grande-Terre », bénéficie d'un climat hospitalier car les alizés y circulent librement. Avec ses chars à bœufs et ses distilleries, elle offre un aperçu de la Guadeloupe telle qu'elle était il y a une vingtaine d'années. La canne y est reine, et les vestiges de sucrotes hérissent les mornes sont autant de sentinelles de l'histoire de « l'île aux cent moulins ». Les Marie-Galantais se targuent de produire le meilleur rhum des Antilles, reconnaissable à sa forte teneur en alcool. S'ils sont fiers de leur île, réputée être la mémoire de l'archipel, ils savent aussi que son avenir passe par le tourisme.

Le débarcadère de Grand-Bourg est le premier contact avec l'île

Dans l'histoire
Colomb aborda l'île le 3 novembre 1493 et l'appela *Maria Galanta*, du nom de l'une de ses caravelles. Ses hommes la surnommèrent « el sombrero » à cause de sa forme ronde et de la douceur de son relief. Habitée par les Caraïbes, elle vit s'implanter les premiers colons français en 1648, à Vieux-Fort. La cohabitation des débuts fut suivie de combats sans merci entre les deux communautés. Depuis 1946, l'île est rattachée à la Guadeloupe. Divisée en trois communes (Grand-Bourg, Capesterre, Saint-Louis), cette terre calcaire est séparée en deux par la Barre de l'île, escarpement de faille de plus de 100 m qui limite le plateau soulevé des Hauts, au sud, et isole la région des Bas, au nord.

Grand-Bourg **1**

🏠 6 500. 🛈 rue du Fort (05 90 97 56 51). ⚓ Pointe-à-Pitre. ✈ des Basses 📞 05 90 97 82 21. 🚌 t.l.j.

Grand-Bourg est le principal pôle d'animation de l'île. Dans ses rues, de jolies maisons créoles en bois voisinent avec la mairie, l'hôpital et le palais de justice hérités d'Ali Tur (p. 112). **Le marché** couvert déborde de couleurs dès les premières heures du jour. La pâtisserie voisine offre un succulent *bonbon siwo* (gâteau local à base de sirop de batterie). **L'église Notre-Dame de Marie-Galante** présente une façade originale

Cartouche de l'habitation Murat

avec ses colonnes encadrant trois larges entrées. Le corps rectangulaire de la bâtisse soutient un singulier clocher où règne une Vierge blanche. De Grand-Bourg, on peut apercevoir la Dominique avec laquelle Marie-Galante a toujours entretenu des relations privilégiées.

L'habitation Murat **2**

Sur la D203, à 2 km au S. de Grand-Bourg. Écomusée de Marie-Galante 📞 05 90 97 94 41. ⬤ lun., mar., jeu. de 8 h à 13 h et de 14 h 30 à 17 h 30, mer. et ven. de 8 h à 13 h. 🌿

L'ancienne sucrerie était à l'origine un domaine de 200 ha dont les principaux édifices furent construits au XVIIe siècle par une demoiselle Murat qui avait quitté son île pour étudier aux Beaux-Arts à Paris. En 1807, Dominique et Emmanuel Murat rachetèrent l'habitation à la veuve Dumoulier. Elle comptait plus de 300 esclaves, une centaine de cases, une trentaine de bâtiments, deux moulins à vent et à bêtes. Aujourd'hui, elle ne s'étend plus que sur 7,5 ha. Devenu en 1979 écomusée de Marie-Galante, le lieu abrite un jardin médicinal (ancien enclos pour les animaux) et le « château ». Construite pendant l'occupation anglaise

Le « château » Murat, de style classique, s'ouvre sur un beau parc

(1805-1815), dégradée par les outrages du temps et des catastrophes naturelles, la maison de maître est en cours de restauration depuis 1985. Restent la tour du moulin à vent et la plate-forme circulaire en pierre de taille de l'ancien moulin à bêtes. À droite se dressent les ruines de la sucrerie avec sa cheminée en pierre. Le bâtiment du bas abrite un centre de documentation qui présente le musée. Près de la mare, trois cases en gaulettes ont été reconstituées sur leur emplacement d'origine.

AUX ENVIRONS
L'ancienne **habitation Pirogue** (au nord, sur la N9), qui fut l'une des plus importantes de l'île, a été transformée en foyer rural. À proximité se trouve **la mare au punch.** On raconte que des esclaves ayant anticipé leur libération y auraient déversé des litres de rhum dans la mare pour faire un immense punch.

L'atelier d'Armand Baptiste ❸

N9, direction Vanniers, puis Bonnet.
▮ 05 90 97 84 66.

Ce sculpteur est l'un des seuls en Guadeloupe à vivre de son travail. Il façonne l'ébène verte, le gaïac, le mancenillier, le campêcher et bien d'autres bois. Il sculpte aussi la pierre, la calcite. Ses œuvres sont exposées à côté de son atelier.

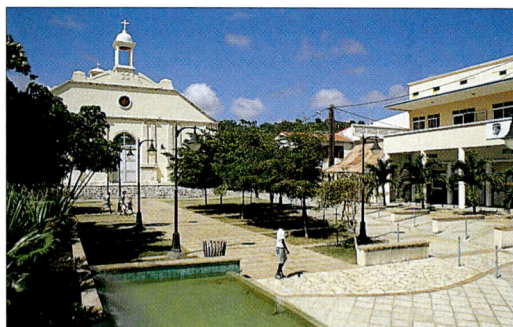

La place de l'église de Capesterre est le cœur du bourg

Capesterre-de-Marie-Galante ❹

11 km au S. de Grand-Bourg.
🏠 3 850. 🚌 t.l.j.

C apesterre est un petit bourg entouré d'anses et de plages désertes aux eaux turquoise. En arrivant par les hauteurs, la vue du lagon est imprenable. Dominant le bourg, **la chapelle Sainte-Anne,** creusée dans le roc, est un lieu de pèlerinage. Au sud, **la plage de la Feuillère,** protégée par une barrière de corail, a la réputation d'être plus belle de l'île. Plus au sud, **la plage de Petite-Anse,** sauvage, a aussi beaucoup de charme. **La grotte du morne Rita,** qui abrite des peintures rupestres, est désormais fermée au public.

AUX ENVIRONS
Au nord de Capesterre se trouve **le site des Galeries,** falaises creusées par la mer formant une galerie couverte à plus de 15 m au-dessus du niveau de la mer. Il faut laisser sa voiture et marcher au bord de la mer pour les découvrir. Plus au nord, par la D201, à l'intérieur des terres, **les Galets,** pierres gravées, sont les dernières traces amérindiennes (site fermé au public). Près du Haut-du-Morne, les frères **Moysan** préparent du sirop de batterie, à partir d'une canne grise qui pousse exclusivement à Marie-Galante. À Petite Place est installée **la ferme éolienne de Capesterre,** composée de 25 éoliennes géantes.

🔲 **Sirop de batterie Moysan**
Section le Haut-du-Morne. Vente dans toutes les boutiques.

Le moulin de Bézard ❺

N. de Capesterre par la D 202, sur la droite. 🔲 de 10 h à 14 h. 🔲 05 90 97 20 93. 🔲

A u xixe siècle, on dénombrait 106 moulins à vent ; 78 subsistent aujourd'hui, les autres ayant été victimes du temps et de la végétation. Vestiges du passé sucrier de l'île, ils ont souvent perdu ailes et toiture. Construit en 1814, le moulin de Bézard, en activité jusqu'en 1940-1941, a été restauré en 1994.

AUX ENVIRONS
À **la siroterie Lambourde,** petite entreprise familiale, on peut voir les étapes de la fabrication du sirop de batterie *(voir encadré).*

🔲 **Siroterie Lambourde**
En face de la distillerie Bellevue, par le chemin qui monte vers Sainte-Croix. 🔲 05 90 97 30 81.

Le moulin de Bézard

Trou à Diable ❻

N. de Capesterre par la D202 ou par la D201. Visite déconseillée.

C uriosité de l'île, le trou à Diable est une grotte de 900 m de long qui mène à un sous-bois et à une rivière souterraine.
N'essayez pas d'y pénétrer à tout prix. Ceux qui ont «transgressé l'interdit» l'ont souvent regretté, tombant ensuite malades ou étant victimes de malchance…
En fait, les excréments des chauves-souris qui dégageraient un gaz toxique pour l'homme seraient à l'origine de ces malaises.

AUX ENVIRONS
La D201 mène aux ruines de l'habitation Dorot, mangées par la végétation, dont on peut encore voir la cheminée en tôle et les machines d'époque. La fermeture de l'usine Dorot en 1952 avait provoqué un exode massif des ouvriers vers Saint-Louis et Pointe-à-Pitre.

Saint-Louis ❼

10 km au N. de Grand-Bourg. 🏠 3 450. 🚢 Pointe-à-Pitre. 🚌 t.l.j.

L e rythme tranquille de la plus petite, en nombre d'habitants, des trois agglomérations de l'île est simplement troublé par l'arrivée et le départ des navettes la reliant à Pointe-à-Pitre.
Les pêcheurs vendent le produit de leurs sorties en mer dans le quartier du petit marché traditionnel. Maisons créoles en bois et constructions en dur voisinent le long des rues étroites.
Le seul bâtiment ancien du bourg est la prison. Comme dans de nombreuses communes de Guadeloupe, les bâtiments publics détruits par le cyclone de 1928 furent reconstruits d'après les plans de l'architecte Ali Tur.

AUX ENVIRONS
La pointe de Folle-Anse, situé au sud de Saint-Louis, est une agréable plage de sable blanc.

Cette petite anse proche de Vieux-Fort offre ses eaux calmes

Vieux-Fort ❽

N. de Saint-Louis par la D206.

Vieux-Fort accueillit les premiers colons en 1648. En 1653, ils furent exterminés à coups de *boutou* (massue traditionnelle) par les Caraïbes. **La plage du Massacre** (ou Anse de Vieux-Fort) évoque cette triste histoire. Après cet épisode, le gouverneur Houël dépêcha sur place une centaine d'hommes pour reprendre la colonisation. Aujourd'hui, la plage, en cours d'aménagement, offre diverses activités nautiques, et le petit village de pêcheurs vit de la fabrication de charbon de bois. Il a conservé des cases en gaulettes (branches de bois-chandelle entrelacées et colmatées par un mélange d'argile et de paille). La rivière de Vieux-Fort est le cadre d'une agréable promenade.

AUX ENVIRONS
À l'extrême nord de l'île à 5 km de Vieux-Fort, **la gueule Grand Gouffre** est une arche naturelle, sculptée par l'océan. Le panorama du haut des falaises, à Caye Plate, ancien refuge des Caraïbes, est superbe.

L'usine sucrière de Grande-Anse ❾

N9 à la jonction de la D204.
☎ 05 90 97 80 98. En campagne de fév. à juil. t.l.j. sf le w.-e. de 9 h à 13 h.

L'habitation sucrière date de 1846. C'est la dernière sucrerie de l'archipel guadeloupéen, avec celle de Gardel au Moule *(p. 154)*, encore en activité. La nouvelle SA des sucreries et rhumeries de Marie-Galante fait vivre aujourd'hui 1 800 planteurs et produit près de 10 000 t de sucre par an. Il est possible d'acheter sur place du sucre en sachets. Chaque année, le 1er décembre, une messe est célébrée par l'évêque pour la Saint-Éloi, patron des ouvriers.

L'habitation Trianon-Roussel ❿

N9, au N. de Grand-Bourg.

Les premières traces des deux habitations distinctes, Trianon et Roussel, remontent au XVIIIe siècle. L'usine, équipée de machines à vapeur en 1860, n'aurait connu qu'une très brève période de gloire puisqu'en 1865 elle périclita, incapable de résister à la concurrence de l'usine de Grande-Anse. Depuis, elle est abandonnée. Les ruines du moulin à vent, de la cheminée, de l'ancien parc à bœufs, des écuries et des mangeoires en briques rouges témoignent de l'histoire de l'habitation, classée monument historique depuis 1981.

Le Katutu ⓫

Boulbou N'Gola Isaïné (sculpteur). Centre « Koumaki Kwéasion ». Section Buckingham, 1,5 km de Grand-Bourg. ☎ 05 90 97 78 09.

Cet artiste a créé un espace original : le Katutu, du nom des grandes calebasses dans lesquelles les femmes conservaient la viande salée. Il expose des tables et sièges travaillés dans des racines, des *chouk abwa*. Il est l'inventeur d'un bel instrument, la « chouka » (*chouk* pour la racine, *ka* pour le tambour-calebasse). Vous pourrez déguster une cuisine *roots* dans un espace « musical » où chacun peut s'exercer au gwoka.

L'arche de la gueule Grand Gouffre

LE SIROP DE BATTERIE

Le sirop de batterie, l'une des spécialités de Marie-Galante, est un sirop épais obtenu après l'élimination de l'eau du jus sucré de la canne, qui sortait de la « batterie », dernière cuve des sucrotes. Il sert de base aux rhums de sirop. Se conservant bien, il permet la distillation de rhum toute l'année par dilution. Il est aujourd'hui utilisé pour

Affiche d'un producteur

préparer des boissons rafraîchissantes et pour cuisiner : les enfants en tartinent leur pain et aromatisent leur lait ; les hommes, en parfument leur bière. On raconte que ce sont les esclaves, tenus à l'écart de la production de la canne qu'ils cultivaient, qui mirent au point ce sirop. Les vertus énergétiques du breuvage seraient à l'origine de son nom.

La visite de la distillerie Bielle est suivie d'une dégustation

La distillerie Bielle ⑫

De Grand-Bourg par N9, à droite.
📞 05 90 97 93 62. ◯ le matin (visite et dégustation). 🚪 t.l.j. de 9 h à 13 h. En campagne fév. à juin et en déc. t.l.j.

Le chemin qui mène à la distillerie Bielle est chaoteux et pierreux. La distillerie Bielle, qui produit chaque année 120 000 l de rhum à 59°, est l'une des trois dernières distilleries en activité de Marie-Galante. La boutique vend de nombreux produits : du rhum blanc, du rhum vieux, de la liqueur au coco et au chocolat, du schrub et du bois-bandé (médaille d'or au Concours général agricole en 1998), réputé pour ses vertus aphrodisiaques. Un musée devrait voir le jour en 1999, exposant un tracteur Fordson aux roues en métal et de vieilles machines à vapeur.

AUX ENVIRONS
Non loin de la distillerie, **la poterie de Marie-Galante,** unique poterie de l'île, propose souvenirs et bouteilles en grès.

🏛 **Poterie de Marie-Galante**
Sylvain Pignac. 📞 05 90 97 78 21.

De la canne au rhum

Après l'introduction de la canne à sucre aux Antilles au XVIIe siècle, on commença à fabriquer de l'eau-de-vie de canne dans les vinaigreries attenantes aux sucreries. Les esclaves l'appelèrent tafia, les Français la baptisèrent guildive (*kill devil*, « tueur du diable ») et les Anglais la nommèrent « rum ». Si cet ancêtre du rhum est issu de la fermentation des « gros sirops », des écumes et autres résidus de la fabrication du sucre, le rhum agricole actuel, celui du ti-punch, vient, lui, de la distillation directe de la canne à sucre. Quant aux rhums de Marie-Galante, ils ont la particularité d'atteindre 59° et d'être fruités.

Canne à sucre

1 Le broyage de la canne par des moulins cylindriques sépare le jus ou « vesou » de la fibre résiduelle appelée bagasse.

Chauffe-vin

Bagasse

Les paquets de cannes sont envoyés sur un conducteur de cannes qui les conduit au coupe-canne pour être débités en petits morceaux.

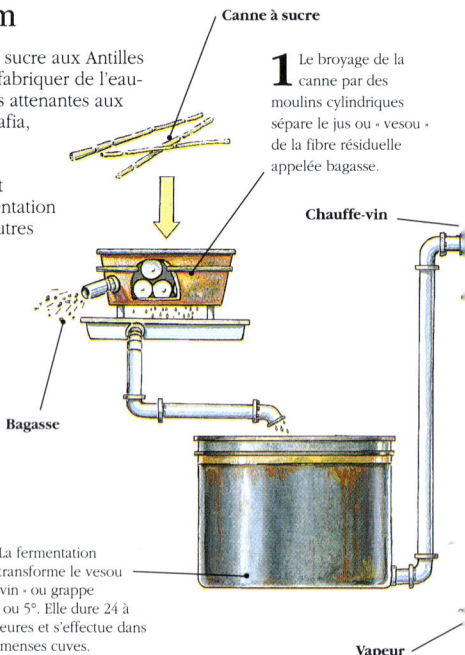

2 La fermentation transforme le vesou « en vin » ou grappe de 4 ou 5°. Elle dure 24 à 36 heures et s'effectue dans d'immenses cuves.

Vapeur

La distillerie Bellevue ⓭

Par la D202, Étang-Noir. ☎ 05 90 97
11 26. ◯ t.l.j. de 8 h à 12 h et de
14 h à 17 h. En campagne, visite t.l.j.
de 8 h à 13 h.

L e domaine a été fondé en
1821 par M. Godefroy.
Entourée de champs de
canne, pourvue encore de ses
anciennes colonnes à distiller
en état de fonctionnement et
de son moulin à vent, la
distillerie produit aujourd'hui
chaque année près de 100 000 l
de rhum agricole blanc,
le rhum *Magalda*.

La distillerie Poisson ⓮

19, au N. de Grand-Bourg par la côte,
près la D204. ☎ 05 90 97 93 42.
◯ du lun. au sam. de 7 h à 11 h de
fév. à mai, en juil.-août et en déc. ◧
t.l.j. de 7 h à 12 h.

C 'est Édouard Rameau qui,
reprenant la sucrerie
avant 1900, baptisera le rhum
Père Labat en hommage
au chroniqueur, qui ne mit
probablement jamais les pieds
à Marie-Galante. Les cuves
de la sucrote d'origine existent
encore. Le dernier moulin
fonctionna jusque dans
les années 40, lorsque la
fabrication du sucre et
du sirop de batterie céda
définitivement la place à celle

du rhum. Chaque année, la
distillerie Poisson produit près
de 200 000 l de rhum à 59°.
Les effluves du jus de canne
(ou vesou) en train de
fermenter et la vision de la
canne broyée permettront
d'avoir une idée de la
fabrication de l'un des meilleurs
rhums agricoles des Antilles.
La boutique vend du rhum
blanc, du rhum doré et du
rhum vieux, mais aussi du miel
et du sirop de batterie *(p.191)*.

Poisson, la plus vieille distillerie de l'île, produit le rhum *Père Labat*

COMMENT EST FABRIQUÉ LE RHUM

Les trois ingrédients principaux du rhum sont
la canne à sucre, l'eau et les levures. Le procédé
de distillation du rhum agricole est globalement
le même pour toutes les maisons, mais chaque
distillerie garde jalousement, à travers levures
et dosages subtils, les secrets de fabrication qui
feront sa spécificité. L'ensoleillement, l'humidité
et l'altitude de la terre d'origine de la canne entrent
aussi en ligne de compte.

*La récolte se
déroule au cours
du premier
semestre. Coupée à
la main, la canne
est ramassée
mécaniquement.
Les fagots de
cannes sont livrés
dans des cabrouets
ou des camions
à la distillerie.*

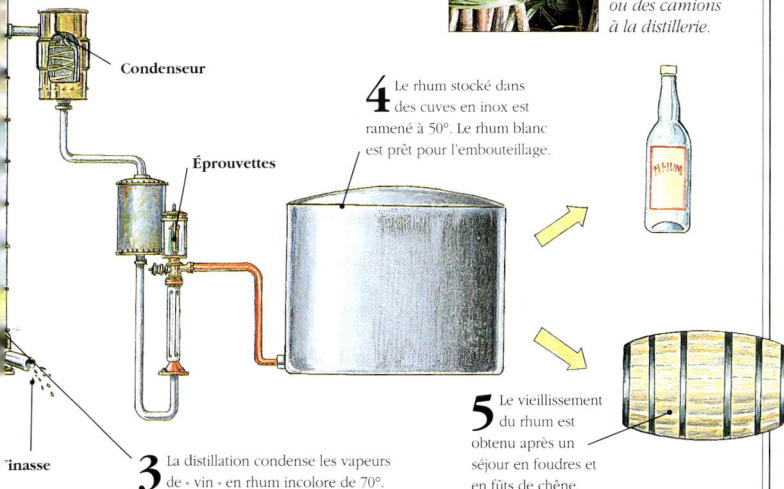

Condenseur

Éprouvettes

4 Le rhum stocké dans
des cuves en inox est
ramené à 50°. Le rhum blanc
est prêt pour l'embouteillage.

Vinasse

3 La distillation condense les vapeurs
de « vin » en rhum incolore de 70°.

5 Le vieillissement
du rhum est
obtenu après un
séjour en foudres et
en fûts de chêne.

La Désirade

Un cactus « tête-à-l'Anglais »

Première île aperçue par Colomb lors de son deuxième voyage, alors qu'il désespérait de trouver la route des Indes en 1493, elle fut baptisée « Desiderada ». Préservée de l'afflux des touristes, la Désirade a des airs de bout du monde. Terre ingrate, rocailleuse, peu arrosée par les pluies, avec son vaste plateau désertique balayé par le vent d'est, l'île est traversée par une route unique de 12 km de long. Chargée d'accueillir les lépreux et les « mauvais sujets », fortement marquée par les cyclones de 1928 et de 1989 (Hugo), la Désirade a encore aujourd'hui une réputation d'île maudite.

Petites Terres
Terre-de-Ha
Phare
Terre-de-Bas

LA DÉSIRADE
D'UN COUP D'ŒIL

Baie-Mahault ❺
Beauséjour ❶
La montagne ❻
Petites-Terres ❼
Quartier des Galets ❸
Quartier des Sables ❷
Le Souffleur ❹

Pointe Kikali
Pointe du Grand Nord
Grande-Mor
273
Pointe du Petit Nord
Coulée du Grand Nord
BEAUSÉJOUR ❶
Morne Frégule
Les Sables
Grande-Anse
Anse des Galets
La Saline ❷
Les Galets ❸
Anse d'Échelle
Guadeloupe
Pointe des Colibris

Beauséjour ❶

🏠 900. ⛴ Saint-François. ℹ face au débarcadère.

Anciennement Grande-Anse, le chef-lieu de l'île a été débaptisé en 1978 et porte désormais le nom de Beauséjour. C'est un bourg calme, traversé d'une rue unique, où le visiteur aimera flâner sans but précis.
L'église du bourg, avec sa voûte en bois et la porte de son tabernacle en gaïac, abrite une Vierge du XVIIIe siècle, et la maquette du voilier que portent en procession les marins lors de leur fête. L'actuelle place de la mairie, ou **place du Maire-Mendiant,** a été baptisée en mémoire de Joseph Daney de Marcillac, maire de Beauséjour, qui réclama des secours à la suite du cyclone de 1928.
À la sortie de Beauséjour, une embarcation voilée, **l'embarcation Dieu protège,** construite à la fin des années 1930, rappelle que, jusque dans les années 60,

seules des barges de ce type reliaient la Désirade à Saint-François et à la Guadeloupe continentale, et ce deux fois par semaine. Chaque barque avait un nom : *Malmo, Honneur à Marie, Béhanzin, Espoir à Dieu,* et transportait cabris, bœufs, moutons, cochons, pois et poisson salé. On peut encore voir sur la route de Baie-Mahault

les restes de l'usine de dessalement d'eau de mer, entièrement détruite par le cyclone Hugo en 1989. Depuis 1991, grâce au maire Mathias Max Mathurin, l'eau potable parvient dans l'île par une canalisation sous-marine, ce qui a abaissé son prix d'environ dix fois. Presque chaque habitant possède cependant encore sa propre

L'église de Beauséjour accueille la fête des marins le 16 août

1 km

Pointe du Grand-Abaque

Pointe à Adrien

Grand Tabac

t Tabac

6 Plateau
ou
Montagne   Grand Savane

Ancienne
léproserie

Morne Rouge   Pointe
Doublé
Baie-Mahault   5

rne Cybèle   Notre-Dame   Pointe Gros-Rempart
du Phare

uffleur

Petites-Anses

4   Anse à Mulets
Le Souffleur

Désert

MODE D'EMPLOI

🏛 1 610. ✈ Le Raizet-Les
Sables (15 mn de Beauséjour).
⛴ Saint-François-Grande-Anse.
ℹ face au débarcadère, mairie
(05 90 20 01 76). 🎉 fête des
marins de Beauséjour (16-17
août).

le « cimetière à choléra », où
furent enterrées les victimes
de l'épidémie de choléra qui
décima près d'un cinquième
de la population en 1865
et 1866. Le quartier des Galets
était une partie de l'île peu
habitée à l'époque. Pendant
longtemps, on a pu voir des
croix couchées sur le sable.
Elles ont aujourd'hui disparu.
Une stèle à la mémoire des
victimes devrait être
prochainement érigée.
À la pointe des Colibris, une
plaque rappelle que le
21 février 1991 l'eau douce
arriva pour la première fois
par canalisation sous-marine
sur cette terre désertique.

La pointe des Colibris

citerne… au cas où.
Sur la route menant de Baie-
Mahault au Désert, une
plaque commémorative ornée
de fleurs rappelle l'assassinat
du maire de l'île, Mathias Max
Mathurin, le 22 octobre 1991.
L'enquête a abouti à
un non-lieu.

Le quartier
des Sables ❷

1 km S.-O. de Beauséjour par la D207.

A vant d'arriver à la plage
qui abrite le cimetière
des victimes du choléra, vous
pourrez imaginer ce que fut
le camp des relégués, des
« mauvais sujets » qui étaient
déportés à la Désirade.
Une ordonnance royale du
15 juillet 1763 avait en effet
décidé la déportation hors
de métropole de « jeunes gens
tombés dans des cas de
dérangement de conduite,
capables d'exposer l'honneur
et la tranquillité des familles… »
Le premier départ eut lieu
de Rochefort en octobre 1763,
et 36 sujets arrivèrent à la
Guadeloupe le 10 novembre
pour être acheminés vers la
Désirade. La mise à l'écart

de ces fils de bonne famille
dérangeants coûtait cher aux
parents, qui devaient s'acquitter
d'une lourde pension. Le duc
de Choiseul mit fin quelques
mois plus tard à cette
déportation, mais nombre de
ceux qui avaient été relégués
choisirent de rester dans l'île.
Certains de leurs descendants,
reconnaissables à leur nom,
vivent encore aujourd'hui
à la Désirade.

Le quartier
des Galets ❸

2 km S.-O. de Beauséjour par la D207.

A u lieu-dit des Galets, près
de la plage, se trouvait

LA DÉSIRADE ET LA MER

Sur les bancs de l'école, le petit Désiradien dessine…
la mer, les pêcheurs et les poissons, car ici la mer rythme
la vie quotidienne et nourrit l'imaginaire. La pêche est
l'une des principales ressources de cette île, où le taux de
chômage atteint 45 %. Généralement considérés comme
de « beaux partis », les pêcheurs se marient très jeunes.
Ils attrapent, à la traîne ou à la ligne des poissons qu'ils
vont ensuite vendre à la marina de Pointe-à-Pitre. Parmi
les nombreuses fêtes des marins, celle de Beauséjour est
la plus importante. Chaque année, les 16 et
17 août, les marins promènent une statue
de la Vierge et la maquette d'un bateau.
Après la procession et la messe, le curé
bénit les flots, et une couronne de
fleurs est jetée à la mer, en hommage
aux disparus. Héritière des traditions
maritimes et catholiques des premiers
habitants originaires de l'ouest de la
France, cette fête revêt des allures de
pardon breton.

**La maquette est
promenée dans l'île**

La plage du Souffleur est très fréquentée par les pêcheurs de l'île

Le Souffleur ❹

4 km N.-E. de Beauséjour par la D207.

La Désirade se métamorphose au fur et à mesure que l'on remonte vers Baie-Mahault. La ligne de démarcation se situe vers le Souffleur, où la terre devient plus noire et volcanique. Des agaves utilisés autrefois pour l'artisanat, poussent dans cette région. La plage du Souffleur est l'une des plus belles. C'est ici que vit la majorité des pêcheurs de l'île et de nombreuses barques colorées sont hissées sur le sable. Un petit **club de plongée**

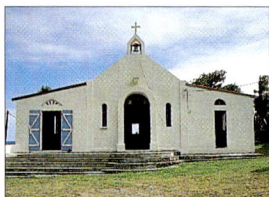

La chapelle du Souffleur

accueille les amateurs. La chapelle du Souffleur abrite une maquette de bateau portée en procession par les marins lors de leur fête annuelle.

Club de plongée de Baie-Mahault
05 90 20 02 93.

Baie-Mahault ❺

6 km N.-E. de Beauséjour par la D207.

De **l'ancienne léproserie,** qui fut le symbole de la Désirade pendant plus de deux siècles, ne subsistent aujourd'hui que les vestiges de la chapelle. En 1725, alors que la lèpre sévissait en Guadeloupe, le gouverneur décida de déporter les malades à la Désirade dans une léproserie confiée aux sœurs de la Charité. Les premiers lépreux arrivèrent en 1728 ; ils devaient apporter avec eux des animaux et des vivres pour six mois. Des lots de terre et des cases leur furent attribués. Les malades vivaient dans un état de dénuement complet. Ils étaient chassés par les habitants à coups de bâton, utilisés comme esclaves ou dépossédés de leurs terres. Chaque malade blanc pouvait, selon le code des lépreux, se faire accompagner de deux Noirs. Il fallut attendre 1811 pour que le camp soit aménagé en hospice régulier avec la présence d'un médecin permanent. En 1956, la léproserie fut fermée et ses derniers pensionnaires transférés à l'hôpital Louis-Daniel-Beauperthuy de Pointe-Noire.

Le cimetière marin se trouve tout près de l'ancienne léproserie. À l'origine, quelques tombes cerclées de lambis abritaient les dépouilles des prêtres et des sœurs de la Charité qui consacrèrent leur vie à soigner les lépreux. À la fin des années 70, un touriste

Les vestiges de l'ancienne léproserie sont livrés à la végétation

UN LABORATOIRE D'ÉNERGIES NOUVELLES

Une vingtaine d'éoliennes, installées sur le plateau, facilement abaissables en cas de cyclone, assurent 80 à 100 % de la production d'électricité de la Désirade. Fin 1998, 50 éoliennes supplémentaires devraient être installées au nord de l'île pour alimenter la Guadeloupe continentale. Ce sera alors la première industrie de la Désirade. L'énergie solaire alimente quant à elle tous les points stratégiques de l'île comme la mairie et la centrale téléphonique. Un « chemin des énergies » devrait être proposé aux visiteurs.

Les éoliennes assurent la quasi-totalité de l'électricité sur l'île

Chapelle du « chemin de croix »

La montagne ou le plateau ❻

Le plateau central de l'île, couvert d'une végétation rase, culmine à Grande Montagne (273 m). On y accède par un sentier, le chemin de croix, qui commence au nord de Beauséjour. À peu près à mi-route se trouve une chapelle ; de là, on peut avoir un bon panorama de l'île. Le sentier du Grand Nord s'adresse aux sportifs et permet d'avoir accès à des points de vue magnifiques.

Petites-Terres ❼

7,5 milles marins S.-O. de Beauséjour.

Terre-de-Haut et **Terre de-Bas** sont des terres vierges et désertes, visitées par les croisiéristes et par les Désiradiens, qui aiment y aller pour pique-niquer à Pâques et à la Pentecôte. Rattachés administrativement à la Désirade, ces îlets, devenus le rendez-vous des plaisanciers et des bateaux charters, devraient bientôt être classés réserve sous-marine.

ayant demandé d'y être enterré, le cimetière fut ouvert à la population. Des caveaux récents noirs et blancs cohabitent désormais avec les tombes plus anciennes. Il ne reste aujourd'hui que quelques pans de murs de **l'ancienne cotonneraie.** À la fin de la Première Guerre mondiale, une société cotonnière s'implanta sur le terrain déboisé de Baie-Mahault. Le coton expédié à Pointe-à-Pitre était ensuite acheminé vers la métropole. L'usine fonctionna bien jusqu'en 1928, date à laquelle un violent cyclone eut raison des deux égreneuses. Des pieds de coton devraient être

replantés. À l'extrémité est de l'île, sur un promontoire exposé à tous les vents, **l'ancienne station météorologique** est un des endroits les plus mystérieux de l'île. Le bâtiment construit par Ali Tur *(p. 112)*, abandonné, se dresse, semblable à un paquebot avec ses hublots et une immense salle qui avance sur la mer en demi-lune. Le centre météorologique devrait être entièrement rasé et reconstruit. Il fonctionna jusqu'en 1985, avant d'être supplanté par celui du Raizet en Guadeloupe. Un musée retraçant le passé maritime de l'île et les phénomènes climatiques devrait voir le jour.

La silhouette massive de la Désirade se dessine depuis le plateau

Saint-Martin

À 260 km au nord-ouest de la Guadeloupe, ce concentré tropical de 93 km² et 62 000 habitants est une destination idyllique, doublée d'un paradis fiscal, offrant au visiteur un shopping détaxé. L'histoire a coupé l'île en deux. La ligne de partage, qui traverse le pays d'est en ouest, date de l'accord de 1648 entre Français et Hollandais. Deux drapeaux, deux religions et deux monnaies officielles (le franc et le guilder) se côtoient sur ce petit morceau de terre calcaire et vallonnée, surnommé « Friendly Island ». Dotée d'une sous-préfecture à Marigot, la partie française est administrativement rattachée à la Guadeloupe depuis 1946 *(p. 67)*. Les autorités hollandaises de l'île siègent à Philipsburg.

Le Boundary Monument

(p. 67)

Saint-Barthélemy, Anguilla, Saba

Falaise des Oiseaux
Baie Rouge   Fort-Saint-
Baie aux Prunes   Baie Nettlé   MARI
Terres Basses
Mornes Rouges
Baie Longue   Bounda Monum
Cupecoy Bay   Mullet Bay
Maho Bay   Simpson Bay

Saint-Martin dans l'histoire

Christophe Colomb atteint l'île en 1493. Son passage scelle la disparition des premiers occupants, Arawaks et Caraïbes. Les Espagnols, les premiers à coloniser Saint-Martin en 1638, quittèrent cette île souvent visitée et habitée par des corsaires et des flibustiers anglais, français et hollandais, dix ans plus tard. Quatre marins français déserteurs et cinq Hollandais désireux, eux aussi, de s'établir sur l'île signèrent, le 23 mars 1648, un acte de partage.

1968 pour sceller dans la pierre le traité du 23 mars 1648. Depuis ce traité, la souveraineté française s'étend sur les deux tiers du territoire grâce à la ruse des Français. Les deux États firent contourner l'île (en partant du même point) par deux coureurs, en sens opposé. Le point de rencontre fut l'Anse Cupican : le coureur français avait pris de raccourcis, donnant ainsi 53 des 93 km² de l'île à la France.

Boundary Monument ❶

Mont des Accords.

L e symbole de l'île se dresse au faîte du mont des Accords, qui domine le lagon de Simpson Bay. La frontière franco-hollandaise n'est gardée par aucun douanier ni policier mais se signale par une circulation parfois dense. Bercés par les alizés, les drapeaux français et hollandais jouxtent le monument en forme d'obélisque, érigé en

Simpson Bay ❷

Partie hollandaise. 5 km à l'E. de Philipsburg. ✈ *Princess Juliana* (59 95 54 211). ⛴ *(59 95 54 317).* ⛴ *Pelican Marina (Saba, Saint-Barthélemy).*

C 'est vraisemblablement l'un des plus beaux sites de la Caraïbe. Les eaux bleu outremer du lagon viennent lécher une terre en dentelle. C'est ici que l'aéroport Princess Juliana, le cinquième en importance de la zone Caraïbe-Amérique du Sud, accueille 1,5 million de

passagers par an. L'aéroport international est situé en territoire hollandais, à 10 km de Philipsburg et à 8 km de Marigot. Le Lejuez Bridge, que l'on doit franchir pour aller à Juliana, s'ouvre deux fois par jour, à 11 h et à 18 h.

Philipsburg ❸

Partie hollandaise. ℹ *Walter Nisbeth Road 23 (59 95 22 337).* ⛴ *59 95 22 359.* ⛴ ⛴ *Backstreet.* ⛴ *(Great Bay) Saint-Barthélemy.* 🎉 *fête nationale (15 déc.), anniversaire de la reine (30 avr.).*

P hilipsburg a été fondée en 1763 par John Philips sur l'isthme séparant Great Bay et Great Salt Pond. Aujourd'hui, la ville est, grâce à son statut de place forte du franc taxe et à ses casinos, le petit Hong-Kong de la Caraïbe. Front Street en est la voie royale, alignant sur plus d'un kilomètre presque rectiligne casinos et boutiques saturées de bijoux, de parfums, d'alcools et de vêtements de plus grands créateurs à des prix de 20 à 50 % inférieurs.

L'aéroport Princess Juliana débarque les visiteurs à Simpson Bay

🏛 **Sint Maarten Museum**
7 Front Street ☎ *59 95 22 970.*

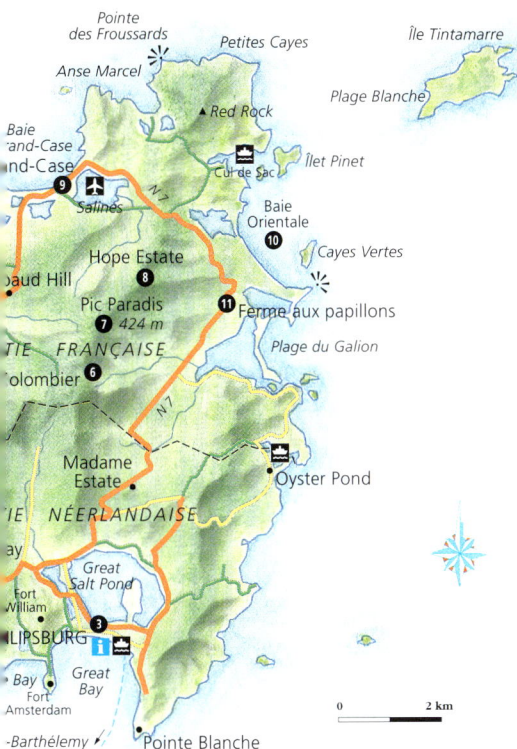

Map labels

Pointe des Froussards
Petites Cayes
Anse Marcel
Île Tintamarre
Red Rock
Plage Blanche
Baie rand-Case
nd-Case
Cul de Sac
Îlet Pinet
Salines
Baie Orientale
Hope Estate
Cayes Vertes
aud Hill
Pic Paradis
424 m
Ferme aux papillons
TIE FRANÇAISE
Plage du Galion
olombier
Madame Estate
Oyster Pond
IE NÉERLANDAISE
ay
Great Salt Pond
ort William
LIPSBURG
Bay
Fort Amsterdam
Great Bay
-Barthélemy
Pointe Blanche

0   2 km

MODE D'EMPLOI

62 000. Philipsburg (59 95 22 337), Marigot (05 90 87 57 21). Simpson Bay (59 95 54 211). Espérance-Grand Case (05 90 87 53 03). fête de Saint-Martin (11 nov.).
Formalités : carte d'identité pour les citoyens français, passeport pour les ressortissants des pays membres de l'UE, pour les citoyens canadiens et américains.

SAINT-MARTIN D'UN COUP D'ŒIL

Baie Orientale ⑩
Boundary Monument ①
Colombier ⑥
Ferme aux papillons ⑪
Grand Case ⑨
Hope Estate ⑧
Marigot ⑤
Philipsburg ③
Pic Paradis ⑦
Simpson Bay ②
Terres Basses ④

---

du lun. au ven., de 10 h à 16 h, le sam. de 10 h à 12 h.
Le musée expose des reliques et des pièces d'armes trouvées au fort Amsterdam. Sa librairie propose des ouvrages consacrés à l'histoire régionale.

Maison du Guavaberry

8-10 Front Street. 59 95 22 965. de 10 h à 18 h.
Cette petite maison à la toiture ornée de *gingerbreads* est peinte aux couleurs de la liqueur nationale, le guavaberry. On y vend ce breuvage aigre-doux, issu de la macération dans du rhum doré de baies des arbres de guavaberry.

Court House

Town Square.
Petit joyau au cœur de la ville, la Court House fut édifiée en 1793 par le fondateur de Philipsburg. Elle abrita, entre autres, le Council Hall, la poste et la prison, avant de reprendre sa fonction originelle de palais de justice.

Sint Maarten Zoological and Botanical Gardens

Madame Estate, rive est du Great Salt Pond. 59 95 32 030. du lun. au ven. de 9 h à 17 h, le week-end de 10 h à 18 h.
Le zoo présente une centaine d'animaux, dont 35 espèces originaires de la région caraïbe. Il propose également un jardin d'enfants.

Fort Amsterdam

Little Bay Beach Resort (sur la colline).
Construit en 1631 par les Hollandais, il contrôlait l'accès à Great Bay, à l'ouest de Philipsburg. Enjeu des luttes entre Espagnols et Hollandais, il perdit sa fonction militaire au XIXᵉ siècle. Vue splendide de la rade et des vestiges du fort Willem (Fort Hill).

Golf de Mullet Bay

Mullet Bay Resort and Casino. 59 95 52 801.
Passage obligé des golfeurs de l'île, il s'étend sur le relief de Maho Bay.

Front Street à Philipsburg, paradis du shopping détaxé

Terres Basses ❹

Partie française. Plum Bay à 5 km à l'O. de Marigot.

Le quartier résidentiel du territoire français domine la région du Grand Étang à quelques encablures de l'aéroport de Juliana. Des portails stylés et de hauts murs en pierre dissimulent les énormes villas des vedettes du show-business et des hommes d'affaires. Le fameux hôtel La Samanna (p. 239), le plus sélect de la Caraïbe, se niche sur la façade ouest des Terres Basses.

Marigot ❺

Partie française. 🏠 16 900. 🛈 Front de mer (05 90 87 57 21). 🚤 Marina 05 90 87 20 43. 🚢 Saint-Barth, Anguilla. 🛥 mer. et sam. de 8 h à 14 h.

Se démarquant sensiblement de Philipsburg, la « capitale » du versant français affiche son dynamisme culturel, grâce au musée de Marigot, parti résolument « sur la trace des Arawaks », au fort Saint-Louis, témoin des histoires de corsaires et de flibustiers du XVIIIᵉ siècle, ou encore à son singulier marché créole. Moins exubérantes qu'à Philipsburg, les boutiques de luxe de la marina La Royale et des rues voisines du front de mer pratiquent cependant des rabais avantageux sur les bijoux, les parfums ou les vêtements griffés. Ici, aucune trace de casino, tous sont installés dans la partie hollandaise (p. 198). Sur le plan institutionnel, Marigot est une commune de la Guadeloupe ayant la particularité d'abriter une sous-préfecture. La partition française se joue à travers ce lien organique, renforcé par la puissante Semsamar, une société d'économie mixte d'aménagement associée à la ville de Basse-Terre.

La marina La Royale concentre commerces et restaurants de luxe

🏛 Musée de Marigot

Marina La Royale. 📞 05 90 29 22 84. 🕐 t.l.j., sauf dim., de 9 h à 13 h et de 15 h à 18 h. ♿

À l'époque précolombienne, le chien était le plus grand mammifère terrestre rencontré dans les Petites Antilles. Dépourvu de cordes vocales, il n'aboyait pas. C'était un animal de compagnie bénéficiant d'égards particuliers. Des sépultures de chiens ont été découvertes associées à une nécropole humaine à Hope Estate. C'est sur ce site de fouilles (p. 202), l'un des plus importants de la Caraïbe, que fut exhumée la figurine en céramique en forme de chien datant de 550 av. J.-C. qui est devenue l'emblème de Saint-Martin ; un timbre à son effigie a été émis le 10 février 1996. Cet adorno (décor de vase en céramique) est visible au musée avec les poteries des agriculteurs amérindiens, premiers habitants de l'île. Le musée raconte aussi l'histoire et la petite histoire de l'île depuis la colonisation. Sous la houlette du géologue Christophe Henocq, le musée et l'Association archéologique Hope Estate proposent un tour historique de l'île. Des guides vous feront découvrir les étangs de Great Bay et Grand Case, autrefois exploités pour la récolte du sel, les ruines de la sucrerie Saint-Jean à Bellevue, l'architecture traditionnelle et les anciens villages arawaks.

L'emblème de Saint-Martin : une figurine datant de 550 av. J.-C.

⛵ Marina La Royale

Route de Sandy Ground. 📞 05 90 87 20 43.

La marina La Royale, qui jouxte le musée et s'ouvre sur le lagon de Simpson Bay, est dédiée aux joies du shopping haut de gamme. Boutiques de luxe détaxées et restaurants vantant la gastronomie française donnent à ce lieu très animé une french touch bien marquée, même si, comme partout ailleurs, on y parle d'abord anglais. Comme à Philipsburg, plusieurs liaisons maritimes partent de Marigot pour desservir régulièrement les îles voisines de Saint-Barthélemy, Anguilla et Saba.

♣ Fort Saint-Louis

N. de la ville. Informations au musée de Marigot.

Après 8 à 10 mn d'ascension, on accède au plus vaste monument historique de Saint-Martin. Six des quinze canons de ce fort ont été conservés, et la visite des vestiges de l'ouvrage est facilitée par une série de panneaux explicatifs bilingues. Le fort Saint-Louis dont l'édification fut décidée sous Louis XVI, a été construit par la population en 1789 sous l'impulsion de Jean-Sébastien Durat, gouverneur de Saint-Martin et de Saint-

Le fort Saint-Louis domine Marigot

Les étals du marché créole de Marigot offrent au regard des pyramides de fruits et légumes colorés

Barthélemy. Il avait pour vocation de protéger les entrepôts de Marigot où étaient stockés les produits de base précieux, récoltés par les habitations (café, sel, rhum et sucre), contre les pirates et autres pilleurs anglais venus de la proche île d'Anguilla. Depuis 1993, le fort Saint-Louis fait l'objet d'un programme de restauration.

🏠 Marché créole

Sur le port. Mer. et sam. de 8 h à 13 h.
Sur le port de Marigot se tient le marché créole. On y entend parler anglais, un peu français, souvent créole et parfois le papamiento. On y retrouve l'ambiance colorée des marchés antillais avec des étals qui regorgent de fruits et de légumes. Pourtant l'agriculture implantée sur les collines calcaires de l'île, est devenue marginale. Les marchandes saint-martinoises proposent également des épices multicolores et une grande variété d'arts et d'artisanats locaux.

Tabernacle rasta (Solidarity Rastafarian Organization)

58, route de Sandy Ground. 📞 05 90 87 88 56. Visiteurs acceptés le ven. de 18 h à 22 h, le mer. de 21 h à 23 h. Deux drapeaux rouge-vert-jaune frappés du lion éthiopien flottent au-dessus du tabernacle édifié en mai 1997 par la Solidarity Rastafarian Organization de Saint-Martin. Peint aux couleurs de la « nation rasta », le tabernacle est une maison créole agrémentée d'un autel orné de l'étoile de David. Les visiteurs sont bien accueillis, surtout le vendredi, jour de la « congrégation'». Les rastas saint-martinois prônent la quête de valeurs anciennes africaines et le travail édificateur. En plus d'une réunion dominicale au tabernacle, la Solidarity Rastafarian Organization célèbre 4 fêtes annuelles : le 6 février, date anniversaire de Bob Marley ; le 25 mai, l'African Liberty Day ; le 23 juillet, date de naissance d'Haïlé Sélassié et enfin le 2 novembre (1930), pour commémorer son couronnement. À Marigot, la communauté rasta est fortement implantée dans le quartier de Sandy Ground.

Colombier ❻

Partie française. 3 km à l'E. de Marigot.

Peut-être le paysage le plus vert de ces terres sèches, la vallée de Colombier propose un visage différent de Saint-Martin. Vous découvrirez la partie intérieure de l'île, entre Marigot et Grand Case. De grands arbres et quelques têtes de bétail (plus rares ici qu'en Guadeloupe) et un village de cases créoles confèrent à la vallée son caractère authentique.

LES PLUS BELLES EXCURSIONS

La randonnée est une activité récente à Saint-Martin. Depuis les années 80, un important réseau de sentiers permet de découvrir les trésors naturels de l'île. Ces sentiers, rendus accessibles par la ténacité d'Éric Dubois-Millot, passionné de randonnée, épousent souvent les chemins tracés par les agriculteurs au moment de la colonisation. Outre le sentier des Crêtes, les guides de l'île recommandent un circuit facile permettant d'avoir de beaux points de vue de Saint-Martin : le circuit de la sucrerie Paradis, qui part du pic Paradis, passe par les ruines de la sucrerie (construite en 1770), noyées dans la végétation, pour aboutir au sentier des crêtes du pic Paradis (circuit en boucle).

Action Nature
Éric Dubois-Millot, Marigot.
📞 /FAX 05 90 87 97 87.

**Les panneaux
guident les
randonneurs**

Le pic Paradis embrasse toute l'île

Le pic Paradis ❼

Partie française. 4 km à l'E. de Marigot.

À 424 m d'altitude, c'est le point culminant de l'île, et il y fait naturellement plus frais, une aubaine pour les randonneurs qui empruntent la belle trace des Crêtes, fendant une végétation luxuriante et bénéficiant d'une vue panoramique de l'ensemble de l'île. Une route abrupte au départ de Rambaud Hill mène non loin du sommet.

Hope Estate ❽

Hope Hill. 🎣 🔲 de janv. à mars. Se renseigner auprès du musée de Marigot (p. 200).

Le plateau de Hope Estate couvre 1 ha au sommet d'un morne qui domine la plaine de Grand Case au nord de l'île. C'est là que fut érigé, il y a environ 2 500 ans, le premier village structuré de Saint-Martin, par des Amérindiens venus du Venezuela. Aujourd'hui, le site

LES SALINES DE GRAND CASE

« Le sel mangeait notre chair et la réverbération du soleil sur les salines nous brûlait les yeux. C'était un sale boulot. » Nick, le vieil homme qui raconte son histoire, ne honnit pas pour autant les anciennes salines dont le lit occupe la façade est de Grand Case et cerne une partie de la piste de l'aéroport. L'exploitation du site avait commencé au début de la colonisation. Elle resta artisanale jusqu'à la fin, quand seules une vingtaine de personnes originaires d'Anguilla et de Grand Case y travaillaient encore. Le sel était recueilli au fond de l'étang où il se cristallisait, et porté sur la tête à l'aide de plateaux avant d'être déversé dans des barques plates. La production servait à la consommation locale et était exportée vers la Guadeloupe, l'Amérique et l'Europe.

Les salines désaffectées, le passé d'île du sel de Saint-Martin

archéologique précolombien de Hope Estate, exploité depuis 1993, possède la particularité de renfermer les céramiques les plus anciennes jamais mises au jour dans tout l'arc des Petites Antilles. Les recherches menées par l'Association archéologique Hope Estate ont permis la découverte de pièces uniques, notamment d'une figurine en forme de chien (p. 200) datant de 550 ans av. J.-C.

Grand Case ❾

🏛 4 900. 🛈 voir Marigot. 🚌 ✈ Saint-Barth et la Guadeloupe (05 90 87 53 03). 🔱 ⚔ Schoelcher Day (21 juil.).

Le village du nord de l'île s'étire tout le long d'une superbe baie de sable blanc. L'architecture créole des jolies maisons en bois qui bordent son boulevard donne une atmosphère très pittoresque à la commune. Le boulevard de Grand Case est le rendez-vous réputé des gastronomes de l'île. Grand Case tire aussi une partie de sa réputation d'Eagle Bay Rock, lieu privilégié pour les baptêmes de plongée et la réadaptation physique ; environné de récifs peu profonds, c'est le refuge de myriades de poissons colorés et de jolies gorgones. Même si les néons et les enseignes clinquantes des boutiques sont plus rares ici, le tourisme, aidé par la proximité de l'aéroport régional Espérance Grand Case, qui assure quotidiennement des liaisons directes avec Saint-Barthélemy et la Guadeloupe, reste la clef

Charmante maison créole en bois au village de Grand Case

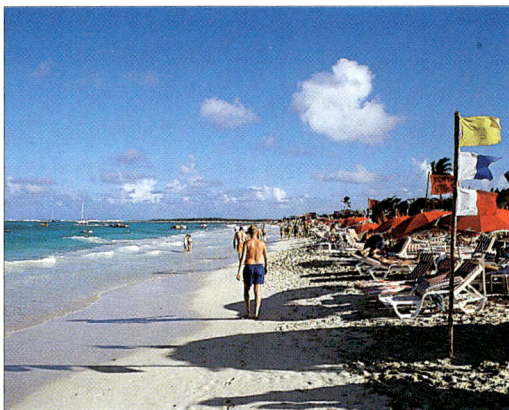

La plage de la baie orientale est la plus animée de la partie française

de voûte de cette région autrefois « riche » de ses salines (jusqu'en 1965).

La baie orientale ⑩

3 km à l'E. de Grand Case.

« Saint-Trop » de la Caraïbe, la plage la plus fréquentée de Saint-Martin occupe toute la façade nord-est de l'île, baignée par l'océan Atlantique, dans le périmètre de la réserve naturelle marine. Sur cette plage aux équipements performants pour les sports nautiques, une aire est réservée aux adeptes du naturisme. L'ensemble du site bénéficie d'aménagements essentiellement destinés au tourisme de masse. Les visiteurs apprécient également l'extrême proximité de l'îlet Pinel et de l'île Tintamarre.

La ferme aux papillons ⑪

Baie orientale, près de la plage du Galion. 📞 05 90 87 31 21. 🕐 t.l.j. de 9 h à 16 h 30. 🎫

Papillon de nuit spectaculaire, l'Attacus atlas est originaire de Java ; son espérance de vie est de 5 jours, après 5 mois à 2 ans de gestation. Des 700 papillons élevés par John Coward depuis Noël 1994, c'est celui qu'il préfère. Cet Américain à l'humour anglais a créé pour eux un écosystème sur 1 000 m² de jardins avec fontaine, protégé par une énorme serre en filet. John Coward parle à ses papillons et leur diffuse même de la musique : musique « cérébrale la journée », et le soir, musique de « night-club », car les papillons apprécient les Bee Gees. Plus sérieusement, le maître des lieux décrit avec bonheur le cycle sans fin des œufs microscopiques qui deviennent chenilles avant de se transformer en chrysalides et jusqu'à la métamorphose, quand les ailes se déploient enfin. C'est surtout le matin que l'on peut observer ce spectacle. La Butterfly Farm est, malgré son aspect ludique, une vraie ferme où l'élevage est destiné à la vente et aux échanges.

Heliconius Cyono

Cases dévastées par l'ouragan Luis

L'OURAGAN LUIS

Quelques heures après avoir touché le nord de la Guadeloupe, l'ouragan Luis a frappé de plein fouet Saint-Martin et Saint-Barthélemy dans la nuit du 5 au 6 septembre 1995 avec des vents supérieurs à 220 km/h et des vagues de plus de 2 m de haut. Sa violence fit des morts, des blessés et d'énormes dégâts matériels. L'ouragan a laissé dans les esprits un sentiment de frayeur, comparable à celui causé par Hugo en Guadeloupe, six ans plus tôt. Il est vrai que Saint-Martin n'avait jamais connu pareil désastre. L'île porte encore les stigmates de la catastrophe, surtout dans sa partie hollandaise. Si la nature a en partie effacé les traces du cyclone, l'industrie du tourisme a pour sa part payé un très lourd tribut. Plus de la moitié des hôtels furent détruits ou fortement endommagés. Huit jours après Luis, Saint-Martin était visité par l'ouragan Marilyn, heureusement beaucoup moins destructeur… L'île connaît en moyenne un cyclone tous les huit ans, mais Luis était une massue de force 4, comme Donna en 1960.

Le Wall House, un entrepôt suédois restauré, retrace l'histoire de l'île

Saint-Barthélemy

Le clocher suédois

Découverte en 1493 par Christophe Colomb, l'île accueillit ses premiers colons français en 1648. Les Suédois arrivèrent en 1785, après que Louis XVI eut échangé l'île contre un entrepôt à Göteborg. En 1878, Saint-Barth fut rétrocédée à la France pour 320 000 francs-or. Les plantations de canne étaient rares, et seuls la patate douce et l'ananas justifièrent la venue d'esclaves. Après l'abolition de l'esclavage, proclamée en 1847 par le gouverneur suédois, la population noire déserta l'île pour des raisons économiques. Aujourd'hui, Saint-Barth est restée une île blanche et conservatrice. Le statut de port franc, hérité de Gustave III, permet de commercer sans tracasseries fiscales et administratives.

Gustavia ❶

🏛 *1 000.* 🛈 *quai du Général-de-Gaulle (05 90 27 87 27).* 🚢 *Saint-Martin (Marigot, Philipsburg).* 🛒 *du mar. au jeu. matin (rue du Roi-Oscar-II).* 🎉 *22 août (fête de Gustavia).*

À leur arrivée, les Suédois entreprirent la construction d'une agglomération autour du Carénage, rebaptisé Gustavia en hommage au roi Gustave III. L'édification des principaux bâtiments date de cette époque. Les noms des rues de Gustavia, les ruines des forts Oscar et Gustave-III, les belles demeures au fond de la rade sont autant de témoignages de leur passage. Parmi les vestiges de cette époque figure **le vieux clocher suédois,** aux deux tiers en pierre et dont l'horloge fonctionne toujours. Appelé par les Suédois « Swedish Belfry », ou « beffroi suédois », c'est le campanile d'une très

ancienne église démolie par un cyclone. **Le Wall House,** ancien entrepôt suédois de la fin du XVIIIe siècle récemment restauré, abrite un musée et la bibliothèque municipale. Ouvert en 1995, le musée retrace les traditions de l'île à travers une collection d'objets et de vêtements quotidiens. Vous y verrez notamment les fameuses « calèches » (coiffes d'origine européenne), une belle maquette du *Vanadis,* le dernier bateau suédois à avoir quitté l'île en 1878 après la rétrocession, une « doris » barque typique de Saint Barth, ou encore un accordéon tel celui qui accompagnait tambourins et triangles dans les petits orchestres jusque dans les années 60.
Le musée renferme également l'urne d'August Nyman. Ce caporal empêcha, en 1810, la milice suédoise de tirer sur

Île Fourchue

Po à Col

Île Petit Jear

la population en rébellion contre l'autorité abusive du représentant de la justice Anders Bergstedt. La population, reconnaissante, s'était alors cotisée pour lui offrir une urne.

🏛 Wall House
Place Vanadis. 📞 *05 90 29 71 55.* ⏰ *du lun. au jeu. de 8 h 30 à 12 h 30 et de 14 h 30 à 18 h, ven. de 8 h 30 à 12 h 30 et de 15 h à 18 h, sam. de 9 h à 11 h.* 🔒 *sam. apr.-midi et dim.* 🎫

Saint-Jean ❷

🏛 *600.* ✈ *(05 90 27 65 41).*

Autrefois simple plaine entourée d'étangs marécageux, Saint-Jean est devenu le pôle le plus animé de l'île grâce au développement de l'aéroport, des commerces et des hôtels le long du rivage. Les amateurs de produits de luxe pourront se livrer aux joies du shopping, car tout est vendu sans taxes.
Attention cependant aux douaniers au retour. Saint-Barth est réputée pour sa tranquillité, la vie nocturne y est plutôt calme : un arrêté municipal oblige commerces et restaurants à baisser le rideau à 23 h. L'arrivée à l'aéroport de Saint-Barth est toujours impressionnante : l'avion rase les voitures au

RUE DE PITEÅ

PITEÅGATAN

Le nom des rues est écrit en suédois et en français

Légende

✈ Aéroport

ℹ Information touristique

⛴ Embarcadère

☼ Point de vue

MODE D'EMPLOI

👥 5 043. ℹ quai du Général-de-Gaulle, 97133 Gustavia (05 90 27 87 27). ✈ Saint-Jean (05 90 27 65 41). ⛴ aéroport et Gustavia. 🎉 fête de Saint-Barth (24 août), Gustavialoppet (fin nov.). **Formalités** : carte d'identité pour les voyageurs des pays membres de l'UE, passeport et billet de retour obligatoires pour les citoyens canadiens et américains.

sommet de la colline, pique entre deux pitons rocheux avant de s'immobiliser à quelques mètres de la mer. L'aéroport est, outre le village de Grand-Fond, la seule étendue plane de l'île. Les résidences sont sur les hauteurs de l'île. On a coutume de dire qu'il y a deux Saint-Barth dont la ligne de démarcation passerait par Saint-Jean. La région sous le vent, avec le port et l'aéroport, ses marins et ses commerçants, a toujours été tournée vers l'extérieur. La côte au Vent, avec ses marins et ses agriculteurs, aurait forgé un caractère différent ; on y parle un dialecte plus proche du créole (qui se rapproche d'ailleurs davantage du créole martiniquais que guadeloupéen).

Corossol ❸

1,8 km de Gustavia. 🎉 Saint-Louis (25 août).

C e village avec ses petites maisons traditionnelles en bord de mer est l'un des plus anciens de l'île. Des femmes tressent encore le latanier (p. 206), et le musée du Coquillage abrite l'une des plus belles collections du monde. Lors de la fête de Saint-Louis de Corossol, les jeunes revêtent la « calèche », coiffe d'origine européenne, aussi appelée « quichenotte ». Ce mot serait la déformation de *kiss me not*, la coiffe

servant à dissuader les galants trop empressés auprès des belles. La dernière personne qui les confectionnait dans le village est décédée.

Le musée du Coquillage, qui a ouvert ses portes il y a une quinzaine d'années, abrite une belle collection de 10 000 coquillages, dont 3 500 espèces différentes. Vous pourrez admirer le curieux *Cymatium*, le *Vassum* tout blanc ou encore la tulipe noire, mais également lambis, casques ou tritons, plus répandus. Tous ces coquillages ont été rassemblés par un passionné, Ingénu Magras. Aujourd'hui, des amoureux de la mer viennent du monde entier pour lui rendre visite, partager une passion commune et échanger des coquillages.

🏛 **Musée du Coquillage (Inter Oceans Museum)** Corossol. 📞 FAX 05 90 27 62 97. 🕐 t.l.j. de 9 h à 17 h. 🌐

Le village de Corossol abrite des maisons créoles traditionnelles

LE LATANIER : LA TRADITION DU PANAMA

Le latanier fut importé au XIXᵉ s.

Il faut une quinzaine de jours pour fabriquer un panama. Ce travail minutieux et précis exige une grande dextérité ; aussi est-il nécessaire de commander votre chapeau *(p. 242)*. La paille, qui provient du cœur du palmier, doit sécher au soleil pendant au minimum huit jours, blanchir, avant d'être tillée et tressée. Dans les années 20, la vente en Guadeloupe et en Martinique de paniers, de protections de bonbonnes et autres produits en latanier constituait l'essentiel des ressources de l'île. Aujourd'hui, ce sont surtout les touristes qui font vivre une tradition qui se perd car les personnes âgées, détentrices du savoir-faire, disparaissent peu à peu. Lorient et Corossol sont les derniers bastions de cette tradition.

Colombier ❹

4 km de Gustavia. 🥾 300. 🎉 *fête du sport (juil.).*

Colombier est un petit village traditionnel. La toiture de la chapelle de 1921 dédiée à sainte Catherine de Sienne fut enlevée par le cyclone Luis. En le restaurant, les habitants mirent au jour les pierres d'origine. Hôtels et résidences se sont installés à la pointe ouest de l'île, bénéficiant d'une vue superbe du grand large et des îlets. Une table d'orientation sur la pointe rocheuse identifie les sites. Un sentier permet d'accéder à la belle plage de sable blanc de Colombier (environ 40 mn aller-retour). Les milliardaires et les vedettes en villégiature à Saint-Barth se terrent, à l'abri des regards indiscrets, dans leurs villas bien cachées. L'ancienne propriété des Rockefeller occupe toute une presqu'île à l'ouest de la plage.

Flamands ❺

5 km au N.-O. de Gustavia.

Dans ce village vit l'une des dernières femmes de l'île à fabriquer des « calèches ». Flamands possède une belle plage de sable blanc, complètement modifiée par le cyclone Luis, qui ravagea certaines des constructions qui la bordaient. Toutes les plages du nord de l'île ont subi le même sort, notamment celle de Saint-Jean réputée être l'une des plus belles.

Lorient ❻

4 km au N.-E. de Gustavia. 🥾 env. 400.

Le nom de ce village proviendrait d'une déformation de son ancien nom « Quartier d'Orléans ». En effet, bien avant l'arrivée des Suédois, on mentionne l'existence de deux « quartiers » (le « Quartier d'Orléans » et le « Quartier du Roi ») qui correspondaient sans doute à une division de l'île en deux paroisses (entre Saint-Jean et Le Carénage). Située face à la mer, cette petite bourgade de pêcheurs est une des plus anciennes de l'île ; c'est là que se sont installés les premiers colons français. Ici, la pêche est encore pratiquée de manière artisanale. Avec son école et son église au plafond en forme de carène inversée, l'endroit a beaucoup de charme. Lorient possède deux cimetières. Le cimetière suédois aux tombeaux en pierres grises, austères, contraste avec le cimetière voisin, extrêmement coquet aux croix blanches et aux fleurs artificielles. Le village abrite une petite unité qui produit des cosmétiques (la Ligne de Saint-Barth, *p. 242*).

Cendriers pour plage propre

Le Gouverneur ❼

1,5 km au S.-E. de Gustavia. 🥾 50.

La plage de ce village un peu excentré a été classée parmi les dix plus belles des Caraïbes. L'anse du Gouverneur est une plage de sable blanc à laquelle on accède par Lurin. A ne pas confondre avec le lieu-dit Lurin, situé entre Gustavia et Gouverneur.

Toiny ❽

7 km de Gustavia par Salines, 9 km par Cul-de-Sac.

Le quartier de Toiny, à l'extrémité est de l'île, mérite un détour. Ici la côte est battue par les vents et les embruns. Les habitants ont dû se protéger des violentes tempêtes en bâtissant des « cases à vent » qui résistent à toutes les intempéries *(voir encadré)*. La baignade est déconseillée à la superbe Anse Toiny.

Les rouleaux de la baie des Flamands sont peu propices à la baignade

Architecture

L a richesse architecturale de Saint-Barthélemy, singulière dans la Caraïbe, reflète l'histoire de l'île. Elle résulte aussi de l'opposition entre la côte au Vent et la côte sous le Vent.

D'un côté de l'île ont été construites de robustes cases à vent, de l'autre des cases antillaises ou créoles aux façades ornées de bois ajouré, solidement chevillées au sol.

LA MAISON D'INFLUENCE IRLANDAISE

Dotée d'épais murs en roche volcanique doublés de briques sur l'extérieur, elle présente deux particularités : sa façade s'ornant du seul balcon de l'île et son chéneau sur mur. Des fenêtres à guillotine, des revêtements en brique, une symétrie axiale en plan et en façade témoignent de l'influence irlandaise.

Le seul balcon de l'île agrémente la façade.

Revêtement en briques

Fenêtre à guillotine

LA MAISON D'INFLUENCE SUÉDOISE

Cette maison est l'un des rares édifices épargnés par l'incendie qui ravagea Gustavia en 1852. Elle est remarquable par sa conception anti-sismique : la partie basse est maçonnée alors que la partie haute en bois est davantage résistante aux mouvements du sol. Bardage horizontal et fenêtres à guillotine sont des éléments d'influence suédoise.

La partie haute de la construction est en bois.

Bardage horizontal

Fenêtre à guillotine

LA CASE À VENT

Première trace d'habitat sur l'île, elle rappelle les maisons des pays battus par les vents. À Marigot, on trouve de nombreux exemples de cette architecture cyclonique, caractéristique de la région au vent. Le côté le plus exposé aux intempéries est un mur plein. Les murs sont en pierre volcanique.

LA MAISON EN ESSENTES

On rencontre beaucoup de cases en bois dans la région au vent. Les essentes se posent à recouvrement par triple superposition et clouage.

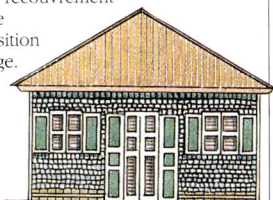

La faune et la flore de Saint-Barthélemy

Hibiscus

Terre aride, rocailleuse, dont les collines ne retiennent pas les nuages chargés de pluie, Saint-Barthélemy pendant longtemps ne parvint pas à séduire les populations sédentaires, pas même les Arawaks. Seuls les Caraïbes la visitaient régulièrement. L'ayant baptisée Ouanalao, ils venaient s'approvisionner en eau, en poison de mancenillier pour leurs flèches, en massues en bois de gaïac et en conques de lambis.

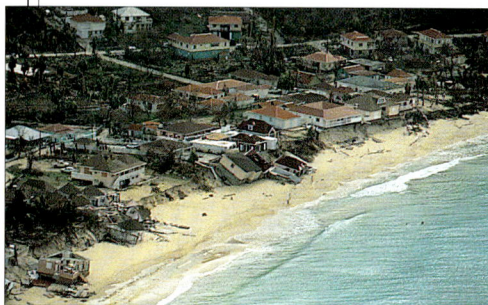

Le pélican brun, ou grand gosier, vit à proximité des côtes où il pêche.

Si l'île a toujours été relativement épargnée par les cyclones, *elle a terriblement souffert du passage du cyclone Luis. Pendant toute une nuit, elle fut coupée du monde. Le cyclone a endommagé l'usine de dessalement d'eau de mer indispensable à la survie des habitants, modifié la topographie des plages, échoué des bateaux.*

La tortue molokoy vit à Saint-Barth. Les familles aiment élever ce paisible animal pour leurs enfants.

L'explosion des activités de plaisance, *la pression sur le milieu marin, la rupture d'un équilibre écologique rendaient nécessaire la création d'une réserve. En octobre 1996, un décret ministériel a retenu 5 zones protégées : zones de reproduction, de nurseries, des massifs coralliens, herbiers et des zones d'intérêt touristique. La réserve s'étendra sur 1 100 ha.*

Les étangs de Saint-Jean, *Grand Cul-de-Sac et Petit Cul-de-Sac sont protégés par arrêté de biotope. Fréquentés par de nombreux oiseaux sédentaires erratiques et migrateurs tels que le pélican brun et l'aigrette neigeuse, ils présentent un grand intérêt ornithologique.*

Les gens travaillaient aux salines, *pieds nus dans la saumure, exploitaient l'or blanc de l'océan, le sel. Fermées depuis 1972, les salines offrent aujourd'hui un paysage lunaire, marqué par le cyclone Luis. Les troncs noueux couchés et ravinés par le sel donnent une atmosphère particulière au lieu. Une association de quartier s'efforce de faire revivre les salines et de sauvegarder le patrimoine culturel qui leur est lié.*

L'IGUANE ANTILLAIS

L'iguane antillais *(Iguana delicatessima)* vit uniquement à Saint-Barth et à la Désirade. Des couleuvres menacées de disparition et l'anolis de terre (lézard typique des îles du Nord) figurent également parmi les espèces de l'île.

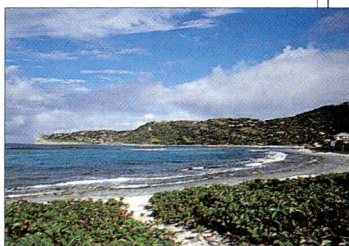

Les 22 plages de rêve *ont vu leur physionomie modifiée à la suite du passage de Luis. Ainsi la plage de Corossol est devenue une plage de galets et la plage de Lorient a reculé.*

Le paysage sec et désolé des environs de Grand Fond est exposé à la violence du vent

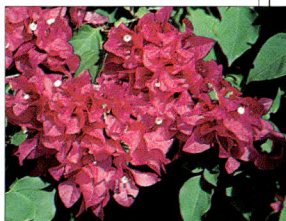

Bougainvillées, *herbes mal de tête, pervenches des sables, jasmin trompette, marguerites à tonnelles, hibiscus, bougainvillées ou pois savane, les fleurs sauvages ou soigneusement entretenues dans les jardins coquets sont omniprésentes.*

Les bonnes
adresses

HÉBERGEMENT

L'archipel guadeloupéen a une capacité globale d'accueil de près de 11 000 chambres. Il met à la disposition des visiteurs un hébergement de plus en plus diversifié, allant du gîte rural au grand hôtel, en passant par des anciennes habitations de plantations transformées en hôtels. Et chacun peut trouver dans toute cette variété la formule qui lui convient au prix qui lui convient.

Panneaux activités

La plage du Hamak à Saint-François *(p. 222)*

LES HÔTELS

Le parc hôtelier, longtemps favorisé par la défiscalisation, s'est stabilisé aujourd'hui à plus de 8 250 chambres, réparties dans des établissements de toutes catégories. À la Guadeloupe, ce sont les pôles touristiques du Gosier (pointe de la Verdure, Bas-du-Fort) et de Saint-François qui présentent la plus forte concentration d'hôtels, principalement 3 et 4 étoiles. Autour de ces hôtels se sont agglomérés des commerces (souvenirs), des restaurants, des bars et des night-clubs, des prestataires d'activités de loisirs (croisières, excursions, activités sportives) ainsi que deux casinos au Gosier et à Saint-François. Ces zones hautement touristiques sont très prisées par la population locale pour leur animation nocturne. Ces dernières années, de nouveaux hôtels ont vu le jour offrant un type de structure se rapprochant plus de l'architecture antillaise. Ces établissements ne sont pas forcément situés en bord de mer, mais parfois en pleine campagne ou au pied d'une montagne. Certains sont des bâtiments historiques magnifiquement restaurés où l'on a tenté de recréer l'atmosphère de l'époque coloniale (mobilier en mahogany ou en courbaril, jardins créoles).

Dans les petites dépendances (les Saintes, Marie-Galante), l'offre d'hôtels de petite capacité est relativement importante. La Désirade est, quant à elle, très pauvre dans ce domaine. En revanche, les îles de Saint-Martin et de Saint-Barthélemy proposent un large éventail d'établissements de toutes catégories. Avec plus de 3 500 chambres, leur parc hôtelier reste majoritairement de haut standing. Les établissements sont installés un peu partout, ces îles étant hautement touristiques.

LES CHAÎNES HÔTELIÈRES

Elles se font de plus en plus nombreuses. Presque toutes sont synonymes de qualité reconnue. Beaucoup ont des unités dans les zones à fort développement touristique.

Accor regroupe une dizaine d'hôtels, parmi les plus importants : Auberge de la Vieille Tour, Novotel Fleur d'Épée, Hôtels Marissol (Guadeloupe), le Marine Hôtel (Saint-Martin), Sofitel Christopher (Saint-Barthélemy). **Les hôtels Méridien** sont au nombre de deux à la Guadeloupe (Le Méridien Saint François, La Cocoteraie), et à Saint-Martin (L'Habitation Lonvilliers, Le Domaine de Lonvilliers).

À la Guadeloupe, les hôtels du **groupe Leader** sont le Créole Beach Hôtel, Le Domaine de Malendure, Le Jardin de Malanga, le Mahogany, la Résidence

L'hôtel Manapany à Saint-Barthélemy

Près de Bouillante, Le Domaine de Malendure donne sur la mer des Caraïbes *(p. 218)*

Yucca, La Toubana. Enfin, **le groupe HCM** : Kaye La, Port Marina, Résidence Canella Beach, Village Soleil (Guadeloupe), Beach Plaza (Saint-Martin), Manapany (Saint Barthélemy).

LES GÎTES

L'association des **Gîtes de France** propose un grand nombre de gîtes à la Guadeloupe. Leur classement répond aux mêmes normes qu'en France métropolitaine, c'est-à-dire de l'épi aux 3 épis. Il existe trois types de gîtes : les gîtes de campagne, situés entre mornes (collines) et vallées à plus de 3 km des plages, des gîtes de mer, à moins de 3 km de la mer, et les gîtes de montagne situés au pied de la montagne, bordés par la forêt tropicale et parfois par une rivière. La plupart proposent des activités assurées par l'hôte lui-même ou à proximité : circuits, randonnées, activités nautiques, golf, tennis, équitation, sports divers, sites à visiter. **Les gîtes de la « Charte du Racoon »** mettent à la disposition des touristes des hébergements auxquels le Parc national de la Guadeloupe a décerné un label. Celui-ci est attribué à des prestataires écotouristiques qui œuvrent dans le respect du patrimoine guadeloupéen et contribuent au développement durable de leur région par des activités mettant en valeur les richesses naturelles et les traditions locales. Ces gîtes sont situés exclusivement sur la Basse-Terre (Saint-Claude, Vieux-Habitants, Pointe-Noire et Bouillante).

Le logo des Gîtes de France

Depuis quelques années, on a aussi vu apparaître un nombre impressionnant de gîtes dits « ruraux » qui ne respectent pas toujours la réglementation qu'implique cette appellation. Il est donc préférable de se renseigner avant d'arrêter son choix.

LE CAMPING

Il existe seulement un camping officiel dans l'archipel guadeloupéen, situé à Pointe-Noire en Guadeloupe. Il offre des places sous tentes et en bungalows et quelques services annexes. Le camping est interdit dans les autres îles, sauf exception. Par ailleurs, il est possible de louer un camping-car auprès d'une des nombreuses sociétés de location installées en Guadeloupe uniquement.

Le hall de la Plantation Sainte-Marthe à Saint-François *(p. 222)*

LES LOCATIONS

Il existe une très large offre de locations de meublés à la semaine éparpillés sur tout le territoire guadeloupéen. Les offices du tourisme et l'AVMT (Association des villas meublées de tourisme) fournissent une liste à la demande. L'AVMT propose des locations pour 1 à 12 personnes de villas, de bungalows, d'appartements meublés. Pour les familles, on peut trouver des Villages Vacances Familles situés à Saint-François et à Deshaies (Touring Hôtel). Outre ces deux VVF, il est possible de séjourner en famille dans un des villages-clubs installés sur l'archipel.

Ils proposent des formules locatives ou en 1/2 pension soit en hôtel, soit en bungalow.

ÉTUDIANTS

À partir du mois de juillet jusqu'en septembre, il est possible de louer des chambres au sein du campus universitaire de Fouillole (université Antilles-Guyane) à la semaine, à la quinzaine ou au mois.

Pendant l'année, seulement 4 chambres de passage à 2 lits sont disponibles (se renseigner auprès du CROUS).

VOYAGEURS HANDICAPÉS

Dans l'ensemble, les hôtels ont un accès difficile. Certains proposent néanmoins 1 ou 2 chambres pour handicapés. Il est conseillé de se renseigner auprès des hôtels. À Sainte-Anne, *Le Vieux Moulin* accueille des groupes et offre des bungalows accessibles aux fauteuils roulants.

LES PRIX

Les prix incluent taxes et service. Ils sont indiqués par chambre et non par personne, sauf en cas de

Une chambre de la Plantation Sainte-Marthe

CARNET D'ADRESSES

CHAÎNES HÔTELIÈRES

Hôtels Accor/Coralia
8, rue Louis-Armand, 75015 Paris.
☎ 01 44 25 39 45
FAX 01 40 60 60 05.

Anchorage
4, rue Sédilot, 75007 Paris.
☎ 01 47 53 99 80
FAX 01 47 53 94 76.

UCPA
62, rue de la Glacière, 75013 Paris.
☎ 01 47 23 75 13.
FAX 01 47 20 09 25.

HCM
28, rue de la Trémoille, 75008 Paris.
☎ 01 47 23 75 13.
FAX 01 47 20 09 25.

Groupe Leader Hôtels
21, rue Jean-Mermoz, 75008 Paris.
☎ 01 42 56 46 98.
FAX 01 45 61 46 29.

Méridien
Immeuble Atlantique Montparnasse
8, place des 5-Martyrs-du-Lycée-Buffon, 75015 Paris.
☎ 01 40 47 35 78.
FAX 01 40 47 36 40.

LOCATIONS

AVMT
12, faubourg Alexandre-Isaac, 97110 Pointe-à-Pitre.
☎ 05 90 82 02 62.
FAX 05 90 82 56 65.

EGI
A. de l'Europe
11, la Coursive
97118 Saint-François.
☎ 05 90 88 41 61.

Villages Vacances Familles
BP 101, 91415
Dourdan Cedex.
☎ 01 60 81 60 65.

GÎTES

Gîtes de France
5, square de la Banque, 97110 Pointe-à-Pitre.
☎ 05 90 91 64 33.
FAX 05 90 91 45 40.
Minitel 3615 Gitguasla

Gîte du Racoon
Parc national de la Guadeloupe Habitation Beausoleil, Montéran, 97120 Saint-Claude.
☎ 05 90 80 24 25.

CAMPING

Camping La Traversée
Anse de la Grande-Plaine, 97116 Pointe-Noire.
☎ 05 90 98 21 23.

ÉTUDIANTS

CROUS Campus universitaire de Fouillole
BP 404, 97164
Pointe-à-Pitre.
☎ 05 90 89 46 60.
FAX 05 90 82 96 72.

VOYAGEURS HANDICAPÉS

Association des paralysés de France
17, bd Auguste-Blanqui, 75013 Paris.
☎ 01 40 78 69 00.

Comité national français pour la réadaptation des handicapés
236 *bis*, rue de Tolbiac, 75013 Paris.
☎ 01 53 80 66 66.

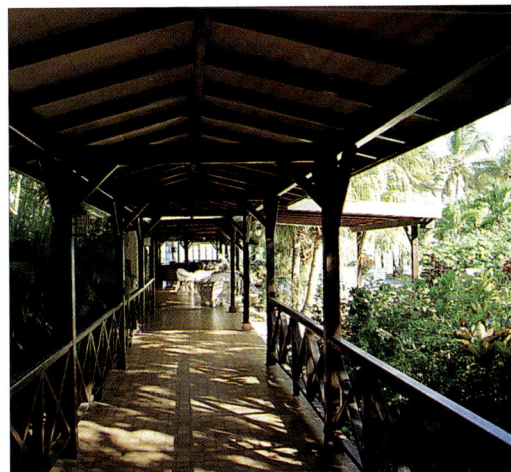

Le ponton de l'hôtel Méridien à Saint-François *(p. 222)*

pension ou de demi-pension. Certains hôtels peuvent augmenter le tarif d'une chambre simple si elle est occupée par deux personnes. Une personne seule peut bénéficier d'une réduction dans des établissements uniquement à chambres doubles. Un supplément peut être appliqué pour loger un enfant. Les tarifs des différentes structures d'hébergement varient selon la saison : ces prix sont plus élevés à la haute saison (mi-décembre à mi-avril) qu'à la basse saison.

LES RÉSERVATIONS

Pour la haute saison, entre mi-décembre et mi-avril, il faut réserver au moins deux à trois mois à l'avance. Pour cela, il est possible de s'adresser aux offices du tourisme. Au milieu de la basse saison, les petits et les moyens hôtels sont souvent peu fréquentés, et les prix sont même au rabais sur quelques semaines, la réservation peut alors se faire d'une semaine à l'autre. Un bon tiers des établissements sont aussi fermés pendant cette période.

L'entrée de l'hôtel Hamak, à Saint-François

Les meilleurs hôtels de la Guadeloupe

La Guadeloupe est sans conteste l'une des îles de la Caraïbe offrant un grand choix d'hébergement touristique. La sélection qui suit permet de s'y retrouver en fonction de son budget et de l'ambiance choisie pour son séjour : à proximité des plages en bord de mer, dans l'intérieur des terres ou encore sur les hauteurs verdoyantes. Tous les hôtels retenus sont de bonne qualité, mais bien évidemment certains se distinguent particulièrement en raison de leur cachet, de leur rapport qualité/prix. Ces pages vous présentent les meilleurs dans leurs styles et leurs gammes de prix.

Touring Hôtel Fort Royal
Dans l'un des plus beaux espaces exotiques, de 11 ha, il offre une prestation de qualité entre : chambres ou bungalows, activités sportives et excursions (p. 220).

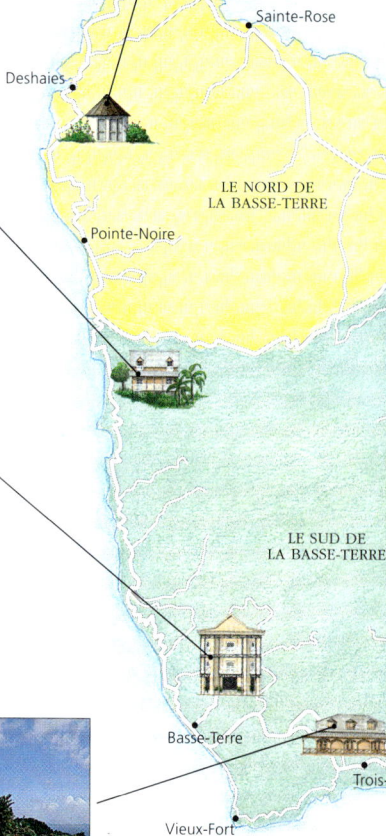

Le Domaine de Malendure
Situé sur la côte sous le Vent, il a vue de la mer des Caraïbes et surplombe la célèbre réserve Cousteau (p. 218).

Le Saint-Georges
À Saint-Claude, près de la Soufrière, doté d'un bon restaurant et de belles chambres, il offre un panorama de la mer des Caraïbes et de Basse-Terre (p. 219).

Le Jardin Malanga
Au cœur d'une bananeraie de 6 ha, le calme règne dans cette ancienne maison coloniale avec vue des Saintes (p. 219).

Sainte-Rose

Deshaies

Pointe-Noire

LE NORD DE LA BASSE-TERRE

LE SUD DE LA BASSE-TERRE

Basse-Terre

Vieux-Fort

Trois-

0   10 km

Pointe de la Grande Vigie

Anse-Bertrand

Port-Louis

LE NORD DE
LA GRANDE-TERRE

J
Sac

Mahault   Les Abymes

POINTE-À-PITRE

Le Moule

LE SUD DE
LA GRANDE-TERRE

Saint-François

Sainte-Anne

Le Gosier

urg

yave

Capesterre-
Belle-Eau

Le Hamak
*L'hôtel bénéficie, avec
son jardin tropical
de 3 ha et sa plage
privée, d'un confort
et d'un calme agréables
(p. 222).*

Le Méridien
*Entre le golf de 18 trous
et le lagon de Saint-
François, c'est le lieu
idéal pour les amateurs
de sports nautiques
(p. 222).*

La Plantation Sainte-Marthe
*Un ensemble hôtelier de style louisianais, dans un
parc de 7 ha, à proximité des belles plages, propose
un grand nombre d'activités sportives* (p. 222).

**L'Auberge
de la Vieille Tour**
*L'hôtel est situé en bord
de mer, face à l'îlet
du Gosier. Les chambres
sont très confortables et la
restauration est de qualité*
(p. 221).

POINTE-À-PITRE

Hôtel Saint-John

Carte routière C3. Quai des Croisières, 97110. 📞 05 90 82 51 57. **FAX** 05 90 82 52 61. **Chambres :** 44. 🛏 📺 🖥 ≡ 🧍 ↕ 🅿 🚲 🍽 V, AE. 🄵🄵🄵

Au cœur de Pointe-à-Pitre, face au quai, c'est un hôtel moderne de trois étages ; la moitié des chambres ont vue sur la mer, à proximité des commerces, des restaurants et de la vie locale.

Le Normandie

Carte routière C3. Place de la Victoire, 97110. 📞 05 90 83 87 88. **FAX** 05 90 94 26 75. ⬤ de 7 h à 23 h. **Chambres :** 7. 🛏 🍽 ≡ V. 🄵🄵

Il bénéficie du voisinage du cinéma Renaissance, du kiosque à musique et d'un bel environnement de maisons en bâti traditionnel. L'hôtel lui-même offre un confort sommaire mais les prix sont attractifs. Les chambres sont d'un confort rudimentaire, certaines sans salle de bains ni toilettes mais c'est probablement l'un des moins chers de l'île, et il vaut pour son ambiance musicale et ses fréquentations. Le restaurant propose une carte sans surprise, locale et internationale.

LE SUD DE LA BASSE-TERRE

BAILLIF

Paradis Tropical

Carte routière B4. Domaine de Manu-Ryse, route de Saint-Louis, Bellevue, 97123. 📞 05 90 81 21 62. **FAX** 05 90 81 71 46. Gîte de France. **Bungalows (F2 et F3) :** 13. 🛏 ≡ 🚲 🅾 🖥 🧍 ↕ 🅿 plus de 2 000 F la semaine.

Des bungalows tout confort sont installés dans un parc fleuri et arboré. Le cadre est reposant et agréable, avec une vue panoramique de la mer et de la montagne. Très bon point de départ pour visiter tous les sites touristiques de la Guadeloupe.

BOUILLANTE

Le Domaine de Malendure

Carte routière B4. BP 10 Pigeon Morne-Tarare, 97125. 📞 05 90 98 92 12. **FAX** 05 90 98 92 10. 3 étoiles. **Studios :** 6 ; **appartements duplex :** 44. 🛏 📺 ≡ 🖥 🅾 🖥 🧍 ↕ 🅿 🍽 V, AE, MC. 🄵🄵🄵

Le Domaine de Malendure, situé sur la côte sous le Vent, fait face à la mer des Caraïbes et surplombe la célèbre réserve Cousteau, l'un des plus beaux sites sous-marins du monde. Le paysage est spectaculaire. Le Domaine de Malendure, noyé dans une végétation luxuriante, captive par le charme d'un village créole dont l'architecture respecte la tradition locale. Les appartements offrent tous une vue magnifique de la mer, le salon s'ouvre sur une véranda. Réservations à Paris : 📞 01 45 61 46 29. **FAX** 01 45 61 46 29.

Le Jardin Tropical

Carte routière B4. Morne Michot-Poirier, 97125. 📞 05 90 98 77 23. **FAX** 05 90 98 74 33. **Chambres :** 9 ; **bungalows :** 15. 🛏 ≡ 🚲 🅾 🈚 🖥 🧍 ↕ 🅿 🍽 🍽 V, MC, AE. 🄵🄵🄵

Ses bungalows climatisés dans un parc rempli de fleurs, son restaurant, sa piscine, sa vue en technicolor lorsque le soleil se couche sur les îlets Pigeon, son piano-bar et ses animations en feront l'endroit de rêve de soirées, d'un week-end ou de vacances sur la côte sous le Vent.

Paradis Créole

Carte routière B4. Route de Poirier-Pigeon, 97125. 📞 05 90 98 71 62. **FAX** 05 90 98 77 76. **Chambres :** 8 ; **bungalows :** 3. 🛏 ≡ 🚲 🅾 🖥 ↕ 🅿 🍽 V, MC. 🄵🄵🄵

Pour ceux qui n'ont pas un gros budget et qui ont besoin de calme dans une ambiance conviviale, le Paradis Créole est idéal. Il est situé dans un cadre de verdure, avec une vue imprenable de la mer, les îlets Pigeon et la montagne voisine. Le restaurant et le bar sont près de la piscine. Activité proposée : la plongée sous-marine ; les plus beaux fonds sont juste à côté.

Le Domaine de Petite-Anse

Carte routière B4. Plage de Petite Anse, 97125. 📞 05 90 98 78 78. **FAX** 05 90 98 80 28 . Résid. tourisme. **Chambres :** 135 ; **appartements :** 40. 🛏 📺 ≡ 🚲 🅾 🖥 🧍 ↕ 🅿 🍽 V, MC, DC. 🄵🄵🄵

Le Domaine de Petite-Anse est un point de départ parfait pour découvrir la Basse-Terre, pour les amoureux de sports nautiques et de belles randonnées à pied ou en 4 x 4. Les voyageurs handicapés y trouveront aussi des facilités dans toutes les chambres.

Gîte Vairac

Carte routière B4. Loquet Pigeon, 97125. 📞 05 90 98 71 14. Gîte du Racoon. **Appartement :** 1. 🛏 🅾 🅿 🄵🄵🄵🄵🄵 la semaine.

Très proche de ses visiteurs, la propriétaire propose des soirées gwoka, des bains nocturnes à la source, un apprentissage de la cuisine créole. Vue de la mer et de la montagne, à 2 mn de la plage de l'Anse à Sable, à 5 mn de la réserve Cousteau.

Habitation Massieux

Carte routière B4. Route de marquis, Thomas-Bouillante, 97125. 📞 05 90 98 89 80. 🛏 ≡ **Chambres :** 4. 🛏 🈚 🧍 🅿 🅾 Gîte du Racoon. 🄵🄵🄵 plus de 1 000 F à la semaine.

C'est une ancienne maison coloniale, perdue au milieu de la forêt tropicale et reconvertie en petite structure intime et chaleureuse. Il y a une chambre avec vue sur mer. Les animaux sont acceptés. Table d'hôte le soir sur réservation.

PETIT-BOURG

Le Mont Fleuri-Les Alpinias

Carte routière C3. Barbotteau, 97170. 📞 05 90 94 23 92. **FAX** 05 90 94 12 08. Gîte de France. **Chambres d'hôte :** 5 ; **gîtes :** 6. 🛏 📺 ≡ 🚲 🅾 🖥 🧍 🅿 🄵🄵

À l'orée du Parc national, dans les hauteurs et dans la fraîcheur, pour le calme et la détente. Pour les chambres d'hôte, une télévision est commune.

SAINT-CLAUDE

Saint-Georges

Carte routière B4. Rue Gratien-Parize, 97120. **॑** 05 90 80 10 10. **FAX** 05 90 80 30 50. **Chambres : 40 ; suites : 2.** 🔲 📺 📶 🔳 🔳 🔳 🔳 🔳 🔳 V, MC. Ⓕ Ⓕ Ⓕ.

À Saint-Claude, sur les contreforts de la Soufrière, dominant Basse-Terre et la mer des Caraïbes, le *Saint-Georges* vous offre ses jolies chambres entièrement équipées et une palette d'activités. Son restaurant, *Le Lamasure,* est une étape incontournable pour les fins gourmets. Le *Saint-Georges* est un établissement pilote de l'Institut consulaire régional de formation aux métiers de la restauration, de l'hôtellerie et du tourisme.

Les gîtes Anthurium

Carte routière B4. Lotissement Acajou Ducharmoy, 97120. **॑** 05 90 80 24 13. **FAX** 05 90 80 24 13. *Gîte du Racoon.* **Bungalows : 2** 🔲 📃 🔳 🔳 🔳 Ⓟ Ⓕ Ⓕ Ⓕ Ⓕ Ⓕ *la semaine.*

Au pied de la Soufrière, gîtes calmes et tranquilles, piscine privée, vue panoramique de la mer des Caraïbes.

Habitation Matouba

Carte routière B4. Petit-Parc, 97120. **॑** 05 90 80 09 28. 🔲 🔳 **Appartements : 2 ; studio : 1.** *Gîte du Racoon. Plus de 2 000 F la semaine.*

Dans un parc de 3 ha, appartements et studio sont équipés pour un accueil réussi, au pied de la Soufrière. Le linge de maison est fourni.

TROIS-RIVIÈRES

Le Jardin Malanga

Carte routière C5. Hermitage, 97114. **॑** 05 90 92 67 57. **FAX** 05 90 92 67 58. **Bungalows : 3 ; chambres : 3.** 🔲 📃 🔳 🔳 🔳 Ⓟ 🔳 🔳 V, MC, AE. Ⓕ Ⓕ Ⓕ Ⓕ Ⓕ

Au sud de la Basse-Terre, *Le Jardin Malanga,* au cœur d'une plantation de bananes, offre la nature et le calme, ainsi qu'une belle vue des Saintes. Le visiteur

peut être hébergé dans l'ancienne maison coloniale ou dans les cases aménagées. Toutes les chambres sont équipées de lit king-size. Le logement pour une famille est possible. *Le Panga*, table d'hôte, est ouvert du matin au soir.

Grande-Anse Hôtel

Carte routière C5. Grande Anse, 97114. **॑** 05 90 92 90 47 ; 05 90 92 92 21 (Restaurant). **FAX** 05 90 92 93 69. **Bungalows : 16.** 🔲 📺 📃 🔳 🔳 🔳 Ⓟ 🔳 🔳 V, MC. Ⓕ Ⓕ Ⓕ

Dans la région de la Basse-Terre, ce petit hôtel très confortable est composé de bungalows, de 2 chambres entourant une belle piscine en bord de mer. Les chambres sont meublées en style colonial. Son restaurant, plusieurs fois récompensé, est très réputé dans la région et fera découvrir ses spécialités créoles. De nombreuses randonnées et plusieurs sites sont à découvrir à proximité : les chutes du Carbet, la Soufrière, les Saintes.

Les gîtes Fleur d'Oranger

Carte routière C5. Grande-Anse, 97114. **॑** 05 90 82 24 36. **Gîtes : 3.** 🔲 🔳 *plus de 1 000 F la semaine.*

Dans une maison coloniale confortable, 2 gîtes pour 1 couple et 1 gîte pour 3 pers. sont proposés. C'est un microclimat, au pied de la Madeleine, à 3 km de la plage de Grande Anse et à 2,5 km du débarcadère pour les Saintes. De la fraîcheur, sans les moustiques ! Ambiance familiale.

La Paillote du Pêcheur

Carte routière C5. Grande Anse, 97114. **॑** 05 90 92 94 98. **Gîtes : 5.** 🔲 🔳 🔳 Ⓟ 🔳 🔳 🔳 V, MC, AE. Ⓕ Ⓕ

Les gîtes sont à 150 m de la plage. Le confort est assuré dans chacun. Le restaurant est à 1,5 km. La demi-pension comprend la location, le petit déjeuner et le repas du soir.

Coco et Zabrico

Carte routière C5. Habitation Duquerry, 97174. **॑** 05 90 92 76 83. **FAX** 05 90 92 68 10. **Gîte de France : 3 Épis. Bungalows : 3.** 🔲 🔳 🔳 🔳 🔳 🔳 Ⓟ *plus de 2 000 F la semaine.*

Ces gîtes sont des modules implantés dans un parc avec vue de la mer et de la montagne. La plage est à 5 mn en voiture. Chaque module peut accueillir confortablement 4 personnes.

VIEUX-HABITANTS

Gîtes de l'Habitation de l'Îlet

Carte routière B4. Coulée de Beaugendre, 97119. **॑** 05 90 98 44 89. **FAX** 05 90 98 30 75. *Gîte du Racoon.* 🔲 📺 📃 🔳 🔳 ⬤ *août et septembre.* Ⓕ Ⓕ Ⓕ Ⓕ Ⓕ *la semaine.*

Tranquillité absolue non loin de la rivière ; les enfants peuvent s'ébattre en toute sécurité. Le repas du soir et le petit déjeuner vous sont offerts à l'arrivée.

Domaine de l'Oseille

Carte routière B4. Chemin de Bel-Air, 97119. **॑** 05 90 98 31 49. *Gîte du Racoon.* **Chambre d'hôte : 1.** 🔲 🔳 🔳 Ⓟ 🔳 *plus de 1 500 F la semaine.*

Niché à 650 m d'altitude, dans la forêt tropicale, et profitant de la fraîcheur de la montagne, le *Domaine de l'Oseille* est conçu pour procurer calme et repos. Pour les amoureux de randonnées, particulièrement dans ce parc de 23 ha. Pour moins d'une semaine, les tarifs sont plus élevés.

LE NORD DE LA BASSE-TERRE

DESHAIES

Habitation Grande-Anse

Carte routière B3. Deshaies, 97126. **॑** 05 90 28 45 36. **FAX** 05 90 28 51 17. **Chambres : 3 ; Studios : 12 ; appartements : 3 ; bungalows : 8.** 🔲 📃 🔳 🔳 🔳 Ⓟ 🔳 🔳 🔳 V, MC. Ⓕ Ⓕ Ⓕ *2 000 F la semaine.*

L'*Habitation Grande-Anse* est une petite résidence située à 250 m d'une plage de rêve. Des bungalows, des appartements et des studios.

Légende des symboles, *voir p. 215*

sont dispersés au sein d'un jardin tropical. Tous les logements sont équipés d'une cuisine américaine avec frigo et four, téléphone direct, chaîne hi-fi, coffre de sécurité, une très belle piscine.
Service de buanderie. L'*Habitation* vous propose également sa formule de location à la semaine ;
draps, linge de toilette et de maison sont fournis.

Touring Hôtel Fort Royal

Carte routière B3. Pointe du Petit-Bas-Vent, 97126. 📞 *05 90 25 50 00.*
📠 *05 90 25 50 01. Chambres : 117 ; Bungalows : 78.* �‑🖼🛏🛁🔥⬆️
🐟🚱🏃♿🅿️🍴🧺 *V, MC, AE.*
Ⓕ Ⓕ Ⓕ Ⓕ

Sur la côte sous le Vent, dans un site préservé de 11 ha, *Fort Royal* occupe un des plus beaux espaces entre forêt tropicale et mer des Caraïbes. Le client a le choix entre le confort des chambres de l'hôtel, construit sur une avancée rocheuse et dominant deux superbes plages, ou le charme des bungalows en bord de plage. L'hôtel propose toutes sortes d'activités sportives et un club « Ti Moun » pour les enfants.

La Flûte Enchantée

Carte routière B3. Route de Caféière, 97126. 📞 *05 90 28 41 71.*
📠 *05 90 28 54 43. Hôtel de Charme.*
Chambres : 2 ; appartements : 13 . �‑🛏🛁🔥🚱🏃♿🅿️🍴🧺 *V, MC.* Ⓕ Ⓕ Ⓕ Ⓕ

L'hôtel se trouve à 300 m de la mer des Caraïbes et de la longue plage de Grande Anse, un vrai paradis pour la plongée, le surf et la pêche au gros. À la limite de la forêt tropicale, le jardin est exceptionnel. Les appartements sont confortables et peuvent accueillir jusqu'à 5 personnes.

Les Bungalows Migneret

Carte routière B3. La Coque, 97126. 📞 *05 90 98 07 93.* 📠 *05 90 98 29 57. Gîte de France.* **Studio : 1 ; appartement : 1 ; bungalows : 5.**
�‑🖼🛏🔥🚱♿🅿️🧺 *V, MC, AE, DC. Plus de 1 500 F la semaine.*

Entre mer et montagne, à la limite de la forêt tropicale, à 800 m de la plage, pour profiter du calme et des plaisirs de la côte sous le Vent.

Résidence de la Pointe Batterie

Carte routière B3. Pointe Batterie, 97126. 📞 *05 90 28 57 03.* 📠 *05 90 28 57 28. Bungalows : 24 villas.* �‑
🖼🛏🛁🔥🚱♿🅿️🍴🧺 *V, MC.* Ⓕ Ⓕ Ⓕ Ⓕ

Cette superbe résidence hôtelière, qui domine la baie de Deshaies, offre une vue splendide à ceux qui ont le plaisir d'y résider.
7 « Villas Prestige », avec piscine individuelle, pouvant recevoir 6 personnes et 17 « Villas Luxe » pour 4 personnes, dont certaine, avec leur piscine particulière.
L'endroit est charmant, tout comme son jardin tropical et son restaurant fameux.

POINTE-NOIRE

La Pointe d'Argent

Carte routière B3. Anse Baille-Argent, 97116. 📞 *05 90 98 19 60.* 📠 *05 90 98 19 40. Chambres : 6 ; appartements : 10.* �‑🖼🛏🔥🚱
🏃♿🅿️🍴🧺 *V, MC, AE, DC.*
Ⓕ Ⓕ Ⓕ

Situé dans un cadre de verdure à 100 m de la mer des Caraïbes et aux portes de la forêt tropicale, *La Pointe d'Argent* vous réserve un accueil privilégié.
Les appartements de type F3 entièrement équipés pour 4 personnes seront la meilleure formule dans ce sympathique petit hôtel. Restaurant abordable.

Tiki-Tan

Carte routière B3. Anse Caraïbe, 97116. 📞 *05 90 98 24 37.*
📠 *05 90 98 15 07. Gîte du Racoon.*
Studio : 1 ; appartement : 1 ; bungalow : 1. �‑🛏🛁🔥🚱♿🅿️
Plus de 1 500 F la semaine.

Entre mer et montagne, les gîtes se trouvent dans un parc fleuri, paradis des colibris. Le musée des Coquillages est gratuit pour les locataires.
Baignades, randonnées, détente et couchers de soleil inoubliables.

Couleur Caraïbe

Carte routière B3. Quartier du zoo de Bouillante, 97116. 📞 *05 90 98 89 59.* 📠 *05 90 98 89 59. Studios : 6.* 🚑🖼🛏🔥🚱♿🅿️🍴🧺 *V, MC.* Ⓕ Ⓕ

Au cœur du Parc national, au milieu du vert, l'endroit est dépaysant.
Couleur Caraïbe est labellisé hôtel Parc naturel de France.
Son restaurant est fameux.

SAINTE-ROSE

La Sucrerie du Comté

Carte routière B2. Comté de Lohéac, 97115. 📞 *05 90 28 60 17.* 📠 *05 90 28 65 63. Bungalows : 52.* 🚑🛏🔥🚱♿🅿️🍴🧺 *V, MC, AE, DC.*
Ⓕ Ⓕ Ⓕ

Au calme et dans la nature, dans un parc de 4 ha sur le site d'une ancienne sucrerie-rhumerie, *La Sucrerie du Comté* est un bon point de départ pour découvrir la Guadeloupe à travers les activités proposées : pêche au gros, excursions en mer et en montagne, tennis.

Domaine de Séverin

Carte routière B2. La Boucan, 97115. 📞 *05 90 28 91 86.*
📠 *05 90 28 36 66. Appartements : 2 , bungalow : 1.* 🚑🖼🛏🔥🚱
🏃🅿️🍴🧺 *V, MC.* Ⓕ Ⓕ

Le *Domaine de Séverin* est réputé pour son rhum souvent primé.
À l'étage de l'habitation, deux appartements magnifiques ont été aménagés avec mobilier à l'ancienne, grande salle de bains, cuisine et terrasse.
Très belle formule, très accessible et parfaite pour ceux qui ont envie de retrouver l'atmosphère de ces anciennes demeures.
Excellent point de départ pour ceux qui aiment les randonnées en forêt.
Son restaurant est réputé pour ses ouassous.

LE SUD DE LA GRANDE-TERRE

LE GOSIER

Novotel Fleur d'Épée

Carte routière D3. Bas-du-Fort, 97190. 📞 *05 90 90 40 00.* 📠 *05 90 90 99 07. Chambres : 190.* 🚑🖼
🛏⬆️🔥🚱🏃♿🅿️🍴🧺 *V, MC, AE, DC.* Ⓕ Ⓕ Ⓕ Ⓕ

Implanté au Bas-du-Fort, sur la commune du Gosier, le *Fleur d'Épée* fait face à une grande baie bordée de cocotiers. Lieu exceptionnel pour profiter pleinement du soleil, il propose une gamme d'activités et d'animations sans équivalent sur l'île et 3 restaurants, 3 bars, piscine, plage aménagée, miniclub, et nombreuses activités sportives. Réservations à Paris :
 01 44 35 39 39. FAX 01 40 60 10 61.
Minitel *3615* Coralia.

Arawak

Carte routière D3. Pointe de la Verdure, 97190. 05 90 84 24 24. FAX 05 90 84 38 45. TX 91 97 33 GO. ***Chambres :*** *200 ;* **suites :** *10.* 📺 🛏 🏊 🛜 🍴 24 🛜 🌴 🅿 🍴 🛜 *V, MC, AE, DC.* Ⓕ Ⓕ Ⓕ Ⓕ

À 10 mn de Pointe-à-Pitre et face au casino, à proximité de nombreux commerces et restaurants, l'*Arawak* est un hôtel confortable pour des vacances agréables. Plage privée, sports nautiques et *farniente* sont au programme, pas très loin des plaisirs de la nuit.

Le Marissol

Carte routière D3. Bas-du-Fort, 97190. 05 90 90 84 44. FAX 05 90 90 83 32. TX 91 98 55 GO. ***Chambres :*** *143 ;* **bungalows :** *48.* 📺 🛏 🏊 🍴 🌴 🅿 🍴 🛜 *V, MC, AE, DC.* Ⓕ Ⓕ Ⓕ Ⓕ

Dans un parc de 3,5 ha, l'hôtel *Le Marissol* se compose de 3 restaurants, 3 bars, une piscine, une plage aménagée, un miniclub Té Pirate, de nombreuses activités sportives et animations.

Créole Beach Hôtel

Carte routière D3. Pointe de la Verdure, 97190. 05 90 90 46 00 *(réservation)* ou 05 90 90 46 46 *(standard).* FAX 05 90 90 46 66. TX 91 98 36 GO. ***Chambres :*** *221 ;* **studios :** *100.* 📺 🛏 🏊 🍴 🅿 🌴 🅿 🍴 🛜 *V, MC, AE, DC.* Ⓕ Ⓕ Ⓕ Ⓕ

Dans un jardin tropical en bord de mer, au *Créole Beach*, il n'est pas de journée sans jeux ou festivités : danses au son du *steel band*, ballets traditionnels ou soirées jazzy autour d'une table de billard. Le jour, sport ou bronzage. Réservations à Paris :
 01 42 56 46 98. FAX 01 45 61 46 29, TX 65 06 20.

La Maison Créole

Carte routière D3. Montauban, 97190. 05 90 84 55 16. ***Studios :*** *58.* 📺 🏊 🍴 🅿 🛜 *V, AE.* Ⓕ Ⓕ Ⓕ

Hôtel de charme très convivial à 10 mn des plages et du bourg du Gosier. Les chambres, qui donnent sur la piscine et le jardin, sont toutes climatisées et équipées.

Auberge de la Vieille Tour

Carte routière D3. Montauban, 97190. 05 90 84 23 23. FAX 05 90 84 33 43. TX 91 97 15 GO. ***Chambres :*** *180 ;* **juniors-suites :** *32 ;* **suite du gouverneur :** *1 ; dans la résidence,* **suite :** *1 et* **duplex :** *5.* 📺 🛏 🏊 🍴 🌴 🅿 🍴 🛜 *V, MC, AE, DC.* Ⓕ Ⓕ Ⓕ Ⓕ

À l'entrée du Gosier, en bord de mer avec sa plage, l'hôtel, situé dans un parc de 3 ha, est ordonné autour d'un moulin du XVIIIe siècle. Meubles en acajou et tissus aux couleurs fraîches font des chambres des espaces de détente et de raffinement. De votre lit ou du salon, vue de la mer. Son restaurant est un sommet gastronomique de l'archipel.

Callinago Village Archipel

Carte routière D3. BP 1, 97190. 05 90 84 25 25. FAX 05 90 84 24 90. TX 91 97 78. GO **Chambres :** *48 ;* **appartements :** *110.* 📺 🛏 🏊 🍴 🅿 🌴 🅿 🛜 *V, MC, AE.* Ⓕ Ⓕ Ⓕ Ⓕ

Sur la plage, le *Callinago* invite aux plaisirs du sport, et aux joies de la mer et à l'évasion grâce aux multiples excursions proposées. Musique tropicale pendant les soirées. Uniquement en demi-pension.

Canella Beach Hôtel

Carte routière D3. Pointe de la Verdure, 97190. 05 90 90 44 00. FAX 05 90 90 44 44. ***Chambres :*** *146 ;* **studios :** *88 ;* **suites :** *15.* 📺 🛏 🏊 🍴 🌴 🅿 🍴 🛜 *V, MC, AE, DC.* Ⓕ Ⓕ Ⓕ Ⓕ

Dans le quartier des hôtels et tout près du casino, pour des vacances idéales en famille et pour les amoureux de sports nautiques.

Gîtes Ruth Roll

Carte routière D3. Lotissement Faraux, 97190. 05 90 84 14 97. *Gîtes de France.* ***Chambres :*** *2 ;* **Studios :** *2.* 🛏 🏊 🍴 🌴 🛜 🅿 *Plus de 1 500 F la semaine.*

À 5 mn des plus belles plages du Gosier, des gîtes agréables et sympathiques sont implantés dans un immense jardin.

Le Petit Havre

Carte routière D3. Route de la plage, Petit-Havre, 97190. 05 90 85 20 83. FAX 05 90 85 20 43. ***Chambres :*** *11.* 🛏 🏊 🍴 🌴 🍴 🛜 *V.* Ⓕ Ⓕ Ⓕ

Le Petit Havre est un hôtel très fonctionnel mais sans charme particulier, sinon la proximité de la plage. Restaurant le soir sans grande surprise non plus.

LE MOULE

Tropical Club les Alizés

Carte routière D2. Plage des Alizés ou de l'Autre-Bord , 97160. 05 90 93 97 97. FAX 05 90 93 97 00. ***Studios :*** *96.* 📺 🛏 🏊 24 🍴 🌴 🅿 🍴 🛜 *V, MA, AE, MC.* *entre 400 F et 1 000 F la nuit.*

Tourné vers la mer et les loisirs (spot de surf, canoë, planche à voile), l'espace *Les Alizés* est aménagé dans un environnement de végétation tropicale, en bordure d'une petite plage à l'abri des vagues et des remous, idéale pour les enfants. Activités sportives : 1 h d'initiation plongée et planche à voile, aquagym, salle de sport, VTT, tennis, volley-ball.

Cottage Hotel

Carte routière D2. Plage des Alizés, L'Autre-Bord, 97160 Le Moule. 05 90 23 78 38. ***Appartements :*** *24.* 🍴 🛜 *V, AE, MC.*

Face à l'Atlantique, l'hôtel dispose de 24 duplex entièrement équipés pouvant accueillir 4 personnes. L'hôtel offre un avantage supplémentaire : la possibilité de partir à la découverte de la mangrove et de son univers en canoë-kayak. Le restaurant propose à la carte : fricassées de langoustes et de chatrou, langoustes grillées.

Légende des symboles, *voir p. 215*

SAINT-FRANÇOIS

Méridien Saint-François

Carte routière E3. BP 37, 97118.
☎ 05 90 88 51 00. FAX 05 90 88 40 71.
TX 91 97 74 GO. *Chambres : 265 ;*
suites : 10. 🛏 TV 🍽 ⚓ 🐟 🍸
P 🍴 🛒 *V, MC, AE, DC.* ⓕⓕⓕⓕ

Situé entre la mer et le golf
de 18 trous de Saint-François,
cet hôtel, dans un cadre agréable,
permet de goûter aux plaisirs
des sports nautiques grâce aux
équipements mis à votre disposition.
Les joies du parachutisme
et des grands espaces sont aussi
au programme. Luxe, confort,
détente et visite de sites :
la pointe des Châteaux est
à deux pas, le lever de soleil est
éblouissant au-dessus de l'île
de la Désirade.

Plantation Sainte-Marthe

Carte routière E3. Les Hauts de Saint-
François, 97118. ☎ 05 90 93 11 11.
FAX 05 90 88 72 47. *Chambres : 96 ;*
duplex : 24. 🛏 TV 🍽 ⚓ 🐟 🍸
P 🍴 🛒 *V, MC, AE, DC.* ⓕⓕⓕⓕ

À proximité du golf de 18 trous
signé Trent-Jones, sur les
Hauts de Saint-François dans un parc
de 7 ha, la *Plantation Sainte-Marthe*,
superbe ensemble hôtelier de style
louisianais, propose 120 chambres
au luxe discret. Son restaurant
La Vallée d'Or offre une gastronomie
légère et raffinée, près de la
piscine, dans un cadre frais
et recherché. Animation tous les
soirs. Court de tennis, navette pour
Saint-François : accès aux 2 plages,
à la planche à voile.

Hamak

Carte routière E3. Avenue de
l'Europe, 97118. ☎ 05 90 88 59 99.
FAX 05 90 88 41 92. TX 91 97 53 GO.
Bungalows : 54. 🛏 TV 🍽 ⚓ 🐟
🍸 🍽 🛒 P 🍴 🛒 *V, MC, AE.*
ⓕⓕⓕⓕ

Le *Hamak*, au cœur d'un parc
tropical de 3 ha, idéalement situé
entre le golf de 18 trous et le lagon
de Saint-François, dispose
de sa plage privée. Ses luxueux
bungalows, astucieusement répartis
pour préserver le calme et l'intimité
de ses résidents, accueillent

les privilégiés qui viennent y goûter
une atmosphère dépaysante,
élégante et raffinée. Des services
de premier ordre. Le *Hamak* fait
bon accueil aux familles
et propose des excursions en avion
aux îles voisines. Le *Hamak*
fut l'hôtel des Caraïbes choisi pour
le sommet des chefs d'État
occidentaux en 1979. Salle
d'esthétique et de remise en forme.

Hôtel Résidence Pradel

Carte routière E3. Pradel, 97118.
☎ 05 90 88 49 85. FAX 05 90 88 64 32.
Studios : 18 ; bungalows : 2. 🛏 TV
🍽 ⚓ 🐟 🍸 🍽 🛒 P 🛒 *V, MC.*
ⓕⓕ

Du haut de sa colline fleurie
dominant un lagon de 400 ha,
point de départ de nombreuses
excursions, la *Résidence Pradel*
assure une parfaite indépendance
Dans le budget, prévoir la location
d'un véhicule.

Golf Village

Carte routière E3. 96, Hauts de
Saint-François, 97118. ☎ 05 90 88 73
73 ; FAX 05 90 88 61 70. *Chambres :*
56 ; studios : 20 ; bungalows (villas
2 à 6 pers.) : 11. 🛏 TV 🍽 ⚓ 🐟
P 🍴 🛒 *V, MC, AE.* ⓕⓕⓕⓕ

Dans un parc tropical de 4 ha
sur une colline dominant la mer
et le golf de Saint-François,
Golf Village a sélectionné ce qu'il y
a de mieux pour vos vacances.
Si vous recherchez un moment de
détente au bord de la piscine,
vous pourrez déguster un punch
planteur en attendant d'apprécier
les délices d'une cuisine raffinée
et ses spécialités créoles. Au départ
de l'hôtel, excursions et sports
nautiques, initiation à la plongée en
piscine et randonnées sous-marines.

La Métisse

Carte routière E3. 66, les Hauts de
Saint-François, 97118. ☎ 05 90 88 70
00. FAX 05 90 88 59 08. *Chambres : 7.*
🛏 TV 🍽 ⚓ 🐟 🍽 🛒 P 🛒 *V,*
AE, MC, DC. ⓕⓕⓕⓕ

À 1 km des plages de Saint-François,
les chambres équipées sont
disposées autour d'une jolie piscine.
Idéal pour un groupe d'amis.
Avec un minimum de 10 personnes,
il est possible de louer tout l'hôtel.
Pour les enfants de moins de 6 ans
c'est gratuit, le petit déjeuner aussi.

Iguana Bay

Carte routière E3. Pointe des
Châteaux, 97118. ☎ 05 90 88 48 80.
FAX 05 90 88 67 19. *Villas : 17.* 🛏 🍽
🍽 🐟 🍸 🛒 P 🛒 *AE.* ⓕⓕⓕⓕⓕ

À la pointe des Châteaux, où les
levers de soleil sont parmi les plus
beaux du monde, l'*Iguana* propose
de grandes villas créoles dans
l'isolement d'un jardin tropical face
à la Désirade, avec l'anse de la
Petite Gourde en premier plan.
Chaque villa est entièrement
équipée et possède sa piscine.
La plage est à 5 mn. Pour le luxe,
la tranquillité et les vacances en
toute liberté.

La Cocoteraie

Carte routière E3. ☎ 05 90 88 79 81.
FAX 05 90 88 78 33. *Chambres : 50.*
🛏 24 TV 🍽 ⚓ 🍽 P 🐟 *V,*
MC, AE. ⓕⓕⓕⓕ

Style affecté ; un effort manifeste de
décoration compense l'enfermement
et l'exiguïté de la plage.
Des tarifs très élevés pour une
ambiance artificielle, mais on peut
aimer l'effet de luxe et de volupté.

SAINTE-ANNE

La Toubana

Carte routière D3. BP 63, Fonds-
Thézan, 97180. ☎ 05 90 88 25 57.
FAX 05 90 88 38 90. *Bungalows : 32.*
🛏 🍽 ⚓ 🐟 24 🍽 🛒 P 🛒 *V,*
MC, AE, DC. ⓕⓕⓕⓕ

À 2 km de Sainte-Anne, dominant la
mer, les bungalows sont disséminés
dans un joli jardin et bénéficient
d'une très belle vue de Marie-Galante.
La spécialité de son restaurant,
Le Baobab, est la langouste du
vivier. Tennis, billard, activités
nautiques, plongée. Réservations à
Paris : ☎ 01 42 56 46 98 ;
FAX 01 45 61 46 29 ; TX 650 520.

La Caravelle Club Med

Carte routière D3. Sainte-Anne,
97180. ☎ 05 90 85 49 50 ; 05 90 85
49 51. FAX 05 90 85 49 70 ; 05 90 85
49 79. *Village Vacances.* **Chambres :**
324. 🛏 🍽 ⚓ 🐟 🍸 🍽 👤 P 🍴
🛒 *V, MC, AE.* ⓕⓕⓕⓕⓕ

Le *Club*, c'est « le club » avec sa
superbe plage, dont une partie est
réservée aux naturistes, ses soirées

à thème, ses repas pantagruéliques, ses spectacles, ses aires de jeux, ses terrains de sport. Tous les plaisirs en un seul lieu.

Motel de Sainte-Anne

Carte routière D3. Durivage, 97180. 05 90 88 22 40. **FAX** 05 90 88 28 29. **Studios :** 3 ; **appartements :** 4 ; **chambres (petites) :** 2. 🅿 V, MC. ⒻⒻⒻ

À 5 mn de la plage du *Club Med* et de la plage de Sainte-Anne. Cadre simple et familial. Bon accueil.

L'Auberge Le Grand Large

Carte routière D3. Route de la plage, 97180. 05 90 85 48 28. **FAX** 05 90 88 16 69. **Bungalows :** 10 ; **chambres :** 3. V, MC, AE. ⒻⒻⒻ plus de 2 000 F la semaine.

Les bungalows sont situés dans un jardin tropical à quelques mètres de la plage ; trois chambres sont à l'étage. Deux formules sont proposées : hôtel, avec ménage chaque jour ; résidence avec ménage tous les sept jours, serviettes changées tous les quatre jours. Location à la semaine.

Mini-Beach

Carte routière D3. Plage de Sainte-Anne, 97180. 05 90 88 21 13. **FAX** 05 90 88 19 29. **Bungalows :** 3 ; **chambres :** 6. V. ⒻⒻⒻ

Bungalows équipés de kitchenettes et chambres de charme en rupture avec l'hébergement des complexes touristiques, dans l'intimité des cocotiers et de la plage. Salle de billard, bar cocktails, récital de piano le mardi.

Les Palmes

Carte routière D3. Durivage, 97180. 05 90 88 22 90. **FAX** 05 90 85 41 34. **Chambres :** 3. 🅿 plus de 1 500 F la semaine.

Deux studios d'une capacité d'accueil de 2 à 4 personnes et un bungalow, d'une capacité d'accueil de 4 à 6 personnes, très agréables et très calmes sont situés dans un beau jardin tropical et près de la plage, à 50 m en contrebas. Location à la semaine (ou au minimum 3 nuits).

Cap Sud Caraïbes

Carte routière D3. Petit-Havre, 97180. 05 90 85 96 02. **FAX** 05 90 85 80 39. **Chambres :** 12. V, MC. ⒻⒻⒻ

Des chambres personnalisées par une décoration originale colorée et lumineuse, des tapisseries, des fleurs, une vraie recherche de style et d'intimité avec une version *Un thé au Sahara* influencée par les hamacs, les moustiquaires, les poteries. Une prédilection pour les belles matières, le bois, un jardin soigné et une piscine.

LE NORD DE LA GRANDE-TERRE

MORNE-À-L'EAU

Auberge Le Relax

Carte routière D2. Bonne Terre, 97111. 05 90 24 87 61. **FAX** 05 90 24 88 64. **Chambres :** 12 ; **bungalows :** 14. V, MC. ⒻⒻⒻ

À 2 km de Morne-à-l'Eau, en pleine campagne et dans son vaste jardin, l'*Auberge Le Relax* propose une ambiance familiale. Antonin, le patron, connaît bien sa région et la fera découvrir en charrette à bœufs ou en barque sur les canaux conduisant les pêcheurs à la mer. Pour vivre des vacances à la mode de chez nous. Location de voiture au kilométrage illimité. Taxi A/R aéroport-auberge.

LES ÎLES

LES SAINTES

Auberge des Anarcadiers les Petits Saints

La Savane, Terre-de-Haut, 97137. 05 90 99 50 99.; 05 90 99 54 55. **FAX** 05 90 99 54 51. Auberge/charme. **Chambres :** 11. V, MA, AE, DC. ⒻⒻⒻⒻ

Cette petite auberge est l'un des endroits les plus sympathiques des Saintes, tenue par deux excellents cuisiniers amoureux de leur métier et grands collectionneurs d'objets et de meubles anciens. Pour goûter au calme des Saintes et aux plaisirs de la table, deux petits saints, c'est bien. Vue de la baie, véranda et jardin tropical.

Hôtel Bois Joli

Terre-de-Haut, 97137. 05 90 99 50 38 ; 05 90 99 55 05. **FAX** 05 90 99 55 05. **Chambres :** 23 dont 5 avec balcon ; **bungalows :** 8. V, MC. ⒻⒻⒻ

Le site est superbe, la vue est extraordinaire ; la plage est située devant l'hôtel. Tous les plaisirs de la mer ; les Saintes, c'est vraiment formidable à partir d'un petit hôtel tel que celui-là. Sports payants : planche à voile, ski nautique, location de kayaks, masques, tubas, bateaux à moteur.

Le Kanaoa

Anse Mire, 97137. 05 90 99 51 94 ; 05 90 99 51 36. **FAX** 05 90 99 55 04 . **Chambres :** 18 ; **appartements duplex :** 4. V, MC. ⒻⒻⒻ

Le Kanaoa est un hôtel de type familial sympathique et agréable, parfait pour jouir des Saintes. Petits animaux acceptés.

MARIE-GALANTE

Soleil Levant

Hauts-du-Morne, Capesterre, 97140. 05 90 97 31 55. **FAX** 05 90 97 41 65. **Chambres-doubles :** 6 et chambres communicantes : 2 ; **studio :** 1 ; **appartements (F2 et F3) :** 2 ; **bungalow :** 1. V, MC. ⒻⒻⒻ

Ce qu'il y a de mieux dans la grande île. Dans le village, sur la plage ou sur le morne, les chambres du *Soleil Levant* sont agréables. Pour le calme, le *farniente*, la pêche à la ligne et la solitude béate : c'est Marie-Galante. (Soleil Levant, bourg, 42, rue de la Marine, 3 chambres doubles à 300 F et 3 chambres avec mezzanine à 350 F).

Légende des symboles, *voir p. 215*

Gîtes Bavarday

Les Basses, Grand-Bourg, 97112.
📞 05 90 97 83 94. FAX 05 90 97 81 90.
Gîte de France. **Studios : 3.** 🛏️🍴🏊
🎤📺 P Ⓕ Ⓕ

Dans une belle maison avec jardin
située à 30 m de la plage, 3 studios
pour 2 ou 4 personnes, climatisés,
équipés d'une kitchenette.
Philippe, le propriétaire, vous fera
découvrir Marie-Galante, son île.
C'est sa passion, il la connaît
comme sa poche.

Au Village de Ménard

Vieux-Fort, Ménard, Saint-Louis,
97134. 📞 05 90 90 97 09 45.
FAX 05 90 97 15 40. *Gîte de France.*
Bungalows : 7. 🛏️🍴🏊♿🎤📺
P ✉ V, MC. Ⓕ Ⓕ Ⓕ.

Autour de la piscine, le *Village*
vous accueille dans le calme
de la belle île. Point de départ
pour de superbes balades dans
la campagne ou sur le littoral afin
de voir une dizaine de plages
au sable fin. Pour se retrouver
en famille.

SAINT-BARTHÉLEMY

Le Toiny

Anse de Toiny, 97133. 📞 05 90 27 88
88. FAX 05 90 27 89 30.
Suites : 13. 🛏️🍴📺🏊24📺
♿🍴 P 🍴 ✉ V, MC, AE, DC.
Ⓕ Ⓕ Ⓕ Ⓕ Ⓕ ★ *Relais et Châteaux.*

Le Toiny marie avec discrétion la
vie d'une plantation avec les détails
modernes les plus élégants pour
créer une atmosphère de luxe et de
raffinement. 12 villas privées,
chacune avec sa propre piscine,
sont luxueusement équipées : 2
télévisions, 3 téléphones, vidéo, fax
sont délicatement intégrés au décor.
Les salles de bains du *Toiny* sont
incomparables. Réservations :
📞 08 00 90 16 20 (appel gratuit) ;
e-mail : 10 50 62.15 1616.
@compuserve.com
http://www.well.com/-wimco
ou wimco@well.com.

Guanahani

BP 609 Grand Cul-de-Sac, 97133.
📞 05 90 27 66 60. FAX 05 90 27 70 70.
Bungalows : 54 ; suites : 21.
🛏️🍴📺🏊24🏃 P 🍴 ✉ V,
MC, AE, DC. Ⓕ Ⓕ Ⓕ Ⓕ Ⓕ ★

Le *Guanahani*, petit village
de 54 cottages et 21 suites,
avec piscine privée pour certaines,
est situé sur la plage du
Grand Cul-de-Sac au milieu
des buissons de fleurs et de la
végétation tropicale. Au *Guanahani*,
tout est en double : 2 restaurants,
2 piscines, 2 courts de tennis,
2 plages… Réservations :
📞 08 00 90 16 20 (appel gratuit) ;
e-mail : 105062.1516
@compuserve.com e-mail : wimco
@well.com http://www.well.com.

Carl Gustaf

Rue des Normands, Gustavia, 97133.
📞 05 90 27 82 83. FAX 05 90 27 82
37. **Suites : 14.** 🛏️🍴📺🏊🎤24
🌸 P 🍴 ✉ V, MC, AE, DC.
Ⓕ Ⓕ Ⓕ Ⓕ Ⓕ ★

Chacune des suites du *Carl Gustaf*,
avec terrasse et piscine, offre une
vue de Gustavia et de son port.
L'hôtel dispose de 14 suites de 1 ou
2 chambres, salon, living, cuisine,
terrasse, solarium avec piscine
privée. Les prestations font de ce
luxueux domaine un haut lieu de
l'hôtellerie française. Réservations
à Paris : Emmanuelle Laurent
📞 01 48 73 01 48, FAX 01 43 94 39 27.
http://www.well.com ; e-mail :
10 50 62.15 16 @compuserve.com ;
e-mail : wimco@well.com.

El Sereno Beach Hôtel

Grand Cul-de-Sac, 97133.
📞 05 90 27 64 80. FAX 05 90 27 75 47.
Chambres : 18 ; suites : 14. 🛏️🍴
📺🏊🎤♿ P 🍴 ✉ V, AE,
DC,MC. Ⓕ Ⓕ Ⓕ Ⓕ Ⓕ

El Sereno Beach Hôtel est caché
au bord d'un lagon paisible comme
un bijou dans son écrin. 14 suites
de luxe, en bord de mer, chacune
avec terrasse couverte et solarium.
18 chambres standard dans
une végétation tropicale sur la plage.
Chaque chambre possède
une terrasse et un jardin privatif.
Réservations :
📞 08 00 90 16 20 (appel gratuit) ;
e-mail : 105062.1516
@compuserve.com ou wimco
@well.com http://www.well.com/-
wimco.

François Plantation

Colombier, 97133. 📞 05 90 29 80 22.
FAX 05 90 27 61 26. **Bungalows : 12.**
🛏️📺🍴🏊🎤📺♿ P 🍴 ✉ V,
MC, AE. Ⓕ Ⓕ Ⓕ Ⓕ Ⓕ

Sur la colline de Colombier,
le *François Plantation* est à 3 km
du port de Gustavia. L'hôtel
comporte 12 cottages meublés en
bois d'acajou avec salle de bains
en marbre. Chaque bungalow
dispose d'une terrasse privée.
Son restaurant propose une cuisine
gastronomique raffinée où l'accent
est mis sur les saveurs exotiques
des épices. La carte des vins invite à
déguster l'un des 300 vins référencés.

Filao Beach Hôtel

Baie de Saint-Jean, 97133.
📞 05 90 27 64 84. FAX 05 90 27 62 24.
Chambres : 30. 🛏️🍴📺🏊
🎤 P ✉ V, MC, AE, DC. Ⓕ Ⓕ Ⓕ Ⓕ
Relais et Châteaux.

Au pied des collines de Saint-Jean
dans son jardin tropical en bord
de plage avec vue panoramique
de la mer. Luxe et farniente. Pêche
au gros, plongée, sports nautiques.

La Banane

Baie de Lorient, 97133.
📞 05 90 27 68 25. FAX 05 90 27 68 44.
Bungalows : 9. 🛏️🍴📺🏊🎤24
🌸♿🏃 P ✉ V, MC, AE.
Ⓕ Ⓕ Ⓕ Ⓕ

Sur la baie de Lorient, à 100 m
de la plage, 9 maisons antillaises
enfouies dans la fraîcheur de sa
végétation. 2 piscines sous les
palmiers, 1 bar, une excellente
table. Chaque habitation, de style
créole, offre confort et originalité.
Les salles de bains pavées de
mosaïques mexicaines s'ouvrent
sur des patios où des jardins
intérieurs invitent à la fraîcheur
et à l'exotisme.

Eden Rock

Baie de Saint-Jean, 97133. 📞 05 90
27 72 94. FAX 05 90 27 88 37.
**Chambres : 11 ; bungalows : 3 ;
chambres de luxe : 3 ; suites : 5.** 🛏️
🍴🎤24🏃 P 🍴 ✉ V,
MC, AE. Ⓕ Ⓕ Ⓕ Ⓕ Ⓕ

Situé dans un site exceptionnel,
l'*Eden Rock* a été construit il y a
50 ans par un célèbre aventurier
des Caraïbes. Les habitations
de type classique au vieux mobilier
d'antiquaire surgissent directement
d'une eau bleu turquoise et
limpide. Les hôtes de l'*Eden Rock*
sont assurés de trouver le meilleur
des séjours en ces lieux paisibles.
Les tarifs sont en dollars.

Yuana

Anse des Cayes, 97133. 📞 05 90 27 80 84. FAX 05 90 27 78 45. **Suites-juniors :** 12. 🛏 🗒 📺 🏊 🎱 24
🍽 ♿ 🅿 🔌 V, MC, AE. Ⓕ Ⓕ Ⓕ Ⓕ

À proximité de la plage de Saint-Jean, l'hôtel *Yuana* domine la plage de l'Anse des Cayes, niché à flanc de colline dans son jardin tropical où les iguanes de ravine viennent se sustenter de papayes à volonté. Les chambres équipées sont spacieuses et confortables. Un des moins chers de Saint-Barth pour profiter des charmes discrets de l'île.

SAINT-MARTIN

Green Cay Village

Baie Orientale, Saint-Martin French West Indies, 97150. 📞 05 90 87 38 63. FAX 05 90 87 39 27. **Chambres :** 48. 🛏 📺 🗒 🏊 🎱 24 🍽 🎾 ♿ 🅿 🔌 V, AE, DC. Ⓕ Ⓕ Ⓕ Ⓕ Ⓕ

Seize villas hôtelières de style créole offrent une vue de la baie Orientale et de ses îles voisines. Combinaison harmonieuse entre la villa indépendante et les services et prestations d'un hôtel de luxe. Chaque villa possède 3 chambres, grande salle de séjour, cuisine, salle de bains, grande terrasse, jardin privatif et sa piscine privée.

Flamboyant Hôtel and Resort

Baie Nettlé, route des Terres-Basses, 97150. 📞 05 90 87 60 00. FAX 05 90 87 99 57. **Chambres :** 198 ; **suites :** 62 ; **appartements duplex :** 11. 🛏 📺 🗒 🏊 🎱 🍽 🎾 ♿ 🅿 🍴 🔌 V, MC, AE, DC. Ⓕ Ⓕ Ⓕ Ⓕ

À 5 mn de Marigot, le *Flamboyant* est posé sur une bande sableuse entre mer et lagon. Les chambres spacieuses et les suites, aménagées de mobilier exotique, disposent de balcon ou d'un jardin privé, d'une cuisine entièrement équipée, de télévision par satellite, d'un coffre fort individuel et d'un téléphone direct. Deux superbes piscines et un solarium offrent des possibilités de détente. Le restaurant propose une cuisine raffinée, des buffets animés et des dîners-spectacles tous les soirs. Au choix : formule club ou formule classique, pour la famille ou pour les lunes de miel choyées.

Nettlé Bay Beach Club

Route des Terres Basses, 97064. 📞 05 90 87 68 68. FAX 05 90 87 21 51. **Chambres :** 100 ; **suites :** 135. 🛏 📺 🗒 🏊 🎱 🍽 🅿 🔌 V, MC, AE. Ⓕ Ⓕ Ⓕ Ⓕ *Résidence de tourisme.*

L'accueil est chaleureux dans un cadre superbe. La plage de sable blond est magnifique, les chambres sont spacieuses avec terrasse privée. Le vrai *farniente.*

Mercure Simson Beach

BP 172, baie Nettlé, Marigot, 97150. 📞 05 90 87 54 54. FAX 05 90 87 92 11. TX 91 91 41 GO. **Chambres :** 175 ; **studios :** 130 ; **appartements duplex :** 45. 🛏 📺 🗒 🏊 🎱 🍽 ♿ 🅿 🍴 🔌 V, AE, DC, MC. Ⓕ Ⓕ Ⓕ Ⓕ

Dans la partie française, entre la mer et le lagon, à 5 mn de Marigot et 15 mn de l'aéroport, cet hôtel propose ses studios et ses duplex équipés d'une kitchenette, tous avec vue sur mer. Restaurant, bar, plage, piscine, loisirs.

Blue Beach Hôtel

26, Oyster Pond, 97150. 📞 05 90 87 33 44. FAX 05 90 87 42 13. **Bungalows :** 36 ; **suites :** 6. 🛏 📺 🗒 🎱 🍽 24 🅿 🍴 🔌 V, MC. Ⓕ Ⓕ Ⓕ Ⓕ *Résidence de tourisme.*

Près de la marina, face à l'océan Atlantique et à l'île de Saint-Barth, le *Blue Beach Hôtel* vous propose ses petites maisons créoles dans le cadre verdoyant de son jardin. Tout peut être organisé depuis l'hôtel, avant votre arrivée ou pendant votre séjour : journée en mer ou plongée, excursions, sports nautiques. Les plages sont à 3 mn de marche ou par navette.

Atlantide

BP 5140, Grand Case, 97150. 📞 05 90 87 09 80. FAX 05 90 87 12 36. **Appartements :** 6 ; **studios :** 3 ; **suites :** 1 🛏 📺 🗒 🏊 🎱 🍽 🎾 ♿ 🅿 🍴 🔌 V, MC. Ⓕ Ⓕ Ⓕ Ⓕ

Prolongé d'une terrasse sur front de mer, chaque appartement comprend une cuisine design entièrement équipée, télévision, lecteur de cassettes et téléphone. L'air conditionné et le sol dallé de marbre entretiennent une douce fraîcheur. Parasols et chaises longues à volonté sur la plage.

Sunrise Hôtel

BP 5005 Cul-de-Sac, 97070. 📞 05 90 29 57 00. FAX 05 90 87 39 28. **Studios :** 20. 🛏 📺 🗒 🏊 🎱 🍽 🅿 🔌 V, MC, AE. Ⓕ Ⓕ Ⓕ Ⓕ

Le *Sunrise Hôtel* se trouve dans la baie du Cul-de-Sac, considérée comme l'une des plus belles de l'île. À découvrir : une piscine d'eau douce, 20 appartements luxueusement équipés avec une vue splendide de la baie, fermée par l'îlet Pinel accessible grâce aux pédalos de l'hôtel. Chaque logement dispose d'une cuisine équipée sur une vaste terrasse privée. Petit hôtel confortable et calme avec un service personnalisé, une équipe qui conseillera diverses activités.

Hôtel Beach Plaza

Baie de Marigot, 97150. 📞 05 90 87 87 00. FAX 05 90 87 18 87. **Chambres :** 138 ; **suites :** 6. 🛏 📺 🗒 🏊 🎱 🔌 🎾 ♿ 🅿 🍴 🔌 V, MC, AE. Ⓕ Ⓕ Ⓕ Ⓕ

En bordure de la mer des Caraïbes, « les pieds dans l'eau », à 15 mn de l'aéroport international Princesse Juliana, à 2 mn à pied de Marigot, l'*Hôtel Beach Plaza* propose dans un cadre raffiné tout ce qu'il faut pour passer d'agréables vacances ainsi que les services nécessaires au monde des affaires.

Hôtel La Plantation

Résidence de la baie Orientale, 97150. 📞 05 90 29 58 00. FAX 05 90 29 58 08. **Studios :** 32 ; **suites :** 16. 🛏 📺 🗒 🏊 🎱 🍽 🎾 ♿ 🅿 🍴 🔌 V, MC. Ⓕ Ⓕ Ⓕ Ⓕ

De superbes villas coloniales au mobilier exotique implantées dans une végétation luxuriante. De la terrasse, on a une vue imprenable de la plage de la baie Orientale et des îles voisines. Au petit matin, lever du soleil à ne pas manquer : les couleurs sont simplement magnifiques. Sur la plage, *La Plantation* vous propose 5 restaurants typiques. Pour le sport, il y a l'embarras du choix : club de voile (catamaran, cour de planche à voile), location de jet-skis, de scooters de mer, plongée, promenade à cheval. Excursions dans l'île.

Légende des symboles, *voir p. 215*

RESTAURANTS, CAFÉS ET BARS

On dit de la Guadeloupe qu'elle est la destination culinaire des Caraïbes. Cette réputation est fondée sur la notoriété de la Société des cuisinières de la Guadeloupe. C'est à travers la variété des saveurs, des senteurs et des couleurs que s'illustre le métissage culinaire qui a enrichi la cuisine créole au fil des vagues de migrations (amérindiennes, africaines, françaises, indiennes, asiatiques...). Actuellement, la tendance est à la nouvelle cuisine créole, parfois appelée « cuisine évolutive ». Cependant, il serait dommage de ne

Tourment d'amour

pas goûter les mets traditionnels : acras de morue, boudin de lambi, colombo de cabri, calalou, matété, bébélé, congre salé et autres soupes à kongo. Il serait regrettable de ne pas essayer les ouas-sous, les chatrous, les lambis, les oursins et bien sûr les langoustes, souvent accompagnées de gratin de cristophines ou de bananes jaunes, ou encore de riz et de haricots rouges. En dessert, les sorbets, les bananes frites et les fruits seront un véritable enchantement pour vos papilles gustatives !

LA RESTAURATION RAPIDE

L'alimentation tient une part importante dans la vie quotidienne antillaise, c'est pourquoi il est possible de se restaurer à n'importe quelle heure et n'importe où. On peut donc, malheureusement, trouver des endroits dits de cuisine rapide, essentiellement concentrés dans les agglomérations des deux villes principales, Pointe-à-Pitre et Basse-Terre, ainsi que des snack-bars, un peu partout sur l'archipel.

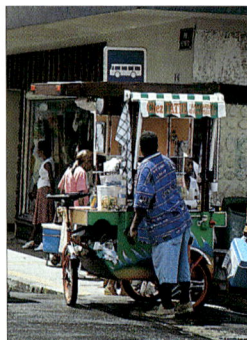

Vendeur ambulant

D'autre part, de nombreuses roulottes proposent des sandwichs variés, des crêpes et l'incontournable *bokit* (sorte de pain frit servi en sandwich avec du poulet, du jambon, etc.), à consommer sur place ou à

emporter. De plus en plus répandue, cette nouvelle forme de restauration répond au besoin des consommateurs d'avoir un service rapide, pas cher et à toute heure. Attention ! Ce n'est pas ce qui se fait de mieux sur le plan de l'hygiène, les risques d'intoxication sont réels.

LA GASTRONOMIE

À la Guadeloupe, les zones très touristiques comme Le Gosier, Sainte-Anne, Saint-François ou encore la marina de Pointe-à-Pitre comptent un grand nombre de restaurants qui satisferont les plus exigeants par la diversité et la qualité des cuisines proposées (chinoise, indienne, libanaise, italienne…) et des cadres enchanteurs (bord de mer, jardins tropicaux…).

Cuisine créole

Cependant, la cuisine française reste, avec la cuisine créole, la plus répandue. De nombreux restaurants proposent des cartes mixtes (créole et française). Dans ces restaurants, les fins gourmets pourront se régaler d'une fricassée de lambi, accompagnée d'un gratin de cristophines, ou d'une simple assiette de boudin et d'acras chauds. Dans les « petites dépendances » (les Saintes, Marie-Galante et la Désirade), les restaurants offrent en général une cuisine créole. Ils proposent surtout les spécialités de l'île comme

Une terrasse accueillante à Saint-Martin

De la grande table au petit *lolo*, la Guadeloupe offre une large palette de restauration

Buffet dans un grand hôtel

le bébélé à Marie-Galante, le court-bouillon de poissons et les tourments d'amour aux Saintes. Sur l'île de Saint-Martin, une bonne partie des restaurants proposent une cuisine internationale à Marigot, alors qu'à Sandy Ground vous pourrez déguster des plats typiquement créoles. Saint-Barthélemy offre un grand choix de restaurants de très bonne qualité. Ils sont essentiellement concentrés autour du port, à Saint-Jean, ou encore à Grand Cul-de-Sac. La cuisine et le service sont souvent aussi raffinés que le cadre. Par ailleurs, les restaurants des hôtels proposent également d'excellentes cartes.

LES PRIX

Les tarifs pratiqués sont relativement semblables à ceux appliqués en France. Le coût moyen d'un repas varie de 70 à 220 francs selon l'établissement.

LES CAFÉS, BARS ET PIANOS-BARS

La culture de la canne à sucre et donc le rhum ont longtemps été les moteurs économiques de l'archipel guadeloupéen. Aujourd'hui encore, le rhum reste très présent dans la vie quotidienne antillaise : il parfume les pâtisseries et les glaces, il est utilisé dans les recettes de remèdes de grand-mère, et enfin, il est servi à chaque apéritif sous la forme du traditionnel *ti-punch* CRS, sec ou feu (citron, rhum, sucre). Vous pourrez l'apprécier sur la terrasse de l'un des nombreux bars de l'archipel. Il n'est pas rare de trouver dans les campagnes de petits bars qui fassent aussi office de *lolos* (épicerie locale).

Cocktails de fruits en tous genres

L'autre façon de découvrir le rhum, c'est de le mélanger à des jus de fruits locaux pour obtenir un délicieux cocktail, le planteur. Vous pourrez le siroter, ainsi que bien d'autres, dans les pianos-bars qui sont disséminés un peu partout sur l'archipel.

Que manger en Guadeloupe

Fruit à pain

La cuisine guadeloupéenne conserve les traces de tous ceux qui se sont installés dans l'île, important avec eux leurs habitudes culinaires. Des premiers occupants arawaks, les Guadeloupéens gardent l'usage des assaisonnements fortement pimentés, des viandes grillées ou boucanées, des préparations de chair de crustacés mêlée à la farine de manioc, du pain de manioc (la cassave). Le colombo est bien sûr l'héritage culinaire le plus visible des Indiens arrivés après l'abolition de l'esclavage. Qu'elles viennent d'Occident, d'Afrique ou d'Asie, les recettes culinaires ont toutes un point commun : il n'est pas un plat antillais qui ne soit agrémenté d'épices.

Le court-bouillon *est une façon de préparer certains poissons. La sauce est à base de tomates, de roucou, d'épices et de citron vert. Se mange avec du riz blanc.*

Le matété à crabes *est une fricassée composée de crabes, de cochon salé et de riz, cuite à l'étouffée, c'est le plat traditionnel du lundi de Pâques. Les crabes cuisent dans de l'eau bouillante avec laurier, jus de citron, piment, poivre et sel.*

Le féroce *est une préparation à base d'avocat, de morue, de farine de manioc et de piment, d'où le nom de féroce.*

Les ouassous *sont des écrevisses qui se cuisinent grillées, flambées ou à la nage, dans un court-bouillon pimenté.*

Le piment *se décline en plusieurs variétés, dont la plus incendiaire est le rebondi « bonda man jacques ».*

Riz blanc

Feuilles de madère

Le calalou *est une soupe de feuilles de madère que l'on agrémente de queues de porc ou de bœuf salé et de crabes. Calalou viendrait du terme caraïbe calao, un végétal originaire de l'Inde. On le mange avec du riz blanc, surtout à Pâques.*

Les acras *sont de petits beignets à la morue épicés, originaires du Ghana, parfumés avec des fines herbes.*

Les cristophines *peuvent se manger en gratin, en soufflé ou sautées à la poêle.*

Le bébélé, *plat traditionnel de Marie-Galante, est une sorte de grande soupe pimentée.*

Le colombo *est un mélange de graines de coriandre, de cumin, de poivre noir, de moutarde, de curcuma, de gingembre, de racines de safran, de piment. Il se prépare indifféremment avec du cabri, du poulet, du porc, ou certains poissons à chair ferme comme le requin, l'espadon.*

Le boudin noir *est le boudin le plus populaire, à base de mie de pain, de beaucoup d'épices et de sang de cochon.*

Le flan au coco *est un dessert préparé à base de noix de coco et de lait. On le trouve dans les restaurants mais pas dans les pâtisseries parce que le flan au coco ne se conserve qu'au réfrigérateur.*

Le blaff *est un mode de cuisson pour les crustacés ou le poisson qui ressemble à un court-bouillon sans tomate.*

Les sorbets *sont très appréciés aux Antilles. Sorbets coco, au maracudja, aux goyaves ou encore à la banane sont les plus consommés.*

Le poulet boucané *est une viande grillée, mangée le plus souvent en en-cas, que l'on peut acheter sur le bord de la route.*

Le tourment d'amour *est un petit gâteau à base de noix de coco. C'est la spécialité des Saintes.*

Le crabe farci *est un plat qui se mange agrémenté d'une sauce très relevée. On consomme plus souvent les crabes de terre que de mer car leur chair est plus fine.*

La chiquetaille *est de la morue grillée et déchiquetée que l'on sert dans une sauce-chien à base d'oignons-pays.*

LES FRUITS DE LA GUADELOUPE

Une grande diversité de fruits tropicaux est proposée sur les marchés de la Guadeloupe.

Citron vert

Pomme cannelle

Goyave

Avocat

Carambole

Ananas bouteille

Le jambon de Noël *est un des plats traditionnels que l'on déguste généralement au moment de Noël aux Antilles où le cochon est à l'honneur.*

Mangue

Noix de coco

Banane

Que boire en Guadeloupe

Eau de coco

Agricole ou industriel, le rhum de la Guadeloupe a acquis une grande notoriété. Titrant 59°, le rhum Bologne est réputé comme étant le meilleur de l'île. Le rhum blanc de Marie-Galante, en vente uniquement sur le marché local, a la particularité d'être fruité. Les connaisseurs le boiront sec ou en *ti-punch* avec du sirop de canne et du citron vert, mais rarement en cocktails ou en liqueur, réservés aux dames. La Guadeloupe produit également une bière locale, des sodas, des jus de fruits exotiques et de l'eau minérale, plate ou gazeuse proposée dans la plupart des restaurants. Très peu sont exportés.

Jus

à base de rhum. Hormis l'incontournable punch au coco, plusieurs labels, et d'abord la maison *Littée*, proposent une merveilleuse anisette locale, mais aussi des crèmes de banane, de sapote et autres.

LE RHUM

Le rhum est la boisson privilégiée des Guadeloupéens ; il occupe une place de premier plan dans la consommation quotidienne et participe à toutes les fêtes. Il cadence la journée dès 5 heures du matin pour le « décollage »,

au *ti-punch* CRS sec ou feu (citron-rhum-sucre), de midi jusqu'aux dernières gouttes des verres projetées sur le sol « à la santé des morts ». Un grand verre d'eau, « une crase », peut apaiser le feu après chaque verre de rhum. À la fin du repas, les amateurs de digestifs se font servir un rhum vieux. Certains millésimes n'ont rien à envier aux meilleurs cognacs. Le verre supplémentaire est qualifié de « pété pié » car il vous brisera les pieds.

LES JUS DE FRUITS

Les jus de fruits sont nombreux aux Antilles. La plupart des snack-bars servent des jus d'ananas, goyave, maracudja, prune de Cythère, cerise locale frais. On trouve aussi du jus de canne, d'aspect brunâtre et peu ragoûtant, mais très agréable au palais et désaltérant. À la Guadeloupe, on consomme de l'eau de coco à n'importe quel moment de la journée. Des marchands de cocos verts en proposent à proximité des marchés. Une entaille au coutelas jusqu'à la chair tendre du coco et voilà, c'est servi !

Liqueur de guavaberry

LES LIQUEURS

Les supermarchés et des boutiques spécialisées proposent une grande variété de liqueurs, le plus souvent

LES BOISSONS FRAÎCHES

À la Guadeloupe, l'eau du robinet est potable, mais la plupart des restaurants

Trois grands rhums blancs

LE TI-PUNCH

Dans un petit verre à punch, versez un fond de sirop de canne, deux doigts de rhum, pressez un zeste de citron vert et remuez le tout. Tel est le traditionnel *ti-punch*, véritable rituel guadeloupéen. Le mot est anglais et vient de l'hindi *panch* qui signifie « cinq ». C'était autrefois une boisson réputée en Inde composée de cinq éléments : thé, citron, cannelle, sucre et alcool. Quant au mot « rhum », il viendrait de l'anglais *rumbullion* qui désignerait un grand tumulte, en référence au trouble qu'il procure à qui en abuse. D'aucuns estiment toutefois qu'il serait un avatar de *rheu*, « tige » en dialecte andalou. Mais le punch connaît aussi une interprétation plus locale : il viendrait de l'épisode de « la mare au punch » de Marie-Galante, quand après l'abolition de l'esclavage, les nègres des plantations déversèrent toute la production de rhum de l'endroit et du sirop dans une excavation…

Rhum blanc

Sucre de canne

Citrons verts

Les marchands ambulants proposent des boissons fraîches à emporter

proposent de l'eau minérale, plate de **Matouba** ou gazeuse de **Dolé-Capès,** les deux marques locales. Ces deux marques ont lancé des petites bouteilles d'eau gazeuse aromatisée au citron vert et à la menthe, rafraîchissantes et très pratiques pour partir en balade. On trouve également quantité de sodas locaux aux saveurs multiples : soda champagne, rose, orange, orgeat, vert, banane, etc. Le plus réputé en même temps que le plus prisé de ces sodas reste *L'Ordinaire* au goût d'anis, qui se vend en canette ou en bouteille en plastique.

Liqueur de coco

La bière locale *La Corsaire* est l'une des boissons rafraîchissantes de la Guadeloupe.

LES COCKTAILS ET AUTRES MÉLANGES

À la Guadeloupe, les cocktails sont tous à base de rhum. Le planteur est un mélange de rhum vieux, de jus de fruits et de sirop de canne agrémenté de noix de muscade, de cannelle et d'angustura. Le *schrubb* est une liqueur d'écorces d'oranges macérées dans du rhum. On trouve également des punchs au coco et une variété infinie de punchs aux fruits qui demeure une spécialité du pays. Par ailleurs, le rhum est réputé pour avoir des vertus curatives. Sur les marchés, on trouvera, pour des massages, une lotion de feuilles de bois d'Inde macérées dans du rhum, le *bayrum* ou le *guéritout*, qui soigne tous les maux physiques, et les fameux « punchs d'amour », écorces de bois-bandé mélangées à du rhum dont nul n'ignorera la finalité...

Bière et eaux minérales locales

POINTE-À-PITRE

Le Bout du Monde

Carte routière C3. Îlet du Gouvernement, 97110. 📞 *05 90 35 33 45.* ⏱ *du mer. au dim. midi.* 🍽🌀 👭 **V** *(à la demande).* ♿ 🚾 🎵 🎴 ⓕ **V.** ⒻⒻ

On achète le « paquet » qui inclut le billet et le buffet. 10 mn pour rejoindre cet îlet tropical dans une maison de style colonial typique et très fleurie. Un buffet créole est proposé à l'arrivée : apéritifs à volonté, acras, 3 entrées, 4 plats de résistance, vin, café, digestif. Ouvert le soir, seulement à partir de 50 personnes pour une capacité d'accueil de 300 personnes.

Côté Jardin

Carte routière C3. Le môle portuaire n° 7, la marina, 97110. 📞 *05 90 90 91 28.* ⏱ *t.l.j. sf sam. midi et dim.* 🍽🌀 **V** ♿ 🚾 🎵 🎴 ⓕ **V, AE.** ⒻⒻ

Ce restaurant sympathique, haut de gamme, est fréquenté à midi par les hommes d'affaires et le soir par les promeneurs. La salle est entièrement climatisée, le jardin est agréable et le personnel chaleureux. La cuisine est résolument française. Spécialités : la zarzuela à la catalane, langoustines, langoustes, moules, calamars et poissons mijotés dans un fumet au cognac.

La Fougère

Carte routière C3. 34 *bis*, rue Peynier, 97110. 📞 *05 90 89 03 66 ; 05 90 89 01 05.* **FAX** *05 90 89 01 05.* ⏱ *du lun. au ven. midi. le soir sur réservation pour 8 pers. minimum.* 🍽🌀 👭 **V** 🎵 🎴 ⓕ **V, MC, AE.** ⒻⒻ

En plein centre-ville, ce petit restaurant climatisé est un havre de paix pour le voyageur accablé de chaleur. Très bon accueil et cuisine essentiellement créole : vivanneau entier, colombo, bébélé, calalou de crabes, paella créole, poulet fumé aux crevettes ; carte standard de viandes et de poissons : entrecôtes, brochettes d'agneau et de crevettes. Traiteur, plats à emporter, cocktails organisés pour midi et soir.

Brasserie « Sucré Salé »

Carte routière C3. Boulevard Légitimus, 97110. 📞 *05 90 21 22 55.* ⏱ *t.l.j. sf dim. et lun. soir.* **V** ♿ 🎵 🌀 🎴 ⓕ **V, MC.** ⒻⒻ

En ville, pour dépanner, s'il pleut, s'il fait trop chaud, si on est pressé, si on a faim, toutes les occasions sont bonnes pour s'y arrêter. Deux menus : un plat du jour ou la tarte du jour et crudités ; poissons, viandes, salades. Plats à emporter, sandwichs, boissons.

Racines Créoles

Carte routière C3. Rue du Palais-de-la Mutualité, 97110. 📞 *05 90 83 48 33.* ⏱ *le midi de 11 h à 16 h et sam. soir sf dim.* 🍽🌀 **V** 🎵 🌀 🎴 ⓕ **V.** ⒻⒻ

Pour goûter une *kuizin-bô-kaz*, les vrais légumes du pays voisinant avec un gros poisson pimenté à souhait. Les papilles découvriront le monde étrange des racines du pays. En ville, c'est une chance. Au moins 7 plats différents, dont la fricassée de lambis, de ouassous, le court-bouillon de poissons, le colombo, le bébélé, le calalou de ouassous, de crabes, le poisson grillé, les brochettes de bœuf, de poulet, de lambis, la soupe à Kongo. Différentes entrées sont également proposées : crabes farcis, chatrous, lambis, palourdes.

Isaac Street

Carte routière C3. 5, rue Alexandre-Isaac, 97110. 📞 *05 90 82 50 97 ; 05 90 90 32 80.* **FAX** *05 90 82 01 58.* ⏱ *du lun. au sam.* 🌀 🎵 🎴 ⒻⒻ

Pour goûter à la cuisine familiale du pays, voici un restaurant copieux et bon. La carte est principalement locale mais elle propose aussi une cuisine internationale : lambis, poisson grillé, gratin de légumes du pays (ignames, etc), crevettes.

La Platine d'Or

Carte routière C3. Centre d'échanges Ruddy Nithila, 97110. 📞 *05 90 83 96 08.* ⏱ *du lun. au ven. de 7 h à 18 h.* **V** ♿ 🌀 🎵 🎴 ⓕ **V, MC.**

Lors de votre shopping en ville, à la recherche d'un resto rapide et pas cher ? *La Platine d'Or* est l'endroit idéal pour apprécier un plat régime (légumes crus ou cuits à la vapeur), un plat en sauce (colombo poulet), des plats haïtiens (poulet au lait de coco, riz pois de coco) ou des plats français.

Le Matador

Carte routière C3. 9, rue Raspail, 97110. 📞 *05 90 83 21 30.* ⏱ *t.l.j. : midi et soir.* 🍽🌀 ⓕ **V.** ⒻⒻ

Le Matador est un restaurant familial typique de quartier. La spécialité : les lambis et les chatrous sont cuits dans une bonne sauce, piquante à souhait. À bas prix, l'expérience est à tenter.

Le P'tit Breton

Carte routière C3. La marina, 97110. 📞 *05 90 93 64 14.* ⏱ *t.l.j. : midi et soir.* 🍽🌀 👭 ♿ 🚾 🎴 ⓕ **V.** ⒻⒻ

Pour ceux qui aiment les ambiances de marina, pour qui la vue des bateaux prolonge le voyage. Le restaurant reste ouvert après 22 h. Spécialité : fruits de mer, poisson. Moules fraîches de métropole ; viandes, crêpes, galettes et pizzas.

Le Plaisancier

Carte routière C3. La marina, 97110. 📞 *05 90 90 71 53.* ⏱ *t.l.j. : midi et soir.* 🍽🌀 👭 ♿ 🚾 🎴 ⓕ **V.** ⒻⒻ

Situé à la marina où vous pourrez voir évoluer les somptueux bâteaux de l'île, *Le Plaisancier* propose pour les marins d'eau douce et les capitaines de frégate le même menu : feuilleté de langoustes et assiette créole ; viandes et poissons grillés.

Le Jardin des Caraïbes

Carte routière C3. 27, centre Saint-John Perse, 97110. 📞 *05 90 91 95 04.* ⏱ *t.l.j. jusqu'à 23 h sf dim.* 🍽🌀 **V** ♿ 🌀 🎴 ⓕ **V.** ⒻⒻ

Dans le centre-ville, le jour d'un achat de bois-bandé sur le marché, une pause s'impose pour une somme modique afin de goûter un feuilleté aux lambis, une fricassée de lambis ou un émincé de poulet aux lambis.

LE SUD DE LA BASSE-TERRE

BASSE-TERRE

L'Orangerie

Carte routière B4. Desmarais, 97100. ⏱ *t.l.j. : midi. Ven. et sam. soir et dim. midi.* 🍽🌀 🅿 🎴 ⓕ ⒻⒻ

Un chemin pittoresque et pentu mène à cette petite demeure de 1823 qui abrite un restaurant installé sur le site des ruines de la distillerie Cabre. Atmosphère feutrée et raffinement discret sont au service d'une cuisine créole évolutive. Christophe Moreau, 1er prix du Concours de la banane, prépare avec originalité des plats concoctés avec les produits, les herbes et les épices du pays. Un boudin de lambis sur lit de tubercules et sa sauce curry aux cives ou une doline de volailles et langoustes sauce suprême liée au corail sont à déguster. Réservez !

BOUILLANTE

Restaurant du Domaine de Malendure

Carte routière B4. Morne Tarare, 97132. 📞 05 90 98 92 12. FAX 05 90 98 92 10. ⏰ t.l.j. : midi et soir. 🍴 ♿ V ♿ 🖼 🏷 🍽 V, MC, AE. ⓕⓕ

Après la visite de la réserve Cousteau, il est conseillé de se diriger vers le *Restaurant du Domaine de Malendure*, juste à côté. Aujourd'hui : marlin fumé du chef au bord de la piscine avec, dans le décor, les îlets Pigeon. Le chef, Sylvain Denfert, propose une cuisine créole traditionnelle et évolutive, adaptée aux goûts d'une clientèle qui aspire à du nouveau : poisson fumé maison, fricassée de ouassous au vieux rhum, marlin au citron vert, poulet aux lambis.

Le Rocher de Malendure

Carte routière B3. Pigeon, 97125. 📞 05 90 98 70 84. FAX 05 90 98 89 92. ⏰ t.l.j. : midi et soir sf dim. 🍴 🖼 🍽 V, MC. ⓕⓕ

Installé contre le rocher du même nom, ce restaurant à plusieurs niveaux offre une vue imprenable de l'îlet Pigeon. Spécialités : souchis antillais, crabes farcis, langoustes du vivier, lambis, ouassous et tous les poissons pêchés par le patron.

Le Paradis Créole

Carte routière B4. Poirier, 97132. 📞 05 90 98 71 62. FAX 05 90 98 77 76. ⏰ le soir seul. sf mar. et dim. midi. 🍴 🏃 ♿ 🖼 🍽 V, MC. ⓕⓕ

Dans un petit hôtel de charme, le restaurant est en bordure de piscine et donne sur la mer. Cuisine gastronomique créole et française : cassolette de lambis au safran, fondant de chèvre à la banane, crevettes poêlées au vinaigre, filet de poisson sauté à l'huile d'olive. C'est un lieu de détente à apprécier en famille.

La Touna

Carte routière B4. Galet Pigeon, 97132. 📞 05 90 98 70 10. ⏰ du mar. au dim. midi. 🍴 🏃 ♿ 🖼 ⓕⓕ

La *touna* : le « thon ». Ici, on ne peut pas échapper au poisson, spécialité de la maison : les poissons fumés, grillés aux six sauces, les marlins bleus, les thazards, les dorades. La mer est en face ; la vue est imprenable. Choix de vins.

Le Pescadou

Carte routière B4. Centre commercial de Pigeon, 97125. 📞 05 90 98 96 54. ⏰ t.l.j. : midi et soir sf mar., mer. et dim. midi. 🍴 V 🖼 🍽 🏷 🍽 V. ⓕⓕ

Pour ceux qui, où qu'ils aillent, ne peuvent absolument pas se passer de pizzas : recommandé par les amateurs.

Chez Loulouse

Carte routière B4. Plage de Malendure, 97125. 📞 05 90 98 70 34. ⏰ t.l.j. 🍴 V 🖼 🍽 ⓕⓕ

Pour ceux qui veulent bien manger sans se ruiner après un bon bain de mer, voici des menus au choix avec poissons grillés, chatrous, lambis, ouassous, langoustes. C'est l'un des restaurants les plus fréquentés et les plus populaires de la côte sous le Vent. Très agréable avec ses paillotes et ses peintures naïves.

CAPESTERRE-BELLE-EAU

Le Souvenir

Carte routière C4. Route du Carbet, L'Habituée, 97130. 📞 05 90 86 74 75. ⏰ t.l.j : midi et soir. 🍴 🏃 V ♿ 🖼 ⓕⓕ

Après les chutes du Carbet, plutôt que de manger un sandwich, mieux vaut s'arrêter au *Souvenir*. La cuisine créole gastronomique traditionnelle est copieuse et soignée. Une formule est proposée à midi : apéritif, espadon fumé maison, steak de porc grillé au barbecue, crudités, sorbet, café ou infusion avec petit gâteau. À la carte, poisson fumé maison, langouste flambée, poulet flambé au vieux rhum, assortiment de 4 légumes, riz basmati.

SAINT-CLAUDE

Le Lamasure

Carte routière B4. Rue Gratien-Parize, 97120. 📞 05 90 80 10 10. FAX 05 90 80 30 50. ⏰ t.l.j. 🍴 🏃 ♿ 🖼 🍽 🍽 V, MC. ⓕⓕ

Pour les gourmets, étape gourmande et traditionnelle. Bar feutré, salons privés, tout est raffiné. *Le Lamasure* est le restaurant de l'hôtel *Saint-Georges* au pied du volcan de la Soufrière. Après une visite à la Vieille Dame, en redescendant, arrêt au *Lamasure*, restaurant pilote de l'Institut consulaire régional de formation aux métiers de la restauration, de l'hôtellerie et du tourisme. Entrée : marinade de poissons et son caviar d'aubergines, variation antillaise (acras, morue) ; poissons et crustacés : vivanneau grillé et son beurre de rocou ; viandes : médaillon d'autruche ; dessert : la Soufrière (coco, glace, coco râpé grillé).

TROIS-RIVIÈRES

La Paillote du Pêcheur

Carte routière C5. Grande Anse, 97114. 📞 05 90 92 94 98. ⏰ t.l.j le midi seul. 🍴 ♿ 🖼 🍽 V. ⓕⓕ

Choix de poissons en bordure de mer. Le patron les fera griller sur feu de bois pendant la dégustation d'un punch à l'ombre des cocotiers. Petit restaurant sans façon d'où l'on sort repu.

L'Hibiscus

Carte routière C5. Face à l'école primaire du bourg, 97114. 📞 05 90 92 97 20. FAX 05 90 92 97 20. ⏰ t.l.j. 🍴 🏷 🖼 ⓕⓕ

« Monsieur, ici on ne mange pas de manger rassis. Il faut commander. » Cela peut paraître abrupt, mais cela a le mérite d'être clair. Ici, on ne mange pas rassis et c'est bon : colombo de poulet et une purée de légumes (bananes vertes ou madère) ; calalou de ouassous et riz.

VIEUX-HABITANTS

Le Saint-Michel

Carte routière B4. Bourg, 97119. 📞 05 90 98 36 22. ⏰ t.l.j. V 🏷 🖼 🍽 V. ⓕⓕ

Cuisine familiale. C'est bon pour celui qui mange comme ce sera bon pour Maman Joachim, la cuisinière. Plats locaux typiquement créoles (colombo, fricassée de langoustes, fruits de mer), riz créole. Bar et brasserie.

LE NORD DE LA BASSE-TERRE

DESHAIES

Les Canons de la Baie

Carte routière B3. Pointe Batterie, 97126. 📞 05 90 28 57 17. FAX 05 90 28 57 28. ⏰ t.l.j. 🍴 🏃 V ♿ 🖼 🏷 🍽 V. ⓕⓕ

Le meilleur restaurant de la région : son chef, M. Corvo, a souvent représenté la Guadeloupe à l'étranger. L'endroit est superbe et le cadre idyllique. Chaudement recommandé. Spécialité : poisson et fruits de mer. À la carte, la semaine, le choix est grand du poisson fumé à l'ananas aux tournedos de marlin, des brochettes de ouassous aux cuisses de poulet au citron vert safrané. Le dimanche midi, *Les Canons de la Baie* propose 2 menus : l'un, une fricassée, un ragoût de bœuf ou un poisson grillé ; l'autre, une demi-langouste. Réservation et préparation d'un menu spécial pour les groupes.

La Nova

Carte routière B3. La Perle, 97126.
(05 90 28 40 74. **FAX** 05 90 28 40 74. **◯** t.l.j. sf mar. **🍴🅿🏃🏊🚻🅿** **🍽** V. **ⒻⒻ**

Les plaisirs de la mer à la plage de la Perle, un repas copieux à *La Nova* : voici une agréable journée à la Guadeloupe. Attention à la baignade après les repas ! Spécialités antillaises : fruits de mer, langoustes, lambis, cristophines farcies, chiquetaille de morue, colombos de cabri.

Le Mouillage

Carte routière B3. Le Bourg, 97126.
(05 90 28 41 12. **◯** t.l.j. : midi et soir. **🍴🅿🏃🚻🅿** V. **ⒻⒻ**

Face à la mer, dans le bourg de Deshaies, goûteuse cuisine du pays sans façon et en toute simplicité. Menus antillais, spécialités créoles : acras, boudins, chatrous, langoustes, fricassée de coffres, fricassée de langoustes. Avec en plus une jolie vue du Gros-Morne et de la mer.

Le Karacoli

Carte routière B3. Grande Anse, 97126. **(** 05 90 28 41 17. **FAX** 05 90 28 53 40. **◯** t.l.j. midi ; commandes jusqu'à 14 h. **●** du 10 sept. au 15 oct. **🍴🅿🏃🅿🚻🅿🎵🅿** V, MC. **ⒻⒻ**

Les gastronomes de la Guadeloupe donnent grand crédit à cette table traditionnelle qui accueille environ 100 couverts. Le lambi en fricassée est la spécialité de la maison avec la langouste, les ouassous et surtout les dombrés (boulettes de farine dans un bouillon de viandes ou de crustacés), rares dans les restaurants. La septuagénaire Mme Salcède veille encore sur le bel établissement, situé au bord de la plage, même si elle a passé la main à son fils Robert, qui officie dans des fourneaux ultra modernes.

Le Cercle

Carte routière B3. Castel, 97129.
(05 90 25 68 66. **◯** du mar. au sam. de 20 h à minuit. **●** apr.-midi.
🍴🅿🚻🅿🅿 V. **ⒻⒻ**

Très prisé, notamment par les artistes locaux, *Le Cercle* a un public fidèle. On vient de tous les coins de l'île pour déguster les spécialités de la maison, ouassous, langoustes, poissons grillés, lambis, entrecôtes, plats sur commande (palourdes).

Couleur Caraïbe

Carte routière B3. Route de la Traversée, 116. **(** 05 90 98 89 59.
FAX 05 90 98 89 59. **◯** t.l.j. le midi seul. réserver avant 16 h pour le soir.
🍴🅿🚻🅿 V, MC, AE. **ⒻⒻ**

Au cœur du Parc national de la Guadeloupe, ce restaurant s'enorgueillit de promouvoir les produits du pays, et c'est vrai ! Pour sortir du sempiternel steak-frites, en pleine forêt tropicale, goûtez aux grillades de poissons et de viandes accompagnées de gratins de succulentes racines du pays, à la mousse d'espadon fumé, au coulis de poivrons, à la salade de ouassous fumés maison, filet de vivanneau à la sauce ançoise. Cuisine créole traditionnelle authentique et sauces à base de produits locaux.

Caféière Beauséjour

Carte routière B3. Acomat, 97116 **(** 05 90 98 10 09. **FAX** 05 90 98 12 49. **◯** de 10 h à 17 h. **🍴🅿🚻🅿** **ⒻⒻ**

Visite d'une caféière. À la mode d'autrefois, la *Caféière Beauséjour* propose dégustation et repas sur commande sous une véranda en pleine nature. Il est possible de demander une spécialité végétarienne. Préparation d'un menu pour un groupe de 25 personnes maximum.

Chez Clara

Carte routière B2. Bord de mer, 97115. **(** 05 90 28 72 99. **◯** t.l.j. sf mer. week-end et dim. soir. **V 🅿🏃🚻🅿** **🅿🅿** V, MC. **ⒻⒻ**

Cette table est réputée, on dit « *Chez Clara*, on mange très bien », et c'est vrai ! On se déplace pour goûter sa fameuse fricassée

de lambis. La maîtresse de maison est la reine de l'hospitalité ; elle vous accueille sur l'une des terrasses ombragées de son établissement.

Chez Ghetto

Carte routière B2. Duzer, 97115.
(05 90 28 60 60. **◯** t.l.j. : midi et soir. **🍴🅿🚻🅿** V. **ⒻⒻ**

Le seul endroit de l'île où l'on peut goûter des escalopes de lambis panées. Délicieux. Spécialité : fruits de mer.

La Perle Noire

Carte routière B2. Morne-Rouge, 97115. **(** 05 90 28 98 62. **◯** t.l.j. : midi et soir. **●** sept. **🍴🅿🏃🚻🅿** V, MC. **ⒻⒻ**

Pour le plaisir, la bouillabaisse créole est à découvrir, c'est surprenant, en pleine campagne. Spécialités créoles : palourdes farcies, ouassous flambés au cognac.

Le Domaine de Séverin

Carte routière B2. Section Cadet, 97115. **(** 05 90 28 34 54. **FAX** 05 90 28 36 66. **◯** t.l.j. le midi et le jeu., ven., et sam. soir. **●** lun. **🍴🅿🏃🆅** **🚻🅿🅿🅿** V, MC. **ⒻⒻ**

Au rez-de-chaussée de l'ancienne habitation, dans un cadre magnifique, vous retrouverez une atmosphère des temps passés. Bonne cuisine locale. Spécialités de ouassous pêchés dans les bassins du domaine.

Chez Francine

Carte routière B2. Plage de Cluny, 97115. **(** 05 90 28 80 03. **◯** t.l.j. midi et soir sur commande. **🍴🅿** **ⒻⒻ**

L'enseigne un peu délabrée annonce « spécialités locales, langouste-poisson », véritable cuisine traditionnelle. Ambiance antillaise garantie entre la vingtaine de bocaux de punchs aux fruits macérés disposés sur une table et la mer des Caraïbes à deux mètres.

Auberge de la Vieille Tour

Carte routière D3. Montauban, 97190. **(** 05 90 84 23 23. **FAX** 05 90 83 33 43. **◯** t.l.j. le soir seul. **🅿🅿** **🏃🚻🅿🅿🅿** V, MC, AE, DC. **ⒻⒻⒻ**

Haut lieu de la gastronomie à la Guadeloupe, l'*Auberge de la Vieille Tour* sert foie gras de canard poêlé au vinaigre de miel, duo de poissons marinés au gingembre et au lait de coco et le filet de bœuf en venaison créole, spécialité du restaurant depuis 25 ans. Et pour finir, un cigare et un digestif.

La Véranda

Carte routière D3. Pointe de la Verdure, 97190. 📞 *05 90 94 00.* FAX *05 90 94 44 44.* ⬜ *t.l.j.* 🍴 🚹 🅥 ♿ 🅿 ⬛ ⬜ *V, MC, AE, DC.* (F)(F)

Situé au bord de la mer, avec une terrasse pour profiter du vent venant du large, *La Véranda* offre une excellente cuisine française et antillaise. Le chef Thierry Avenas vient du *Concorde Saint-Lazare*.

Le Quai Largo

Carte routière D3. Marina, 1 place Créole, Bas-du-Fort, 97190. 📞 *05 90 90 83 05.* FAX *05 90 90 83 04.* ⬜ *t.l.j. sf lun.* 🍴 🅥 ♿ ⬛ ⬜ *V, MC.* (F)(F)

Pour ceux qui ne peuvent se passer de pizzas et de salades, c'est le meilleur endroit. Ambiance garantie.

La Belle Créole

Carte routière D3. Route des hôtels Montauban, 97190. 📞 *05 90 84 46 10.* ⬜ *t.l.j. sf dim. : midi et soir.* 🍴 🚹 ⬛ 🅿 ⬜ *V.* (F)(F)

La spécialité de la maison, la fricassée de langoustes, est un régal. Elle a bonne renommée chez les amateurs de fruits de mer.

Le Zawag

Carte routière D3. Pointe de la verdure, 97190. 📞 *05 90 90 46 73.* ⬜ *t.l.j. : midi et soir.* ⬛ 🅿 ⬜ *V.* (F)(F)

Un peu cher mais intéressant. Ce restaurant reste ouvert après 22 h. Spécialité : langouste fraîche. La carte propose des plats locaux et internationaux, tous les midis du court-bouillon, et un plat du jour différent.

Aux 2 Oursins

Carte routière D3. Anse à Jacques, Petit-Havre, 97190. 📞 *05 90 85 20 20 ou 05 90 85 83 08.* ⬜ *t.l.j. sf dim.* 🚹 ⬛ ⬜ *V, MC. Chèques HP* (F)(F)

Le restaurant est magnifiquement situé : il domine la mer et la plage de Petit-Havre est à ses pieds. Cuisine simple et bons poissons grillés. Souvent des musiciens jouent le soir. Cuisine traditionnelle cuite au feu de bois. Spécialité : fruits de mer.

Le Secret des îles

Carte routière D3. Bas-du-Fort, 97190. 📞 *05 90 90 91 21.* ⬜ *du lun. au sam. de 11 h à 14 h 30 et de 19 h à 23 h.* ⬜ *le sam. midi et le dim.* 🚹 🅿 ⬜ *V, MC.* (F)(F)

Dans un cadre créole, une cuisine traditionnelle raffinée : filets de poissons au fruit de la passion, filet de requin au parfum de coco. Des acras sont offerts à l'apéritif. Spécialités : langoustes, ouassous, poissons.

La Mandarine

Carte routière D3. Rue Simon-Radegonde, 97190. 📞 *05 90 84 30 28.* ⬜ *t.l.j. : midi et soir.* (F)(F)

Profiteroles de langoustes, crevettes caraïbes flambées au rhum, la carte de *La Mandarine* fait honneur aux produits de la mer. Situé au premier étage d'une petite maison du centre, le restaurant propose une salle climatisée et une terrasse avec vue sur la mer.

Le Kisaki

Carte routière D3. Route du PMU, 97190. 📞 *05 90 84 43 99.* FAX *05 90 84 29 49.* ⬜ *t.l.j. de 12 h à 14 h 30 et de 19 h à 22 h 30.* 🍴 (F)(F)

La cuisine antillaise traditionnelle et évolutive. Les fruits de mer sont au centre de cette originalité : palourdes ouvertes sur la braise, langouste grillée du Père Labat ou colombo royal. Les meilleurs vins y sont proposés. *Le Kisaki* se présente également comme le premier restaurant-bibliothèque de la Guadeloupe.

LE MOULE

Le Victoria

Carte routière D3. Plage des Alizés, l'Autre-Bord, 97160. 📞 *05 90 23 78 38.* ⬜ *t.l.j. de 11 h 30 à 14 h 30 et de 19 h à 22 h.* 🍴 🚹 ♿ ⬛ (F)(F)

Voici un restaurant sympathique et pas cher pour un jour à la plage et en famille. À la carte ou menus créoles, choix entre grillades, langoustes ou poissons.

Le Petit Jardin Chez Lucile

Carte routière D3. Cité Cadenet, 97160. 📞 *05 90 23 51 63.* ⬜ *t.l.j. jusqu'à 24 h.* 🍴 🚹 ♿ ⬛ ⬜ *V.* (F)(F)

À 5 mn des plages du Moule, *Chez Lucile*, la cuisine est traditionnelle et copieuse, et c'est bon ! Spécialités : langoustes à volonté ou colombos.

SAINT-FRANÇOIS

Kotésit

Carte routière E3. Rue de la République, 97118. 📞 *05 90 88 40 84.* FAX *05 90 88 40 84.* ⬜ *t.l.j.* 🍴 🚹 ⬛ 🅿 ⬜ *V, MC.* (F)(F)(F)

Patrick Del Vecchio en parle : « Nous nous situons bien entendu sur l'eau et nous avons une vue imprenable du lagon, de la pointe des Châteaux, des Saintes, de Marie-Galante et de la Basse-Terre. Nos spécialités sont directement issues de la mer, poissons et langoustes sont livrés deux fois par jour par les pêcheurs locaux, nos chefs les font griller au feu de bois après que vous les avez choisis dans le vivier. » De nombreuses vedettes du show-biz sont devenues des habitués. Spécialités : tartare de poisson, bisque de langouste, salade tiède de langouste au balsamique, langouste royale et brésilienne, cigale de mer, filets de baliste au citron vert, duo de poissons avec sa crème de langouste, fricassée de poulet label rouge au lait de coco, blanc-manger coco.

Couleur Café

Carte routière E3. Chemin de Trézel, Cayenne La Colline, 97118. 📞 *05 90 88 67 68.* ⬜ *t.l.j. : midi et soir à partir de 19 h sf lun. midi.* 🍴 🚹 ♿ ⬛ ⬜ *V.* (F)(F)

En pleine campagne, le cadre est sympathique, agréablement coloré et ventilé. Les écrevisses sont directement pêchées dans le vivier et préparées de six manières différentes. Les langoustes, elles, grillées sur feu de bois, feront le délice des gourmets ; toutes les grillades sont accompagnées de gratin de christophines. Spécialité : ouassous grillés à la provençale, flambés au vieux rhum et au coco.

Les Oiseaux

Carte routière E3. Anse des Rochers, 97118. 📞 *05 90 88 56 92.* ⬜ *t.l.j. le soir seul.* ♿ 🚹 ⬛ ⬜ *V.* (F)(F)

Le soir en toute décontraction au son d'un air de jazz, la cuisine originale des *Oiseaux* surprendra agréablement les papilles. Le cadre est simple, champêtre et l'atmosphère est volontairement rustique avec une vue panoramique de la mer. Piano-bar le soir. Spécialités : fondue de poissons à l'huile de coco, fondue de crevettes, cassolette aux sept fruits de mer, poulet à la langouste, entrecôte pirate macérée au vieux rhum, magret de canard à la mangue fraîche.

La Plantation Sainte-Marthe

Carte routière E3. Vers la pointe des Châteaux, les Hauts de Saint-François, 97118. ☎ 05 90 93 11 11. ⏰ t.l.j. 🏛 🍴 📺 ⚑ V, MC, AE, DC. ⓕⓕ

Sur le site historique d'une des plus grandes sucreries guadeloupéennes du XIXe siècle, *La Plantation Sainte-Marthe* est une magnifique habitation de style créole dans un parc tropical. La cuisine est raffinée, un peu chère mais délicieuse. Un buffet varié est proposé à midi. Choix à la carte.

Chez Honoré

Carte routière E3. Anse à la Gourde, pointe des Châteaux, 97118. ☎ 05 90 88 52 19. FAX 05 90 85 03 92. ⏰ t.l.j. ● sept. et oct. 🍴 🏛 ♿ ⚑ V, MC. ⓕⓕ

Chez Honoré est considéré comme l'un des restaurants les plus réputés pour ses langoustes, en bord de plage. Spécialités créoles : poisson grillé, lambis, chatrous, colombos. Le restaurateur propose aussi des bungalows très fonctionnels malgré leur aspect « béton ». (Autre restaurant : place du Marché ☎ 05 90 88 63 72, 05 90 88 40 61).

La Paillote du Bout du Monde

Carte routière E3. Pointe des Châteaux, 97118. ⏰ le midi.

La Paillote, véritable bambous et bois, ne possède pas le téléphone. Elle propose le midi une cuisine locale simple, un peu « boucanée » et ses jus locaux frais. Carte réduite, prix très abordable. Dans cet espace très touristique voisinent aussi les marchandes de sorbets et les revendeurs de souvenirs.

Chez Man Michèle

Carte routière E3. Plage de Tarare, pointe des Châteaux, 97118. ☎ 05 90 88 72 79. ⏰ le midi de 12 h à 15 h et ven. et sam. soir à partir de 19 h. 🍴 ♿ ⚑ ⓕⓕ

Vraie cuisine locale, cadre agréable, bien ventilé en surplomb de la plage.

La Baraka

Carte routière E3. La Coulée, 97118. ☎ 05 90 88 41 49. ⏰ le midi sur réservation et le soir à partir de 19 h 30. ● mer. 🍴 ♿ 🍽 P 🍷 🎵 ⚑ V, MC. ⓕⓕ

Ranch de cachet à découvrir. Si les enfants mangent des spaghettis, c'est gratuit. Les végétariens trouveront leur plaisir. La belle cheminée sert à griller les poissons au charbon de bois. Réservation.

Le Colombo

Carte routière E3. Route de la Pointe des Châteaux, 97118. ☎ 05 90 88 57 38. ⏰ midi et soir de 12 h à 15 h et de 19 h à 23 h sf dim. soir et mar. 🍴 🏛 ⚑ V. ⓕⓕ

Ce restaurant propose une bonne carte locale. On y vient notamment pour les langoustes grillées.

Iguane Café

Carte routière E3. Route de la Pointe des Châteaux, 97118. ☎ 05 90 88 61 37. FAX 05 90 85 03 09. ⏰ t.l.j. le soir, dim. midi et soir sf mar. 🍴 ⚑ V, MC, AE. ⓕⓕⓕ

Ce très chic restaurant est l'une des meilleures adresses avec sa décoration soignée et sa cuisine inventive qui utilise les produits locaux ; il se démarque très nettement des restaurants avec chaises en plastique et serviettes en papier et s'inscrit dans le courant d'une démarche touristique de qualité. Spécialités : ravioles de ouassous, croustillant de lambis. Réservation.

Le Zagaya

Carte routière E3. Rue de la République, 97118. ☎ 05 90 88 67 21. FAX 05 90 88 41 84. ⏰ de déc. à mai : midi sur réservation et le soir de 19 h à 22 h 30. ● juin et sept. 🏛 🍽 🍷 🎵 ⚑ V, MC.

En surplomb du lagon avec vue des Saintes et de Marie-Galante, une adresse fiable avec des langoustes fraîches. Le vin est cher et ne se révèle pas à la hauteur du bouquet annoncé. Préférez des choix simples et modestes en la matière. Spécialité de langoustes du vivier, flan d'oursins au coulis de langoustes, ouassous flambés, blanquette de daurade, entrées inventives à base de poissons crus. Un exercice réussi d'adaptation des ressources de la pêche locale aux raffinements de la cuisine française. Table soignée.

Côté cour

Carte routière E3. Rue de la République, port de pêche, 97118. ☎ 05 90 85 50 47. ⏰ le soir sf lun. de 19 h à 21 h 30 (dernier service). 🍴 🍽 🍷 ⚑ V, AE, MC. ⓕⓕ

Terrasse sur la mer. Les options exotiques de sa cuisine sont à conseiller.

Le Vieux-Port

Carte routière E3 Port de pêche, 97118. ☎ 05 90 88 46 60. ⏰ midi et soir t.l.j. sf dim. de 10 h à 15 h et de 19 h à 23 h. 🍴 🏛 V (à la demande) 🍽 🍷 ⚑ V, MC. ⓕⓕⓕ

L'excellente cuisinière sait agrémenter la préparation du poisson des ressources « pays ». La présentation des plats est soignée, et le cadre et l'accueil sont agréables, seule l'addition peut faire hésiter. Pub à partir de 23 h jusqu'à 2 h du matin.

La Chaloupe

Carte routière E3. Avenue de l'Europe, 97118. ☎ 05 90 88 52 72. FAX 05 90 85 14 89. ⏰ de 8 h 30 à 1 h du matin. 🍴 🏛 ⚑ 🍽 🎵 ⓕⓕ ⚑ V, AE.

Adresse très correcte. On dîne dehors sur une petite place, la carte n'est pas exceptionnelle mais les prix sont attractifs. Spécialités : pâtes à la langouste, pizza à la langouste, papillote de dorade, langouste grillée.

La Louisiane

Carte routière E3. Les Hauts de Saint François, 97118. ☎ 05 90 88 44 34. ⏰ 12 h à 14 h et 19 h à 22 h 30 sf jeu. 🍴 🏛 🍽 🍷 ⓕⓕⓕ ⚑ (en cours).

Ce restaurant tente de maintenir le cachet créole exprimé par cette ancienne habitation d'un géreur de Sainte-Marthe. Une carte agréable, des formules à langoustes et un joli jardin. Un certain raffinement dans la décoration de la table.

La Plage du Lagon

Carte routière E3. Avenue de l'Europe, route du Lagon, 97118. ☎ 05 90 88 75 44. ⏰ dim. soir. ⓕⓕⓕ

Pour les amateurs de grande journée de plage et de planche à voile entrecoupée par une pause déjeuner assez fonctionnelle. La carte est correcte et l'on peut déjeuner en paréo, les pieds dans le sable. Prix abordable. Spot de sports nautiques, de planche à voile en particulier. Très fréquentée au déjeuner, l'ambiance du soir revêt un caractère plus intime où le cadre paradisiaque s'accentue.

SAINTE-ANNE

La Toubana

Carte routière D3. Route de Sainte-Anne, Durivage, 97180. ☎ 05 90 88 25 57. ⏰ t.l.j. : midi et soir. 🍴 ♿ 🍽 🍷 ⚑ V, MC, AE, DC. ⓕⓕ

Dans un petit hôtel qui porte le même nom, sa spécialité : les langoustes à volonté choisies dans le vivier. La vue est belle et l'endroit ventilé. Le jeudi soir, buffet antillais.

Chez Elles

Carte routière D3. Plage du Club,
97180. [C] *05 90 88 92 36.* ◯ *t.l.j. le
soir seul.* ⏹🚹♿📷🍽 V. 🇫🇫

Dîner dans le jardin ou dans la case
en bois. La table des filles n'est pas
ordinaire, très démarquée des
spécialités locales. Ici, le camembert
est servi cuit à la braise, et c'est
la spécialité de l'endroit, dont
la cuisine est au feu de bois :
grillades, poissons. Lieu branché
avec ambiance décontractée.

Le Coquillage

Carte routière D3. Plage de Sainte-
Anne, 97180. [C] *05 90 88 00 81.* **FAX**
05 90 88 36 25. ◯ *t.l.j. de 12 à
16 h et de 18 h à 23 h.* ⏹ *jeu.* 🍽
⏹ V ♿📷🍽 T V, MC. 🇫🇫

Il y a une atmosphère dans ce
restaurant situé sur la plage
la plus populaire du pays.
Jeunesse et convivialité donnent
le ton de l'établissement
de Marie-Céline, qui organise dîners
dansants, soirée zouk et spectacles.
Spécialités de cette bonne table :
oursins farcis, blaff de palourdes,
filet de requin au poivre vert,
fricassée de langoustes, daube
de lambis, flan coco.

Mini-Beach

Carte routière D3. Plage de Sainte-
Anne, 97180. [C] *05 90 88 21 13.* ◯
le soir sf mer. de 19 h à 22 h. 🍽 V
📷🍽 🎵 V, MC, AE. 🇫🇫

Un peu à l'écart de la plage
publique, le restaurant est ouvert
sur la mer. La fantaisie disparate
du mobilier diffuse une belle
ambiance. Le mardi soir,
un récital de piano classique
réserve d'imprévisibles rencontres.
La cuisine se fait sur le grill et la
carte propose des spécialités de
poissons.

Koté-Sud

Carte routière D3.
À l'entrée de Sainte-Anne, après le
Club Méditerranée, 97180.
[C] *05 90 88 17 31.* ◯ *le soir.* 🇫🇫

Esprit nouvelle cuisine créole.
Langoustes et poissons. Une simple
case en bois mais un accueil agréable.

Le Flibustier

Carte routière D3. 2-3 km de Sainte-
Anne, 97180. [C] *05 90 88 23 36.* ◯
*midi et soir de 12 h à 14 h et de 19 h à
22 h.* ⏹ *dim. soir et lun.* 🍽🚹
📷🎵🍽 V, MC. 🇫🇫🇫

Le décor cherche à justifier le nom
de l'hôtel, et la vue est superbe.
Spécialités de viandes grillées.
Addition selon l'appétit :
langoustes et viandes au poids.

LE NORD DE LA GRANDE-TERRE

LES ABYMES

An Kann La

Carte routière C3. Route de Vieux-
Bourg, Morne-à-l'Eau, 97139.
[C] *05 90 20 27 28.* ◯ *t.l.j. : midi et
mar. et ven. soir.* ⏹ *dim.* 🍽🚹 V
♿🎵🍽 🇫🇫

Le dépaysement est garanti dans
cet établissement qui fait
du dépouillement et de l'ancrage
populaire son argument. On y
mange souvent au son du gwoka,
et chaque jour de la semaine a son
menu : le lundi, queues de
cochons ; le mardi, poissons
grillés, le mercredi, fricassée de
lambis ; le jeudi, ragoût de porc ; le
vendredi, gombos. Chaque plat est
accompagné soit de riz blanc,
soit de haricots rouges, soit de
racines... Tous les jours,
court-bouillon. Le soir, ambiance
musicale.

Chez Babel

Carte routière C3. 8, rue Dothémare,
97139. [C] *05 90 20 85 61.* ◯ *t.l.j. de
12 h à 23 h et de 12 h à 24 h le week-
end.* 🍽🚹📷🍽 🇫🇫

Une tradition rare subsiste :
la cuisine à la viande d'âne est la
spécialité de ce lieu (avec le cheval).
Cette viande forte, au goût de
gibier, est réputée pour ses vertus
aphrodisiaques. *Chez Babel*
propose aussi de la cuisine
créole traditionnelle : langoustes,
ouassous, crabes.

ANSE-BERTRAND

Le Château de Feuilles

Carte routière C1. Campêche,
97121. [C] *05 92 22 30 30.* **FAX** *05 90
22 30 46.* ◯ *t.l.j. sf lun. et
ven. soir de 19 h à 22 h.* 🍽🚹 V
♿📷🍽♿ V. 🇫🇫🇫

Implanté dans la solitude de
Campêche, cet établissement a
beaucoup de charme et une carte
inventive. Il propose tous les
produits de la mer : filet de bourses
à la citronnelle, gigot de thazard,
pâté chaud d'oursins, papillotes de
thazards. Dans un très beau cadre,
au milieu de la verdure, on vient
pour y déguster les spécialités, et,
on y passe la journée tant le cadre
inspire. On peut prendre l'apéritif
dans un hamac, en profitant du
jardin. Le chef adapte la grande
cuisine française aux produits du
terroir. Uniquement sur réservation.

Chez Prudence

Carte routière C1. 97121.
[C] *05 90 22 11 17.* ◯ *t.l.j. : midi et
soir jusqu'à 22 h.* 🍽🚹🎵🍽 V
P 🍽🎵🍽 V, AE, MC. 🇫🇫

Le lieu est très typique et agréable.
On y mange une bonne cuisine
créole, les pieds dans le sable.
Accueil charmant.

MORNE-À-L'EAU

Auberge Le Relax

Carte routière D2. Bonne-Terre,
97111. [C] *05 90 24 87 61.* **FAX** *05 90
24 88 64.* ◯ *t.l.j.* 🍽🚹♿🍽
V, MC. 🇫🇫

En pleine nature, parmi les oiseaux,
ici, la cuisine est traditionnelle.
On vous sert un repas comme
chez l'habitant : igname, patate
douce, cristophine, fruit à pain
et les délicieux poissons
fraîchement rapportés du bord
de mer. Pour digérer, Antonin fait
visiter la campagne en charrette
à bœufs ou propose une
promenade en barque dans
la mangrove.

PETIT-CANAL

Chez PinPin

Carte routière D2. *Anse Maurice,
Gros-Cap, 97131.* [C] *05 90 22 52 97.*
◯ *t.l.j. le midi seul, ven.et sam. soir.*
🍽🚹 V 🍽 V. 🇫🇫

On vient de loin pour déjeuner
Chez PinPin, sur la plage.
Recommandé par les amateurs
de vrai court-bouillon.
Pour un prix vraiment abordable,
il propose un ragoût de bœuf ou
de porc, un court-bouillon.
Un tarif groupes à prix raisonnable
est proposé pour un menu
composé de colombo de cabris,
salade et acras, riz blanc,
dessert, café.

PORT-LOUIS

Marina Grill

Carte routière C2. Rue Pasteur,
97117. [C] *05 90 22 98 63.* ◯ *t.l.j.
de 11 h à 15 h et le soir sf dim. soir et
lun. soir.* 🍽🚹 🇫🇫

Pour les journées de plage à Port-
Louis, quand on ne veut pas se
traîner à table alors qu'il fait si beau
dehors. Ce restaurant sert
uniquement de la cuisine créole :
des entrées variées, des palourdes
farcies au boudin de lambis, des
grillades de poissons
ou de lambis.

LES ÎLES

LA DÉSIRADE

Le Nénuphar

Beauséjour, 97127. [05 90 20 07 92. ☐ t.l.j. de 12 h à 14 h. ⑧ 🔧 Ⓕ Ⓕ

À la Désirade, la concurrence n'est pas grande, c'est le seul et le bon. *Le Nénuphar* propose une cuisine créole : le court-bouillon, la fricassée de langoustes, le blaff d'oursins, les croquettes d'ignames, le soufflé de fruits à pain.

L'Oasis

Sortie de Beauséjour, Deshaies, 97127. [05 90 20 02 12. ⑧ 🔧 🔧 V, MC, AE. Ⓕ Ⓕ

Non loin du débarcadère, *L'Oasis* propose une cuisine familiale et locale avec plage à proximité. Possibilité également d'hébergement (6 chambres, dont certaines avec terrasse). Si vous avez la chance de croiser le propriétaire, il se fera une joie de vous parler de son île, qu'il connaît comme sa poche. Spécialités : fruits de mer et viandes.

La Payotte

Beauséjour, 97127. [05 90 20 01 29. ☐ t.l.j. sf dim. soir. ⑧ 🔧 Ⓥ & 🔧 V, MC.

Dans un cadre idyllique, sur la plage, à 200 m du débarcadère, il est possible de se baigner et de se restaurer : terrasse très agréable avec vue plongeante sur la mer. Spécialités antillaises : fruits de mer, langoustes grillées, brochettes de poissons.

MARIE-GALANTE

L'Arbre à Pain

Rue Jeanne-d'Arc, 97112 Grand-Bourg. [05 90 97 73 69. FAX 05 90 97 50 92. ☐ de 7 h à minuit. ● lun. et dim. soir. Ⓥ sur commande 🔧 V, AE, MC, chèques de voyage et chèques hors place. Ⓕ

Avant d'accéder à ce restaurant, on traverse une cour envahie par la végétation et les arbres à pain. Vous y trouverez essentiellement des spécialités maison à base du fruit à pain : croquettes, soufflés, gâteaux. Poisson grillé, lambi, burgos et tous les crustacés de l'île sont également au menu, que vous pourrez accompagner de délicieux punchs à l'ananas ou aux surettes. Pour ceux qui aimeraient prolonger la nuit, l'auberge dispose de neuf chambres.

L'Espace Poirier

Rue du Presbytère, 97112 Grand-Bourg. [05 90 97 77 05. ● dim. ☐ de 11 h 30 à 14 h 30 et de 18 h à minuit. Menus de groupes 🔧 V, AE, MC, chèques hors place. Ⓕ

Des poiriers bordaient autrefois l'allée menant au restaurant. Les cyclones successifs ont eu raison de presque tous les arbres et l'allée a été débaptisée, mais le restaurant a gardé son nom et l'espace est fleuri à souhait.
La maison coloniale est entourée d'une belle terrasse. Ici, on vous sert des spécialités créoles : court-bouillon, colombo de cabri, burgos et palourdes. Le poulet est boucané sur charbon de bois. La spécialité de la maison : les bananes flambées au vieux rhum de Marie-Galante. Le rhum du Père Labat est roi.

La Charrette

Les Basses, 97112 Grand-Bourg. [05 90 97 79 78. FAX 05 90 97 52 34. ☐ de 18 h à 23 h. ● dim. soir. 🔧 🔧 V, AE, MC, chèques hors place.

À 2 mn de l'aéroport, en face de la mer, *La Charrette* est l'un des rares restaurants de Marie-Galante à ne pas proposer de la cuisine locale. Il sert des spécialités du Sud-Ouest, région d'origine de ses propriétaires : salade de gésiers, salade landaise et magret de canard. Ici, la viande grillée en provenance d'Argentine est reine. Tout est grillé sur un barbecue, à la vue de tous : viande, poisson du jour et langoustes. Un coin saladerie est proposé aux végétariens.

Le Papayer

Rue Beaurenon, 97112 Grand-Bourg. [05 90 97 90 75. ● dim. soir. Ⓥ sur commande 🔧 V, AE, MC, chèques hors place.

Si vous voulez découvrir une ambiance typiquement marie-galantaise et populaire, siroter un punch-pays accompagné d'acras, et, pourquoi pas, vous joindre aux joueurs de dominos qui s'y rendent régulièrement, *Le Papayer* est l'endroit idéal. Spécialités créoles suivant l'arrivage du jour. Le matété à crabes est délicieux.

Le Touloulou

Plage de Petite Anse, 97140 Capesterre. [05 90 97 32 63. FAX 05 90 97 33 59. ● dim. soir et lun. 🔧 Prix spéciaux pour les groupes.

Dans un cadre de rêve, sur la plage, vous pourrez goûter la spécialité locale de Marie-Galante, le bébélé. Le blaff de burgos, de palourdes, les crabes farcis de la maison et

le poulet à la noix de coco sont excellents. La maison sert des punchs aux fruits-pays et du *schrubb*. De l'autre côté du *Touloulou*, toujours sur la plage, *La Pergola* propose pizzas, crêpes et grillades. Aussi une discothèque et l'unique karaoké de l'île.

Les 100 Moulins

65, rue Beaurenon, Grand-Bourg, 97112. [05 90 97 88 01. ☐ t.l.j. : midi et soir. ⑧ 🔧 & 🔧 V. Ⓕ Ⓕ

Un des rares restaurants à spécialité de viande de l'île mais le poisson reste de rigueur ; il y est succulent. Repas copieux pour un prix abordable. Tous les produits locaux sont servis : poissons, lambis, langoustes, ainsi que des produits de France, principalement la viande (le magret de canard).

SAINT-BARTHÉLEMY

Jungle Café

6, rue Jeanne-d'Arc, 97133. [05 90 27 67 29. FAX 05 90 27 67 29. ☐ t.l.j. ⑧ Ⓥ 🔧 V, MC. Ⓕ Ⓕ

Pour changer d'air, dépaysement garanti sur le port de Gustavia. Le *Jungle Café* vous attend avec sa grande terrasse ventilée par la brise qui vient de la mer. C'est le seul restaurant qui propose des spécialités végétariennes et à basses calories. Spécialités : thaï, chinoise, japonaise ou italienne.

La Marine

Rue Jeanne-d'Arc, 97133. [05 90 27 68 91. FAX 05 90 27 70 13. ☐ t.l.j. le midi jusqu'à 15 h sf dim. midi et le soir de 19 h à 22 h. ⑧ 🔧 & 🔧 🍷 🍷 🔧 V, MC. Ⓕ Ⓕ

Tout vient de la mer ou presque : huîtres, moules, bigorneaux, sardines, soles, mérous, dorades, thons, vivanneaux et langoustes. Le chef connaît bien ses produits et les met magnifiquement en valeur. Avec sa terrasse sur la mer, ce restaurant séduira.

Au Port

Face à la Poste, 97133. [05 90 27 62 36. ☐ le soir seul. de 19 h à 22 h. ⑧ 🔧 & 🔧 🍷 🍷 🔧 V, MC. Ⓕ Ⓕ

Dans la rade de Gustavia, une des meilleures tables de Saint-Barth. Accueil chaleureux et cave superbe. Les spécialités de la maison vous enchanteront : filets de sole sauce champagne ; riz aux cèpes, cassolette de langoustes aux petits légumes, boudin de lambis et de langoustes, crème d'avocat

Carl Gustaf

Rue des Normands, 97133.
☎ 05 90 27 82 83. FAX 05 90 27 82 37. ◯ t.l.j. ♿ 🪑 🎵 ▮ ▮ 🎵
V, MC, AE, DC. ⒻⒻⒻ

Dominant la rade de Gustavia, ce restaurant est unique, situé dans le plus grand palace de l'île. Le midi, saveurs exotiques aux parfums d'épices. Le soir, le restaurant panoramique offre les mets de la gastronomie traditionnelle française. La cave est l'une des meilleures des Antilles. Entrées : caviar, salade au rocamadour, foie gras poêlé au pain d'épice ; plats : steak de thon à la tapenade ; dessert : exclusivité Carl Gustaf, l'onctueux coulant tiède aux arômes cacao et cacahuètes.

François Plantation

Colombier, 97133. ☎ 05 90 27 78 82. FAX 05 90 27 61 26. ◯ t.l.j. 🎵 🪑 ▮ ▮ 🎵 V, MC, AE.
ⒻⒻⒻⒻ

Le François Plantation, un haut lieu de la gastronomie française, est l'une des escales incontournables de Saint-Barth. Dans un écrin de verdure, situé dans l'un des meilleurs hôtels de l'île, tout est ici raffinement, originalité et subtilité. Les épices sont sa spécialité. Un menu dégustation est proposé pour goûter 2 entrées et 2 plats en petites portions. En cave, plus de 250 crus référencés.

SAINT-MARTIN

Le Tastevin

86, boulevard de Grand-Case, 97150.
☎ 05 90 87 55 45. FAX 05 90 87 55 48. ◯ t.l.j. 🎵 🪑 ♿ 🎵 V, MC, AE. ⒻⒻⒻⒻ

Ici, c'est une oasis ! Des fleurs, des plantes, des cocotiers. Au déjeuner comme au dîner, on se sent bien sur la terrasse. La cave est une merveille : plus de 120 références en réserve. Le Tastevin propose une cuisine gastronomique française. 2 menus, menu touriste et menu gourmet, avec un verre de vin à chaque plat : poissons (dorade rôtie sauce chambertin à l'infusion d'orange, fricassée de soles), viandes épicées (magret de canard et son jus de réduction de framboise), salade tiède de lambis et sa vinaigrette de mangue.

La Case Créole

Pont de Sandy Ground, 97150.
☎ 05 90 87 28 45. ◯ t.l.j. V ♿ 🪑 🎵 ▮ 🎵 V, MC. ⒻⒻⒻ

La Case Créole, au milieu de son jardin, invite à savourer sa prestigieuse gastronomie antillaise

élaborée par le meilleur chef de cuisine créole de l'île. À découvrir : le subtil mariage des épices, des fruits et des produits locaux, dans une ambiance musicale antillaise.

L'Astrolabe

Esméralda Resort, baie Orientale, 97150.
☎ 05 90 87 36 36. ◯ le soir seul. de 18 h 30 à 23 h sf mer. 🎵 🪑 🎵 🎵 ▮ ▮ 🎵 V, MC, AE, DC. ⒻⒻ

Un héritage français et créole offre une cuisine épicée et parfumée à deux pas de l'océan dans une ambiance douce avec une touche de magie tous les jeudis soirs : le one-man-show « Magic Close Up ».

Hévéa

163, boulevard de Grand-Case, 97150.
☎ 05 90 87 56 85. FAX 05 90 87 83 88. ◯ t.l.j. le soir seul. 🎵 🪑 🎵 ▮ 🎵 V, MC, AE. ⒻⒻ

Ce joli restaurant a été créé dans une ancienne maison créole rénovée et climatisée. Il est réputé pour sa cuisine et son service. Sa spécialité : la langouste, à pêcher dans le vivier. Les propriétaires normands préparent des plats à la normandie : escalope Vallée d'Auge, filet de sole à la dieppoise, Saint-Jacques à la normande, foie gras et saumon fumé maison.

La Samanna

Baie Longue, 97150. ☎ 05 90 87 64 00. ◯ t.l.j. le soir seul. V ♿ 🪑 🎵 ▮ ▮ 🎵 V, MC, AE, DC. ⒻⒻ

La cuisine du chef Thierry Alix traduit magistralement l'héritage français de Saint-Martin. De véritables créations culinaires françaises, des spécialités créoles et une cave à vins complète ; tous les plaisirs d'un repas servi sur la terrasse, à la plage : croustillant de saumon, pot-au-feu de coquelet fermier aux truffes, côte de veau grillée, marinade à l'orientale...

LES SAINTES

Auberge Les Petits Saints-Aux Anacardiers

La Savane, Terre-de-Haut, 97137.
☎ 05 90 99 50 99. FAX 05 90 99 54 51. ◯ le soir seul. 🎵 🪑 V 🎵 ▮ ▮ 🎵 V, MC, AE. ⒻⒻ

Didier et Jean-Paul sont des petits saints ; l'un est peintre, l'autre collectionneur de meubles anciens mais ce qu'ils préfèrent, c'est recevoir. Ici, la cuisine est un art : tarte à la langouste, filet de dorade à la mangue et à l'oignon, charlotte coco au coulis de mangues.

L'Eldorado

Place de la Mairie, 97137 Terre-de-Haut. ☎ 05 90 99 54 31. ◯ de 12 h à 14 h 30 et de 19 h à 21 h. ◯ min. 🎵 Service pizzeria le soir. 🎵 V, MC, AE, chèques hors place. Ⓕ

Dans une case saintoise, L'Eldorado est l'un des restaurants les plus agréables de Terre-de-Haut. Sa spécialité est la crêpe de poisson : farce de poisson antillaise roulée dans une crêpe bretonne. Le poulet boucané à l'ancienne, fumé sur la bagasse de canne à sucre et feuilles de banane est recommandé, tout comme l'assiette gourmande, le paradis saintois, avec ses acras de morue sont son duo de deux boudins. Parfois, un pianiste accompagne les soirées.

La Savane

97137 Terre-de-Haut. ☎ 05 90 99 50 99. ◯ t.l.j. de 12 h à 14 h 30 et de 19 h à 21 h. ▮ 🎵 V, MC, AE. Chèques hors place. ⒻⒻ

Dans les hauteurs, Didier et Jean-Paul reçoivent depuis près de sept ans. Le midi salades, et le soir table d'hôte qui varie suivant la pêche du jour. Pas de plage à proximité, mais une jolie piscine et un jardin luxuriant.

À la Belle Étoile

Grande Anse, 97136 Terre-de-Bas.
☎ 05 90 99 83 69. ◯ t.l.j. 🎵 🪑 Chèques hors place. Ⓕ

Accessible par Trois-Rivières ou par Terre-de-Haut, La Belle Étoile vous accueille dans une grande case sur la plage de Grande Anse. Les pieds dans l'eau, on mange des spécialités locales dans ce restaurant créole. Ici, tout est frais. Spécialités : fricassées de chatrou, lambi, poisson grillé et langoustes.

Chez Eugénette

97136 Terre-de-Bas. ☎ 05 90 99 81 83. ◯ t.l.j. de 5 h 30 à 20 h. 🎵 Chèques hors place. Ⓕ

Vous trouverez ici « tout ce qui est dans l'eau », selon la devise de la propriétaire. En débarquant à Terre-de-Bas, vous ne pouvez manquer le restaurant face à la plage. Les amateurs de poisson-coffre, calamar, diff, fricassée de chatrou et de lambi se régaleront. On y vient pour Eugénette, personnage haut en couleur, et pour ses langoustes à la solide réputation, servies avec une sauce-chien. Les végétariens se jetteront sur le gratin de cristophines. Les Saintois ont coutume d'y fêter certaines occasions, comme Noël ou le jour de l'An.

BOUTIQUES ET MARCHÉS

Le shopping en Guadeloupe constitue une véritable attrac-tion. Les achats les plus authentiques sont gastronomiques. Des spécialités comme le rhum (agricole ou vieux), les punchs-fruits, le sucre de canne, le choco-lat, le café, les épices ou les confi-tures prolongeront le goût d'un séjour. Si les Antillais savent évider le gaïac pour construire une sain-toise, plier les feuilles du latanier, tresser des amarres, fabriquer des *z'attrape* à crabes, l'artisanat décoratif, non utilitaire, est assez récent, ce qui explique sa pau-vreté et les importations de produits manufacturés d'Haïti ou d'Indonésie.

Sinobol

Oubliez les paréos d'Indonésie, les fig-urines africaines et autres objets provenant d'Haïti pour choisir des produits locaux : poupées créoles en feuilles de bananier séchées, bijoux créoles, « salakos » (cha-peaux des Saintes), savons et huiles parfumés de Saint-Barthélemy, jou-ets en bois et madras à la coupe. Les *lolos,* dans les communes rurales, et les marchés proposent les produits du cru. À côté de ce commerce tradition-nel s'est développé un shopping de luxe à Saint-Barth et à Saint-Martin. Ces îles, en vertu de leur statut de port franc, bénéficient de la détaxe de - 20 %.

MARCHÉS ET CENTRES COMMERCIAUX

L'essentiel de la vie locale antillaise tourne autour du marché. On y trouve de tout : des épices aux fruits et légumes (jusqu'à 75 variétés) en passant par les fleurs exotiques, les poissons et l'artisanat. Indissociables de la vie antillaise, les marchés sont colorés, odorants et bruyants. Ils ont lieu deux à trois fois par semaine sauf les dimanches, de 6 h à 13 h, mais c'est le samedi qu'ils sont les plus étendus. On trouve à Pointe-à-Pitre les plus beaux marchés de l'île. Certains se sont spécialisés comme **le marché aux fleurs,** qui a lieu tous les matins face au palais de justice ou le marché aux poissons, à Bergevin, près du port. Le plus réputé est **le marché Saint-Antoine,** spécialisé dans les

Vente de poisson sur le port

épices et qui se tient sur la place la plus ancienne de Pointe-à-Pitre. **Le marché de la Cité-Nouvelle,** entre le faubourg Frébault et l'avenue Gagarine, est le plus important et le plus authentique (fermé dim. et mar.). À Basse-Terre, le marché se tient sur le front de mer dans une structure qui date du début des années 30.

Dans chaque ancien port sucrier (Le Moule, Port-Louis…), la vente du poisson à la criée, dès l'arrivée des pêcheurs, est aussi un spectacle à ne pas manquer. Parallèlement aux boutiques et aux marchés se sont développés des hypermarchés et des grandes surfaces. **Le centre commercial Destreland,** à Baie-Mahault, est le plus grand de l'île (hypermarché *Continent*). On y trouve des produits locaux, notamment le rhum, à meilleur prix que dans les distilleries. *Continent, Cora, Match, Champion* et *Leader Price* sont de bons hypermarchés.

SOUVENIRS COMESTIBLES

Les marchés de Pointe-à-Pitre sont une véritable mine pour faire le plein d'épices et d'aromates. Cannelle, gingembre, poudre à colombo, safran, vanille sont les ingrédients courants de la bonne cuisine antillaise. On les achète à la mesure ou déjà conditionnés sous plastique. Les Antilles nous régalent de jus de fruits exotiques vendus dans de petites bouteilles en plastique par des marchands ambulants. Les marques locales *Jus Coroja* ou *Caresse antillaise* sont distribuées dans les hypermarchés et dans les boutiques. Dans les différentes distilleries de l'île et au **musée du Rhum,** vous trouverez

Le marché aux fleurs de Pointe-à-Pitre

Le centre commercial Destreland à Baie-Mahault

de très vieux rhums à des prix élevés mais fabuleux. Attention ! La douane n'autorise que 3 bouteilles de rhum par personne alors qu'on peut l'acheter conditionné en carton de 6. Vous pourrez participer à une dégustation de café accompagnée de pâtisseries traditionnelles à la caféière **Beauséjour** et de chocolat à **la maison du Cacao** à Pointe-Noire (notamment le *bâton kako*, chocolat brut extrait des fèves de cabosse). Si vous souhaitez rapporter des coffrets gastronomiques contenant un échantillon de divers produits locaux, adressez-vous à **Saveur des Isles** à Pointe-à-Pitre. Les marchands ambulants proposent des *sinobol* (glace pilée recouverte de sirop de grenadine ou de menthe), des *kassav* (galettes de manioc) et des *bokit* (un cousin éloigné du beignet)… à goûter absolument !

BOUTIQUES TRADITIONNELLES ET BOUTIQUES DE LUXE

L e quartier commerçant de Pointe-à-Pitre s'étend entre la place de la Victoire, la Darse et les rues Frébault, Nozières et Schoelcher. C'est le domaine réservé des commerçants syriens et libanais, passés maîtres dans l'art du négoce. On y trouve un choix infini de petites et grandes boutiques où voisinent madras et moustiquaires, quand, sur les trottoirs, des revendeuses, souvent originaires de la Dominique, parient sur l'avenir des barrettes, des combinaisons en nylon et des soutiens-gorge aux

« pointures » impression-nantes… Les bijoux créoles (chaîne-forçat, collier grain d'or, collier-choux avec fermoir à barillet, anneaux créoles) sont représentés dans des boutiques comme **Danylor** et **Plaquissimo** à Pointe-à-Pitre, mais il est conseillé de s'assurer qu'ils sont de fabrication locale. Au Gosier, la boutique **Macoco** vend de très belles dentelles. À Saint-Martin et à Saint-Barthélemy, les magasins proposent prêt-à-porter, bijoux de marque et parfums variés. À Saint-Barth, la rue des boutiques de luxe de Gustavia, sorte de réplique de la rue du Faubourg-Saint-Honoré, rassemble des marques comme *Cartier*, *Hermès*, *Gianni Versace*, *Manuel Canovas*, *Gucci* ou *Dorotennis* . Les amateurs de cigares trouveront leur bonheur à la boutique La Casa del Habano dans **le centre commercial Saint-John Perse**, à Pointe-à-Pitre.

La galerie Christian Mas

HORAIRES D'OUVERTURE

À Pointe-à-Pitre et à Basse-Terre, l'horaire habituel des magasins est de 9 h à 12 h 30 et de 15 h à 17 h, ou 18 h, du lundi au vendredi. Certains magasins ouvrent le samedi matin jusqu'à 13 h. Le dimanche, tout est fermé. Dans les communes touristiques (Le Gosier, Sainte-Anne, Saint-François), les boutiques sont souvent ouvertes plus tard dans la soirée et le dimanche.

TAXES ET EXEMPTIONS

T ous les produits sont vendus hors taxes à Saint-Barthélemy et à Saint-Martin, qui sont des ports francs. Sur les parfums et les produits de beauté, la détaxe est de 20 %. Les douaniers surveillent avec vigilance les vols en provenance de ces deux îles ; il est conseillé de demander les factures, notamment pour les achats de matériel hi-fi. Les touristes étrangers ou les Français résidant à l'étranger peuvent bénéficier, lors de paiement par chèques de voyage étrangers, de détaxes importantes sur certains articles.

Café

ANTIQUITÉS ET GALERIES D'ART

D es antiquaires se sont spécialisés dans le style colonial. On peut trouver des lits à colonnes, des consoles, des berceuses cannées, des fauteuils planteurs du début du siècle au **Mobilier Caribéen**, des antiquités de marine, des livres anciens à **La Recherche du Passé**, à la marina de Pointe-à-Pitre. Les galeries **Gingerbread Mahogany,** à Saint-Martin, dirigées par Simone Seitre exposent de l'art haïtien de très grande qualité, du mobilier colonial restauré et de l'artisanat à tous les prix. **Le Centre d'art haïtien,** au Gosier, présente également l'art de cette île. Chez **Free Mousse Décoration,** à Saint-Barthélemy, le choix s'élargit au mobilier indonésien et au mobilier local de qualité.

Les épiceries locales, ou *lolos,* sont répandues dans les communes

Le Salon de Musique Cougoul, à Pointe-à-Pitre, vend des instruments de musique, des *gwoka,* et propose des partitions de biguine et de mazurka. Des galeries, comme **l'Espace Pierre Chadru,** spécialisé dans l'art contemporain, **la galerie Christian Mas** et **la galerie Michèle Cazanove,** présentent les artistes guadeloupéens et des Caraïbes. La galerie Christian Mas possède en outre une riche collection de cartes postales anciennes, tandis que la galerie Cazanove propose lithographies et aquarelles.

Au village artisanal de Sainte-Anne

LIVRES ET DISQUES

À Pointe-à-Pitre, deux librairies sont bien approvisionnées en littérature antillaise. **La Librairie Antillaise** possède un rayon enfants assez complet et **la Librairie Jasor** a une antenne à Basse-Terre. **La Boutique de la Presse,** à la marina de Pointe-à-Pitre, et **Épithète,** à Sainte-Anne, offrent un large choix de beaux livres sur les Antilles ainsi que des ouvrages d'actualité littéraire. Les amateurs de documents et de livres sur la marine trouveront leur bonheur chez **Arepag.** Pour les passionnés d'ésotérisme, **la Librairie Arkan 97** propose un large choix de livres, de produits et d'accessoires. Pour les disques, les boutiques **Debs, Discorama** et **RCI (Radio Caraïbes internationale,** qui possède sa boutique) vendent les derniers tubes du zouk ou du gwoka.

FLEURS ET SENTEURS

Il est possible de rapporter des fleurs de Guadeloupe. Les exploitations florales du domaine de **Valombreuse** et des jardins de **Saint-Éloi** conçoivent des emballages spécifiques pour le transport en avion. Ceux-ci peuvent même être mis en soute. Les îles des Saintes et de Saint-Barthélemy produisent des huiles et des eaux de toilette artisanales. **L'Atelier du Savon,** à Terre-de-Haut aux Saintes, fabrique de très beaux savons à l'huile de palme et de coco. À Saint-Barthélemy, véritable jardin tropical de l'archipel, la boutique **Senteurs des Îles** a confectionné sa gamme d'huiles essentielles, celle de **la Ligne de Saint-Barth** a créé sa ligne de produits

Marchande sur le bord de la route

cosmétiques (masque à l'ananas, gel d'aloès, crème au jasmin) tandis que **Free Mousse** a lancé les eaux de toilette « Tainos ».

ARTISANAT

Les broderies, la vannerie de Saint-Barth, les « salakos » saintois, le madras de Pointe-à-Pitre, les jouets et les instruments de musique sont parmi les dernières réalisations authentiques. **Le Centre de broderie de Vieux-Fort** propose objets et souvenirs de qualité. Dans le magasin attenant au **Centre des métiers d'art de Bergevin** ou sur le marché de la Darse, on trouve des poteries brutes ou émaillées, des poupées en costumes et des gravures sur

Poteries de Sylvain Pignac

calebasse. Le village artisanal de Sainte-Anne regroupe une galerie, **Le Toumblak,** et de nombreuses boutiques. **Chez Lavital,** vous aurez un grand choix de jouets : bus en bois, chevaux à bascule, camion-kas, tambours, boîtes à bijoux et l'« ika apaka », jeu traditionnel guadeloupéen. Très originaux, les tableaux réalisés avec plus de 100 variétés de sable et 100 tons de terre de Guadeloupe de la boutique Art des Îles à Pointe-Noire. Le célèbre madras, dans lequel on fait aussi bien des vêtements que des nappes, s'achète sur les marchés ou à la boutique spécialisée **Caribtex** à Pointe-à-Pitre. Il se vend en 1,50 m, 1,60 m, voire 1,70 m et coûte entre 48 et 55 F le mètre. Le potier **Sylvain Pignac,** à Marie-Galante, fabrique des bouteilles en grès qui habillent les vieux rhums. À Saint-Barth, ce sont les poupées et autres objets tressés en latanier qui sont à l'honneur à la boutique **Colibri. L'Orientale Boutique** (à Lorient) propose à la vente quelques panamas.

CARNET D'ADRESSES

SHOPPING

Danylor
46, rue Frébault,
97110 Pointe-à-Pitre.
☎ 05 90 82 37 64.

Boutique Macoco
8, rue Père-Will,
97190 Le Gosier.
☎ 05 90 84 46 55.

Cartier
Gustavia,
97133 Saint-Barth.
☎ 05 90 27 66 69.

Hermès
Gustavia,
97133 Saint-Barth.
☎ 05 90 27 66 15.

Gianni Versace
Gustavia,
97133 Saint-Barth.
☎ 05 90 27 99 30.

Manuel Canovas
Gustavia,
97133 Saint-Barth.
☎ 05 90 27 82 78.

Gucci
Gustavia,
97133 Saint-Barth.
☎ 05 90 27 69 46.

Dorotennis
Gustavia,
97133 Saint-Barth.
☎ 05 90 27 70 96.

La Casa del Halbano
Centre Saint-John Perse,
immeuble Lesseps n°54,
97110 Pointe-à-Pitre.
☎ 05 90 89 42 16.

FLEURS

**Domaine
de Valombreuse**
97170 Cabout-Petit-
Bourg.
☎ 05 90 95 50 50.
Minitel *3615 VALOMBREUSE.*

**Les jardins
de Saint-Éloi**
L'Habituée,
97130 Capesterre.
☎ 05 90 86 39 22.

Free Mousse
Le Carré d'Or, Gustavia,
97133 Saint-Barthélemy.
☎ 05 90 27 75 04.

Atelier du Savon
Terre-de-Haut,
97137 Les Saintes,
☎ 05 90 99 56 44.

Senteurs des Îles
Domaine de la
pointe Milou,
97133 Saint-Barth.
☎ 05 90 27 99 24.
Minitel *3615 M5 ILES.*

**La Ligne
de Saint-Barth**
Route de Saline, Lorient,
97133 Saint-Barthélemy.
☎ 05 90 27 82 63.

ARTISANAT

**Centre de broderie
et des arts textiles**
Fort-L'Olive,
97114 Vieux-Fort.
☎ 05 90 92 04 14.

**Centre
des métiers d'art**
Bergevin,
97110 Pointe-à-Pitre.
☎ 05 90 82 13 60.

Atelier Lavital
Immeuble Les Chicanes
3, rdc, Grand-Camp,
97139 Les Abymes.
☎ 05 90 21 09 74.

**Poterie
Sylvain Pignac**
Section Bielle,
Grand-Bourg,
97112 Marie-Galante.
☎ 05 90 97 78 21.

Art des Îles
Pl. Caraïbe,
97116 Pointe-Noire.
☎ 05 90 98 07 45.

Caribtex
Rue Frébault,
97110 Pointe-à-Pitre.
☎ 05 90 82 04 43.

Le Colibri
Rue de la République,
Gustavia,
97133 Saint-Barth.
☎ 05 90 27 60 92.

**L'Orientale
Boutique**
Lorient,
97133 Saint-Barthélemy.
☎ 05 90 27 60 59.

LIVRES ET DISQUES

**Librairie
Générale Jasor**
46, rue Schoelcher,
97110 Pointe-à-Pitre.
☎ 05 90 82 17 70.
44, cours Nolivos,
97100 Basse-Terre.
☎ 05 90 99 31 00.

**Librairie
Antillaise**
41, rue Schoelcher,
97110 Pointe-à-Pitre.
☎ 05 90 82 19 96.

**Boutique
de la Presse**
Carrefour Blanchard,
marina,
97110 Pointe-à-Pitre.
☎ 05 90 90 90 25.

Épithète
Place Schoelcher,
97180 Sainte-Anne,
☎ 05 90 88 37 29.

Arepag
BP 668,
97169 Pointe-à-Pitre.
☎ 05 90 90 84 15.

Librairie Arkan 97
97110 Pointe-à-Pitre.
☎ 05 90 90 32 09.

Debs
116, rue Frébault,
97110 Pointe-à-Pitre.
☎ 05 90 82 07 06.

Discorama
63 *bis*, rue de Nozières,
97110 Pointe-à-Pitre,
☎ 05 90 82 32 59.

RCI Boutique
Centre commercial
Destreland,
97122 Baie-Mahault.
☎ 05 90 26 19 70.

ANTIQUITÉS
ET GALERIES D'ART

**Le Mobilier
Caribéen**
Immeuble le Quadrat,
bd de Houelbourg,
ZI Jarry.
☎ 05 90 26 89 31.

**La Recherche
du Passé**
Marina,
97110 Pointe-à-Pitre.
☎ 05 90 90 84 15.

**Gingerbread
Mahogany**
4 et 14, Port La Royale,
97150 Saint-Martin.
☎ 05 90 87 73 21.

**Centre d'art
haïtien**
Quartier Montauban,
97190 Le Gosier,
☎ 05 90 84 04 84.

**Free Mousse
Décoration**
Le Carré d'Or, Gustavia,
97133 Saint-Barthélemy.
☎ 05 90 27 63 39.

**Galerie
Christian Mas**
33, rue Henri-IV,
97110 Pointe-à-Pitre.
☎ 05 90 91 52 69.

Espace Chadru
Centre d'art
contemporain
4, rue Lethière,
97122 Pointe-à-Pitre.
☎ 05 90 83 87 75.

**Galerie Michèle
Cazanove**
97190 Le Gosier.
☎ 05 90 84 32 65.

**Le Salon de
Musique Cougoul**
26, rue Achille-René-
Boisneuf,
97110 Pointe-à-Pitre.
☎ 05 90 82 00 82.

MARCHÉS
ET CENTRES
COMMERCIAUX

**Centre
Destreland**
97122 Baie-Mahault.
☎ 05 90 26 10 10.

Cora Desmarais
97100 Basse-Terre.
☎ 05 90 81 20 68

Cora Bas-du-Fort
97190 Le Gosier.
☎ 05 90 87 97

SOUVENIRS
COMESTIBLES

Musée du Rhum
Bellevue,
97115 Sainte-Rose.
☎ 05 90 28 70 04.

**Caféière
Beauséjour**
Habitation Beauséjour,
Acomat.
97116 Pointe-Noire.
☎ 05 90 98 10 09.

Maison du Cacao
Grande Plaine,
97116 Pointe-Noire.
☎ 05 90 98 25 23.

Saveur des Isles
41, rue Dugommier,
97110 Pointe-à-Pitre.
☎ 05 90 83 32 46.

Qu'acheter en Guadeloupe

Rose de porcelaine

Même si l'artisanat décoratif est assez récent, l'artisanat local fournit de nombreux objets en vannerie caraïbe, en « kwi » de calebasse, des bijoux créoles, des poupées créoles, des objets en fibre de coco. Certains villages ont leur spécialité : Vieux-Fort est réputé pour son Centre de broderie, unique dans les Caraïbes, Terre-de-Bas, aux Saintes, pour son fameux salako, Saint-Barthélemy pour sa vannerie...

LA MUSIQUE

La musique guadeloupéens ont acquis une audience qui dépasse les limites de l'archipel. Gwoka, zouk, biguine ou jazz… n'hésitez pas à rapporter des souvenirs sonores.

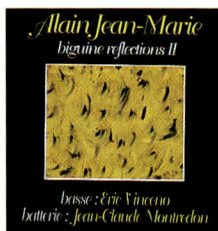

Le groupe Akiyo rassemble 25 percussionnistes

La pianiste Alain Jean-Marie mêle jazz et biguine

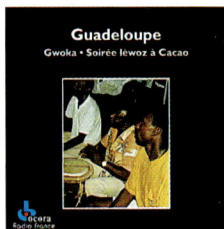

Gwoka, soirée léwoz à Cacao

Les poupées créoles

Souvenir antillais, les poupées les plus recherchées sont en feuilles de bananier (qu'il est possible de trouver entre autres au domaine de Séverin). Elles peuvent être aussi confectionnées avec des coquillages.

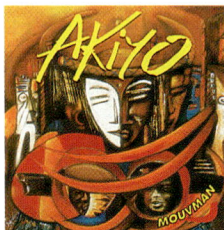

Les bijoux créoles

Dès le XVIIᵉ siècle, les bijoux d'or fabriqués par les esclaves tels que le collier-chou, d'origine sénégalaise, ou la chaîne-forçat, symbole de la période esclavagiste, ou les « créoles » accompagnaient le costume traditionnel. Aujourd'hui encore, ils sont souvent portés et sont très prisés en tant qu'artisanat local.

LES ÉPICES

C'est sur les marchés que l'on trouve de nombreuses épices exotiques telles que le bois d'Inde, la cannelle, le curry, la muscade, la vanille et les fameuses écorces de bois-bandé vendues en bouquets.

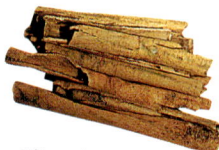

Vanille

Bâtonnets de cannelle

Safran

Noix de muscade

Poivre

Quatre épices

Fenouil

Cacao

Gingembre

Curry

Colombo

LES GOURMANDISES

Les visiteurs pourront découvrir un choix de sucre à coco, de doucelettes, de « cornets de pistaches », de punchs ainsi que des confitures de goyaves, de bananes, d'abricots-pays, des bâtons de coco vendus en vrac sur les marchés et différentes sortes de cafés comme le café Chaulet, Bonka ou Beaugendre.

Bâtons de coco

Paquets de café (arabica) cultivé en Guadeloupe

Cornets de pistaches

Confiture de goyaves

LES BRODEUSES DE VIEUX-FORT

La broderie est un art pratiqué depuis près de trois siècles à Vieux-Fort *(p. 106)*. Quarante brodeuses se transmettent un savoir-faire unique dans la Caraïbe. Deux à trois semaines sont nécessaires pour confectionner un chemisier, et près de trois mois pour une parure de lit en pur fil de lin ou en « baptiste coton ».

Exemple de motif ajouré

Les motifs portent des noms singuliers : « maman-poule », « chardon », « cerise »… Pour promouvoir et pérenniser cette « science des doigts agiles », l'Association des brodeuses de Vieux-Fort anime un centre de formation installé dans les ruines du Fort L'Olive.

La broderie est un savoir qui se transmet de mère en fille

Paréo

LE TISSU MADRAS

Utilisé jadis pour les costumes créoles, le madras fait toujours partie de la panoplie de la Société des cuisinières de la Guadeloupe et de la garde-robe des aînées, mais il sert principalement aujourd'hui à la confection de vêtements comme les paréos, les robes, les chemises et pour les vêtements de poupées créoles.

Les fleurs tropicales
On peut les commander et les acheter dans plusieurs pépinières ou à l'aéroport. Conditionnées dans des emballages spéciaux pour transport aérien, elles se conservent 3 à 4 semaines. À visiter : le parc de Valombreuse à Petit-Bourg (p. 98) pour admirer ses collections d'anthuriums, de roses de porcelaine, de balisiers ou d'orchidées.

SE DISTRAIRE EN GUADELOUPE

Carnavals, fête des cuisinières, fêtes communales, fêtes indiennes, concours d'attelage, combats de coqs, il se passe toujours un événement quelle que soit la saison. La musique antillaise sous toutes ses formes rythme les sorties, qu'il s'agisse des spectacles en salle ou en boîte de nuit. Dans les

Enseignes de *pitts*

villes, particulièrement à Pointe-à-Pitre et à Basse-Terre, se sont développées des structures appropriées pour faire connaître la culture locale (théâtres, festivals, auditoriums). Dans les zones touristiques, ce sont les radios, les boîtes de nuit et les bars branchés qui diffusent la musique antillaise.

Groupe de gwoka à Sainte-Anne

La musique la plus écoutée aujourd'hui reste le zouk. Le gwoka se perpétue dans les fêtes locales, les *léwoz*, qui ont lieu en fin de semaine dans les villages. Sainte-Anne organise chaque année depuis plus de dix ans autour de la plage du Bourg un festival de gwoka qui connaît de plus en plus de succès (p. 161). Les fêtes locales sont l'occasion d'entendre toutes sortes de musique.
Pour la fête des cuisinières, le 9 août, un grand défilé parcourt les rues de Pointe-à-Pitre ponctué par des chants et des danses en l'honneur de leur saint patron, saint Laurent.

VIE CULTURELLE

Le **Centre des arts et de la culture** de Pointe-à-Pitre, avec sa salle pouvant accueillir 1 100 personnes, et l'**Artchipel** (scène nationale de Basse-Terre) sont les deux institutions qui offrent des pièces de théâtre, des ballets et des spectacles de grande qualité. Les troupes locales et les troupes françaises et étrangères se partagent la scène. L'**auditorium de Basse-Terre** diffuse également des spectacles de qualité. **Le centre culturel Rémy-Nainsouta** dispose d'une salle d'exposition, de deux salles de conférences et d'un centre de documentation sur les Caraïbes et l'Afrique d'environ 10 000 volumes.

CINÉMA

Les salles diffusent les films que l'on peut voir en France. Deux complexes de salles à Pointe-à-Pitre, **le Rex** (4 salles) et **le Renaissance** (2 salles), et **le D'Arbaud** (2 salles) à Basse-Terre. L'**association Aux arts citoyens** organise chaque année en novembre un festival du film antillais qui se déroule au Renaissance. **Le Ciné-Théâtre** du Lamentin dispose d'une salle de 330 places. Des petites salles existent également à Saint-Barth, à Marie-Galante, à la Désirade et aux Saintes.

MUSIQUE

Les Antilles bénéficient d'un patrimoine musical extrêmement fécond qui tire ses origines de la musique traditionnelle et des percussions africaines, et s'est enrichi de multiples influences comme le calypso et le *steel band* de Trinidad ou le compas d'Haïti.

COMBATS DE COQS ET CONCOURS DE BŒUFS TIRANT

Importés aux Antilles par les conquistadores espagnols, les combats de coqs sont très prisés des Guadeloupéens.

Combat de coqs au *pitt* de Fouché

Ils ont lieu dans des *pitts* (ou gallodromes) sur toutes les îles des Petites Antilles de novembre à juillet, généralement le samedi et le dimanche. La tradition des concours de bœufs tirant reprend vie dans l'arrière-pays de la Grande-Terre (p. 156), notamment à Saint-François

L'Artchipel, à Basse-Terre

Course de bœufs tirant à Saint-François

avec **l'Association des bœufs tirant,** et à Marie-Galante. Des courses, avec prix et récompenses, sont organisées. À Marie-Galante, prenez contact avec Léonce Tranchot pour en savoir plus.

VIE NOCTURNE

La vie nocturne commence par le traditionnel *ti-punch* accompagné d'acras. Elle se poursuit dans les nombreux bars, plus ou moins typiques, situés à la marina du Bas-du-Fort,

à Saint-François ou au Gosier. À Pointe-à-Pitre même, très peu de boîtes de nuit restent ouvertes tard le soir. Elles sont regroupées, pour la plupart, le long de la riviera de la Grande-Terre. Deux casinos sont implantés en Guadeloupe, l'un au Gosier, **le Caraïbe Club II,** situé dans la zone des hôtels, et l'autre à Saint-François, non loin de l'hôtel *Méridien*. On écoute au Zénith, au **Victoria des Caraïbes** et au **New-Land** essentiellement de la musique antillaise.

Le club Caraïbe II propose des shows dans le style du Lido à Paris. C'est sans doute à Saint-Martin que la vie nocturne est la plus animée. Les discothèques et les casinos, tous situés dans la partie hollandaise, font la joie des noctambules. Il arrive qu'en pleine saison des artistes internationaux donnent des concerts. À Saint-Martin, huit casinos sont implantés dans la partie hollandaise de l'île. L'imposant **Atlantis Casino** de Cupecoy en est le bateau amiral. Front Street, à Philipsburg, abrite à elle seule trois casinos très fréquentés, de jour comme de nuit (Coliseum Casino, Diamond Casino, Rouge et Noir).

Saint-Martin compte huit casinos

SPORTS ET LOISIRS

Pays de mer et de montagne, la Guadeloupe rassemble les adeptes du *farniente* sur les nombreuses plages de l'île comme les amateurs de randonnée. Pour ceux qui préfèrent des vacances actives, les possibilités sont presque illimitées. Entre la pratique de tous les sports nautiques, les sports d'eau vive, les randonnées à pied, à cheval ou à vélo et les activités plus tranquilles comme les promenades en bateaux, la palette est large.

Scooter des mers

Environ 300 km de sentiers balisés sont offerts au visiteur

RANDONNÉE

Sur les flancs de la Soufrière, la Guadeloupe possède le dernier-né des parcs nationaux français, le septième du genre, créé en 1989, qui couvre une bonne partie de la Basse-Terre. Il offre au visiteur près de 300 km de traces, c'est-à-dire des sentiers balisés, s'étageant entre 300 et 1 467 m d'altitude. Du mini sentier de découverte du littoral à la randonnée en forêt, il y en a pour tous les goûts. De nombreux équipements sont disséminés dans le parc : aires de repos et de pique-nique, maisons thématiques (maison de la Forêt, maison du Volcan etc.). En raison de la forte humidité en altitude, il est souhaitable de pratiquer la randonnée pendant la saison sèche, c'est-à-dire au début de l'année. Pendant la saison humide, les pistes sont rendues impraticables par la boue et les averses.

Signalisation des randonnées

Emportez le guide « 28 traces en Basse-Terre », édité par le Parc national de la Guadeloupe. Les randonnées les plus pratiquées et les plus connues sont le sommet de la Soufrière (1 467 m) et les chutes du Carbet. **L'association des Amis du Parc national** et **le Bureau des guides accompagnateurs en moyenne montagne** organisent des randonnées accompagnées toute l'année.

VISITES DE PLEIN AIR

Les passionnés de fleurs et de plantes trouveront un grand choix de sites à visiter. **La plantation Grand Café « Bèlair »** vous fera découvrir une authentique bananeraie. **L'association Émeraude Guadeloupe** organise des visites guidées à la rencontre de la nature, des vieilles pierres mais aussi des zones rurales et de la tradition populaire.

RANDONNÉE ÉQUESTRE ET À VTT

La randonnée à cheval peut se pratiquer dans la campagne de la Grande-Terre au **domaine Lalanne** à Port-Louis, sur la plage ou au milieu des champs de canne. Dans la région de Basse-Terre, la ferme équestre **La Manade,** située à Saint-Claude, organise également des randonnées équestres sur les contreforts de la Soufrière. Le VTT est une activité encore peu pratiquée, et les itinéraires en Basse-Terre ne sont pas balisés. **Guadeloupe Découverte** propose des randonnées. En ce qui concerne la promenade en charrette, une adresse : **l'Auberge Le Relax** organise des balades en charrettes tirées par des bœufs à la découverte de plantations et de jardins créoles, avec déjeuner à l'auberge.

SPORTS D'EAU VIVE

Depuis quelques années, de nouvelles activités tels la randonnée en 4 x 4, le canyoning, le rafting, le canoë en rivière, le saut de chute d'eau sont apparues. Le « Hot Dog », sorte de minirafts est particulièrement adapté aux rapides guadeloupéens. Plusieurs sociétés proposent leurs

Randonnée équestre

services dans ce domaine : **Parfum d'Aventure** à Saint-François et **Guadeloupe Découverte** à Baie-Mahault. Ces sports, relativement dangereux, se pratiquent uniquement sous la conduite de guides et moniteurs professionnels.

NAVIGATION DE PLAISANCE

La Guadeloupe est dotée d'un potentiel de mouillage parmi les plus recherchés de la Caraïbe. La marina la plus importante est celle de Bas-du-Fort (700 places) à Pointe-à-Pitre, point d'arrivée de la Route du rhum, puis celle de Saint-François et celle de Rivière-Sens à Basse-Terre.

Randonnée en 4 x 4

L'offre locative pour la voile dépasse la demande. Monocoque de 10 m, maxi catamaran ou yacht avec équipage, on trouve tout à tous les prix, avec une moyenne de 10 000 F à 20 000 F (basse-haute saison) pour une unité de 10-12 m. Vous pouvez louer un voilier depuis Paris en vous adressant aux voyagistes spécialisés ou sur place *(p. 267)*. La voile se pratique dans les très nombreux clubs ou centres comme **l'UCPA** aux Saintes. Demandez conseil aux **Amis de la voile** à Pointe-à-Pitre.

SPORTS NAUTIQUES

L'archipel de la Guadeloupe est l'endroit idéal pour s'adonner aux sports nautiques en toute saison. Il est possible de s'initier, ou de se perfectionner au surf, à la planche à voile, au ski nautique et au kayak de mer. Les centres comme le **Cercle sportif de Bas-du-Fort** et la plupart des hôtels proposent des locations

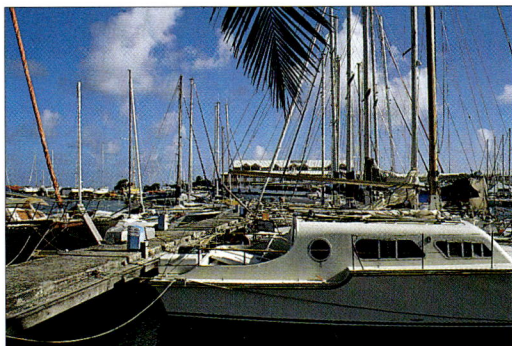

La marina de Saint-François

pour ces activités et des cours. La planche à voile a beaucoup d'adeptes et se pratique surtout dans les centres balnéaires de la côte sud de la Grande-Terre. Le centre **UCPA** de Saint-François propose locations et cours de planche à voile ou de surf. L'UCPA des Saintes donne, en plus, des cours de catamaran. La championne Nathalie Simon a d'ailleurs ouvert son club, **le club Nathalie Simon** à Saint-François. Pour le surf, les spots se situent à Saint-François, au Moule, à Port-Louis et à Anse-Bertrand d'octobre à mai. En été, c'est à Sainte-Anne, Saint-François et Petit-Havre que les vagues sont optimales. Renseignez-vous auprès du Comité guadeloupéen de surf. Le kayak de mer est un bon moyen de découvrir les criques isolées et les plages désertes de la côte sous le Vent, inaccessibles par terre.

Régate de planche à voile

AGSN Ski nautique à Baie-Mahault donne des cours de ski nautique. **Omacs du Moule** et **Molem-Glisse,** tous deux au Moule, proposent cette activité en bord de mer comme dans la mangrove. Les amateurs de glisse et de vitesse pourront s'initier au scooter des mers avec **Caraïbe France Moto** ou **Orizon.** Très original, un tout nouvel engin a été mis au point par François Pessin, le VTT des mers : il s'agit d'un pédalo, auquel cet ancien ingénieur a adapté une hélice ; le VTT des mers file ainsi 2 à 3 fois plus vite qu'un pédalo classique. François Pessin a créé sa société **Aventure des Îles** qui organise des visites de la mangrove.

PLONGÉE

La plongée est une activité très développée en Guadeloupe. L'eau y est à bonne température toute l'année et les fonds marins sont splendides. Plusieurs centres de plongée se sont installés à Malendure *(p. 125)* devant les îlets Pigeon. Le centre **Les Heures Saines,** sur le rocher de Malendure, ou **Archipel Plongée,** sur la plage de Malendure, proposent leurs services. Il existe d'autres clubs à Saint-François comme **La Plongée Caribéenne,** à Deshaies, à Pointe-Noire, à Basse-Terre, aux Saintes et à Saint-Barth (Saint-Barth Plongée). La formule la plus intéressante, pour le prix, l'ambiance et le sérieux, reste **l'UCPA,** avec son centre de Bouillante pour la plongée.

À Malendure sont organisées des sorties à la découverte des fonds

PÊCHE AU GROS

De nombreux prestataires proposent des sorties à la demi-journée ou à la journée en haute mer pour y pratiquer la pêche au gros. L'hiver est la saison idéale pour pêcher les gros poissons. Les offices du tourisme fournissent pour la plupart la liste des sites de pêche les plus intéressants. Au large de Pigeon, **Claire et Loïc Guégan** vous emmèneront pêcher des marlins bleus, des dorades coryphènes, du thon jaune, du wahoo et du requin. Peut-être aurez-vous la chance d'apercevoir des baleines accompagnées par des dauphins. **Caraïbe Pêche** à Pointe-à-Pitre et **le Fishing Club Antilles** à Bouillante proposent également des sorties en mer.

PROMENADES EN BATEAU

Pour ceux qui souhaitent connaître l'univers sous-marin sans se mouiller, des bateaux à fond de verre comme *le Nautilus* ou *Antilles Vision*, ancrés sur la plage de Malendure, à Bouillante, vous emmèneront, au sec, admirer des fonds marins. Pour découvrir la mangrove, des bateaux comme *le King Papyrus* ou *le Balajo* ou des barques *(La Lambada)* explorent la réserve naturelle du Grand Cul-de-Sac marin.

SPORTS AÉRIENS

Alpha Aviation et **Les Ailes Guadeloupéennes** proposent des cours de pilotage (800 F/h), de voltige, en haute saison (500 F la demi-heure), et des survols touristiques de tout l'archipel en une heure (450 F si vous êtes trois, 600 F si vous n'êtes que deux). **Le club Orizon** au Gosier est l'un des rares à initier à l'ULM. Sur les hauteurs du Moule, **Benoît Janssen**, moniteur diplômé, organise des baptêmes de parapente en biplace sauf en juillet et en août. L'ULM se pratique à Saint-François de façon assez confidentielle.

GOLF

Le seul terrain de la Guadeloupe est **le golf international 18 trous à Saint-François**, dessiné par Robert Trent-Jones. Il existe un autre golf 18 trous dans la partie hollandaise de Saint-Martin, **le golf de Mullet Bay.**

Parapente

THERMALISME

Après l'action de l'eau salée des plages, les eaux thermales de la **station René Toribio** à Ravine Chaude vous apporteront tous les bienfaits du thermalisme moderne et de la balnéothérapie. L'eau à 33 °C, enrichie lors de son passage dans le massif volcanique de la Soufrière, vous remettra sur pied.

Le golf international de Saint-François présente un beau parcours de 18 trous

CARNET D'ADRESSES

VISITES DE PLEIN AIR

Plantation Grand Café
Route de Neuf-Château,
97130 Capesterre-Belle-Eau,
05 90 86 33 06.

Émeraude Guadeloupe
1, place de la Mairie,
97100 Basse-Terre,
05 90 81 98 28.

Guadeloupe Découverte
Rue Thomas-Edison,
97122 Baie-Mahault,
05 90 25 20 87.

PLONGÉE

Centre de plongée Les Heures Saines
Rocher de Malendure,
97132 Pigeon,
05 90 98 86 63.

Archipel Plongée
Plage de Malendure,
97132 Pigeon,
05 90 98 93 93.

La Plongée Caribéenne
Marina de Saint-François,
97118 Saint-François,
05 90 90 88 64 48.

Saint-Barth Plongée
Anse des Cayes,
97133 Saint-Bartélemy,
05 90 27 54 44.

UCPA Bouillante
97125 Bouillante,
05 90 98 89 00.

PROMENADES EN BATEAU

Le Nautilus
Plage de Malendure,
97125 Bouillante,
05 90 98 89 08.

Le Balajo
Perrin, section Golconde,
97139 Les Abymes,
05 90 20 35 43.

King Papyrus
Bateau-mouche, Marina de Pointe-à-Pitre,
97110 Pointe-à-Pitre,
05 90 90 92 98.

Antilles Vision
Plage de Malendure,
97125 Bouillante,
05 90 98 70 34.

La Lambada
Agathe et Pierrot,
Vieux-Bourg,
97111 Morne-à-l'Eau,
05 90 24 33 60.

Bureau de la réserve naturelle du Grand Cul-de-Sac marin
43, rue Jean-Jaurès,
97122 Baie-Mahault,
05 90 26 10 58.

NAVIGATION DE PLAISANCE

Marina du Bas-du-Fort
Capitainerie,
97110 Pointe-à-Pitre,
05 90 90 84 85.

Marina de Saint-François
Capitainerie,
97118 Saint-François,
05 90 88 47 28.

Marina de Rivière-Sens
Capitainerie, Gourbeyre,
97100 Basse-Terre,
05 90 77 61 81.

UCPA aux Saintes
Baie de Marigot,
97137 Les Saintes,
05 90 99 54 94.

SPORTS NAUTIQUES

Le Cercle sportif du Bas-du-Fort
05 90 90 93 94.

UCPA Saint-François
05 90 88 64 80.

UCPA aux Saintes
Baie de Marigot, Les Saintes,
05 90 99 54 94.

Club N. Simon
Plage des Pies,
97118 Saint-François,
05 90 88 72 04.

Les Amis de la voile à Pointe-à-Pitre
05 90 90 83 98.

Comité guadeloupéen de surf
05 90 88 07 93.

AGSN Ski nautique
La Sablière,
97122 Baie-Mahault,
05 90 26 17 47.

Omacs du Moule
L'autre-Bord,
97160 Le Moule,
05 90 23 02 72.

Molem-Gliss
97160 Le Moule,
05 90 23 02 72.

Caraïbe France Moto
52, Montauban,
97190 Le Gosier,
05 90 84 41 81.

Orizon
Plage de Canella Beach,
pointe de la Verdure,
97190 Le Gosier,
05 90 90 44 84.

Aventure des Îles
Villa Sinapin, Dubedou,
97118 Saint-François,
05 90 85 02 77.

SPORTS D'AVENTURE

Parfum d'Aventure
13, galerie du Port,
97118 Saint-François,
05 90 88 47 62.

Guadeloupe Découverte
Rue Thomas-Edison,
97122 Baie-Mahault,
05 90 25 20 87.

RANDONNÉE

Parc national de la Guadeloupe
Montéran,
97120 Saint-Claude,
05 90 80 24 25.

Bureau des guides en moyenne montagne
Office du tourisme de Basse-Terre,
05 90 81 24 83.

ÉQUITATION ET BALADES

Domaine Lalanne
97117 Port-Louis,
05 90 22 84 19.

La Manade
Saint-Phy,
97120 Saint-Claude,
05 90 81 52 21.

Auberge Le Relax
Bonne-Terre,
97111 Morne-à-l'Eau,
05 90 24 87 61.

PÊCHE AU GROS

C. et L. Guégan
Pigeon,
97125 Bouillante,
05 90 98 82 80.

Caraïbe Pêche
05 90 90 97 51.

Fishing Club Antilles
97125 Bouillante,
05 90 98 70 10.

SPORTS AÉRIENS

Alpha Aviation
Aérodrome de Saint-François,
97118 Saint-François,
05 90 88 70 10.

Les Ailes Guadeloupéennes
Aéroport du Raizet Sud,
97139 Les Abymes,
05 90 83 24 44.

Orizon
Plage de Canella Beach,
pointe de la Verdure,
97190 Le Gosier,
05 90 90 44 84.

Parapente, Benoît Janssen
Propriété Emeran,
97190 Le Gosier,
05 90 83 47 65.

GOLF

Saint-François
Av. de l'Europe,
97118 Saint-François,
05 90 88 41 87.

Saint-Martin
Partie hollandaise,
05 95 55 28 01.

THERMALISME

Station thermale René Toribio
Ravine Chaude,
97129 Le Lamentin,
05 90 25 75 92.

Station Harry Hamousin-Clinique Les Eaux Vives
Matouba Papaye,
97120 Saint-Claude,
05 90 80 53 53.

RENSEIGNEMENTS PRATIQUES

La Guadeloupe mode d'emploi

Toute l'année, la Guadeloupe jouit d'un climat tropical tempéré par la douceur des alizés, d'une température oscillant entre 22 et 30 °C et d'une mer turquoise toujours à 25 °C. Mais c'est le carême, de décembre à mai, qui est la principale période d'affluence. Les touristes sont encore nombreux à choisir la Grande-Terre, mieux pourvue en plages et en infrastructures touristiques. La Basse-Terre connaît cependant depuis quelques années un important développement du tourisme vert. Il est vrai que la multiplication des gîtes, les excursions à la Soufrière, les innombrables traces et les chutes d'eau ont de quoi séduire le touriste désireux d'explorer la forêt tropicale et la beauté des paysages montagneux.

Logo de l'ODTG

L'office du tourisme, sur la Darse à Pointe-à-Pitre

QUAND PARTIR

Le temps est le plus beau pendant le carême, de décembre à mai, mais les prix sont plus élevés. Ceux qui peuvent éviter les vacances scolaires bénéficieront de tarifs plus intéressants pour le transport aérien et l'hébergement. Février-mars est la période du carnaval, qui attire beaucoup de monde. Toute l'année se prête à la découverte de la Guadeloupe, mais hors saison, pendant l'hivernage, la saison humide, de juin à décembre, les arbres se couvrent de fleurs colorées. Le long des routes, vous verrez les corolles rouges des flamboyants, les délicates fleurs blanches et roses des poiriers, les boutons jaunes des campêches. Mais pendant les mois de septembre et d'octobre, les pluies sont fortes et fréquentes, et cyclones ou tempêtes tropicales peuvent se manifester.

Brochures touristiques

LES INFORMATIONS TOURISTIQUES

La plupart des communes de la Guadeloupe possèdent un office du tourisme ou un syndicat d'initiative. Dans les petites communes, les horaires d'ouverture des points d'informations sont parfois fantaisistes. Avant de partir pour la Guadeloupe, prenez contact avec **l'Office du tourisme de la Guadeloupe** à Paris ou à Pointe-à-Pitre, qui vous fournira cartes et brochures et peut vous renseigner sur les activités de l'île. Ces organismes sont en mesure de vous aider à trouver un hébergement ou même de vous réserver une location de voiture.

L'HEURE GUADELOUPÉENNE

Le décalage horaire entre la Guadeloupe et la France métropolitaine est de cinq heures en hiver et de six heures en été : quand il est midi à Paris, il est 7 h en hiver et 6 h en été en Guadeloupe. On notera qu'à cause de la position géographique de l'île, le soleil se lève toujours tôt (5 h 30) et se couche tôt (vers 18 h 30). Il n'y a pas de crépuscule et la nuit tombe très rapidement. Influencé par le cycle solaire, en Guadeloupe, on se couche tôt et on se lève de très bonne heure.

Vente de poissons sur la Darse

LES HORAIRES D'OUVERTURE

En général, la plupart des commerces sont ouverts de 9 h à 13 h et de 15 h à 18 h du lundi au vendredi et sont fermés le samedi après-midi et le dimanche toute la journée. Si vous vous rendez à Pointe-à-Pitre le samedi après-midi, vous trouverez tous les rideaux de fer baissés. Les banques ouvrent de 8 h à 12 h et de 14 h à 16 h ; et les bureaux, de 7 h 30 à 13 h tous les jours et de 14 h 30 à 18 h 30 les lundis, mardis et jeudis après-midi.

LES USAGES

Vous serez le plus souvent bien accueilli mais il vous faudra parfois vous armer de patience dans certains lieux publics. Aussi, vous qui êtes en vacances, sachez rester aimable et détendu… Le service est rarement rapide dans les restaurants. Les Guadeloupéens sont très attentifs à l'habillement

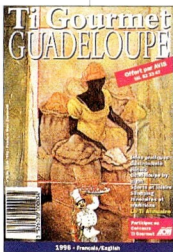

Ti Gourmet Guadeloupe

et notent immédiatement les tenues indécentes. Aussi par respect, il vaut mieux éviter de se promener pieds nus ou en maillot de bain dans les rues. Pour sortir le soir, prévoyez des tenues habillées.

LA LANGUE

La langue officielle est le français mais l'ensemble de la population s'exprime aussi en créole, langue qui prit naissance à l'époque de l'esclavage. Elle tire ses origines du français, de dialectes africains, de quelques mots caraïbes, de l'espagnol et du portugais *(Lexique, p. 284)*. Le créole est reconnu comme une langue à part entière. Il existe une maîtrise de créole à l'université des Antilles-Guyane. Pour se documenter, on peut consulter le *Dictionnaire créole-français* (Éditions Hatier) ou s'initier grâce à la méthode Assimil *Le Créole sans peine*, d'Hector Poullet.

La Basse-Terre possède son office du tourisme

Santé et sécurité

Spirale insecticide

L a Guadeloupe possède une infrastructure médicale et hospitalière performante. Le nouveau centre hospitalier de Pointe-à-Pitre est classé quatrième de France. Il existe 5 hôpitaux et 23 cliniques en Guadeloupe. Les voyageurs qui passent brutalement d'un climat tempéré au climat tropical se sentent souvent fatigués. Aussi, adoptez un rythme calme les premiers jours pour vous acclimater. Si vous tombez malade durant votre séjour, souvenez-vous que les pharmaciens sont toujours prêts à vous donner des conseils. En cas d'urgence, vous pouvez appeler les hôpitaux de l'île. Les cas d'agression ou de vol sont le plus fréquemment dus au crack, qui a fait son apparition il y a quelques années en Guadeloupe. Il vaut mieux éviter certains quartiers de Pointe-à-Pitre le soir. La plupart des hôtels possèdent des coffres où ranger vos bijoux, appareils photo, caméscopes ou documents de valeur.

L'ASSISTANCE

E n cas d'acciden, d'agression ou de problème de sécurité, pensez immédiatement à regarder autour de vous pour faire appel à d'éventuels témoins, notamment s'il s'agit d'un accident de voiture, puis téléphonez au 17 (police). En cas de vol, faites une déclaration au commissariat de police ou à la gendarmerie. Toute déclaration de perte ou de vol de papiers s'effectue à la mairie, qui remet un récépissé. Pour obtenir une nouvelle pièce d'identité, il faut fournir ce récépissé en plus des documents exigés pour une première demande. Si c'est votre carte bancaire qui disparaît, prévenez aussitôt votre centre de gestion *(p. 258)*. En cas de perte ou de vol d'un chéquier, il faut s'adresser à sa propre agence bancaire pour faire opposition. La démarche sera facilitée si vous avez pris la précaution de noter son numéro de téléphone.

EN CAS D'ACCIDENT

E n cas d'urgence, appelez le SAMU (service d'aide médicale d'urgence) par le 15, ou les sapeurs-pompiers par le 18. Ils sont tout à fait capables de dispenser des soins d'urgence et d'acheminer les blessés vers un établissement spécialisé. Pensez à baliser autant que possible les abords d'un accident, avec un triangle réglementaire ou, à défaut, des branchages. Indiquez immédiatement par téléphone le lieu exact de l'accident et le nombre de blessés. Sauf danger immédiat (incendie surtout), ne sortez pas un blessé d'un véhicule avant l'arrivée des secours. Évitez de déplacer un accidenté si vous n'avez pas de notions de secourisme ; il est préférable d'arrêter ou de détourner la circulation.

LA SANTÉ

S 'il ne faut pas hésiter à consulter les services d'urgences des hôpitaux en cas de problèmes de santé graves, pour un simple bobo le pharmacien saura vous conseiller et vous donner les adresses des médecins des environs. Sinon, vous trouverez dans les pages jaunes de l'annuaire (à la rubrique «Médecins») la garde départementale des médecins généralistes. Celle des ambulanciers se joint directement ou par le 15 (SAMU). Pendant leurs heures et jours de fermeture, les pharmacies affichent sur un panneau fixé à la porte le nom de l'officine de garde la plus proche. Les vacanciers s'exposent par grande chaleur à deux affections qui peuvent demander des soins urgents : l'insolation et les phénomènes de déshydratation chez l'enfant. Aussi, évitez les expositions prolongées au soleil, ne manquez jamais d'eau et surveillez les nourrissons. Les Antilles sont très touchées par le virus du sida. Il est donc sage d'être prudent à cet égard.

EN PLEIN AIR

A ttention aux mancenilliers, qui poussent le long de certaines plages. La sève de cet arbre produit un poison corrosif qui brûle gravement la peau. Aussi, ne vous abritez jamais sous son feuillage quand il pleut et évitez tout contact. On reconnaît les mancenilliers à leur tronc généralement marqué d'un trait rouge et à leurs fruits qui ressemblent à de petites pommes. Pour éviter les coups de soleil (fréquents aux Antilles), il vaut mieux emporter une crème solaire. Attention, une trop longue exposition peut causer une insolation (fièvre, étourdissement, vomissement…).

POLICE MUNICIPALE

Véhicule de la police municipale

Les premiers jours, soyez prudent, protégez-vous avec un écran total et évitez les expositions prolongées. La peau doit s'habituer au soleil. Le port d'un chapeau et de verres fumés est également recommandé.

Souvenez-vous que l'ensoleillement est le plus fort entre 10 h et 14 h et que même par temps couvert les rayons du soleil traversent la couche nuageuse. Pour limiter les piqûres de moustiques, il vaut mieux se couvrir, et s'enduire de lotion le soir. De temps en temps surviennent des épidémies de dengue, maladie transmise par les moustiques. Cette infection virale se manifeste par des symptômes voisins de ceux de la grippe mais plus intenses.

À la plage, il vaut mieux s'allonger sur une serviette ou une natte pour éviter le contact direct avec le sable car il arrive que des chiens laissent des parasites qui peuvent pénétrer sous la peau. Ces petits vers laissent des sillons bien visibles et provoquant de fortes démangeaisons. Ce sont surtout les plages de la Basse-Terre qui connaissent ce problème.

Il est déconseillé de se baigner dans les rivières en aval des zones habitées à cause des risques de bilharziose. Cette affection parasitaire est transmise par de minuscules vers d'eau douce qui s'infiltrent dans l'organisme pour s'attaquer au foie et au système veineux. Contrairement à la Martinique, il n'y a pas de serpents venimeux en Guadeloupe. Les randonneurs peuvent se promener tranquillement. Seules les morsures des scolopendres, sorte de mille-pattes, peuvent entraîner douleurs et fièvres désagréables.

C'est le seul insecte ou animal dont il faut réellement se méfier. Si vous pêchez, évitez de manger vos prises avant de les avoir montrées car certains poissons peuvent contenir des toxines provoquant la ciguatera, une intoxication alimentaire assez sérieuse.

Gendarme

Pompier

Policier

CARNET D'ADRESSES

TÉLÉPHONES D'URGENCE

SAMU
📞 15 ou 05 90 91 39 39
05 90 89 11 00.

Centre hospitalier de Pointe-à-Pitre- Les Abymes
📞 05 90 89 10 10.

Centre hospitalier de Basse-Terre- Saint-Claude
📞 05 90 80 54 54.

Sapeurs-pompiers
📞 18

Pointe-à-Pitre
📞 05 90 82 00 28.

Basse-Terre
📞 05 90 99 23 40.

Police secours
📞 17

Pointe-à-Pitre
📞 05 90 89 77 17.

Basse-Terre
📞 05 90 81 11 55.

Secours en mer
📞 05 90 82 91 08.

Météorologie nationale
📞 05 90 22 22/05 90 90 33 33.
Minitel *3615 METEO*

Qualité des eaux de baignade
Minitel *3615 INFOPLAGE*

La sève des mancenilliers est toxique

Banques et monnaies

L es principales banques sont bien représentées en Guadeloupe et possèdent une agence dans les grandes agglomérations. Mais dans les communes comme à Pointe-à-Pitre, c'est le Crédit agricole qui est le mieux implanté, même s'il a perdu son ancien monopole. Dans les plus petites communes, le guichet de la poste constitue parfois le dernier recours. Les distributeurs de billets sont de plus en plus nombreux, et, comme en France métropolitaine, l'usage de la carte bancaire se substitue toujours davantage à celui des chèques ou des espèces. Attention, les chèques hors place sont refusés presque systématiquement.

Distributeur automatique

LE CHANGE

L' importation de devises étrangères en France n'est soumise à aucune restriction, et on trouve des bureaux de change à l'aéroport Pôle Caraïbes, à Pointe-à-Pitre. Soyez vigilant car les taux offerts et les commissions prélevées par ces bureaux de change, comme par les banques, sont variables. N'hésitez pas à vous renseigner précisément avant d'effectuer toute transaction afin de bénéficier du taux le plus avantageux. Deux distributeurs de devises sont disponibles, l'un à la marina de Bas-du-Fort (Le Gosier) et l'autre au centre Saint-John-Perse à Pointe-à-Pitre *(11, rue de Nozières)*. Nous vous conseillons de vous munir de cartes de paiement telles que la Carte Bleue, la carte Visa, la Diner's Club et surtout la carte American Express (les États-Unis ne sont pas loin des Antilles). Les devises étrangères peuvent être échangées dans les banques (toutes les grandes banques de l'Hexagone sont représentées dans l'île), à l'aéroport et dans les principaux hôtels.

HORAIRES DES BANQUES

L a majorité des banques sont ouvertes du lundi au vendredi ou du mardi au samedi matin de 8 h à 12 h et de 14 h à 16 h.

DISTRIBUTEURS DE BILLETS ET CARTES BANCAIRES

P our retirer de l'argent sur votre compte en France métropolitaine, il suffit d'utiliser les distributeurs automatiques de billets installés dans les principales agglomérations de l'île. Ils sont nombreux et acceptent en général les cartes Visa et Mastercard. Pour les paiements, c'est la carte Visa qui est la plus répandue, mais les grands hôtels, les restaurants s'adressant à une clientèle étrangère et les loueurs de voitures acceptent les cartes American Express et Diner's Club. En cas de perte ou de vol, faites immédiatement opposition en appelant votre centre de gestion. L'usage des chèques de voyage est conseillé.

LA MONNAIE À SAINT-MARTIN

À Saint-Martin, les monnaies officielles sont respectivement pour les parties française et hollandaise le franc français et le guilder. Mais, dans les nombreuses boutiques, les paiements peuvent bien sûr s'effectuer en dollars américains dans cette île, où, tout comme à Saint-Barthélemy, la plupart des touristes sont américains.

MONNAIE

U ne nouvelle génération de billets de banque a été inaugurée en 1993 avec le Saint-Exupéry de 50 F, suivi en 1995 par le Pierre et Marie Curie (500 F) et par le Gustave Eiffel (200 F). La Banque de France a démontré son savoir-faire en rendant ces billets infalsifiables. Les nouveaux billets de 100 F constituent les dernières émissions de la Banque de France avant l'adoption d'une monnaie européenne unique.

Billet de 50 F

Billet de 200 F

Billet de 100 F

Les pièces de monnaie
Les types gravés sur les pièces de 5, 10, 20 et 50 centimes et de 1 à 5 F ont été dessinés par des artistes célèbres des XIXᵉ et XXᵉ siècles. Le génie de la Bastille et le Mont-Saint-Michel décorent le revers des pièces de 10 et 20 F.

Billet de 500 F

20 F

10 F

5 F

2 F

1 F

50 centimes

20 centimes

10 centimes

5 centimes

La Poste et les communications

Télécarte

Les principales communes de la Guadeloupe et les bureaux de poste possèdent des téléphones publics. La plupart des cabines acceptent maintenant les cartes téléphoniques, ce qui est très pratique et simple pour les touristes qui appellent à l'étranger.

Boîte à lettres

LE TÉLÉPHONE

Il existe encore des téléphones publics fonctionnant avec des pièces mais ils disparaissent peu à peu au profit des publiphones à carte. Ceux-ci acceptent non seulement les télécartes vendues dans les bureaux de tabac et les postes, mais aussi la carte France Télécom qui permet aux abonnés en déplacement de régler leurs communications en même temps que la facture de leur propre ligne.
On peut appeler gratuitement les services d'urgences (SAMU, police et pompiers) à partir de tous les téléphones publics. Les cabines possèdent un numéro, affiché à l'intérieur, qui permet de se faire rappeler (le PCV n'existe plus en France).

Depuis l'automne 1996, tous les numéros ont dix chiffres. Et les numéros de téléphone de la Guadeloupe commencent tous par 05 90. Pour téléphoner de métropole vers la Guadeloupe, il faut composer le 05 90 suivi du numéro à six chiffres. De la Guadeloupe vers la France métropolitaine, il faut composer directement le numéro à 10 chiffres. De la Guadeloupe vers un autre pays que la France, il faut faire le 00 puis l'indicatif du pays suivi du numéro d'appel. Pour téléphoner à l'intérieur de l'archipel, on peut composer soit le numéro complet à dix chiffres, soit seulement les six derniers chiffres. Le tarif des communications pour la France métropolitaine baisse entre 19 h et 8 h en semaine ainsi que le week-end.

LE MINITEL

Certains hôtels et bureaux de poste mettent à disposition des Minitels permettant de consulter l'annuaire électronique et de se connecter sur des centres serveurs. Une possibilité bien pratique pour effectuer des réservations, notamment de train ou d'avion.

LA POSTE

La Poste assure un service fiable (hors période de grève) : les trois quarts des lettres affranchies au tarif normal (3 F jusqu'à 20 g) arrivent trois jours après à un destinataire situé sur le territoire métropolitain. Nettement plus coûteux, Distingo, Colissimo et Chronopost garantissent des délais d'acheminement.

Les timbres courants

De plus en plus de bureaux de poste possèdent des distributeurs automatiques de timbres et des machines à affranchir. N'oubliez pas si vous les utilisez pour une lettre de plus de 20 g qu'elle doit porter la mention « Lettre » et « Par avion ».
Le courrier en poste restante doit porter le nom du destinataire, la mention « Poste restante », le nom du bureau de poste, celui de la ville et le code postal. De nombreux bureaux de poste offrent en outre la possibilité d'expédier et de recevoir des télécopies. Pour les retirer, comme pour retirer du courrier en poste restante, il faut présenter une pièce d'identité. Celle-ci est également nécessaire pour demander la réexpédition de son courrier, une démarche qui coûte 110 F et exige environ 4 jours avant de devenir effective.

POUR UTILISER UN PUBLIPHONE À CARTE

1 Décrochez le combiné, attendez la tonalité.

2 Insérez la télécarte, recto vers le haut.

3 Sur l'écran apparaît le nombre d'unités restantes.

4 Composez le numéro de votre correspondant, parlez.

5 Si vous voulez faire un autre appel après le premier, appuyez sur le bouton vert sans ôter la carte.

6 Après avoir raccroché, reprenez votre carte.

Les comptes chèques postaux permettent de retirer de l'argent liquide aux guichets de La Poste.

LE CODE POSTAL

Depuis 1972 chaque localité dispose d'un code postal à 5 chiffres. Dans les départements d'outre-mer, les trois premiers chiffres correspondent au numéro minéralogique du département, les deux autres au bureau distributeur (le 00 correspond au chef-lieu du département). À la Guadeloupe, le numéro minéralogique est le 971.

La presse locale

LA PRESSE

Tous les grands quotidiens nationaux arrivent le lendemain chez les marchands de journaux en Guadeloupe. *France-Antilles,* l'unique quotidien local, couvre l'ensemble des îles françaises. Il existe également un seul hebdomadaire d'informations générales, *Sept Mag,* qui paraît le jeudi. Les îles du Nord ont leurs propres parutions quotidiennes, hebdomadaires ou mensuelles : le *Saint-Martin Weeks, Discover Saint-Martin,* le *Saint-Barthélemy Magazine.* Pour être informé des spectacles, *France-Antilles, Sept Mag,* les radios locales, constituent de bonnes sources de renseignements.

LA TÉLÉVISION ET LA RADIO

RFO TV, qui émet sur deux canaux, propose les programmes de France 2, France 3, La Cinquième et Arte ainsi que des programmes locaux. La Guadeloupe reçoit également Canal+ et Le Câble récemment installé. Archipel 4, Canal 10 et Télé-Éclair sont les trois chaînes locales. La radio est le média le plus populaire en Guadeloupe. Outre RFO, c'est surtout Radio Caraïbes internationale qui est largement écoutée. Cette dernière a pris son essor lors de la nuit du cyclone Hugo : toute la nuit, elle a informé la population. De nombreuses radios FM (NRJ, Radio Actif, Radio Saint-Martin et Radio Saint-Barth) offrent un aperçu intéressant de l'actualité locale et reflètent l'ambiance musicale du pays (zouk, etc.).

ÉLECTRICITÉ

Si les prises électriques obéissent en Guadeloupe, comme en France métropolitaine, aux normes européennes (courant alternatif 220 volts), elles peuvent parfois poser problème aux visiteurs anglo-saxons. C'est pourquoi certains hôtels ont prévu des fiches comportant des adaptateurs incorporés, utiles notamment pour les rasoirs électriques. Il arrive que l'île connaisse des pannes d'électricité mais elles sont généralement de courte durée. À Saint-Martin, les prises sont de type américain (110 volts) dans la partie hollandaise.

SERVICES RELIGIEUX

La Guadeloupe est de tradition catholique. Mais adventistes du septième jour, méthodistes, évangélistes baptistes et surtout Témoins de Jéhova font de nombreux adeptes. Certains Indiens pratiquent encore le culte hindou dans les temples (celui de Changy bien sûr, mais aussi dans les nombreuses petites chapelles de campagne). Et il existe aussi une synagogue à Bas-du-Fort.

ALLER EN GUADELOUPE
ET Y CIRCULER

P our se rendre à la Guadeloupe, la solution la plus simple est l'avion. L'île ne compte qu'un seul aéroport international, situé au nord de Pointe-à-Pitre. Celui-ci est desservi quotidiennement par des vols en provenance de France métropolitaine. Les liaisons entre les différentes îles de la Caraïbe sont elles

**Boeing 747
d'Air France**

aussi fréquentes par voie aérienne ou maritime. À la Guadeloupe, tous les déplacements se font par la route, car il n'existe pas de réseau ferré. Si les transports en commun sont développés et permettent de se rendre partout dans l'île, la voiture reste le moyen de transport le plus pratique et le plus fiable.

ARRIVER EN AVION

L a compagnie française **AOM** relie Pointe-à-Pitre au départ de Paris (1 à 2 vols quotidiens) et de Lyon (1 vol hebdomadaire le jeu.). Cette compagnie relie aussi Saint-Martin (2 à 3 vols par semaine). **Air France** propose 1 à 2 vols quotidiens pour Pointe-à-Pitre, au départ de Roissy-Charles-de-Gaulle 2, et 4 à 5 vols par semaine pour Saint-Martin. **Air Liberté** assure 1 vol quotidien au départ d'Orly-Sud. La compagnie charter **Corsair** de **Nouvelles Frontières** assure plusieurs vols quotidiens pour Pointe-à-Pitre au départ de Paris et des principales villes de province (Lyon, Marseille, Toulouse, Nantes, Lille et Brest) et 2 à 3 vols par semaine pour Saint-Martin. Pendant les vacances scolaires françaises, des vols supplémentaires sont programmés. La durée du vol est de 8 h 30. Les compagnies régulières proposent souvent des tarifs promotionnels sous

L'aéroport Pôle Caraïbes

différentes appellations. Il s'agit des tarifs Tempo 1, 2, 3 et 4 pour Air France. Il y a également des tarifs « excursion » et « vacances » pour lesquels sont appliquées des réductions pour les jeunes (- 10 %), les enfants (- 33 %) et les bébés (- 90 %). Les vols charters ne sont pas forcément meilleur marché que les vols réguliers. Les vacances scolaires sont toujours considérées comme la haute saison touristique. Pendant la haute saison, tous les prix sont à la hausse. Depuis la Suisse et la Belgique, il n'est pas possible de relier directement les Antilles. Il faut nécessairement passer par la France. Pour les touristes américains et canadiens, des vols des compagnies **American Eagle** (filiale d'**American Airlines**) et **Air Canada** atterrissent à Pointe-à-Pitre. Toutes les liaisons avec les villes américaines (Chicago, Dallas, Boston, Philadelphie, Washington, Hartford, Baltimore, New York, Miami, Orlando et Tampa) comportent une escale à Porto Rico. American Eagle assure la connexion entre Porto Rico et Pointe-à-Pitre. **Air Canada** relie directement Montréal à Pointe-à-Pitre.

LIAISONS INTER-ÎLES

D es connexions sont également assurées avec la Martinique et les autres îles des Caraïbes. **Air Guadeloupe**, la plus grosse compagnie

assurant le transport inter-îles, propose des pass aériens de 7 ou 14 jours pour toute la Caraïbe (17 destinations) : de Pointe-à-Pitre, 9 vols quotidiens pour Saint-Martin (3 pour l'aéroport hollandais de Guliana, 6 pour Grand Case), 4 pour Saint-Barthélemy, 8 pour Fort-de-France. **Air France** assure une liaison hebdomadaire entre Pointe-à-Pitre et Fort-de-France. **Air Caraïbes** relie Pointe-à-Pitre à Saint-Martin (2 vols réguliers

Attention avions !

quotidiens, l'un direct en 45 mn, l'autre avec escale à Saint-Barth (en 1 h) et Pointe-à-Pitre à Saint-Barth (2 vols quotidiens d'une durée de 45 mn). Pour les autres îles, des charters peuvent être affrétés sur demande.

L'AÉROPORT PÔLE CARAÏBES

S eul aéroport international de la Guadeloupe, Pôle Caraïbes se trouve à 3 km au nord de Pointe-à-Pitre. Récemment modernisé et agrandi (1996), il se classe au 8e rang français pour le trafic passagers et au 1er rang des Dom-Tom. On y trouve deux bars et un restaurant, une quarantaine de banques d'enregistrement, des agences de voyages, des agences de location de voitures, une maison de la presse, un bureau de poste, une pharmacie, une station-service, des boutiques. Des bus rouge et blanc assurent la liaison jusqu'au centre de Pointe-à-Pitre (arrivée rue de Provence) toutes les demi-

Atterrissage à l'aéroport de Saint-Barthélemy (Saint-Jean)

heures du lun. au ven. de 6 h 25 à 19 h 15. Les bus se prennent à la sortie n°5 de l'aéroport Pôle Caraïbes. Les taxis vous emmèneront au centre-ville pour une somme très élevée (environ 80 F pour une course de 3 km).

LES AGENCES DE VOYAGES

L es Antilles françaises sont plutôt proposées en hiver, mais elles sont en fait programmées toute l'année, surtout pendant les vacances scolaires. La plupart des voyagistes programment les Antilles en individuel. Les circuits organisés n'existent pratiquement pas. Il est facile de s'y rendre sans passer par une agence mais les voyagistes vous proposeront des forfaits à des tarifs plus intéressants. Les prix varient selon la catégorie de l'hôtel choisi.

PAPIERS

P our les citoyens français et les voyageurs de l'Union européenne (UE), une carte d'identité ou un passeport suffit pour entrer à la Guadeloupe. Les mineurs les accompagnant doivent être munis d'une autorisation parentale de sortie du territoire. Américains et Canadiens n'ont pas besoin de visa pour un séjour de moins de trois mois ; seule une pièce d'identité est requise. Pour les autres îles des Caraïbes, le passeport est demandé.

EXONÉRATION DE LA TVA

L es visiteurs n'appartenant pas à l'UE peuvent demander le remboursement de la TVA pour tout achat supérieur à 2 000 F destiné à l'exportation dans un délai de six mois. Le magasin doit

fournir un formulaire de détaxe. Certains biens n'y donnent pas droit (produits alimentaires, médicaments, automobiles et motos).

RÉGLEMENTATION DOUANIÈRE

L es ressortissants de l'UE et des pays tiers peuvent importer sans frais de douane 2 l de vin et 1 l de spiritueux titrant plus de 22° ou 2 l titrant moins de 22°, 50 g de parfum, 500 g de café, 100 g de thé et 200 cigarettes. Si l'on emporte une caméra ou un appareil photo de marque étrangère, se munir des factures. Les mineurs de moins de 17 ans ne peuvent importer ni exporter alcool ou tabac en franchise douanière, même pour les offrir. Consultez la brochure « La douane française vous souhaite bon voyage ».

CARNET D'ADRESSES

COMPAGNIES AÉRIENNES

Air France
Paris
☎ 0 802 802 802.

Aéroport Pôle Caraïbes
☎ 05 90 82 61 61.

AOM
Paris
☎ 0 803 00 12 34.
Aéroport Pôle Caraïbes
☎ 05 90 21 14 84.

Air Liberté
Paris
☎ 0 803 805 805.

Aéroport Pôle Caraïbes
☎ 05 90 21 14 68.

Corsair-Nouvelles Frontières
Paris
☎ 0 803 333 333.

Aéroport Pôle Caraïbes
☎ 05 90 21 14 41.

American Airlines
États-Unis
☎ 800 433 7300.

Aéroport Pôle Caraïbes
☎ 05 90 21 13 66.

Air Canada
Montréal
☎ 800 361 86 20.

Aéroport Pôle Caraïbes
☎ 05 90 21 12 77.

Air Guadeloupe
131, av. du Général-de-Gaulle,
92200 Neuilly-sur-Seine.
☎ 01 47 47 51 20.

Aéroport du Raizet
☎ 05 90 82 47 00.

Air Caraïbes
Aéroport Pôle Caraïbes
☎ 05 90 21 13 34.

RENSEIGNEMENTS

Aéroport
Pôle Caraïbes
☎ 05 90 21 14 00.

RENSEIGNEMENTS DOUANIERS

Centre de renseignements réglementaires
23 bis, rue de l'Université,
75007 Paris.
☎ 01 55 04 65 10
FAX 01 55 04 65 30.

Direction régionale des douanes
6, quai Foulon,
97110 Pointe-à-Pitre.
☎ 05 90 89 00 31.

La route

CHUTE DE PALMES
↑1000 m↑
Attention palmier !

Le réseau routier de la Guadeloupe, long de 1 975 km, est l'un des meilleurs de la Caraïbe. Grâce à un système de transports bien développé, le visiteur peut se rendre très facilement dans toutes les parties de l'île. Attention, la Guadeloupe est l'un des départements français à détenir le record d'accidents de la route. La plupart des conducteurs ne mettent pas leur ceinture et ne respectent pas les limitations de vitesse. Il vaut mieux redoubler d'attention la nuit, car bicyclettes et mobylettes circulent souvent sans éclairage. Évitez de vous rendre en pleine journée à Pointe-à-Pitre, les parkings sont rares, la circulation dense et les places très convoitées. La voiture est l'un des meilleurs moyens pour découvrir la Guadeloupe ; vous pouvez facilement en louer une sur place. Le scooter est aussi un moyen de locomotion agréable pour explorer l'île, mais attention aux automobilistes imprudents.

Arrêt d'autobus à Pointe-à-Pitre

CIRCULER EN VOITURE

Les routes nationales et départementales sont bien entretenues. Circuler aux abords de Pointe-à-Pitre peut s'avérer difficile entre 6 h 30 et 8 h 30 quand les Guadeloupéens se rendent à leur travail. À cette heure-là, la route qui relie Saint-François à Pointe-à-Pitre est particulièrement encombrée, tout comme le pont de la Gabarre, qui sépare la Grande-Terre de la Basse-Terre. La conduite sur les routes étroites et désertes qui serpentent dans la campagne est très agréable mais il arrive parfois que l'on se trouve bloqué derrière un tracteur ou un camion. Pour rejoindre certains coins isolés, il faut emprunter des chemins de terre où l'utilisation d'un véhicule tout-terrain s'avère préférable. Sur la plupart des routes, il n'y a pas d'éclairage la nuit.

LES LOCATIONS DE VOITURES

Profitant de la loi de défiscalisation, les officines fleurissent un peu partout dans les marinas et sur les sites touristiques. Les prix varient sensiblement selon les loueurs et la saison. Les principales sociétés de location de voitures sont regroupées au sein de l'Association de loueurs de voitures (ALVAR). Elles se trouvent soit à l'aéroport, soit autour ou dans certains hôtels. À l'aéroport, les plus grandes compagnies internationales sont représentées ainsi que

Rond-point aménagé

des sociétés locales. La plupart des loueurs possèdent également des agences dans les grands hôtels. Les tarifs de location comprennent généralement le kilométrage illimité et l'assurance tous risques. Cette dernière est recommandée car la circulation est parfois dangereuse sur l'île. Pour louer un véhicule, il faut être titulaire du permis de conduire depuis deux ans au moins et être âgé de 21 ans ou plus.

LA SÉCURITÉ

En ville comme sur route, la ceinture de sécurité est obligatoire non seulement à l'avant, mais aussi à l'arrière, où doivent impérativement prendre place les enfants de moins de 10 ans. La prudence conseille de ne pas conduire plus de deux heures sans se reposer et de ne pas consommer d'alcool avant de prendre le volant.

LES PANNES

Beaucoup d'assurances automobiles actuelles incluent un service « Assistance » avec une permanence joignable 24 h sur 24 par un numéro vert. Il donne droit, sous certaines conditions, au remboursement de frais comme ceux de remorquage ou de rapatriement. En cas de doute, renseignez-vous avant votre départ auprès de votre compagnie.

LES VITESSES AUTORISÉES

Quatre-voies : 90 km/h. Aucune voie n'autorise de vitesse supérieure. Agglomérations : 50 km/h. Des panneaux signalent si la limitation de vitesse est inférieure.

LES CARTES

Vous trouverez à la fin de ce guide une carte des principaux axes routiers de la Guadeloupe. Pour circuler sans risque sur les routes, la carte au 1/100 000 de l'Institut géographique national (IGN) est recommandée. L'IGN édite par ailleurs des cartes au 1/25 000 qui se prêtent bien à la randonnée. On peut trouver ces cartes dans les stations-services, chez les marchands de journaux ou dans les librairies spécialisées. La plupart des loueurs de voitures mettent une carte à disposition dans les véhicules.

LE STATIONNEMENT

Malgré l'installation à Pointe-à-Pitre d'horodateurs limitant les arrêts de longue durée, trouver une place où se garer s'avère difficile. Des parcs de stationnement en plein air ont été aménagés. Ailleurs dans l'île, le problème ne se pose pas.

LE CARBURANT

Les tarifs pratiqués par les différentes stations-services varient assez peu. L'essence est moins chère qu'en métropole (environ - 12 %). Comme dans l'Hexagone, l'essence ordinaire a disparu des pompes, qui ne distribuent plus que gazole, super et super sans plomb. Ce

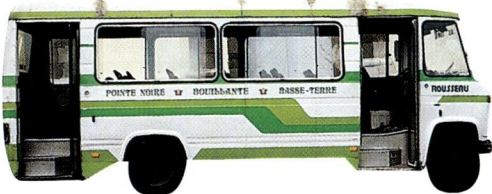
Des autocars desservent toutes les agglomérations de l'île

dernier n'est souvent disponible qu'à 98 degrés d'octane. La plupart des stations-services, ouvertes 24 h/24, se situent aux alentours de Pointe-à-Pitre et de l'aéroport. En Basse-Terre, les stations-services sont plus rares. Alors, attention à ne pas se retrouver en panne sèche la nuit en zone rurale.

LES DEUX-ROUES

Le scooter reste un moyen agréable et économique pour sillonner les routes, surtout apprécié aux Saintes ou à la Désirade. Le port du casque est obligatoire, même s'il est rarement respecté. Vous pouvez aussi louer des VTT.

LES TAXIS

Les taxis sont principalement stationnés à l'aéroport, à Pointe-à-Pitre ou devant les hôtels. Ils sont tous équipés d'un compteur. Pour les taxis non équipés de taximètre, le tarif est obligatoirement affiché à l'intérieur du véhicule. Les prix sont fixés par arrêté

préfectoral. On peut louer un taxi pour la demi-journée ou la journée en négociant avec le chauffeur un prix forfaitaire avant le départ. Les tarifs sont majorés de 40 % la nuit, le dimanche et les jours fériés.

L'AUTOCAR

L'autocar est un moyen agréable mais lent de découvrir la Guadeloupe : les cars s'arrêtent partout. Il suffit de faire signe au chauffeur sur le bord de la route et on paie son trajet à la descente. Plusieurs compagnies privées partent de Pointe-à-Pitre et de Basse-Terre desservant toutes les communes. À Pointe-à-Pitre, les liaisons se font à partir de plusieurs gares routières : celle de la Darse (rue Dubouchage), pour le sud de la Grande-Terre, celle du Morne Ferret (bd Légitimus) pour le nord et le centre de la Grande-Terre, celle de Bergevin pour la Basse-Terre. La ville de Pointe-à-Pitre possède un réseau de transports urbains (TUUP) reliant les faubourgs au centre.

CARNET D'ADRESSES

LOCATION DE VOITURES

Avis
Aéroport Pôle Caraïbes
05 90 21 13 54.
Basse-Terre
05 90 81 36 02.
Le Gosier
05 90 84 22 27.
Saint-François
05 90 85 00 11.

Budget
Aéroport Pôle Caraïbes
05 90 21 13 48.

Europcar
Aéroport Pôle Caraïbes
05 90 21 13 52.

Hertz
Aéroport Pôle Caraïbes
05 90 21 13 46.

ADA
Aéroport Pôle Caraïbes
05 90 21 13 64.

Euro Rent
Aéroport Pôle Caraïbes
05 90 21 13 44.

CARTES

Espace IGN
107, rue La-Boétie,
75008 Paris.
01 42 56 06 68.

TAXIS

Taxigua
05 90 83 90 00.
Taxi Express
05 90 90 20 86.
Taxi Basse-Terre
05 90 81 79 70.

AUTOCAR

TUUP
05 90 25 22 62.

LOCATION DE VOITURES

CFM Location
52, Montauban,
97170 Le Gosier
05 90 84 41 81.

Rent Some Fun-Gustavia
Saint-Barthélemy.
05 90 27 70 59 ou
05 90 27 54 83 (aéroport).

Christian Maisonneuve
Anse à Cointre,
Les Saintes.
05 90 99 53 13.

Loca 2000
La Désirade.
05 90 20 02 78.

Chez Christian
Grand-Bourg,
5, rue de la République
Marie-Galante.
05 90 97 77 97.

En bateau

Ticket de navette

Les inconditionnels de la mer pourront rejoindre la Guadeloupe à bord d'un cargo au départ de la métropole. Des ferries font la navette entre la Guadeloupe, la Désirade, Marie-Galante, les Saintes, la Dominique et la Martinique. La Caraïbe est la destination de croisière à bord de voiliers ou de paquebots, la plus prisée du monde.

TRAVERSÉE EN CARGO

Une façon originale de se rendre en Guadeloupe consiste à s'embarquer sur un bananier depuis la France. Au départ du Havre, de Bordeaux ou de Dunkerque, la traversée de l'Atlantique dure dix à douze jours. Il y a un départ par semaine, et une douzaine de passagers peuvent se joindre à l'équipage de la Compagnie générale maritime (CGM). Plus cher que l'avion, l'aller simple coûte au minimum 5 060 F, et il faut réserver à l'avance.

CROISIÈRES DANS LA CARAÏBE

De nombreuses agences de voyages proposent des croisières dans la Caraïbe au départ de la Guadeloupe avec des escales. Les choix sont multiples, allant du navire de petite taille accueillant 50 à 250 personnes jusqu'au paquebot géant pour 2 500 voyageurs. Les bateaux de croisière font escale au port de Pointe-à-Pitre, accostent à la nouvelle gare maritime, quai Ferdinand-de-Lesseps. Les itinéraires sont souvent splendides mais le temps passé dans chaque île reste assez limité. Ainsi, **Nouvelles Frontières** et **le Club Méditerranée** proposent des itinéraires vers les îles du Nord (vers Saint-Kitts, Saint-Barthélemy, Saint-Martin) et vers les îles du Sud (Martinique, Grenade, Grenadines). **Rivages Croisières** organise des circuits dans l'archipel guadeloupéen, et **Costa Croisières** une formule « sept jours-sept îles ». Les tarifs sont plus élevés en hiver mais les croisières les moins coûteuses

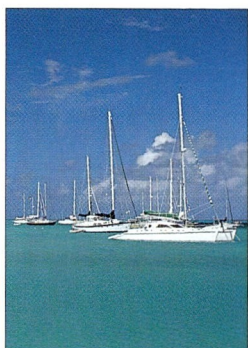

Marina du Marigot (Saint-Martin)

restent aussi abordables que les forfaits classiques avion-hôtel de voyages organisés.

LES LOCATIONS DE VOILIERS

Au départ des marinas de Pointe-à-Pitre, de Saint-François et de Rivière-Sens à Basse-Terre, de plus en plus de plaisanciers embarquent en toute saison. La saison la plus propice (température et vents réguliers) se situe cependant entre novembre et mai. Mieux vaut éviter les mois d'août et de septembre, pendant lesquels les coups de vents sont plus fréquents et les risques de cyclones existent. Les habitués de la mer pourront

Le port de Pointe-à-Pitre accueille de luxueux paquebots de croisière

louer des voiliers équipés auprès de sociétés de gestion de flotte. Il existe une multitude de compagnies proposant un éventail de forfaits allant de la simple journée à la semaine complète, avec ou sans skipper et hôtesse, des croisières en location à la cabine sur catamaran classe confort de 25 m ou à la couchette sur monocoque de 15 m classe sportive. Les réservations peuvent se faire avant le départ ou sur place, car les loueurs sont installés dans plusieurs îles (notamment à la Martinique, à la Guadeloupe et à Saint-Martin, où ils sont le plus nombreux). On citera parmi d'autres : **Atlantis, Star Voyage, Stardust, Voile Voyage, Tropical Yacht Services** et **VPM,** filiale de Nouvelles Frontières.

LES TRANSPORTS MARITIMES INTER-ÎLES

L es compagnies de ferries **L'Express des Îles** et **Brudey Frères** assurent des liaisons maritimes plusieurs fois par semaine entre Pointe-à-Pitre et Fort-de-France, en Martinique, et Roseau, à la Dominique. **L'Express des Îles** dessert

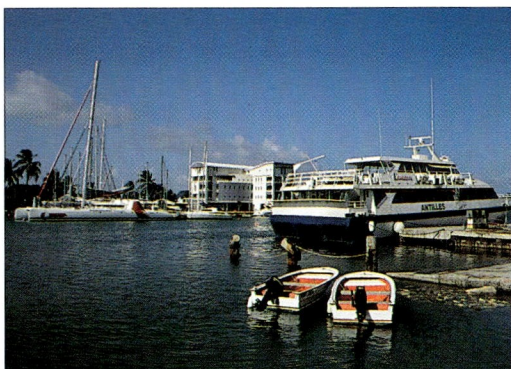
De Saint-François partent des navettes pour les Saintes et Marie-Galante

également Marie-Galante et les Saintes. Les navettes pour les îles se prennent au port de Pointe-à-Pitre pour la Dominique, la Martinique, Marie-Galante et les Saintes. Pour les Saintes, possibilité également d'embarquer à Trois-Rivières, à Basse-Terre et à Saint-François.
Une navette fait la liaison entre Terre-de-Haut et Terre-de-Bas aux Saintes. Pour la Désirade, la traversée se fait au départ de Saint-François. La traversée dure environ 3 h pour la Martinique (3 h 45 *via* Roseau) et 2 h pour la Dominique. Attention, les personnes n'ayant pas le pied marin auront tout intérêt à prendre un médicament pour prévenir le mal de mer : la traversée pour les Saintes, Marie-Galante ou la Désirade peut être fort désagréable. Le retour est toujours beaucoup plus facile. Les navettes qui arrivent des îles voisines (les Saintes, Marie-Galante) accostent à la Darse, au cœur de Pointe-à-Pitre. Celles qui viennent des îles plus lointaines (Dominique, Martinique) accostent quai Foulon. Des liaisons maritimes existent aussi entre Saint-Martin et Saint-Barthélemy par *le Gustavia Express,* à raison de deux départs par jour (matin et après-midi).

CARNET D'ADRESSES

TRAVERSÉE EN CARGO

Sotramat
12, rue Godot-de-Mauroy, 75009 Paris.
☎ 01 49 24 24 00.

LOCATION DE VOILIERS

Atlantis
Bas-du-Fort, Le Gosier.
☎ 05 90 90 74 43.

Catana Location
Paris
☎ 01 53 78 52 62.

Star Voyage
Paris
☎ 01 42 56 15 62.

Bas-du-Fort, Le Gosier.
☎ 05 90 90 86 26.
Marigot (Saint-Martin)
☎ 05 90 87 20 43.

Stardust
Paris
☎ 01 40 68 68 68.

Le Gosier
☎ 05 90 90 92 02.

Sunsail
Paris
☎ 01 47 79 01 10.

Tropical Yacht Services
Bas-du-Fort, Le Gosier.
☎ 05 90 90 84 52.

Voile Voyage
Paris
☎ 01 45 61 03 09.

VPM (succursale de Nouvelles Frontières)
Paris
☎ 01 47 83 73 84.

CROISIÈRES INTER-ÎLES

Club Méditerranée
Paris
☎ 01 55 26 26 26.

Croisières Costa-Paquet
Paris
☎ 01 47 42 83 19.

Look Voyages
Paris
☎ 01 53 43 13 13.

Nouvelles Frontières
Paris
☎ 0 803 333 333.

Rivages Croisières
Paris
☎ 01 40 13 73 93.

TRANSPORTS MARITIMES INTER-ÎLES

L'Express des Îles
Gare maritime de la Darse, 97100 Pointe-à-Pitre.
☎ 05 90 83 12 45.

Brudey Frères
Gare maritime de la Darse, 97100 Pointe-à-Pitre.
☎ 05 90 90 04 48.

Gustavia Express
☎ 05 90 87 99 03.

Index

Les numéros de page en gras renvoient aux principales entrées.

Remerciements

AUTEURS ET ÉDITEUR adressent leurs remerciements tout particuliers à Marie Abraham, Roseline et Jocelyn Cuirassier, Wilfrid Démonio, Jean-Michel Guibert, Nelly Schmidt, Sylvie Tersen, Émelyne Médina-Defays, Nadine, Anthony et Randy Reinette.

AUTEURS
Michel Reinette
Originaire de la Guadeloupe, Michel Reinette est journaliste à France 3 depuis plus de 25 ans. Il est l'auteur de plusieurs magazines consacrés aux Caraïbes. Sa collaboration à la rédaction du guide « Voir » s'inscrit dans une volonté de faire connaître le milieu antillais.

Laetitia Fernandez
Laetitia Fernandez est journaliste à France 3, pour l'émission *Saga-cité*. Ayant vécu 2 ans en Guadeloupe et travaillé pour RCI, elle a une très bonne connaissance du terrain.

Oruno Denis Lara
Docteur d'État ès lettres et sciences humaines, professeur d'histoire, directeur du Centre de recherches Caraïbes-Amériques (université de Paris-X), Oruno D. Lara est l'auteur de plusieurs ouvrages, parmi lesquels *Les Caraïbes* (PUF, collection « Que sais-je ? »), *Caraïbes en construction : espace, colonisation résistance* (Éditions du Cercam, 1992) et de *De l'oubli à la mémoire : espace et identité caraïbes* (Éditions Maisonneuve et Larose, 1998).

Michel Rupaire
Le frère du poète Sonny Rupaire est sculpteur, peintre, compositeur et interprète. Il anime une émission quotidienne sur RFO. Ce Caribéen convaincu connaît son île comme sa poche ; il est l'auteur du carnet d'adresses.

Gaëtan du Chatenet
Entomologiste, ornithologue, membre correspondant du Muséum national d'Histoire naturelle, dessinateur et peintre de vélins, Gaëtan du Chatenet est l'auteur de nombreux ouvrages parus chez Delachaux et Niestlé et chez Gallimard.

Yolande Bouchon-Navaro
Spécialiste des fonds marins des îlets Pigeon en particulier, Yolande Bouchon enseigne à l'université des Antilles et de la Guyane.

PRÉFACE
Guadeloupéenne née à Paris en 1956, **Gisèle Pineau** est romancière. Elle a publié *La Grande Drive des esprits* en 1993 (Le Serpent à plumes), *Un papillon dans la cité* en 1996 (Sépia), *L'Espérance-macadam* en 1995 (Stock), *L'Exil selon Julia* en 1996 (Stock) et *L'Âme prêtée aux oiseaux* en 1998 (Stock).

AUTRES COLLABORATEURS
Catherine Blanchet-Laussucq, Caroline Bourgine, Wilfrid Démonio (Parc national de la Guadeloupe), Jean-Christophe Komorowski (observatoire volcanologique de la Soufrière), Laurence Lesage, Michèle-Baj Strobel, Sylvie Tersen (musée Saint-John Perse).

REPORTAGE PHOTOGRAPHIQUE
Anne Chopin

ILLUSTRATIONS
Virginie Artaud, François Brosse, Gaëtan du Chatenet, Éric Geoffroy, Valérie Malpart, Emmanuel Thirard.

DOCUMENTATION
Jean-Michel Guibert (architecte des Bâtiments de France), Maurice Lantonnat (réviseur en chef des Bâtiments de France), Étienne Poncelet (architecte en chef des Monuments historiques), Roger Petrelluzzi, architecte, Miguel Glomet (sucrerie Gardel).

CARTOGRAPHIE
Alain Mirande, © Hachette.

ICONOGRAPHIE
Marie-Christine Petit.

LECTURE-CORRECTION
Yolande Le Douarin.

INDEX
Caroline Comte.

L'ÉDITEUR REMERCIE les organismes, les institutions et les particuliers dont la contribution a permis la préparation de cet ouvrage :

Thierry Alet, Jacques André-Roger, Claude Augris (Ifremer), Roger Arékian, Michel Bangou, Armand Baptiste, Dany Bebel-Gisler, Marlène Bourgeois, Klodi Cancelier, Lin Canfrin, M. Catinel (mairie de Capesterre-Belle-Eau), Pierre Chadru, Patrick Cheval, Michèle Chomereau-Lamotte, Guy Conquête, Guy Cornély, Félix Cotellon, Louis Dessout (port autonome de la Guadeloupe), Éric Dubois-Millot (Action nature, Saint-Martin), Josette Fallope (mairie de Basse-Terre), M. C. Fanhan (cercle Gerty-Archimède), Michel Feuillard, Socrate Fistan, Félix Flauzin, Guy-Claude Germain (office départemental du tourisme de la Guadeloupe), Renée Glaude, Miguel Glomet (sucrerie Gardel), Christophe Hénocq (musée de

Marigot, Saint-Martin), Dotha Hildevert, Amédée Huyghues Despointes, Mme Jabot, Jean-Marie Julien-Lurel, Georges de Kermadec, Jean-Christophe Komorowski (IPGP), Alain de Lacroix (office du tourisme de la Basse-Terre), Christian Lara, Nicole et Brigitte Lasserre, Lucien Léogane, Alain Magen, Élise Magras (office municipal du tourisme de Saint-Barthélemy), Ingénu Magras, Pascal Marsolle (distillerie Séverin), Jean-Michel Martial, Micheline et Luc Michaux-Vignes, Laura Mouéza, Ernest Moutoussamy, Antoine Nabajoth, Alex Nabis, Joël Nankin, Yves Noël (office départemental du tourisme de la Guadeloupe), Boulbou N'Gola Isaine, Simone Ordan et ses filles, Camille Pélage (office du tourisme de Marie-Galante), Henri Petitjean-Roget (musée Edgar-Clerc, musée Schoelcher, fort Fleur-d'Épée), Maryse Pochot, Mireille et Marie Prompt, Pierre Reinette, Max Rippon, Moune de Rivel, Mme J. Robertson (Unesco), Emmanuel Robin, Michel Rovelas, Ketty Roy-Camille (Éditions caribéennes), Alain Salcédo, Claude Stéfani (musée des Beaux-Arts de Chartres), Jocelyn Thrace, Brigitte Touzeau (centre culturel Rémy-Nainsouta), Hugues Velleyen, Jacques Zamia, le conseil général de la Guadeloupe, le conseil régional de la Guadeloupe, le Parc national de la Guadeloupe, l'ODTG et tous les offices du tourisme de la Guadeloupe.

CRÉDITS PHOTOGRAPHIQUES

Air-France : D. Toulorge : 262ch. A.K.G. PARIS : 66cg « La Guadeloupe Illustrée-Les Grévistes devant l'Hôtel du Gouvernement » Coll. Privée. Artephot-Oronoz : 52-53 Brugada. Musée de la Marine Madrid ; 53b Portrait Juan Ponce de Leon. Institut de la Coopération Madrid ; 53hg Traité de Tordesillas Archives indiennes Séville ; 55bd Pirate François Lolonois. André-Roger J. : 26cg, 26-27c, 26bg, 27cd. Angerville D. : 26hd.
Avec l'aimable autorisation des Éditions Caribéennes : 25hd *Contes marie-galantais de Guadeloupe*, recueillis par Alain Rutil, 1981.
Association des amis de Guillaume Guillon-Lethière : 48 *Le Serment des Ancêtres* G.Guillon-Lethière (1760-1832) Haïti. Photo P.Maurin-Berthier.
L. Bianquis : 228-229 plats cuisinés. Bibliothèque Nationale, Paris : 58cg Traité de Paris, 61h Victor Hugues. C. Bouchon : 126-127. D. Brosset : 67hd. J.-01L. Charmet : 41hd Tête de Guadeloupéenne ; 58b Fabrication du sucre in Nouveau Traité de la canne à sucre H. Lachenaire 1807 Académie des Sciences Paris ; 59hd Soldat anglais avec à ses pieds un esclave mort et 59 hg Femme flagellée à coups de fouets. Gravures de J.G.Stedman in : Relation de l'expédition du Capitaine J.G. Stedman contre les nègres révoltés au Surinam de 1772 à 1777, Londres 1796. Bibliothèque Nationale Paris ; 58-59 Plantation de canne à sucre aux Antilles et 59bd Moulin à sucre aux Antilles : Gravures de

Fumagalli 1820 in : Le costume ancien ou moderne de J. Ferrario 1820 Milan. Bibliothèque des Arts Décoratifs Paris ; 71, 211 La Soufrière Bibliothèque des Arts Décoratifs. 81bd *Reprise de la Guadeloupe,* Musée Carnavalet ; 121hd *La Soufrière,* B.N. Centre culturel Rémy-Nainsouta : 90cd. Centre des Archives d'Outre mer, Aix-en-Provence : 55hg. J.Cilirie : 61bd Statue d'Ignace, 69bd Commémoration du cent-cinquantenaire de l'abolition de l'esclavage. Pointe-à-Pitre mai 1998. Collection privée Anne et Hervé Chopin : 91cg. Collection O. D. Lara : 66c. Collection association des amis de Gerty Archimède, Basse-Terre : 36hd. Collection M. Chomereau-Lamotte : 29cg *Trois tiban.* Collection Guy Conquète : Man Sosso 36cd. Collection du musée Saint-John Perse, Pointe-à-Pitre : 40hd, 41ch cartes postales anciennes. Collection J. Nankin : 29hg *150e anniversaire Abolition de l'esclavage.* Collection J. Poulier : *Maternité Égoïste* 28bg. Collection M. Rovelas : portrait 29hd, *Cannibalisme* (1993) 29bd. Conseil Général DASD : 93hd.
G.Dagli Orti : 51hg *Scène de Cannibalisme,* J. van Kessel le vieux (1626-1679), 57cd *Rebellion d'un esclave sur un navire négrier,* E.A. Renard (1802-1857) Musée du Nouveau Monde La Rochelle ; 51bc indien caribe des Antilles. Costumes par Rodriguez 1799. Bibliothèque des Arts Décoratifs Paris ; 56-57 La traite des nègres Musée des Arts Africains et Océaniens Paris. DR T. Alet Marcel (acrylique et sérigraphie sur toile de coton, 198x198, 1998), collection privée ; 28cd.
Édimedia : 9 Dessin de R. de Bérard, *Le Tour du Monde.* Explorer-Moisnard : 38bg l'homme au bâton.
Laetitia Fernandez : 155bd, 167hg, 167bg. Y. Fillois photographies : 28g K. Cancelier *Rituel 2,* 40-41 bijoux (sauf anneaux créoles A. Chopin). Fondation Saint-John Perse, Aix-en-Provence : 65hg, 87bg.
Fort-Royal VVF Vacances : 216hd. Frantz Huppert A. : 24cd (S. Schwarz-Bart).
Gamma : L. Monier : G. Pineau 25hg. Géber Christian : 28bd. A. Nabajoth. Philippe Giraud : 27hg, 33hd, 34hg et hd, 35hg et bd, 37hg Zouk Machine, 39hd La Toussaint, 45ch Les Cuisinières, 46bg Akiyo, 68c, 68-69, 69c, 72g, 115bg, 121bd, 150bg, 162ch, 227cbd. Gîtes de France : 213cg. Renée Glaude : 41cd et bg, bc, bd 4 têtes.
Institut Français d'Architecture, Paris : 112bg « Palais du gouverneur à Basse-Terre » projet (1932), architecte Ali Tur.
Josse : Musée des Beaux-Arts Chartres Fonds Bouge
24cg *Titine grosbonda récits guadeloupéens,* Gilbert de Chambertrand, Fasquelle, Paris ; 49b *Vue du Fort Royal dans l'Ile de la Guadeloupe,* 50cg *Hamac-Canôe,* 57bd *Vente d'esclaves à la Barbade,* 56hg *Transport de nègres à fond de cale,* 58hd *Le Code Noir,* 60cg Portrait de Toussaint-Louverture, 61cd Portrait du Général Richepanse,

63h Vue générale de Pointe-à-Pitre après le tremblement de terre du 8 février 1843, 62h Portrait de L.Mathieu, 65b immigrants chinois à la Guadeloupe, 64h Portrait Gerville Réache, 66c *La Guadeloupe physique, économique, agricole, commerciale, financière, politique et sociale* (Nouvelle Librairie Universelle, Paris, 1923), O. Lara, 253 *Nègres et Habitations aux Antilles*, 82bg Le marché à Pointe-à-Pitre, 89hg *Adieu Foulard Adieu Madras*, 89chd *Transatlantique à Pointe-à-Pitre*, 91hg *Pointe-à-Pitre après le tremblement de terre, 8 février 1843*, 57h *Marche des esclaves d'après les récits de Livingstone* Musée des Arts Africains et Océaniens Paris ; 57bg *Le port de Bordeaux avec les remparts,* J.Vernet (1714-1789) Musée de la Marine, Paris ; 60-61 *Abolition de l'esclavage proclamé à la Convention,* N. Monsiau (1754-1837) Musée Carnavalet, Paris ; 62-63 *Proclamation de l'Abolition de l'esclavage des noirs aux Colonies françaises,* F. A. Biard (1799-1882) Musée du Château Versailles.
Musée de l'Homme : Prince R. Bonaparte, 34bg.
Keystone : 66ch G. Candace , 66hd Amiral Robert L'Illustration. Komorowski/IPGP : 72bg, 107cd, 121hg.
La Poste, droits réservés : 260cd. R. Leguen : Mairie de Fessenheim : 62c Portrait V. Schoelcher par Decaisne en 1833. Jean-Michel Martial : droits réservés 119hd. Rosine Mazin : 40-41, 191bd. Méteo-France : 23hg. Ernest Moutoussamy : 159ch, 159bg, 159bd. Musée du Château des Ducs de Bretagne/Cliché Ville de Nantes : 56cg entraves pour poignets. Musée Saint-John Perse, Pointe- à-Pitre : 64c.
Coll. P. Nourisson 56bg perles de traite.
Office de tourisme de la Guadeloupe : 254ch.
Opale : M. Rubinel : É. Pépin 24bd ; Hannah : D. Maximin 24hd ; Foley : M. Condé 25cg.
Parc national de la Guadeloupe : ananas montagne 17bd ; Jean-David, PNG : 17cd fushia et myrtille, Bruno Pambour, PNG : 98bg, 99bd, 104hd, 120hd ; Denis Bassargette, PNG : racoon 16bd, 248hg. Photothèque Hachette : 52cg Portrait anonyme de Christophe Colomb. Musée de la Marine Lisbonne Photo Abeille ; 52hg et c Armes espagnoles Musée de l'Homme et Real Arméria Madrid ; 53hd *La Vierge des Marins,* A. Fernandez Musée de L'Alcazar Séville Photos Josse ;54hd Portrait de N.Fouquet par R.Nanteuil

(1662), B.N Paris ; 55c Richelieu par P. de Champaigne Musée du Louvre Paris , 64-65 « Un morne : plantation de canne à sucre » Gravure de L. Geisler d'après un dessin de G. Dascher B.N Paris. Vérascope Richard : 75bd, 84bg ; Hachette/studio Janjac : 25bg *Dictionnaire Créole français*, Hector Poullet, Hatier-Martinique, Fort-de-France, 1984, 35cd Couv Frantz Fanon, *Peau noire, masques blancs*, Le Seuil, 1971, 37hd Couv *La mûlatresse Solitude,* André Schwarz-Bart, Le Seuil, 1996, 37bg *Le défi culturel guadeloupéen,* Dany Bébel-Gisler, Éditions Caribéennes, 1989 et *La langue créole force jugulée,* L'Harmattan, 1976, 67hg Affiche tiré du livre *Mé 67,* R. Gama et J.P. Sainton, Soged, 1985, p. 44 ; dessin de Roland Monpierre 90bg, 244bg, 244cg, 259, 260hg, 260bg, 261cd ; 68bg Photo E. Thirard. Avec l'aimable autorisation de Présence Africaine Poésie : 25cd *Balles d'or,* Guy Tirolien,1961.
N.Réache : 60hd. Rijksmuseum Amsterdam : 54cg « Usselinx » 1637 École Hollandaise. Roger Viollet : Harlingue-Viollet : 24-25 (St J-Perse), 54-55, Carte de la Guadeloupe dressée par Jaillot au XVIIe, 63cg Proclamation de la république à la Guadeloupe, 64b, 66bd, 178bg.
M. Rubinel (*Panseurs d'âmes,* Guy Deslauriers) 38ch, 39cb.
Studiot Harcourt, Ministère de la Culture-France : 36-37. Sygma : 67bd et b, 111bd ; F. Darmigny : 37cg V. de La Cruz ; Ph. Giraud : 27bg, 3 photos 22hd, 23bg et bd, 37cd L. Michaux-Chevry, 68h, 44bd route du Rhum, 91cd, 165bg, 203bg, 208chg ; T. Orban : L. Fessel 36cg.
Tayalay Alexis-Georges : 208-209c.
Unesco (programme *L'homme et la biosphère*) : 19hg.
Visa : 67c E. Sampers, 68hd C. Rives.

AUTORISATIONS
Aéroport Pôle-Caraïbes, aquarium de la Guadeloupe, Conseil général de la Guadeloupe, parc archéologique des Roches Gravées, domaine de Séverin, domaine de Valombreuse, établissement Bellevue-Reimonencq, fort Fleur-d'Epée, jardin de Montalègre, Le Maud'huy, maison du Cacao, musée Edgar-Clerc, musée Saint-John Perse, musée Schoelcher, parc des Orchidées, parc paysager de Petit-Canal, pépinière de Blonzac, plantation Grand Café.

Lexique créole

En quelques années, le créole a abandonné sa réputation de patois pour un statut de langue, enseignée (à l'université Antilles-Guyane, à Aix, à la Réunion ou à la Nouvelle-Orléans). Longtemps considérée comme langue vernaculaire - véhicule de communication « des vieux nègres », patois méprisé accolé à un statut social déprécié - le créole a su conquérir une place de « respectabilité » dans une société où le français s'impose encore comme langue dominante et souveraine. C'est cette dualité qui a généré le nouveau statut du créole, à la faveur du combat des linguistes du GEREC (Groupe d'études et de recherches en espace créolophone) et des militants politiques depuis les années 70. L'émergence sociale de cette langue, née de tous les métissages culturels de la colonisation, est une des résultantes des luttes politiques tendant à réhabiliter l'homme antillais dans sa dignité, qui elle aussi fut longtemps « folklorisée ». Si le fameux « ban mwin on ti bo » participe de l'espéranto touristique, à la Guadeloupe et à la Martinique, le discours créole s'exprime désormais sur les ondes des radios après avoir investi le champ de la littérature.

QUELQUES MOTS UTILES

An-han Oui
An-non allé Allons-y
Anba kaz-la Sous la maison
Anbala Là-bas
Andidan Dedans
Anfen Enfin
Antiyé, antiyés Antillais, antillaise
Aprézan Tout de suite
Bagasse *(mot espagnol)* Résidu fibreux de la canne écrasée
Bain démarré Bain purificateur
Bakoulélé Vacarme
Bèt Bête
Biten Chose, truc
Bizwen Besoin
Bo Baiser
Boloko Rustre, balourd
Bolonm Bonhomme
Bonda Cul
Boucan Feu de bois
Boug Homme
Boula Tambour
Cabrouet Charette en bois tirée par deux bœufs
Carême Période sèche de décembre à mai
Chimen Chemin, route
Dakò Être d'accord
Driv Balade, virée
En-En Non
Fanm Femme
Fimé Fumer
Gadé Regarder
Gazolin Essence
Grag Râper
Gwadloup Guadeloupe
Gwoka Musique à base de tambours

Isidan Là-dedans
Ja Déjà
Kaz Maison, case
Kenbwa Quimbois, maléfice, sortilège
Kolé À côté de
Kolé-kolé Très serré, très près
Kolyé-chou Collier-chou
Konpè Compère
Koudmen Convoi, coup de main collectif
Kréyol Créole, langue créole
Kriyé Crier, appeler, téléphoner
Lakaz À la maison, chez nous
Lapwent Pointe-à-Pitre
Lélé *(baton-lélé)* Sorte de jouet fait avec une branche de cacaoyer
Léwoz Rassemblement nocturne de joueurs, chanteurs et danseurs de gwoka
Lolo Petite épicerie
Lontan Autrefois, jadis
Lwen Jadis
Maké Tambour marqueur
Malélivé Mal élevé
Man Madame
Manfou Tant pis
Manman Maman
Manmzèl Mademoiselle
Matado Femme revêtue du costume créole
Mèsi Merci
Mésyé Messieurs, mon vieux
Migan Mélange, purée
Mitan Milieu

Moun ka di On dit
Moun Quelqu'un, des gens
On manman-kaz Une très grande maison
On manman-zanfan Mère de famille
On timoun Un enfant
Pap-pap Aussitôt, en un clin d'œil
Pati Partir
Pavré N'est-ce pas
Pawol Parole, mot, bavardage
Péyi Pays
Piman-bonda-man-Kak Piment-cul de Madame Jacques
Pitt Arène des combats de coqs
Quimbois Sorcellerie
Saintoise Barque de pêche
Salako Chapeau saintois
Soukougnan Être mythique
Sucrote Moulin sucrier
Tambouyé Batteur de gwoka (tambour)
Tébé Idiot, demeuré
Trace Sentier de montagne
Twachimen Carrefour de 3 routes
Vaval Roi du carnaval
Vesou Jus de canne
Vidé Défilé masqué
Vyémoun Viellard
Zombi *(mot africain)* Revenant, fantôme
Zouk Bal populaire, style musical

FAUNE ET FLORE
Anoli Petit lézard vert
Anse Petite baie

Caye *(mot dérivé de l'espagnol)* Récif corallien
Foufou Colibri
Fouyanen Fruit à pain
Gnen-Gnen Moucheron
Îlet Îlot
Kabrit Petite chèvre antillaise
Kay Caye, récif corallien
Krikèt Grillon
Kyo Héron cendré
Mabouya Margouillat, petit lézard transparent
Malfini Aigle des Antilles, oiseau de mer
Marigot Marécage
Mòlòkòy Tortue de terre
Mon Morne
Morne Colline

Ouassou Écrevisse
Roche Caillou
Racoon Raton laveur
Ravet Gros cafard très répandu
Vonvon bourdon
Yen-Yen Moustique
Yenyen Moucheron

NOURRITURE ET BOISSON

Baton-kako Barre de chocolat
Bè Beurre
Blaf Sorte de court-bouillon
Calalou Plat antillais
Cassave Galette de farine de manioc des Amérindiens
Chatrou Petit poulpe

Douslet Douceur (lait de coco, sucre plus cannelle)
Fig Banane
Floup Glace dans un sachet en plastique
Jirtonmon Potiron`
Kouch-kouch Variété d'igname
Lambi Coquillage comestible
Piman Piment
Pistach Cacahuète
Sinobòl Sirop avec de la glace pilée
Siwo batri Sirop de jus de canne concentré
Ti-punch Rhum blanc, sirop de sucre de canne, jus de citron vert

Carte routière de la Guadeloupe

Anse Labore
Anse-Bert

Pointe d'Antigues
Plage du Souffleur
Port-Louis

Mer

des Antilles

Îlet à Fajou
Vieux-B

Grand
Cul-de-Sac
marin

Sainte-Rose

D 18

D 19

Deshaies
N 2

Sofaïa

Le Lamentin

Baie-
Mahault

Les Ab
Pont de
la Gabarre

N 10

POINTE-A

Baille-Argent

Belle Hôtesse

D 17

Pointe-Noire

Morne
Jeanneton

D 16   Acomat

D 1

D 2

D 23

Marina-Ba
du-For

Mahaut

D 23

Morne à Louis
Route de la Traversée

D 1

N 1

Petit-
Bourg

Fleu

Îlets Pigeon

768 m
Les Mamelles

Maison de
la Forêt

Cascade
aux Ecrevisses

Vernou

P
Cul-
ma

Pigeon

Pitons de
Bouillante
1088 m

Goyave

Bouillante
N 2

D 14

Morne
Moustique

Matéliane

N 1

Saint

Marigot

Vieux-Habitants

D 30

Chutes
du Carbet

Soufrière
1 467 m

D 3

Capes
Belle

Baillif

D 11

D 4

Saint-Claude

D 5

Saint-Sauve
Bananier

N 1

BASSE-TERRE

Monts Caraïbes

D 1

D 8

687 m
D 6

Trois-Rivières

Vieux-Fort

Légende

- ✈ Aéroport
- ⛴ Embarcadère
- ▬ Route principale
- ▬ Autre route